普通高等教育经管类专业"十三五"规划教材

国际贸易与国际金融

（第三版）

杨　娟　王晓东　主　编

付书科　陈　晶　副主编

清華大学出版社

北京

内 容 简 介

本书重点讲述了国际贸易理论与政策、国际贸易实务及国际金融方面的相关知识。全书分为 10 章，分别介绍了国际贸易的有关概念和统计指标、中国对外贸易的基本状况、对外贸易政策及其理论演变、国际贸易政策措施、国际贸易术语、国际货物买卖合同的基本条款、外汇和汇率的基本知识、汇率制度、外汇市场和各种类型的外汇交易方式、外汇风险及其管理、国际收支和国际储备等内容。

本书内容丰富、结构合理、思路清晰、语言简练流畅、示例翔实。它主要面向非经济类专业，适合用作工商管理、电子商务、会计、市场营销、财务管理等专业的本科教材，也可以用于 MBA 教学、工商管理干部培训、双学位教学或相关专业的专科教育等，同时也非常适合对国际贸易与国际金融领域感兴趣的读者。

本书配套的电子课件、课后拓展案例、题库可以到 http://www.tupwk.com.cn/downpage 网站下载，也可以通过扫描前言中的二维码下载。本书的模拟试卷及答案和课后习题及答案只提供给授课教师，需要的老师可以将本人的教师资格证照片发邮件到 992116@qq.com 信箱，我们将及时为您发送。

图书在版编目(CIP)数据

国际贸易与国际金融 / 杨娟，王晓东 主编. —3 版. —北京：清华大学出版社，2019.12 (2025.8重印)
普通高等教育经管类专业"十三五"规划教材
ISBN 978-7-302-54209-4

Ⅰ. ①国… Ⅱ. ①杨… ②王… Ⅲ. ①国际贸易—高等学校—教材 ②国际金融—高等学校—教材
Ⅳ. ①F74 ②F831

中国版本图书馆 CIP 数据核字(2019)第 246126 号

责任编辑：胡辰浩
封面设计：周晓亮
版式设计：妙思品位
责任校对：成凤进
责任印制：沈　露

出版发行：清华大学出版社
　　　网　　　址：https://www.tup.com.cn, https://www.wqxuetang.com
　　　地　　　址：北京清华大学学研大厦 A 座　　　　　邮　　编：100084
　　　社 总 机：010- 83470000　　　　　　　　　　邮　　购：010-62786544
　　　投稿与读者服务：010-62776969，c-service@tup.tsinghua.edu.cn
　　　质 量 反 馈：010-62772015，zhiliang@tup.tsinghua.edu.cn
印 装 者：三河市君旺印务有限公司
经　　销：全国新华书店
开　　本：185mm×260mm　　　　印　张：19　　　　字　数：547千字
版　　次：2014年2月第1版　　　2019年12月第3版　　印　次：2025年 8 月第 3 次印刷
定　　价：79.00元

产品编号：083989-02

第三版前言

国际贸易与国际金融是一门具有涉外活动特点的实践性很强的综合性专业基础课程。它涉及国际贸易理论与政策、国际贸易实务与国际金融等学科的基本原理和知识的综合运用。随着我国在世界经济中的地位不断提升，对外经济交往范围不断扩大，面临的国际局势也风云变幻，充满着各种不确定性因素。对有关外贸、金融及其他相关领域的从业人员而言，了解和掌握一定的国际贸易与国际金融基础理论知识和实际应用操作，有利于对未来的国际经济形势做出准确的判断，为企业和自身的发展趋利避害。本书旨在通过对相关知识的介绍，使读者了解并掌握有关国际贸易与国际金融的基本理论、政策、规律与应用，培养读者具备初步分析和解决相关问题的能力。

本书结构合理、思路清晰、示例翔实、深入浅出、简明易懂，既包含对国际贸易与国际金融领域的传统理论、基础内容和实务知识的介绍，同时又整合了国际贸易与国际金融领域新涌现的相关知识和最新数据资料，包括中美贸易战、人民币汇率变化、人民币国际化等一系列热点问题。每一章的课前导读及要点提示部分概述了本章的作用和内容。在每一章的正文中，结合所讲述的关键知识，穿插了大量极富实用价值的例题和案例分析，大部分章节还附有课后拓展及时事案例。每一章末尾都安排了有针对性的复习思考题，有助于读者巩固所学的基本概念和知识，培养独立分析能力，增强对相关知识的理解和实际应用能力。

本书主要面向非经济类专业，适合用作工商管理、电子商务、会计、市场营销、财务管理等专业的本科教材，也可以用于 MBA 教学、工商管理干部培训、双学位教学或相关专业的专科教育等。教师可根据教学对象和授课学时不同，灵活选择相关内容进行重点学习。

本书第三版在忠实于第二版教材基本内容的前提下，更加注重借鉴和吸收国际贸易与国际金融领域的最新研究成果和前沿知识，更新了大量数据、图表、案例及课后拓展等内容。

本书由杨娟、王晓东担任主编，付书科、陈晶担任副主编。全书共计十章，由杨娟担任总体策划。主要编写人员及其分工如下。

杨娟(武汉工程大学)：编写第一章、第七章和第八章。

付书科(武汉工程大学)：编写第二章和第三章。

王晓东(河南中医药大学)：编写第五章和第六章。

陈晶(武汉工程大学邮电与信息工程学院)：编写第九章和第十章部分小节。

此外，刘晓慧、谢琦、郭晓玲、黄艳艳、龚清华、饶枕流、胡长林等也参与了本教材第四章和其他部分章节及案例的编写工作。全书最后由杨娟负责总纂。

本书参阅、使用和引证了国内外大量的文献资料，限于篇幅，无法一一列出，在此谨对所有相关作者、编者和出版社表示诚挚的谢意！

本书在构思、编写以及修订过程中，得到了清华大学出版社及其有关编辑的大力支持和热情帮助,在此表示衷心感谢!

　　由于编者水平有限,书中缺点在所难免,敬请读者不吝指正,以便我们在今后的工作中修改完善。我们的邮箱是 huchenhao@263.net,电话是 010-62796045。

　　本书配套的电子课件、课后拓展案例、题库可以到 http://www.tupwk.com.cn/downpage 网站下载,也可以通过扫描下方的二维码下载。本书的模拟试卷及答案和课后习题及答案只提供给授课教师,需要的老师可以将本人的教师资格证照片发邮件到 992116@qq.com 信箱,我们将及时为您发送。

编　者

2019 年 5 月

目　录

第一章

国际贸易概述

【课前导读】

当今世界各国间的经济合作和依存关系日益密切，一种真正意义上的经济一体化正在逐步形成。国际贸易是各国经济联系的最基本和最重要的形式之一。随着我国改革开放的深入发展，特别是中国加入世界贸易组织(WTO)以后，我国的对外贸易事业得到了快速发展，在我国国民经济的快速发展中起到了极为重要的作用。学习国际贸易，首先应该掌握国际贸易的基本概念和统计指标，与此同时，对我国对外贸易发展的基本情况也应予以明确。

【要点提示】

1. 有关国际贸易的几组基本概念
2. 有关国际贸易的几组基本统计指标
3. 当代中国对外贸易发展的特点及存在的问题

第一节 国际贸易的基本概念

一、对外贸易与国际贸易

(一) 对外贸易(Foreign Trade)

对外贸易是指一个国家(地区)与另一个国家(地区)之间的货物(商品)和服务的交换活动。在一些四面环海的岛国或地区，如英国、日本等，也常用海外贸易(Oversea Trade)来表示对外贸易。

(二) 国际贸易(International Trade)

国际贸易又被称为世界贸易(World Trade)或全球贸易(Global Trade)，它是指世界上不同国家(地区)间的货物(商品)和服务的交换活动。

对外贸易和国际贸易都是跨越国界的商品和服务的交换，都反映了世界各国或地区在经济上的相互依赖关系，但是两者之间也有区别。前者是以一国(地区)为主体，从一个国家(地区)的角度来看这些交换活动。如中国与别国之间的贸易，从中国的角度来说其属于中国的对外贸易。后者则是从整个世界范围或从全球角度来看。国际贸易是世界各国对外贸易的总和。

二、货物贸易、服务贸易与技术贸易

(一) 货物贸易(Commodity Trade)

货物贸易是指物质性商品的进出口，也称为商品贸易(Goods Trade)或有形贸易(Visible Trade)。国际贸易中的有形商品种类繁多，为便于国与国之间进行协调统计，联合国于 1950 年制定了《联合国国际贸易标准分类》(Standard International Trade Classification，SITC)。其已经过多次修订，目前使用的是第四次修订版(2006 年 3 月通过)。世界各国和国际组织多采用该分类对国际贸易货物进行统计，划分进出口货物的结构。《联合国国际贸易标准分类》把国际货物分为 10 大类。

0 类　食品及主要供食用的鲜活动物

1 类　饮料及烟草

2 类　非食用原料(不包括燃料)

3 类　矿物燃料、润滑油及有关物质

4 类　动植物油、油脂和蜡

5 类　化学品及有关产品

6 类　主要按原料分类的制成品

7 类　机械和运输设备

8 类　杂项制品

9 类　未分类的其他商品

上述分类中，0~4 类为初级产品；5~8 类为工业制成品；9 类为其他。

(二) 服务贸易(Service Trade)

服务贸易也称无形贸易(Invisible Trade)，是指一国(地区)的劳动者向另一国(地区)的消费者提供服务，并获取相应外汇收入的过程。

WTO 的《服务贸易总协定》从服务的提供方式这一角度将服务贸易划分为 4 种类型："从一参加方境内向任何参加方境内提供服务；在一参加方境内向任何其他参加方的服务消费者提供服务；一参加方在其他任何参加方境内通过提供服务的实体的介入而提供服务；一参加方的自然人在其他任何参加方境内提供服务。"我们可以将其总结为：过境交付、境外消费、商业存在和自然人流动 4 种形式。

世界贸易组织列出的服务行业包括以下 12 个部门：商业、通信、建筑、销售、教育、环境、金融、卫生、旅游、娱乐、运输及其他。

货物贸易和服务贸易的区别主要在于：

(1) 货物是有形的商品，可以储存，而服务是无形的，不可储存；

(2) 货物的进出口要经过海关手续，从而反映在海关的贸易统计中，是国际收支中的重要项目，服务贸易则不经过海关手续，在海关的贸易统计当中一般查询不到，但它会在国际收支中反映出来，也是国际收支的重要组成部分。

(三) 技术贸易(Technology Trade)

技术贸易是指专利、商标和专有技术等纯技术知识以及与技术转让相关的机器设备的贸易，主要包括：许可贸易，工业产权、非工业产权的转让，技术服务与技术咨询，合作生产与合作设计，工程承包，与设备买卖相结合的技术贸易、技术投资等。

三、出口贸易、进口贸易与过境贸易

根据货物和服务的流向不同，对外贸易可以分为出口贸易、进口贸易和过境贸易。

(一) 出口贸易

出口贸易(Export Trade)是指一国将本国的商品或服务输出到外国市场销售。

(二) 进口贸易

进口贸易(Import Trade)是指一国将外国的商品或服务输入到本国市场销售。

任何一笔交易对卖方而言是出口贸易，对买方而言则是进口贸易。在国际贸易中，一国往往在同一类商品上既有出口又有进口。若在一定时期内，一国在某类商品的对外贸易中出口量大于进口量，其超出部分称为净出口(Net Export)，表明该国在该种货物贸易中整体处于优势；反之，如进口量大于出口量，其超出部分称为净进口(Net Import)，表明该国在该项货物整体贸易中处于劣势地位。此外，从国外输入的商品没有在本国消费，又未经过加工就再出口，称作复出口(Re-export Trade)或再出口，复出口在很大程度上与转口贸易有关；反之，本国商品出口后未经任何加工又原样输回本国，称为复进口(Re-import Trade)或再进口，造成复进口的原因主要是销路不畅或货物破损等问题，此外，政府管制等方面的原因也有可能偶尔造成复进口。

(三) 过境贸易(Transit Trade)

甲国的商品经过丙国境内运送到乙国销售，对丙国来说就是过境贸易。有些内陆国家与非邻国的贸易，其货物必须经过第三国国境。

过境贸易又分为直接过境贸易和间接过境贸易两种。外国商品纯系转运关系经过本国，不在本国海关仓库存放就直接运往别国的是直接过境贸易；外国商品运到本国国境后，曾在海关仓库存放，但未经加工又运往其他国家销售的，则是间接过境贸易。

四、直接贸易、间接贸易与转口贸易

以贸易有无第三国参加为标准，对外贸易可分为直接贸易、间接贸易和转口贸易。

(一) 直接贸易(Direct Trade)

直接贸易是指货物生产国(地区)与货物消费国(地区)直接买卖商品的贸易行为，即商品生产国与消费国不通过第三国进行交易。直接贸易的双方直接洽谈、直接结算，货物直接从出口国运到进口国。

(二) 间接贸易(Indirect Trade)

间接贸易是指货物生产国(地区)与货物消费国(地区)通过第三国(地区)买卖商品的贸易行为。即出口国与进口国不直接进行洽谈、结算，必须经第三国商人之手完成交易。间接贸易一般是由于本国销售渠道不畅、消息不灵而需借助于第三国进行贸易，或者由于政治上的原因(如出口国与进口国未建立通商关系或存在封锁禁运等)。在间接贸易方式下，买卖的商品可以由出口国直接运往进口国，也可以先运到第三国，再由第三国转运到进口国。

(三) 转口贸易(Entrepot Trade)

转口贸易也称中转贸易，货物生产国和货物消费国不是直接买卖货物，而是通过第三国进行买卖，对第三国来说就是转口贸易。转口贸易国作为中介必须参加商品的价值转移活动，但不一定要参加商品的实物转移，即商品可以不经过转口国而由生产国直接运往消费国。转口贸易发达的国家(地区)往往地理位置优越，运输条件便利，贸易限制较少，如新加坡、荷兰等。

五、现汇贸易和易货贸易

依照清偿工具不同，对外贸易可分为现汇贸易和易货贸易。

(一) 现汇贸易(Cash Trade)

现汇贸易也称为自由结汇方式贸易(Free-Liquidation Trade)，是指在国际贸易中以国际通用货币作为清偿工具的贸易。被用作偿付的货币必须可自由兑换，如美元、英镑、欧元、瑞士法郎和日元等。由于现汇在运用上灵活、广泛，可以自由地兑换其他货币，所以，该方式是目前国际贸易活动中运用最普遍的一种。其特点是银行逐笔支付货款以结清债权、债务。结算方式主要有汇付、托收和信用证等。

(二) 易货贸易(Barter Trade)

易货贸易是指以经过计价的商品作为清偿工具的贸易，又称换货贸易。即一国(地区)与另一国(或地区)间货物互换的贸易活动。此种方式比较适用于那些由于外汇不足、货币汇率波动剧烈，或其他各种原因无法以自由结汇方式进行相互交易的国家。这种方式不用现汇逐笔结算，而是通过指定的银行账户相互冲销，其特点是把进出口直接联系起来，双方有进有出，进出基本平衡。易货的商品可以一种对一种，也可以一种对多种，多种对多种。但易货贸易也存在局限性，一是交换的商品不易对路；二是受支付平衡的限制，贸易规模难以扩大；三是手续复杂，谈判周期长；四是由于货物计价不是通过市场竞争形成的，而是由双方谈判确定的，价格未必合理。

六、传统方式贸易和新型方式贸易

根据对外贸易经营方式不同，对外贸易可以分为传统方式贸易和新型方式贸易。

(一) 传统方式贸易

传统方式贸易是指在国际贸易中采用单纯销售的方式，包括逐笔售定、经销、代理、寄售、招投标、展卖、拍卖和商品交易所交易等。

1. 逐笔售定

逐笔售定是指就买卖某一商品的交易条件进行磋商，通过发盘和接受，达成交易，订立合同，然后履行合同的做法。这种方式的优点是效率高、成本低。这种方式的缺点是逐笔分散交易，双方履行合同后就不再相互承担义务，因此，买方不愿多做售前宣传和售后服务工作，卖方也不愿帮对方开发市场；买卖双方在同一市场上竞争，削弱了彼此的力量。

2. 经销

经销是指进口商(即经销商)与国外出口商(即供货商)达成协议，承担在规定的期限和地域内购销指定商品的义务。经销有独家经销(包销)和一般经销两种方式，其中包销在国际贸易中较为常见。

包销(Exclusive Sales)是指出口商通过与国外包销商签订包销协议,给予国外包销商在一定时期和指定地区内承包销售某种商品的独家专营的权利,其商品由包销商承购后自行推销。包销的优点在于通过专营权的给予,提高包销商的积极性,同时也避免了分散经营带来的商品自相竞争的问题,有利于巩固和扩大市场;另外,通过包销协议,确定一定时期的交易量,有利于出口商安排生产、组织货源、安排运输等。包销的缺点在于出口商不与客户直接交往,无法全面了解市场实情;包销商可能凭借独家经营权操纵、垄断市场并压低出口价格;包销商信用不佳或经营不善会使销售计划落空。

3. 代理(Agency)

代理是指委托人授权其代理人在一定时期和一定的地区代表委托人向第三者招揽生意、签订合同,或办理与交易有关的其他事宜。代理也是国际贸易中比较常见的一种经营方式。代理的优点在于:代理商是根据出口方的意图销售,主动权在出口方手中,因此灵活主动;代理商不垫付资金,不负担盈亏,不承担风险,其积极性会更高;有助于出口方逐步摸清市场情况,扩大销售。代理方式的缺点在于:代理商不负担盈亏,会影响其销售效果;如果代理商资信不好、经营能力差,会出现代理商品推销不出去的现象。

4. 寄售(Consignment)

寄售是指委托人将货物运输并交付给事先约定的国外代销商,代销商根据寄售协议代替委托人在当地市场进行销售,货物售出后,再由代销商向委托人结算货款的一种贸易做法。寄售的优点在于:对委托人来说,有利于开辟新市场、推销新产品,扩大销路;代销人不需要垫付资金,也不承担风险,有利于调动代销商的积极性。其缺点在于:委托人承担的风险较高,费用较多,资金周转时间长;收汇较缓慢,一旦代销商违背协议,有财货两空的风险。

5. 展卖(Fairs and Sales)

展卖是指利用展览会和博览会的形式出售商品,将展览和销售结合起来的贸易方式。对于出口商而言,展卖有利于宣传出口商品,扩大影响,招揽潜在买主,促进成交;有利于建立和发展客户关系,扩大销售范围;有利于开展市场调研,收集消费者的意见,改进产品质量,增强出口竞争力。

6. 招投标

招标(Invitation to Tender or Call for Tender)是指由招标人(买方)发出招标通知,说明准备采购的商品或工程项目情况,公布一定的要求和条件,邀请投标人(卖方)在规定的时间、地点按照一定的程序前来投标承卖或承包,并与条件最优越的投标人订约成交的行为。

投标(Submission of Tender)是指投标人(卖方)应招标人(买方)的邀请,在规定的投标时间内,按照投标的要求和条件,向招标人递盘的行为。

7. 拍卖(Auction)

拍卖是指专业拍卖行接受货主的委托,在规定的时间和地点,按照一定的规章,以公开叫价或密封出价的方法,把货物卖给出价最高者的一种贸易方式。

8. 商品交易所交易(Commodity Exchange)

商品交易所交易是指在一定的时间和地点,在有组织的交易市场中,按一定的规则,通过特定人员买卖特定商品的贸易行为,也称为期货市场交易。

(二) 新型方式贸易

新型方式贸易是指将贸易与加工、租赁及电子商务等其他经营方式结合在一起。

1. 加工贸易

加工贸易(Process Trade)是指利用本国的人力、物力或技术优势，从国外输入原材料、半成品、样品或图纸，在本国加工制造或装配成成品后再向国外输出的，以生产加工性质为主的一种贸易方式。加工贸易又可分为来料加工、来样加工和来件装配。

2. 补偿贸易

补偿贸易(Compensation Trade)是指参与两国间贸易的双方，一方是以用对方提供的贷款购进机器、设备或技术进行生产和加工活动，待一段时间以后，该方用该项目下的产品、其他产品或者劳务费去偿还对方的贷款或设备技术款项的一种贸易方式。此种方式对解决买方资金暂时不足的问题和帮助卖方推销商品均有一定的作用。

3. 租赁贸易

租赁贸易(Renting Trade)的本质是出租，它是由租赁公司(出租方)以租赁方式将商品出租给国外的用户(承租方)使用，国外承租方不交付商品货款而交付商品租金的一种交易方式，因而也称为租赁信贷。这种贸易方式的特点是：出租的商品一般都是价格较为昂贵的设备或交通工具等；出租方享有该商品的所有权，并可按期收回稳定的资金；承租方付很少的费用就可得到设备或交通工具的使用权，从而避免积压大量的设备资金，还可及时更新和使用更新的设备和技术。此种方式在国际贸易活动中发展迅速，并逐渐发展至租购结合，即先租，到一定时期后，该商品的所有权即转为承租方所有，变成了买卖关系。

4. 跨境电子商务

跨境电子商务(Cross-border Electronic Commerce)是指分属不同关境的交易主体，通过电子商务的方式完成进出口贸易中的展示、洽谈和交易环节，并通过跨境物流送达商品、完成交割的一种国际商业活动。与传统国际贸易相比，跨境电子商务依托于互联网技术而存在，在物流方式、交易流程、结算方式等方面都大不相同。一方面，跨境电子商务让传统贸易实现了电子化、数字化和网络化，无论是订购环节，还是支付环节，都可以经由互联网完成，甚至数字化产品的交付都可以通过网络完成。在跨境电子商务交易过程中，运输单据、交易合同以及各种票据都是以电子文件的形式存在。因此，跨境电子商务贸易实际上是包含货物的电子贸易、在线数据传递、电子资金划拨、电子货运单证等多环节与内容的一种新型国际贸易方式。另一方面，由于信息在互联网上流动的便捷和快速，跨境电子商务使得国际贸易卖方可以直接面对来自不同国家的消费者，因而最大限度地减少了传统贸易所必须涉及的交易环节和消除了供需双方之间的信息不对称。这也是跨境电子商务最大的优势所在。

5. 市场采购贸易

市场采购贸易(Market Procurement Trade)是指由符合条件的经营者在经国家商务主管部门认定的市场集聚区内采购的、单票报关单商品货值15万美元(含15万)以下，并在采购地办理出口商品通关手续的贸易方式。市场采购模式通过享受国家支持的主体准入、出口通关、免税模式、外汇管理等一系列独有的改革政策，极大地提高了对外贸易的便利化程度。

七、边境贸易与区域内贸易

(一) 边境贸易(Frontier Trade)

边境贸易是指一国边境地区一定范围内的边民或企业与邻国边境地区的边民或企业之间的货物贸

易，主要包括边民互市贸易和边境小额贸易。边民互市贸易指边境地区边民在边境线 20 公里以内、经政府批准的开放点或指定的集市上，在不超过规定的金额或者数量范围内进行的商品交换活动。边境小额贸易是指边境地区经批准有边境小额贸易经营权的企业，通过国家指定的陆地边境口岸，与毗邻国家边境地区的企业或其他贸易机构之间的贸易活动。

(二) 区域内贸易(Inter-Regional Trade)

区域内贸易是指发生在区域经济一体化组织成员间的贸易活动。区域经济一体化(Regional Economic Integration)是指地理区域上比较接近的两个或两个以上的国家之间所实行的某种形式的经济联合，或组成的区域性经济组织。各个区域在不同程度上表现出生产结构和需求结构的差异，因此，同一区域内经济集团成员之间的贸易关系一般要比它们与区域外国家或地区之间的贸易关系更紧密一些。根据区域经济一体化的程度不同，成员国彼此之间相互给予减免税、商品和生产要素自由流动等不同层次的优惠贸易待遇。

八、陆路贸易、海路贸易、空运贸易与邮购贸易

依照货物运送方式不同，对外贸易可分为陆路贸易、海路贸易、空运贸易和邮购贸易等。

(一) 陆路贸易(Trade by Roadway)

陆路贸易是指利用汽车、火车等陆路运输工具，通过铁路、公路等陆地运输线路进行的贸易活动。陆地相邻国家的贸易，通常采用陆路运送货物的方式。如中国与俄罗斯、美国与加拿大之间的一部分贸易就是通过陆路贸易实现的。陆路运输的特点为：运输量较大、运输速度较快、运输成本较低。其中的铁路运输具有较高的连贯性和准确性；公路运输则有高度的机动性和灵活性，但陆路运输会受到轨道和公路的线路限制。陆路贸易约占世界贸易总量的10%～15%。

(二) 海路贸易(Trade by Seaway)

海路贸易是指利用各种船舶通过海洋运输商品的贸易活动。海洋运输的特点为：运费最低、运量大，通过能力强，适应运输各种货物；但时间较长、风险大，易受自然条件和季节性的影响。海路贸易约占世界贸易总量的75%～80%。

(三) 空运贸易(Trade by Airway)

空运贸易是指采用飞机运送商品的贸易活动。航空运输的特点在于：运输速度最快，但运费最贵、载重量有限，易受恶劣天气的影响。采用空运贸易的大多为体积小、重量轻、价格贵、时间紧、需快速运输的商品，一般适用于贵重物品、药品、精密仪器和鲜活商品等。空运贸易约占世界贸易总量的3%～4%。

(四) 邮购贸易(Trade by Mail Order)

邮购贸易是指通过邮政系统进行的贸易活动。其速度比空运慢，但费用较之便宜，适合于样品传递和数量不多的个人购买等。

第二节　国际贸易的基本统计指标

一、总贸易体系与专门贸易体系

国际货物贸易有总贸易体系与专门贸易体系两种统计标准。两者分别是以国境和关境为标准划分的。

国境是指一国国界以内的范围。关境也叫关税领域,是指海关征收关税的领域,是海关所管辖和执行海关各项法令和规章的区域。

国境和关境的关系有3种不同的情况:

(1) 国境等于关境;

(2) 国境大于关境;

(3) 国境小于关境。

一般情况下,国境等于关境。但在第二次世界大战后,关税同盟和自由港(区)大量出现,使国境等于关境的原则被突破,国家政治国境和关境有时不完全一致。如几个国家结成关税同盟,组成一个共同关境,实施统一的海关法规和关税制度,其成员国的货物在彼此之间的国境进出不征收关税,此时关境大于其成员国的各自国境。有些国家的自由港(区)虽在国境之内,但进出自由港(区)可以免征关税,其不属于海关征收关税的领域,此时关境小于国境。

(一) 总贸易体系(General Trade System)

总贸易体系(General Trade System)亦称一般贸易体系,是指以国境为界统计进出口商品,凡进入本国国境的商品一律列为进口,一定时期内的进口总额为总进口;凡离开本国国境的商品一律列为出口,一定时期的出口总额为总出口,总进口额加上总出口额就是一国总的对外贸易额。目前采用总贸易体系的有美国、日本、英国、加拿大、澳大利亚、俄罗斯等国。我国采用的是总贸易体系统计。

(二) 专门贸易体系(Special Trade System)

专门贸易体系(Special Trade System)亦称特殊贸易体系,是以关境为界,以商品经过海关办理结关手续作为统计进出口的标准。一定时期内,凡运入本国关境的商品列为进口,称专门进口;凡运出本国关境的商品列为出口,称专门出口。专门进口额加上专门出口额就是一国的专门贸易额。目前采用这种划分标准的国家主要有法国、德国、意大利、瑞士等。

进口货物的渠道一般有4种:

(1) 为满足国内消费和使用直接进口的货物;

(2) 进入海关保税工厂的进口货物;

(3) 为满足国内消费和使用而从海关保税仓库中提出的进口货物;

(4) 从海关及从自由贸易区进口的货物。

其中,总进口包括(1)、(2)、(3)、(4),以国境为界;而专门进口包括(1)、(2)、(3),以关境为界。

出口货物的渠道也有4种:

(1) 本国产品出口;

(2) 从海关保税工厂出口的货物;

(3) 本国化商品出口;

(4) 从海关保税仓库和自由贸易区出口的货物。

其中，总出口包括(1)、(2)、(3)、(4)，以国境为界；而专门出口包括(1)、(2)、(3)，以关境为界。另外，过境贸易一般都不列入总贸易或专门贸易统计范围内。

总贸易体系与专门贸易体系分别说明不同的问题。总贸易体系是说明一国在国际商品流通中所处的地位和所起的作用；而专门贸易体系则说明一国作为生产者和消费者在国际贸易中具有的意义。

各国都按自己的统计方法发布数字和向联合国报告，联合国在发布各国的贸易数据时都要注明是按何种贸易体系编制的。通常以 G 代表总贸易值，S 代表专门贸易值。目前采用总贸易体系的约有 90 个国家或地区，采用专门贸易体系的约有 83 个国家或地区。

二、对外贸易额与对外贸易量

(一) 对外贸易额与国际贸易额

1. 对外贸易额(Value of Foreign Trade)

对外贸易额是指以货币表示的反映一国或地区一定时期内对外贸易规模的指标，又称对外贸易值。一定时期内一个国家从国外进口货物或服务的全部价值，称为进口(贸易)总额；一个国家向国外出口货物或服务的全部价值，称为出口(贸易)总额，两者之和即为对外贸易额。有的国家(地区)用本国货币表示对外贸易额，也有的国家(地区)用国际通用货币来表示，联合国在编制和发表世界各国对外贸易额的统计资料时，习惯以美元表示。

目前，各国在计算有形商品出口额时一般以 FOB 价格(装运港船上交货价，价格中不包含海运运费和保险费)来计算，进口额则以 CIF 价格(FOB 价＋运费＋保险费)计算。而服务贸易由于不报关，所以服务贸易额的计算目前仍是一个有待解决的问题，大多数国家的服务贸易额是推算出来的。

2. 国际贸易额(Value of International Trade)

从原则上来讲，国际贸易额应该是世界各国的对外贸易额的总和。但目前各类国际组织在计算国际贸易额时，不是简单地把世界各国和地区的出口额和进口额相加，而是把世界上所有国家和地区的出口额按同一种货币单位换算后相加得出国际贸易额。这是因为，与一个国家的进出口总额不同，所有国家(地区)的出口，就是所有国家(地区)的进口，因为它经过了重复计算，所以统计世界进出口总额没有任何独立的经济意义。另外，由于各国一般都是按 FOB 价计算出口额，按 CIF 价计算进口额，世界进口货物总额总是大于世界出口货物总额，所以为了准确地反映国际贸易的规模，国际贸易额是世界各国和地区的出口总额。

(二) 对外贸易量与国际贸易量

1. 对外贸易量(Quantum of Foreign Trade)

对外贸易量是用进出口商品的计量单位表示的反映一定时期内对外贸易规模的指标。

2. 国际贸易量(Quantum of International Trade)

国际贸易量是用进出口商品的计量单位表示的反映一定时期内国际贸易规模的指标。

贸易量比贸易额更真实地反映贸易规模，因为以货币表示的贸易额经常受到价格变动的影响，因而不能准确地反映贸易实际规模的发展和变化，所以，不同时期的贸易额是不能直接比较的，而使用贸易量则可以避免这一缺点。

对外(国际)贸易量是用一国(世界)进出口商品的数量、重量、长度、面积、体积和容积等计量单位来表示贸易的规模。就一种商品而言，用计量单位表示十分容易，如粮食用吨、衣服用件来统计，但就一国(世界)全部进出口商品来说，由于交换的商品种类繁多，计量单位不同，无法用统一的计量单位来表示。所以，在实际统计工作中，为了剔除价格变动对以货币表示的贸易额的影响，准确地反映进出口贸易的实际规模，往往用当年的进口额或出口额除以以一定年份为基期计算的进口或出口价格指数，得到相当于按不变价格计算的进口额或出口额，通过这种方法计算出来的单纯反映对外贸易的量，就叫进出口贸易量。再用各个时期的贸易量同基期的贸易量比较，就可以得出能够比较准确地反映贸易实际规模的进出口贸易量指数。其计算公式如下：

$$进出口价格指数 = \frac{\sum p_1 q_1}{\sum p_0 q_1} \times 100$$

$$进出口贸易量指数 = \frac{\sum p_0 q_1}{\sum p_0 q_0} \times 100$$

$$进出口贸易值指数 = \frac{\sum p_1 q_1}{\sum p_0 q_0} \times 100$$

其中：p_1 表示当期价格；q_1 表示当期数量；p_0 表示基期价格；q_0 表示基期数量。

上述 3 个指数之间的关系为

进出口贸易量指数×进出口价格指数＝进出口贸易值指数

【例 1-1】 假设某国 2008 年对外贸易额为 2 800 亿美元，2018 年为 11 500 亿美元。进出口价格指数 2008 年为 100，2018 年为 240。请问与 2008 年相比，该国 2018 年对外贸易规模实际变化了多少？

解： 从题中可知 2018 年该国的价格水平是 2008 年的 2.4 倍，以 2008 年为基期，按基期价格计算的该国 2018 年的对外贸易量为 4 792 亿美元(即 11 500/2.4)，再把这一数值同基期 2008 年的 2 800 亿美元相比，得出反映 2018 年该国对外贸易实际变动的贸易量指数为 171(即 4 792/2 800×100)，由此可知 2018 年与 2008 年相比，该国对外贸易实际规模扩大了 71%。

三、贸易差额

贸易差额(Balance of Trade)是指一个国家或地区在一定时期内出口总额与进口总额之间的差额。贸易差额用以表明一个国家对外贸易的收支状况。当出口总额超过进口总额时称为贸易顺差，也称为出超或贸易盈余；当进口总额超过出口总额时，称为贸易逆差，也称为入超或贸易赤字；如果出口总额与进口总额相等则称为贸易平衡。一国进出口贸易收支是其国际收支中经常账户最重要的组成部分，因此贸易差额状况对一国的国际收支有重大影响。

贸易差额的变化，反映一国经济实力和对外竞争能力的变化，同时也受经济状况的影响，它能反映一国在对外贸易收支上是否处于有利的地位。

各国在经济发展的不同阶段所采取的经济贸易政策不同，以及经济实力的不同往往会导致一定的贸易差额，贸易平衡是相对的，贸易差额的存在是经常性的。一般而言，贸易顺差表示一国有较强的生产、加工和制造能力，产品在国际市场上有较强的竞争能力，一国在对外贸易上处于有利地位；同时贸易顺差还会带来外汇储备的增加，使一国应对国际金融问题的能力增强。贸易逆差则与此相反。

无论是顺差还是逆差，持续、巨额的贸易差额均会对本国经济产生不良影响。巨额逆差会导致一国外汇储备下降、支付能力减弱、本币贬值，进一步引发国内通货膨胀；而巨额顺差则会造成一国外汇盈余过多、本币升值，从而使出口商品以外币表示的价格上升、国际竞争力削弱，使出口企业收入减少，还会引发更多的贸易摩擦等。

从长期趋势来看，一个国家的进出口贸易应该基本保持平衡。

四、贸易条件

贸易条件(Terms of Trade)是出口商品价格与进口商品价格的对比关系，又称进出口交换比价。它是反映一国进出口价格对该国是否有利的一项重要指标，也是衡量一国对外贸易经济效益的一项重要指标。在出口额和进口额平衡的条件下，可以形成如下的等式。

$$出口价格 \times 出口数量 = 进口价格 \times 进口数量 \tag{1}$$

$$\frac{出口价格}{进口价格} = \frac{进口数量}{出口数量} \tag{2}$$

其中，公式(2)就是贸易条件，从其等式右边的数量对比关系可以看出每出口一单位商品能够换回多少单位的进口商品，很显然，换回的进口商品越多，对出口国而言越有利。

贸易条件在不同时期的变化通常用贸易条件指数来表示，即一定时期内一国出口商品价格指数与进口商品价格指数之间的比率，其计算公式如下。

贸易条件指数=出口价格指数/进口价格指数×100

贸易条件指数>100——说明贸易条件改善

贸易条件指数=100——说明贸易条件未变

贸易条件指数<100——说明贸易条件恶化

贸易条件指数的变化是指当期与基期相比较而言，所谓贸易条件指数的上升(贸易条件指数>100)，说明交换比价上升，即出口价格比进口价格相对上涨，其意味着每出口一单位商品能换回的进口商品数量比原来有所增加，即贸易条件比基期有利，也称为贸易条件改善。反之，则称为贸易条件恶化。

【例1-2】以2008年为基期，假设某国2018年出口价格上涨15%，进口价格上升12%，则该国2018年贸易条件状况如何？

解：该国2018年出口商品价格指数为115，进口商品价格指数为112，则该国贸易条件指数为(115/112)×100=102.7，即该国贸易条件改善了。

五、对外贸易商品结构与国际贸易商品结构

(一) 对外贸易商品结构(Composition of Foreign Trade)

对外贸易商品结构是指一国或地区一定时期内进出口贸易中各类货物的构成，即某大类或某种商品进出口贸易额与整个进出口贸易额之比。

(二) 国际贸易商品结构(Composition of International Trade)

国际贸易商品结构是指一定时期内各大类商品或某种商品在整个国际贸易中的构成，即各大类商品或某种商品出口贸易额与整个世界出口贸易额相比。

国际上采用统一的划分标准，即按照前面介绍的《联合国国际贸易标准分类》(SITC)来划分国际贸易商品的构成。一般将0~4类商品列为初级产品，把5~9类商品列为制成品。其中初级产品是指未经过机器加工或很少经过机器加工的农、林、牧、渔、矿产品；工业制成品是指经过机器完全加工的产品和

技术密集型产品，如机器设备、化学制成品和其他工业产品等。

在国际贸易中对商品的另一种分类方法是：根据生产某种商品主要投入的生产要素进行分类。生产要素就是生产中所投入的资源，土地、资本、劳动力、技术等。如果生产一种商品主要投入的是某种生产要素，我们就称该商品是某种生产要素密集型商品，如劳动密集型商品、资本密集型商品、技术密集型商品等。

对外(国际)贸易商品结构的计算公式如下。

制成品在商品贸易中的比重＝(5~8类商品贸易额/0~9类商品贸易总额)×100%

初级产品在商品贸易中的比重＝(0~4类商品贸易额/0~9类商品贸易总额)×100%

某类商品在商品贸易中的比重＝(某类商品贸易额/商品贸易总额)×100%

一个国家的对外贸易商品结构可以反映出该国的经济发展水平、产业结构状况、科技发展水平等。一般而言，一国出口商品中的工业制成品比重越大，该国在国际分工中的优势地位越明显。一国出口商品构成越是多样化，就越能适应国际市场需求，该国在国际贸易中的地位就相对有利。

国际贸易商品结构可以反映出整个世界的经济发展水平、产业结构状况和科技发展水平等。第二次世界大战(以下简称"二战")后，国际贸易商品结构变化的总趋势是：初级产品的比重逐渐减少，工业制成品的比重不断增加，尤其是技术密集型产品的比重增加得更为迅速。国际贸易商品结构的变化，也是各国经济结构变化的反映。世界科学技术的巨大进步，西方发达国家之间广泛开展水平式的国际分工和生产专业化，对经济结构进行调整，跨国公司从全球战略出发所进行的生产安排，新型国家(地区)在工业化道路上所取得的新进展，这些都是使"二战"后国际贸易中工业制成品比重趋于提高、初级产品比重趋于下降的基本原因。同时，各类商品价格变动的不平衡性，也对国际贸易商品结构的变化产生了重大的影响。国际贸易商品结构的这种变化趋势，对发展中国家极为不利，对发达国家却极为有利。因为初级产品比重下降，意味着以出口初级产品为主的发展中国家在国际贸易中的地位趋于恶化；工业制成品比重增加，意味着以出口工业制成品为主的发达国家在国际贸易中的地位不断提高。

六、对外贸易与国际贸易地理方向

(一) 对外贸易地理方向(Direction of Foreign Trade)

对外贸易地理方向又称对外贸易地区分布或国别构成，是指一定时期内各个国家或地区在一国对外贸易中所占有的地位，其计算方法如下。

$$进口方向＝\frac{从某国或地区的进口额}{该国进口总额}×100\%$$

$$出口方向＝\frac{对某国或地区的出口额}{该国出口总额}×100\%$$

对外贸易地理方向可以指明一国出口商品流向和进口商品来源，从而反映一国与他国(地区)经济贸易联系的密切程度。一国对外贸易地理方向通常受经济互补性、国际分工与贸易政策的影响。

(二) 国际贸易地理方向(Direction of International Trade)

国际贸易地理方向也称国际贸易地区分布，是指世界各洲、各国或各个地区在国际贸易中所占的地位。计算各国在国际贸易中的比重,既可以计算各国的进、出口额在世界进、出口总额中的比重,也可计算各国的进出口总额在国际贸易总额中所占的比重。

国际贸易地理方向按大洲排列次序是:亚洲、欧洲、北美洲、拉丁美洲、非洲、大洋洲。按国家(或地区)排列(2018年)次序是:中国、美国、德国、日本、法国、荷兰、英国、韩国、中国香港、意大利(不包括欧盟),如表1-1所示。

由于对外贸易是一国(地区)与他国(地区)之间发生的商品交换,因此,把对外贸易按商品分类和按国家(地区)分类结合起来分析研究,即把商品结构和地理方向的研究结合起来,可以查明一国(地区)出口中不同类别商品的去向和进口中不同类别商品的来源,其具有重要意义。

表1-1　2018年货物贸易总额排名前十位的国家或地区

排　序	国家或地区	进出口总额(亿美元)	出口总额(亿美元)	进口总额(亿美元)
1	中国	46 230	24 874	21 356
2	美国	42 958	16 747	26 211
3	德国	28 465	15 610	12 855
4	日本	14 871	7 385	7 486
5	荷兰	13 651	7 213	6 438
6	法国	12 551	5 817	6 734
7	英国	11 571	4 840	6 731
8	韩国	11 401	6 049	5 352
9	中国香港	11 342	5 312	6 030
10	意大利	10 462	5 465	4 997

(注: 数据来源为 www.wto.org)

七、对外贸易依存度

对外贸易依存度(Degree of Dependence on Foreign Trade)又称对外贸易系数,是指一国对外贸易额占其国内生产总值(GDP)的比例;是衡量一国经济外向程度的一个基本指标。根据研究对象的不同,对外贸易依存度还可以分为出口依存度和进口依存度,其计算公式如下。

$$对外贸易依存度 = \frac{对外贸易总额}{GDP} \times 100\%$$

$$出口依存度 = \frac{出口总额}{GDP} \times 100\%$$

$$进口依存度 = \frac{进口总额}{GDP} \times 100\%$$

对外贸易依存度反映了一国国民经济对世界经济的依赖程度。

从与外部经济的关系来看,对外贸易依存度越高,表明该国经济发展对外贸的依赖程度越大,国内经济发展容易受到国外经济影响或冲击。当然,这种依存是双向的,一国出口依存度的提高,一方面会使本国对外贸易和经济的发展在一定程度上受到贸易伙伴国经济状况和贸易政策变化的影响,另一方面也会增强该国对其贸易伙伴国的抵御能力,使贸易伙伴国对该国的依存度也相应提高。而对外贸易依存度太低,则说明该国没有充分利用国际分工可能给本国带来的利益。

从与内部经济的关系来看,对外贸易依存度越高,表明对外贸易在该国国民经济中的地位越重要,外贸增长对经济增长的作用越大。

对外贸易依存度是衡量一国经济开放度的参考指标之一,它在一定程度上反映了一个国家对外贸易在国民经济中的重要性。对外贸易依存度受一个国家人口的多少、地域辽阔与否、自然资源多寡等多种要素的影响。应该辩证地看待对外贸易依存度,对外贸易依存度高一方面可以获得更多的比较利益,而另一方面也容易接受国际"负传递",把别国的失业和通货膨胀等转移过来。同时,依存度高的国家最容易受世界市场变化的冲击。

随着经济一体化进程的加速,世界各国经济发展过程中相互依赖、相互影响的程度越来越高,因此世界各国贸易依存度呈上升趋势。世界出口总额占 GDP 的比重分别是:1950 年为 5%,1960 年为 10.5%,1970 年为 14.9%,1980 年为 16.6%,1990 年为 19.9%,2000 年为 29.9%,2012 年达到 31.7%,2015 年为23%,2018 年约为 23.3%。

第三节　中国对外贸易发展概况

新中国成立以来,我国在国民经济发展的基础上,进出口贸易也都得到了发展。这不仅表现在对外贸易额上,而且在对外贸易商品结构和对外贸易地理方向等方面也有很大变化。我国对外贸易的发展大致可划分为以下几个时期。

一、开拓与发展时期(中华人民共和国成立—1957 年)

中华人民共和国成立初期,为了完成恢复国民经济发展的任务,我国及时进口了大量恢复和发展工农业生产以及交通运输所必需的重要物资和原材料,同时组织了农副产品和一些原料产品的出口。我国进出口总额从 1950 年的 11.35 亿美元增长到 1952 年的 19.41 亿美元,年平均增长速度达到 35.5%,其中进口额增长了 91.8%,对外贸易的发展对恢复和发展国民经济起到了积极作用。

1953 年至 1957 年是我国国民经济发展的第一个五年计划时期,这一时期我国对外贸易的主要任务是:围绕国家工业化的中心任务,有计划地扩大内外物资交流,积极增加出口,换回我国生产、建设所需的机器、工业器材、原料以及其他重要物资;增加重要物资的进口。根据这一任务,我国组织进口了 100多个大型项目,以及工业化所必需的工业器材和原料等。同时根据平等互利的原则,积极开展同东南亚、非洲国家和我国香港地区的贸易,进口了橡胶等重要物资。到 1957 年,生产资料进口的比重已高达 92%,其中机械设备的比重就高达 52.5%。出口商品结构也有了很大变化,除了出口传统的农副土特产品外,还增加了许多新产品,到 1957 年,重工业产品占总出口的 24.3%,轻工业产品占 22.7%。1957 年,我国进出口总额达 31.03 亿美元。另外,从 1956 年起,我国扭转了几十年来的贸易逆差局面,实现了贸易顺差。

二、波折起伏时期(1958—1978 年)

1958 年至 1962 年是我国国民经济发展的第二个五年计划时期,这一时期对外贸易的任务是有计划地组织有关物资的出口,以保证国家建设所必需的设备和器材的进口,保证进出口物资的平衡。1957 年我国开始举办广州出口商品交易会，首次派出数十个出国贸易小组，分赴西欧、东南亚、苏联和东欧国家推销出口商品，由此使 1958 年和 1959 年的出口总额分别比上年增长 24% 和 14.13%，1959 年进出口贸易总额猛增到 43.81 亿美元。

到了 20 世纪 60 年代初，对外贸易的发展出现了停滞，1960 年至 1962 年间无论是出口额还是进口额都下降了。为了适应国际经济形势的变化，克服国内经济困难，我国从西方大量进口了粮食、糖、油、化肥等支援国内市场和农业生产的重要物资。同时适应当时国际商品市场的需要，改进了出口商品工艺，从而成功地打开了日本、西欧等国的市场，到 1965 年，出口总额已恢复到 22.28 亿美元，接近中华人民共和国成立以来的最高水平；进口总额恢复到 42.45 亿美元，比起 1962 年增长了 59.4%。

自 1967 年开始我国对外贸易的发展再度出现停滞，出口贸易额连续 4 年下降，1969 年对外贸易额只有 40.29 亿美元，比 1966 年下降 12.7%，到 1971 年才有所好转。1970 年后，国民经济有所恢复，加上当时有利的国际形势，对外贸易额不断上升，1975 年进出口总额达 147.5 亿美元，创新中国成立以来的最高水平。这期间大量进口了工业生产用的原材料，出口中工矿产品比重增加，从 1973 年我国开始出口石油，从 1975 年开始石油成为出口创汇最多的商品。这一时期冶金、煤炭、化工等重点行业都提出了以引进项目为核心的发展规划，当时的进出口主要是为这些工业建设目标服务的。

三、蓬勃发展时期(1978 年至今)

1978 年以来，特别是党的十一届三中全会以后，党中央认识到发展对外经济贸易是我国现代化建设的一个重要战略问题，因而明确提出要大力发展对外经济关系。在这一方针的指引下，我国确立了实行对外开放的经济政策，要求把对外贸易做好、做大、做活，从此我国的对外贸易进入了一个新的发展时期。

(一) 当代中国对外贸易发展特点

1. 对外贸易迅速发展，在国民经济中的地位日益重要，对外贸易总额增长速度大于 GDP 增长速度

改革开放以后，我国进出口贸易发展迅速，1978 年进出口贸易总额仅约 200 亿美元，1988 年就突破 1 000 亿美元，1999 年达到 3 250.6 亿美元，2001 年我国正式加入世界贸易组织后，对外贸易发展进一步提速，2004 年货物进出口贸易总额超万亿，达 11 547.4 亿美元。2009 年超过 2 万亿，2011 年超过 3 万亿，2013 年我国货物进出口贸易总额达到 4.16 万亿美元，超过美国，成为世界第一货物贸易大国。此外，我国对外贸易依存度不断上升，1980 年我国的外贸依存度只有 12.4%，此后逐年上升，到 2008 年达到最高点 76%。这一方面说明我国对外贸易增长速度大于 GDP 增长速度，对外贸易对我国经济增长的促进作用越来越大；另一方面也说明我国经济增长对外部经济的依赖程度越来越高。而 2009 年以后对外贸易依存度的下降则主要归因于我国 GDP 核算方式的调整、2008 年美国次贷危机及 2010 年欧洲主权债务危机、2010 年以后世界整体经济萧条等因素的影响。改革开放后中国历年进出口贸易总额及外贸依存度如表 1-2 所示。

表 1-2 改革开放后中国历年进出口贸易总额及外贸依存度

年 份	进出口总额(亿美元)	贸易差额(亿美元)	外贸依存度
1980	381.4	−19	12.4
1988	1 027.9	−77.5	27.2
1998	3 239.2	436	40

年 份	进出口总额(亿美元)	贸易差额(亿美元)	外贸依存度
2002	6 207.7	303.5	50.3
2004	11 547.4	319.8	69.8
2007	21 738.3	2 622	66.2
2008	25 616.3	2 954.7	76
2009	22 072.7	1 960.7	44.9
2010	29 727.6	1 831	49.2
2011	36 420.6	1 551.4	48.6
2012	38 667.6	2 331	46.8
2013	41 600	2 597.5	45.3
2014	43 026	3 824.6	41.5
2015	39 586.4	5 945	36.3
2016	36 849.3	5 099.6	33.5
2017	41 044.7	4 225.1	33.1
2018	46 230.4	3 517.6	34.5

(资料来源: 进出口总额、贸易差额来自海关统计数据, 外贸依存度根据海关和统计局公布数据计算得来。)

2. 中国对外贸易增长速度远大于世界贸易增长速度, 我国对外贸易在世界贸易中的地位不断提高

1980 年我国对外贸易排名为世界第 28 位, 到 1997 年我国已跻身世界十大贸易国行列, 2000 年, 我国进出口贸易排名上升到世界第 7 位, 2004 年一跃成为世界第三, 2010 年居世界第二, 2013 年已超过美国成为世界第一并保持至今。中国对外贸易在世界上的排名上升情况如表 1-3 所示。

表 1-3 中国对外贸易在世界上的排名

年 份	世 界 排 名
1980	28
1997	10
1998	9
2000	7
2002	5
2003	4
2004	3
2010	2
2013 年至今	1

(资料来源: 数据根据 www.customs.gov.cn、www.stats.gov.cn、www.wto.org 等网站资料整理而来。)

3. 1990 年后，我国对外贸易总体上保持贸易顺差

从 1990 年至今，除 1993 年贸易逆差为 122.2 亿美元外，其他年份我国都保持贸易顺差，且在 2008 年金融危机之前，贸易顺差额度不断扩大。持续的贸易顺差为我国巨额外汇储备的积累起到了决定性作用。我国贸易顺差的主要来源地为欧盟、美国等。

4. 服务贸易规模不断扩大，对外服务贸易总额在世界服务贸易总额中所占比重不断扩大，全球排名逐年上升

改革开放前，我国服务业未能随着经济发展取得相应的发展。改革开放以后，我国逐渐认识到服务业的重要性，加快了服务业的发展步伐，2012 年，我国服务业现价增加值占国内生产总值的比重达到45.5%，首次超过第二产业，成为国民经济第一大产业。但由于起步晚，到目前为止我国服务业仍比较落后，2015 年我国服务业增加值占国内生产总值的比重达到50.5%，但仍远低于美英日等发达国家水平(2013年该比重美国为 78.1%，英国为 78.4%，日本为 72.6%)。由于产业基础薄弱，我国服务贸易发展起步也较晚，但增长势头较好。1995 年我国服务贸易总额为 430 亿美元，1999 年为 587 亿美元，2010 年为 3 624亿美元，2010 年为 3 624亿美元，2015 年为 6 505.5 亿美元，到 2018 年，中国服务进出口总额达 7 856.6亿美元，世界排名为第 2 位。其中，出口 2 650.9 亿美元，进口 5 205.7 亿美元，全年实现服务贸易逆差 2 554.8亿美元。逆差主要集中在运输服务、旅游、保险服务、专有权利使用费和特许费领域；咨询、计算机和信息服务、建筑服务则实现较大数额的顺差。中国服务贸易进出口总额及世界排名情况如表 1-4 所示。

表 1-4　中国服务贸易进出口总额及世界排名情况

年　份	进出口总额(亿美元)	贸易差额(亿美元)	占世界比重(%)	进出口总额世界排名
1982	44	6	0.6	32
1990	98	16	0.6	30
1995	430	−62	1.8	15
2000	660	−58	2.2	12
2005	1 571	−93	3.2	9
2007	2 509	−77	3.9	5
2010	3 624	−219	5.1	3
2012	4 706	−897	5.4	3
2014	6 043.4	−1 599.2	6.2	2
2015	6505.5	−2 154.1	6.8	2
2016	6575.4	−2409	6.8	2
2017	6905	−2377	6.7	2
2018	7856.6	−2554.8	6.9	2

(资料来源：数据根据 www.wto.org、www.catis.org.cn 等网站资料整理而来。)

5. 出口商品结构有了明显改善

改革开放以后，我国进出口贸易规模迅速扩大的同时，进出口商品结构也得到明显改善。以出口商品结构为例，在我国出口贸易中，制成品比例不断上升，初级产品比重不断下降，如表 1-5 所示。

表 1-5　中国出口商品结构的变化

年　　份	工业制成品(%)	初级产品(%)	机电产品/出口总值(%)	高新技术产品/出口总值(%)
1980	49.7	51.3	7.7	-
1985	50.6	49.4	6.1	-
1990	74.4	25.6	17.9	-
1995	86.4	13.6	-	6.8
2000	89.8	10.2	42.3	14.9
2001	90.1	9.9	49.9	17.4
2005	93.6	6.4	56	28.6
2009	94.8	5.2	-	31.4
2012	94.7	5.3	50.7	29.3
2015	95.4	4.6	57.7	28.9
2016	95	5	57.7	28.8
2017	94.8	5.2	58.3	29.5
2018	-	-	58.9	30.1

(资料来源: 数据根据 www.stats.gov.cn、www.sina.com.cn、www.sohu.com 等网站资料整理而来。)

改革开放之后, 21 世纪之前, 我国出口商品结构已经历两次大的跨越, 一次是 1986 年, 纺织服装取代石油成为中国第一大比重类的出口产品, 标志着中国摆脱了以资源为主的出口结构, 进入了以劳动密集型制成品为主导的时代; 还有一次是 1995 年, 中国机电产品超过了纺织服装产品成为最大比重类的出口品, 标志着中国出口商品结构的又一次升级。

21 世纪之后, 我国出口贸易的多元化得到较快发展, 我国出口商品也经历了一个由初级产品向制成品快速转换、主导出口产品从单一的资源性和轻纺产品逐渐向机电和高新技术等出口产品多样化发展趋势的转变。制成品出口几乎遍布从低技术密集度的纺织品到高科技的电子和计算机产品等所有贸易部门。

6. 商品流向集中度高

从洲别来看, 我国对外贸易主要集中在亚洲、欧洲和北美, 其中亚洲占 50%以上。2017 年中国与亚洲各国(地区)的贸易总额达 21 265.2 亿美元, 同比增长 9.2%, 占全国外贸总额的 51.8%。在中国的前十大贸易伙伴中, 亚洲国家和地区占据 5 席。

从国别(地区)来看, 近年来我国对外贸易主要集中在欧盟、美国、东盟、日本、韩国、中国香港地区、中国台湾地区、澳大利亚、巴西和俄罗斯等国家或地区, 与前十大贸易伙伴的进出口额约占我国对外贸易进出口总额的 75%。

(二) 中国对外贸易发展过程中存在的一些问题

当代中国对外贸易虽然取得了巨大进展, 但从总体上说仍处于低水平、粗放型发展阶段, 存在一些不容忽视的问题。

1. 随着中国在世界贸易中所占份额的增大，与贸易伙伴的贸易摩擦也在迅速增多

截至 2018 年，中国已经连续 23 年成为遭遇贸易摩擦最多的国家，而且中国遭遇的贸易摩擦形式不断地翻新，涉及的产业不断扩大，发起贸易摩擦的国别也不断地增加。

2. 出口商品结构有待进一步优化

我国出口的工业制成品中主要是劳动密集型和资源依赖型制成品，技术密集型产品的出口近年来虽然有所上升，但仍然处于非主导地位，而且中国出口技术复杂度与发达国家相比尚存在一定差距，特别是在高新技术密集型出口产品领域，差距较大，而目前对发达国家的追赶，主要表现在低、中等技术密集型产品领域。

3. 进出口市场分布错位

从中国出口十大市场和进口十大市场的分布来看，出口主要市场与进口主要市场之间的错位是显著的。我国的出口市场主要集中在发达国家(地区)，而进口主要来源除了欧盟外，主要集中在亚洲国家(地区)，因而对主要发达国家(地区)保持顺差，而对亚洲地区的贸易伙伴存在较大逆差。几个重要贸易伙伴的进出口不平衡较严重。我国进出口市场的错位分布是由国际分工格局和进出口商品结构决定的。

4. 服务贸易逆差进一步扩大，与发达国家差距较大

从国际贸易的发展现状看，服务贸易已经成为世界贸易中重要的组成部分，发展服务贸易已经成为美国等发达国家平衡外汇收支、增加就业、降低资源能源消耗、减少污染的重要经济政策。其中旅游、保险、银行、电讯发展尤为迅速。在世界服务市场上，美国的服务业最具竞争力。从 1976 年起，美国就一直保持服务贸易顺差地位，并且服务贸易总额一直居于世界首位。

我国服务贸易结构不合理，国际竞争力不强，服务贸易逆差逐年增大(见表1-4)。与英美两国相比，我国服务贸易在贸易结构的合理性，以及服务贸易竞争力方面差距明显。特别是在贸易结构方面，近些年来虽然有所优化，但进展缓慢。英美两国在运输服务和旅游服务等方面的产值远远低于其他服务所创造的产值；而在中国，除运输服务和旅游服务之外的其他服务占当年服务贸易出口总额的比例小于上述两者所占比例之和。这说明，我国服务贸易的优势部门主要集中在运输、旅游等传统服务领域。另外，虽然英美两国在运输服务领域一直处于逆差中，但两者在其他服务领域中，均处于顺差。我国在其他服务贸易中逆差额虽然逐年减少，但仍存在运输和服务贸易占比过大的问题，同时也表明我国服务贸易出口结构不合理的现象尚未得到改变。

总体来说，为了促进中国对外贸易再上一个新台阶，更好地发挥促进国民经济增长的战略作用，中国应进一步深化外贸体制改革、继续改善进出口商品结构，大力推进出口市场多元化，逐步开放服务贸易，提高我国经济整体开放度和国际竞争力，实现从贸易大国到贸易强国的转变。

【课后拓展】

商务部发布《中国对外贸易形势报告(2018 年秋季)》

2018 年 11 月 12 日，商务部综合司和国际贸易经济合作研究院联合发布《中国对外贸易形势报告(2018 年秋季)》。报告回顾了 2018 年前三季度中国外贸运行情况，展望了 2018 年全年和 2019 年中国外贸发展趋势。

2018 年前三季度，中国对外贸易保持稳中向好态势，增速总体平稳，结构持续优化，动力加快转换，发展的质量和效益稳步提升。当前中美贸易摩擦对中国外贸影响总体有限。报告认为，当前国际市场需求较为稳定，国内进口需求稳步增长，中国外贸具备保持平稳增长的基础条件。

报告指出，从外部来看，2019 年中国外贸发展面临的环境更加严峻复杂，主要表现在 4 个方面。

(1) 世界经济下行风险增大。从周期角度看，主要经济体工业生产、制造业采购经理人指数等重要指标纷纷出现减速趋势，发达经济体房地产市场涨幅趋缓，显示经济由较快增长转为平稳增长。从政策角度看，美国特朗普政府减税政策的刺激效应逐渐减退，美欧等发达经济体还在收紧货币政策，全球宏观经济政策支撑经济增长的力度减弱，而抑制作用明显增强。特别是一些新兴经济体自身经济结构性矛盾突出，又受到发达经济体收紧货币政策外溢效应影响，经济金融形势严峻，成为威胁世界经济稳定增长的重要风险。全球科技创新迅猛发展，新能源技术、新一代信息技术、智能制造技术等方兴未艾，新业态新模式不断涌现，深刻地改变了人类生产生活方式，但短期内也在一定程度上加剧结构性失业等问题。

(2) 保护主义威胁全球贸易稳定增长。近年来，随着一些国家"逆全球化"思潮涌动，贸易保护主义抬头，对外贸易政策更加保守，贸易限制措施增多。在主要经济体中，美国的贸易保护主义行为最为突出。全球贸易预警(Global Trade Alert)统计数据显示，2018 年 1—7 月，美国出台的保护主义措施占全球比重达到 33%。其他一些经济体的贸易保护主义也趋于上升态势，全球贸易面临的政策环境出现不利变化，保持稳定增长难度较大。

(3) 国际金融和商品市场波动可能加剧。从经济基本面看，世界经济增长下行风险增大，企业和投资者信心出现回落，金融投资和实体经济投资都更趋谨慎，对金融资产和大宗商品价格形成抑制，但能源资源生产成本上升，又会对大宗商品价格形成支撑。从流动性环境来看，发达经济体加快紧缩货币政策，路透社预计各国央行 2019 年计划从市场撤出的资金规模将超过注资规模，全球流动性收紧将冲击金融和商品市场价格稳定。从地缘政治形势看，石油输出国组织减产、美国重启对伊朗制裁等因素加剧油价波动，甚至可能在一定程度上威胁全球能源供应稳定；英国脱欧日期临近，双方迟迟未能达成协议，影响欧洲和全球金融市场信心。特别是，国际金融市场和大宗商品市场联系密切，一个市场的波动会很快传导至另一个市场，形成放大效应，对世界经济贸易产生不利影响。

(4) 国际贸易规则面临重塑。多边贸易体制面临困境，不少成员推动改革，但关于改革的方向和举措尚未达成一致意见。区域和双边贸易谈判出现一些重要新趋势，美欧同意开展"零关税、零非关税壁垒、非汽车工业零补贴"的贸易谈判；美韩签署新版自贸协定；美日就启动货物贸易协定谈判达成协议；欧盟与新加坡签署自贸协定；"美墨加"达成新的自贸协定，纳入了针对所谓"非市场经济体"的条款。跨境电商等新业态新模式在快速发展的同时，面临的监管和限制也在增多。美国启动退出万国邮政联盟程序，各国对美跨境电商出口的快递物流成本可能增加。

报告指出，从内部来看，尽管劳动力、土地等要素成本还在上升，一些进出口企业遇到暂时困难，但中国外贸发展的基本面良好，政策环境不断改善，保持平稳发展、质量提升是有基础、有条件的。

(1) 中国经济高质量发展为外贸发展奠定了坚实基础。党的十九大作出中国经济已由高速增长阶段转向高质量发展阶段的重大判断，对贯彻新发展理念、建设现代化经济体系作出重大部署。供给侧结构性改革深入推进，优化了劳动力、资本等生产要素配置，有力地改善了企业经营环境。2018 年前三季度，全国工业产能利用率为 76.6%，与上年同期持平，企业成本和杠杆率均有所降低。经济发展新动能不断增大，新技术、新产业、新业态、新模式孕育成长，传统产业加快改造提升，参与高水平国际竞争的能力不断增强。中国经济的需求结构发生重大调整，消费成为经济增长第一拉动力，2018 年前三季度最终消费支出对经济增长的贡献率为 78%。

(2) 中国进出口企业积极主动培育竞争新优势。近年来，面对国际市场竞争日益激烈、国内要素成本不断提高的形势，广大进出口企业主动转动力调结构，积极推进创新发展，加大自主品牌、自主知识产权产品研发投入力度，运用智能制造等先进技术改进生产流程，积极拓展国际营销网络，综合竞争力不断提升。得益于广大企业的主动作为，中国出口主导产业转型升级步伐加快，装备制造业、高新技术产业等资本技术密集型产业重要性日益凸显，高附加值产品出口保持较快增长。一批企业抓住新一轮科技革命和产业变革的机遇，发展跨境电子商务、外贸综合服务、市场采购贸易等外贸新业态新模式，取得明显成效。

(3) 全面扩大开放拓展了进出口市场空间。中国已与130多个国家和国际组织签署了共建"一带一路"合作协议，新兴市场和发展中国家在中国外贸格局中的地位还将不断上升，多元化国际市场布局将进一步优化。在自由贸易区建设方面，中国已与25个国家和地区达成了17个自贸协定，自贸伙伴遍及欧洲、亚洲、大洋洲、南美洲和非洲。2017年，中国与自贸伙伴的贸易额占中国对外货物贸易、服务贸易的比重分别达到25%和51%。随着自贸"朋友圈"扩大，中国外贸将迎来新的更大发展机遇。在扩大进口方面，首届中国国际进口博览会在上海举行，共有172个国家、地区和国际组织参会，3 600多家企业参展，带来了大量优质商品和服务，为丰富国内市场供应、满足进口需求创造了良好条件。2018年，中国多次降低进口关税，关税总水平由2017年的9.8%降至7.5%，平均降幅达23%，将有力地促进外贸平衡发展。

(4) 外贸政策支持力度进一步加大。中国政府高度重视外贸发展，面对当前复杂国际形势，制定实施了一系列支持政策。2018年9月18日，国务院常务会议确定促进外贸增长和通关便利化的措施，提出推进更高水平贸易便利化，2018年将进口和出口整体通关时间、进出口监管证件再压减1/3并降低通关费用，削减进出口环节审批，清理规范涉企收费；进一步降低进出口企业成本，完善出口退税政策，加快出口退税进度，降低出口查验率，扩大出口信用保险覆盖面，鼓励金融机构增加出口信用保险保单融资和出口退税账户质押融资、加大对外贸企业尤其是中小微企业信贷投放，鼓励和支持企业开拓多元化市场，扩大国内企业需要的原材料进口。2018年10月8日，国务院常务会议又确定完善出口退税政策加快退税进度的措施，为企业减负保持外贸稳定增长。中国政府积极培育外贸新业态新模式，目前跨境电商综合试验区总数达到35个，市场采购贸易方式试点达到14个，外贸综合服务企业发展政策不断完善。这些政策举措将进一步巩固和提振进出口企业信心，激发企业活力。

综合分析，2019年中国外贸发展既面临严峻挑战，也蕴含新的发展潜力。商务部将全面贯彻党的十九大和十九届二中、三中全会精神，按照党中央、国务院决策部署，贯彻新发展理念，以供给侧结构性改革为主线，落实高质量发展要求，推动落实国务院出台的一系列外贸政策，减轻进出口企业负担，同时加快贸易强国建设进程，推进"五个优化""三项建设"，积极培育贸易新业态新模式，努力保持外贸平稳发展、质量提升，为实现国民经济和社会发展预期目标作出积极贡献，为实现"两个一百年"奋斗目标和中华民族伟大复兴的中国梦贡献力量。(资料来源：www.mofcom.gov.cn)

复习思考题

一、名词解释

1. 对外贸易　　2. 转口贸易　　3. 现汇贸易　　4. 跨境电子商务

5. 补偿贸易　　6. 贸易差额　　7. 贸易条件　　8. 对外贸易依存度

二、不定项选择题

1. 剔除了价格变动的影响，单纯反映对外贸易规模的指标是(　　)

    A. 对外贸易额   B. 对外贸易量

    C. 贸易差额   D. 对外贸易依存度

2. 2018年某国进口总额为5 680亿美元，出口总额为7 500亿美元，则该国当年贸易差额是(　　)。

    A. 逆差1 820亿美元   B. 逆差13 180亿美元

    C. 顺差1 820亿美元   D. 顺差13 180亿美元

3. 下列各项中，反映各国或地区在国际贸易中的地位的是(　　)。

    A. 对外贸易依存度   B. 国际贸易商品结构

    C. 对外贸易地理方向   D. 国际贸易地区分布

4. 关于对外贸易差额，下列说法正确的有(　　)。

    A. 贸易平衡是指货物贸易额等于服务贸易额

    B. 进口贸易总额超过出口贸易总额称为贸易逆差

    C. 出口贸易总额超过进口贸易总额称为贸易顺差

    D. 对外贸易差额是指一国货物贸易额与服务贸易额的差额

    E. 对外贸易差额是指一定时期内一国出口总额与进口总额的差额

5. 以2010年为基期，2018年某国进口价格指数为150，出口价格指数为130，则该国2018年的贸易条件指数是(　　)。

    A. 20   B. 87   C. 115   D. 130

6. 一定时期内，若一国一定量商品出口所能换得的进口商品数量减少，则该国的贸易条件(　　)。

    A. 恶化   B. 不变   C. 改善   D. 不明确

7. 进口总额超过出口总额时称为(　　)。

    A. 贸易顺差   B. 贸易入超

    C. 贸易逆差   D. 贸易出超

    E. 贸易赤字

三、计算题

1. 2018年，中国的出口贸易额是2.49万亿美元，进口贸易额是2.14万亿美元，中国的GDP是90.03万亿元人民币，假设全年的平均汇率是1美元＝6.6174人民币元，试分别计算2018年中国的对外贸易依存度、出口依存度及进口依存度。

2. 假设其他条件忽略不计，甲、乙两国贸易商品为石油与机电产品，甲国出口石油给乙国，乙国出口机电产品给甲国，并假设以2010年为基期。2018年，石油价格指数下降了40%，机电产品价格指数下降了15%，问：甲、乙两国2018年贸易条件指数各是多少？这说明了什么问题？

第二章

对外贸易政策及其理论演变

【课前导读】

对外贸易政策是指一国政府根据本国的政治经济利益和发展目标而制定的在一定时期内的进出口贸易活动的准则。对外贸易政策主要有自由贸易政策和保护贸易政策两种类型,各国政府在不同时期会根据世界政治经济形势和本国政治经济状况的不同而选择不同的对外贸易政策。因此,对外贸易政策研究,实质上就是对各国对外贸易政策演变历史和规律的考察研究。

各种对外贸易政策都是建立在一定的理论基础之上的,这些贸易理论都是经过长期的历史演变发展到今天的。其中,支持自由贸易政策的理论主要有绝对优势理论、比较优势理论、要素禀赋论等;而保护贸易理论则包括保护幼稚工业论、超保护贸易理论和战略性保护贸易理论等。掌握这些理论有助于加深对一国对外贸易政策的理解。

【要点提示】

1. 对外贸易政策的概念、类型
2. 对外贸易政策的历史演变与发展
3. 自由贸易理论的类型及理论观点
4. 保护贸易理论的类型及理论观点

第一节　对外贸易政策概述

一、对外贸易政策的含义、类型及制定

(一) 对外贸易政策的含义及构成

一国的对外贸易活动总是在一定的对外贸易政策的指导下进行的。对外贸易政策(Foreign Trade Policy)是指一国政府根据本国的政治经济利益和发展目标而制定的在一定时期内的进出口贸易活动的准则。它集中体现为一国在一定时期内对进出口贸易所实行的法律、规章、条例及措施等。对外贸易政策是一国经济政策和对外政策的重要组成部分,是为促进本国经济发展和外交政策服务的。各国制定对外贸易政策的目的在于:保护本国市场,扩大本国产品的出口市场,提高本国产品的竞争能力,促进本国经济发展,维护本国对外的政治经济关系。

国际贸易与国际金融(第三版)

不同的国家有不同的对外贸易政策，但各国的对外贸易政策一般都是由以下3部分组成。

1. 对外贸易总政策

对外贸易总政策包括进口总政策和出口总政策。它是一国从经济的整体利益出发，在较长时期内实行的对外贸易总的原则、方针和战略，通常与一国的经济发展战略相联系。

2. 进出口商品政策

进出口商品政策是一国根据对外贸易总政策及国内产业结构、不同商品在国内外的供求情况、物价和就业等因素分别制定的针对不同商品所实行的不同政策，通常与一国的产品发展战略紧密相连。

3. 对外贸易国别政策

对外贸易国别政策是一国根据对外贸易总政策、与他国的政治经济关系而具体制定的对不同国家或地区实行区别对待的贸易政策。

对外贸易总政策、进出口商品政策和对外贸易国别政策 3 部分内容相互交织，后两者离不开对外贸易总政策的指导，而对外贸易总政策则必须通过具体的进出口商品政策和对外贸易国别政策来体现。

(二) 对外贸易政策的类型

从对外贸易发展的历史和实践来看，对外贸易政策有自由贸易政策和保护贸易政策两种基本类型。

1. 自由贸易政策(Free Trade Policy)

自由贸易政策是指国家取消对进出口商品和服务的限制和障碍，取消对本国进出口商品和服务的优惠与特权，使商品和服务能够自由进出口，各国的商品、服务和有关要素都能够在国内外市场上实现自由竞争。即既不鼓励出口，也不限制进口。

自由贸易政策的优点在于：运用恰当则可以减少甚至消除人为干预对经济的扭曲，因而更有利于资源在世界范围内的有效配置，形成有利的国际分工，有助于贸易各国和全球的经济增长及整体福利的增加，总体来说更符合经济发展的内在规律。对一国来说，实行自由贸易政策有利于本国经济在国际竞争中成长，为生产者提供强大动力，为消费者提供物美价廉的商品，从而减少国民开支，促进本国资本积累，提高经济效益。

自由贸易政策的缺点在于：对一国来说，自由贸易政策运用不当会使本国的新兴工业遭到强大冲击，会使本国工业部门得不到发展，进而造成失业猛增，国内经济政治形势不稳定。此外，由于各国经济发展不平衡，自由贸易给各国带来的得失有较大差距，发达国家获益较多，而发展中国家在国际分工中处于不利地位。

2. 保护贸易政策(Protective Trade Policy)

保护贸易政策是指国家采取各种措施限制外国商品和服务的进口，限制外国生产要素参与本国市场的竞争，以保护本国商品和服务在本国市场上免受外国商品和服务的竞争，并对本国出口商品和服务给予优惠与补贴，以鼓励其出口。即鼓励出口，限制进口。

保护贸易政策的优点在于：运用恰当则有利于受保护的产业在阻力较小的环境中成长，能够保护本国幼稚产业；有利于保护本国生产力的发展，改善国内经济结构；有利于经济增长和资源动态优化配置；有利于改善贸易条件、改善国际收支和增加就业等。

保护贸易政策的缺点在于：一国实行保护贸易政策会提高国内市场产品价格，使消费者利益受损害；运用不当还会导致本国受保护的产业竞争力下降，长期处于落后状态，难以应对竞争对手的冲击，不能适应世界市场的急剧变化，长此以往，会使国民经济的应变能力下降。

两种贸易政策各有利弊，如何取舍关键在于本国经济发展的需要和国际经济环境的要求。从经济史

24

上来看，作为自由贸易对立面的保护贸易的产生就是为了解决自由贸易所不能解决的有关经济发展的现实问题，所以保护贸易政策虽然从长远来看不利于本国和世界贸易、世界经济的发展，但在特定国家和特定时间里还是有实行的必要的。总之，自由贸易虽然更符合经济发展规律，但是出于保护本国经济发展、保障国家安全和保护本国人民健康等经济和非经济方面的种种目标，采取保护贸易的措施以达到一定的目的，仍是国际贸易中的普遍现象。

自由贸易政策和保护贸易政策既相互对立、排斥，又相互依存、协调，是一个对立统一的政策体系。纯粹的自由贸易政策或保护贸易政策在现实中并不存在，即使是许多标榜自由的发达国家，也总是或多或少、或明或暗地对本国的某些产业进行保护。实践中各个国家和地区所实行的对外贸易政策均是两者有机结合的统一体，即两种政策的组合，只不过是在不同时期根据不同的经济条件和经济目标有所侧重而已。因此，任何国家和地区在进行有关自由贸易政策或保护贸易政策的决策时，都需要把握好一定的度。各国贸易政策的制定，实际上是在自由贸易政策和保护贸易政策之间进行的选择和搭配。

(三) 对外贸易政策的制定与执行

一国的对外贸易政策是该国经济政策和外交政策的重要组成部分。一国通过对外贸易政策影响其对外贸易规模、结构、流向和利益分割，既要体现该国的政治外交原则，又要维护本国的经济贸易利益。因此，一国在制定具体的对外贸易政策时应考虑以下因素。

(1) 国际政治经济环境和一国的外交需要。在经济繁荣时期，自由贸易政策往往会居于主导地位；而在经济停滞时期，一般来说保护贸易政策占主导地位。同时，为了满足一定的政治与外交的需要，一国在一定时期内会对某些国家采取相对歧视的政策。

(2) 国家经济力量的强弱。一般来说，经济比较发达、国际竞争力较强的国家，总体上倾向于自由贸易政策，而经济较落后的国家则倾向于保护贸易政策。

(3) 国家经济发展战略。外向型经济国家一般会采取开放型的自由贸易政策；内向型经济国家则会采取保护贸易政策。

(4) 一国经济利益集团的影响。不同的贸易政策对不同的利益集团带来不同的影响。一般来说，自由贸易政策有利于出口集团，保护贸易政策则有利于与进口商品有着激烈竞争的经济利益集团。

(5) 本国的经济结构与比较优势。一般国家对本国具有比较优势和在国际市场上具有一定竞争力的产业部门，倾向于采用自由贸易政策；而对本国的幼稚产业或战略产业，则倾向于采用保护贸易政策。

(6) 本国的国际收支及贸易差额情况。本国的国际收支出现大量逆差时往往倾向于采用贸易保护的措施，反之则倾向于实行贸易自由化。

(7) 本国在多边或双边协议中的权利和义务。本国在多边或双边协议中所承担的义务及享受的相应权利，也会影响到对外贸易政策的制定。

(8) 各国政府领导人的经济思想和奉行的贸易理论。通过研究历史我们也可以发现，不同的政府领导人有不同的政策主张，这使得各国和地区在不同时期的对外贸易政策也有所不同。

各国对外贸易政策一般是通过以下方式执行的。

(1) 通过海关对进出口贸易进行管理。

(2) 国家广泛设立各种机构，负责促进出口和管理进口。

(3) 国家政府出面加入各种国际机构与组织，进行国际经济贸易等方面的协调工作。

二、对外贸易政策的历史演变与发展

一国的对外贸易政策会随着世界政治经济形势及国际关系、本国在国际分工体系中的地位以及本国商品在国际市场上竞争能力等因素的变化而不断进行调整。因此，同一时期不同的国家、同一国家在不同时期往往实行不同的对外贸易政策，从而使对外贸易政策的演变与发展具有明显的阶段性。

(一) 中世纪时期：鼓励进口的政策

在 11 世纪至 15 世纪期间，西欧各国实行的对外贸易政策与其他时期明显不同，各国大都奉行的是鼓励进口，限制甚至禁止出口的政策。因为当时许多国家生产力还较为低下，物资短缺情况严重。制定鼓励进口政策是为了维持国内生活必需品特别是粮食的供应，建立强大的军事力量，增加政府的财政收入。这一时期各国采取的对外贸易政策措施主要是：不仅对进口征税，而且对出口也征税，甚至禁止出口；建立市场、集市和中心贸易城镇以吸引外国商人，在进口方面展开相互竞争，同时增加税收。

(二) 资本主义生产方式准备时期：重商主义的保护贸易政策

15 世纪至 17 世纪的欧洲正处在资本主义生产方式准备时期。为了完成资本的原始积累，英法等资本主义国家信奉重商主义的学说和政策，积极推行国家干预对外贸易的做法，采用严厉的贸易保护主义措施，认为金银货币是财富的唯一形态，财富来源于流通领域。因此，这一时期的国家经济政策和一切社会经济活动都是为了获得金银货币，各国均以在对外贸易领域追求贸易顺差的方式来增加本国的金银货币。

(三) 资本主义自由竞争时期：自由贸易政策和保护贸易政策并存

18 世纪中叶至 19 世纪末，资本主义进入自由竞争时期，在资本主义经济基础上建立了适合工业资产阶级利益的对外贸易政策。但是由于各国工业发展水平的不同，在世界市场上的竞争地位不同，所采取的贸易政策也不完全相同。例如英国实行的是自由贸易政策，而美、法、德等后进的资本主义国家实行的是保护幼稚工业的保护贸易政策。从总体上说自由竞争的资本主义时期，是资本主义经济增长较快的历史时期，当时西方国家的对外贸易政策以自由贸易政策为主要特征，即使实行保护贸易政策的国家，也将保护贸易措施的实施看作是对自由贸易的一种过渡。

(四) "二战" 前的垄断资本主义时期：超保护贸易政策

19 世纪末 20 世纪初，国际经济制度发生了很大的变化，自由竞争资本主义被垄断资本主义代替，而且各主要资本主义国家普遍完成了产业革命，工业得到迅速发展，世界市场的竞争日趋激烈。尤其是 1929 年至 1933 年间的世界性经济危机，使市场的争夺进一步尖锐化。于是各主要资本主义国家为了垄断国内市场和争夺国外市场，纷纷转而实行侵略性的保护贸易政策(又叫超保护贸易政策)，其政策依据主要是凯恩斯主义的经济思想。

超保护贸易政策是指国家以补贴、倾销等方式扩大出口，以关税和非关税措施限制进口，垄断国内市场，争夺世界市场，追求贸易顺差的带有进攻和垄断性质的贸易保护政策。

超保护贸易政策与垄断前资本主义时期的保护贸易政策有许多不同：一是其保护的对象不仅包括国内的幼稚工业，而且包括高度发展的垄断工业；二是其目的不仅是要保护国内市场和培养自由竞争的能力，而且是要占领国外市场，巩固和加强对国内外市场的垄断；三是其性质不是防御性的，而是进攻性的；四是其手段不仅包括提高关税，还包括种类繁多的非关税壁垒；五是不仅限制外国商品进入本国市场，以维持商品的垄断高价来保持高额利润，同时，还将部分垄断高额利润作为补贴，以倾销价格向国外进行倾销，占领国外市场，将生产扩大到最大限度。可见，进攻性和侵略性是超保护贸易政策的突出特征。

三、当代主要西方国家对外贸易政策及其发展趋势

(一)"二战"后的贸易自由化时期

"二战"后，世界政治经济理论发生了很大变化。由于美国的经济实力空前提高，强大的经济实力和日益膨胀的经济对外扩张需求使其一直致力于在全球范围内推行贸易自由化。在它的倡导下，旨在推动贸易自由化的《关税与贸易总协定》(GATT)于1947年产生了。加之日本和西欧国家战后经济恢复和重建的需要，发展中国家自主的经济建设以及国际分工的深化发展，跨国公司的迅速兴起，生产和资本的国际化在世界范围内的迅速发展，所以在战后至20世纪70年代期间出现了全球范围内的贸易自由化(Trade Liberalization)浪潮。战后贸易自由化主要表现在大幅度降低关税税率，减少或撤销非关税壁垒。

战后贸易自由化的主要特点有：自由化主要是在多边、区域或双边的贸易协定框架内进行的；自由化是在国家资本主义日益增强的条件下发展起来的，主要反映的是垄断资本的利益；自由化是一种有选择的贸易自由化。

(二)20世纪70年代以来的新贸易保护主义

20世纪70年代国际经济环境发生了很大变化。首先，1973—1974年和1979—1982年发生的两次由石油危机演变成的世界性经济危机，使发达国家的经济普遍陷入了滞涨和衰退，就业压力增大，它们对于世界市场的争夺更为激烈。其次，主要工业国的许多产业垄断资产阶级和劳工团体纷纷要求政府采取保护贸易政策措施。再次，主要工业国家的发展很不平衡，美国的经济地位相对下滑，贸易逆差迅速上升，面临其他国家的竞争威胁。在这种情况下，美国一方面迫使拥有贸易顺差的国家开放市场，另一方面加强对进口的控制。因此美国成为新贸易保护主义的重要策源地。由于美国率先采取贸易保护措施，引起其他各国纷纷效仿，致使新贸易保护主义得以蔓延和扩张。

(三)对外贸易政策的新发展

"二战"后，在贸易自由化和新贸易保护主义的基础上，20世纪70年代中后期以来出现了一种介于自由贸易和保护贸易之间的管理贸易理论，在此理论的指导下，在世界范围内出现了管理贸易制度，又叫"有组织的自由贸易"或"协调管理贸易制度"。

管理贸易理论是兼具自由贸易和保护贸易两者特点的新贸易理论，它既能在一定程度上遵循自由化贸易的原则，又能满足一定的贸易保护的现实需要，管理贸易理论将贸易保护制度合法化、制度化。在此理论基础上产生的协调管理型贸易政策是指国家对内指定一系列的贸易政策法规，加强对外经贸秩序及其健康发展的管理；对外通过谈判签订双边、区域或多边贸易协定，协调与其他贸易伙伴在经济贸易方面的权利和义务。

管理贸易制度具有以下主要特点：第一，提倡贸易自由化，但在自由化的过程中，政府会采用国内立法和对外签订贸易条约的形式进行干预。第二，主要采用非关税壁垒措施，不违背降低关税壁垒的自由贸易原则，通过政府间协定、国际协定、国内立法、民间协商等方式管理进出口。第三，政府所要实现的是适度的经济增长、低失业、低通货膨胀率和国际收支平衡等公共经济目标，以及管理进出口，控制价格，缓和国与国之间的贸易摩擦。

管理贸易制度的核心是以国内的贸易法规、法令和国际贸易协定与条约来约束贸易行为。在实践中，对内通过设立对外贸易管理机构，制定外贸管理法律、法令，对进出口实行许可证和配额惯例等，对外汇、信贷、商品质量和税收等各方面实行对口管理。对外则主要是通过以下方式进行：参加国际贸易组

织和多边贸易协定使成员国之间行为规范化；参加区域性贸易集团协调成员国的贸易行为；通过政府间的卡特尔控制和管理某种商品的生产和销售；通过商品综合方案和各种长、短期合同进行初级产品和制成品的贸易；采用各种形式的双边贸易和对等贸易；各种自愿出口协定和有秩序的销售安排。

20 世纪 80 年代中期出现了所谓的"战略贸易政策"。这种政策主要针对一种特殊的不完全竞争市场结构——寡头垄断市场结构而提出。在寡头垄断市场结构下，政府对贸易活动进行干预的目的就是改变市场结构或环境，以增强本国企业的国际竞争力，使本国企业获得更多的垄断利润或租金。战略性贸易政策的政策主张主要有两种：一种是出口补贴，另一种是进口保护以促进进口。战略性贸易政策是以 20 世纪 80 年代发展起来的不完全竞争和规模经济贸易理论为基础的，是上述理论在国际贸易政策领域中的体现。

战略性贸易政策的实施是有许多限制条件的。如果各国都对本国产业实行补贴，其结果会是彼此间的作用抵消，而且会使国际贸易陷入一片混乱，大大恶化国际贸易环境。所以，对这一政策的功效必须深刻理解和正确把握，切不可片面夸大其作用导致保护贸易主义在世界范围内泛滥。当然，其政策精髓对于促进特定产业的成长有一定的借鉴意义。

虽然"二战"以后的贸易自由化的发展有过波折，但从总体趋势来看，世界贸易的发展趋势仍然是逐步自由化的。尤其是自 20 世纪 80 年代中期以来，冷战的结束使经济发展成为全球发展的主题。以信息技术为中心的高新技术的迅猛发展，越来越多的发展中国家开始推行经济自由化政策，WTO 的成立，这些都对贸易自由化的发展起到重要的推动作用。贸易自由化已成为不可逆转的潮流。

这一时期的贸易自由化是指从"二战"以来各国通过单边、双边、区域和多边等途径，根据互惠和互利的安排，在国际贸易中消除歧视性待遇、大量降低关税和消除其他贸易壁垒活动的延续，其最终目标是在全球范围内实现资源的最佳配置，扩大商品和服务的生产和贸易。从目前来看，贸易自由化更多的是一个过程，它是逐步降低关税至零关税，逐步减少非关税壁垒直至消除的过程。在此过程中，由于世界经济发展的不平衡性，贸易保护主义仍然会重新抬头，贸易自由化的进程仍会出现反复，因而有的学者称之为动态贸易自由化。

贸易自由化是国际贸易发展的必然选择，已经形成一个不可逆转的趋势。发达国家将是继续推动贸易自由化的主导力量并在其中处于支配地位，发展中国家为了满足自身经济发展的需要，将会强烈要求获得平等贸易机会。保护贸易由于涉及不同利益主体的利益，其在贸易自由化的发展过程中会反复出现，但从总体来看，贸易自由化将是主导21 世纪的基本潮流，必将得到继续推进。

第二节　自由贸易理论

一、自由贸易理论概述

(一) 自由贸易理论的含义

自由贸易理论自诞生以来，就一直是国际贸易的核心理论，成为整个国际贸易理论发展的主线，甚至成为国际贸易理论的理念和目标，对之后各种不同类型国家的贸易理论和政策选择产生了深远的影响。同时，在实践中，自由贸易也成为许多国家，尤其是发达国家在全球竭力推崇的政策目标。然而，纵观国际贸易历史，发展中国家贸易政策选择却长期背离自由贸易原理，直到 20 世纪 70 年代，发展中国家的贸易政策才不断倾向开放和自由化，而 20 世纪 90 年代亚洲金融危机的发生，又促使人们对自由贸易理论特别是比较利益理论在发展中国家的运用进行重新思考。这是因为，发达国家和发展中国家经济发展水平不同，在国际分工和贸易中所处地位及条件不同，自由贸易的利益在这两类国家间的分配存在巨大差异。

(二) 自由贸易理论的核心与前提

自由贸易理论的核心是自由贸易可使参与贸易的双方均获得贸易利益，它通过对贸易原因的近于完美的实证分析和逻辑推论而得出。这是自由贸易理论获得广泛认同的主要原因。但是，理论和实践都证明，自由贸易利益在不同类型国家间的实现是不均衡的。而且，亚当·斯密的自由贸易理论和大卫·李嘉图的自由贸易理论是在理想经济分析模型中建立的，这也是自由贸易理论的前提。这一模型主要包括3个基本假定：一是"简单化"的假定，即假定货币是"中性化"的、参加贸易的国家只有两个、商品只有两种、生产商品的要素只有两类，不考虑商品的运输费用；二是"静态化"的假定，即假定一国的生产要素总量、生产技术水平、国民收入分配形态、居民消费偏好是既定的、不变的，生产要素在国际间不能自由流动；三是"完美化"的假定，即假定参与贸易的国家都实行市场经济制度，市场完全自由竞争，价格具有充分的弹性。但是，值得注意的是，除了上述前提及按自由贸易理论所论述的国际分工格局自由地参与国际贸易外，自由贸易理论所描述的自由贸易利益的实现还有着其暗含和内在的其他前提，其主要有以下几个。

1. 国际分工可按各国的绝对或比较优势无条件进行

国际分工可以说是两国进行贸易和获得贸易利益的前提条件，只有实现国际分工，自由贸易理论的贸易利益才能实现。在现实经济中，在自由贸易理论所论述的市场自由竞争的条件下，两国各有绝对优势的产品能够进入对方国家市场，分工是能够实现的。而在所有产品的生产上都处于劣势的国家，其有比较优势而没有绝对优势的产品，要在市场自由竞争的条件下进入对方国家市场是很难的。毕竟，劣势产品占领强势产品的市场是不符合成本和价格竞争法则的。相反，在所有产品的生产上都处于优势的国家，则可以完全占领劣势国家的市场。但自由贸易理论暗含的前提是在自由竞争下分工可无条件进行。

2. 因国际分工造成的各国产业调整无须成本

若如自由贸易理论所述，两国根据各自的绝对或比较优势所在进行国际分工和专业化生产，那么，原来投资于绝对劣势和比较劣势产业的不变资本和可变资本就必须移到新选择的产业上来，有些具有专用性的资产如生产设备则将被淘汰。而无论是转移或被淘汰，作为国家范围的产业调整，成本都是巨大的。这一成本在两国贸易利益中所占比重有多少，以及由于该成本的存在，产业调整乃至国际分工能否顺利达成，自由贸易理论在阐述它的理论基础和贸易前提——国际分工时，没有予以考虑。而与之相对的，现代动态竞争的贸易理论就认为，调整既不是瞬间发生的也不是不需要成本的。

3. 各国市场容量相等，贸易收支完全平衡

在自由贸易理论关于参加贸易的国家只有两个、商品只有两种、商品生产要素只有两类的假定，即"2×2×2"分析模型中，还暗含着一个前提，那就是两国各自的出口额等于对方的进口额，贸易收支完全平衡。即两国的市场容量相同，国内的供求处于均衡状况。然而，分工和专业化的发展取决于市场范围的大小。对外贸易也取决于本国和对方国家市场的需求和供给能力。不同的供求状况，导致不同的贸易结果，并非只要有绝对和比较优势就可以完成自由贸易。在现实经济中，各国或多或少存在着贸易顺差或贸易逆差，几乎不存在贸易收支完全平衡的状况也证明了这一点。

4. 规模报酬不变

瑞典经济学家赫克歇尔和俄林发展了比较利益学说。他们创立的要素禀赋论认为，各国的要素禀赋

是有差异的,要素的禀赋状况影响要素的价格,进而影响产品的生产成本,一国只有专业化生产和出口其丰裕要素密集型的产品,进口稀缺要素密集型的产品,才能获得贸易利益并增加整个社会福利。要素禀赋论是以资源禀赋差异为基础的比较利益理论。作为继绝对成本论和比较成本论之后最有影响力的自由贸易理论,其研究模型和假定与比较利益论基本一致,但相对于比较利益论的各国劳动生产率或技术水平差异既定的假定,要素禀赋论假定各国劳动生产率或技术水平是不存在差异的,因此,其另一重要假设是规模报酬不变,即厂商的生产函数不随其规模的扩大而改变,因而扩大规模不会影响商品的价格,进而影响贸易的基础。

二、古典学派自由贸易理论

古典学派的自由贸易理论是以亚当·斯密的绝对优势理论、大卫·李嘉图的比较优势理论和约翰·穆勒的相互需求原理为发展主线的。

(一) 绝对优势理论

1. 绝对优势理论提出的背景

绝对优势理论(Absolute Advantage Doctrine)又称绝对成本理论,是由英国古典经济学家亚当·斯密提出来的。亚当·斯密(Adam Smith,1723—1790)是古典学派的主要奠基人之一,也是国际分工和国际贸易理论的创始者。在亚当·斯密所处的时代,英国的产业革命逐渐展开,经济实力不断增强,新兴的产业资产阶级迫切要求在国民经济的各个领域迅速发展资本主义,但却受到了封建行会制度和重商主义政策体系的重重束缚,这些束缚严重限制了生产者和商人的正常活动,阻碍了对外贸易的发展和扩大。

重商主义(Mercantilism,也称为"商业本位")是 15 世纪至 18 世纪中叶在欧洲很受欢迎的政治经济思想。重商主义的基本观点包括:

(1) 金银货币是财富的唯一形态;

(2) 财富增长的主要源泉是对外贸易,因为要想增加金银货币,除了开采金银矿藏之外,国内贸易不能增加货币财富总量,只有对外贸易才能使货币财富增加;

(3) 多卖少买,保持贸易顺差,是获取财富的基本原则;

(4) 生产的目的是为对外贸易提供出口的产品,服务于对外贸易;

(5) 国家干预经济是保证财富增长的重要手段。按照重商主义的观点,各国从管理金银进出口进而发展至管制货物进出口,实行奖出限入的政策措施,努力保持贸易顺差。

自 18 世纪中叶开始的产业革命确立了英国世界工厂的地位,一方面,英国工业的发展要求其从国外进口廉价的工业原料和粮食;另一方面英国的工业制成品具有强大的国际竞争力,此时奖出限入的重商主义实质上已成为英国经济发展和工业资产阶级向外扩张的障碍,工业资产阶级强烈要求废除执行保护主义的重商主义贸易政策,实施自由贸易政策。

2. 绝对优势理论的主要内容

亚当·斯密在其 1776 年出版的《国富论》中,对重商主义的经济哲学进行了深刻批判。他指出,衡量一国财富的标志不是其所拥有的贵重金属的多少,而是这些贵重金属所能购买的商品数量。一国拥有的贵重金属再多,如果可供消费的商品的数量和种类少得可怜,那么该国的实际生活水平就不会高。可供消费的商品增加,才意味着一国财富的增加。亚当·斯密认为,只有扩大生产才能提高本国的生活水平,而扩大生产的根本在于劳动生产率的不断提高,这又取决于社会分工是否能够得以不断深化。亚当·斯密将这一思想应用于国际贸易，认为国际贸易可以使贸易双方都增加财富。这是因为，国际贸易可以通过市场的拓展，将社会分工由国内延伸到国外。从国内分工到国际分工，意味着专业化程度和劳动生产率的提高，最终将促进实际收入意义上的财富增加。

亚当·斯密用绝对优势(Absolute Advantage)概念来解释国际贸易的基础。他认为，当一国相对另一国在某种产品的生产上有绝对优势，但在另一种产品生产上有绝对劣势，那么两国就可以通过专门生产自己有绝对优势的产品，并用其中一部分来交换其处于绝对劣势的产品。这样，生产效率将会大大提高，资源得到更有效的利用，两种产品的产出都会增加，增加的产出可用来测度两国分工及贸易所带来的利益，适当地分配这种利益就可以使两国都受益。这就是绝对优势理论的基本精神。

现在让我们来看一个关于绝对优势的例子。表2-1表明，1小时的劳动在A国可以生产6蒲式耳的小麦，但在B国只能生产1蒲式耳小麦；另一方面，1小时劳动在A国可以生产4码布，在B国可以生产5码布。因此，在小麦生产上，A国有绝对优势，而在布匹生产上，B国有绝对优势。按照亚当·斯密的分工原则，A国可以专门生产小麦，B国可以专门生产布匹，然后通过贸易交换产品。

假定A、B两国各有2个劳动小时，分工前可分别生产6蒲式耳小麦、4码布和1蒲式耳小麦、5码布，此时世界总产出为7蒲式耳小麦和9码布(如表2-1所示)。

表2-1　绝对优势分析(分工前)

	A 国产量	B 国产量
小麦(蒲式耳)	6	1
布匹(码)	4	5

现在A、B两国开展专业分工，A国专门生产小麦、B国专门生产布匹，则A国可生产12蒲式耳小麦，B国可生产10码布，同样的劳动投入情况下，分工后的世界总产出比起分工前增加了(如表2-2所示)。

表2-2　绝对优势分析(分工后、交换前)

	A 国产量	B 国产量
小麦(蒲式耳)	12	0
布匹(码)	0	10

如果A国用6蒲式耳小麦去交换B国的5码布，A国就可以得到5码布，B国则可获得6蒲式耳小麦，那么两国拥有的产品数量都比以前增加了。这说明，在劳动投入不变的情况下，世界总产出增加了，两国也可以从分工和交换中得到更多可供消费的产品(如表2-3所示)。由此可见，通过分工与贸易就可以实现双赢。

表2-3　绝对优势分析(交换后)

	A国拥有的产品数量	B国拥有的产品数量
小麦(蒲式耳)	6	6
布匹(码)	5	5

3. 对绝对优势理论的评价

亚当·斯密的绝对优势理论解释和论证了国际贸易的基础和好处——它并不是一个"零和游戏"，它可以实现贸易双方的"双赢"，并优化资源配置。亚当·斯密的贸易理论为自由贸易思想提供了理论根据，有力地抨击了传统重商主义的谬误，结束了后者对于贸易学说的长期统治，其贡献和意义十分重大。但是，亚当·斯密的贸易理论所主张的互惠贸易前提条件(要求各国都必须有自己的在生产成本上占据绝对优势的产业部门)过于苛刻，只能用来解释国际贸易实践中的一种特殊情况，不具有普遍意义。同时，这一理论还有 3 个问题不能回答：①假如某一国家不具有拥有绝对成本优势的产品，还要不要参与国际分工？②假如在上述情况下进行国际分工和国际贸易，该国还能不能分享分工和贸易带来的利益？③在这种情况下，自由贸易还应不应该成为各国所奉行的政策？后来大卫·李嘉图提出的比较优势理论则解答了上述问题。

(二) 比较优势理论

1. 比较优势理论提出的背景

比较优势理论(Comparative Advantage Doctrine)又称比较成本理论或比较利益理论，是大卫·李嘉图(David Ricardo，1772－1823)在亚当·斯密的绝对优势理论的基础上发展起来的。大卫·李嘉图是英国经济学家，是古典经济学的完成者，其主要代表作是《政治经济学及其赋税原理》。他在该书中首次以比较优势原理补充与发展了亚当·斯密的自由贸易学说，所以人们将其同亚当·斯密并称为自由贸易学说的奠基人。

大卫·李嘉图所处的时代是英国工业革命迅速发展、资本主义不断上升的时期。当时英国社会的主要矛盾是工业资产阶级与地主贵族阶级的矛盾，这一矛盾由于工业革命的进展而达到异常尖锐的程度。在经济方面，英国工业资产阶级与地主贵族阶级围绕《谷物法》的存废展开了激烈的斗争，由于《谷物法》对谷物的进出口实行管制，它的颁布使英国粮价上涨，地租猛增，还导致外国以高关税阻止英国工业品对他们的出口，严重损害了工业资产阶级的利益。地主贵族认为，既然英国能够自己生产粮食，根本不需要从国外进口，反对在谷物上自由贸易。这时，工业资产阶级迫切需要找到谷物自由贸易的理论依据。大卫·李嘉图在这场斗争中站在工业资产阶级一边，他认为，英国不仅要从外国进口粮食，而且要大量进口，因为英国在纺织生产上的所占的优势比在粮食生产上还要大。故英国应专门发展纺织品生产，以其出口换取粮食，取得比较利益。为此，大卫·李嘉图在废除《谷物法》的论战中，提出了以自由贸易为前提的比较优势理论。

2. 比较优势理论的主要内容

大卫·李嘉图指出，决定国际贸易的基础是两个国家产品生产的相对劳动成本，而不是绝对劳动成本。比较优势理论的核心观点就是，在国际贸易中，各国应该按照比较优势原则组织国际化分工，一国集中生产和出口的产品既可以是绝对优势产品，也可以是绝对劣势产品，只要遵循利益较大或不利较小的原则即可，这样的国际分工能使两国的资源都得到充分的利用，以同样的资本和劳动创造更多的商品量。然后，两国就这两种商品相互进行交换，都能通过贸易获得比较利益。这里的比较优势，就是更大的绝对优势和更小的绝对劣势，即"两优相权取其重，两劣相权取其轻"。

比较优势理论认为，即使一国在两种产品的生产上与另一国相比均处于劣势(即不存在绝对优势产品)，仍有可能进行互惠贸易。一个国家可以专门生产并出口它的绝对劣势相对较小的产品(或称比较优势产品)，同时进口其绝对劣势相对较大的产品(或称比较劣势产品)。

现在让我们来看一个关于比较优势的例子。表2-4表明，A 国生产 10 蒲式耳的小麦需要 1 小时的劳动，生产 1 码的布匹需要 2 小时的劳动；B 国生产 10 蒲式耳的小麦需要 6 小时的劳动，生产 1 码的布匹需要 4 小时的劳动。这种情况下，A 国用了 3 个小时的劳动，B 国用了 10 个小时的劳动，总共生产出 20 蒲式耳的小麦和 2 码布匹。

表2-4 比较优势分析(分工前)

	A国投入的劳动	B国投入的劳动
小麦(10蒲式耳)	1(劳动小时)	6(劳动小时)
布匹(1码)	2(劳动小时)	4(劳动小时)

从表2-4可以看出,无论在小麦还是在布匹的生产上,B国都处于绝对劣势。然而,B国生产小麦的劳动生产率只有A国的1/6,而生产布匹的劳动生产率是A国的1/2,因此B国在布匹的生产上绝对劣势较小,即B国在布匹的生产上具有比较优势。另一方面,A国在小麦和布匹的生产上都有绝对优势,但是,生产小麦的绝对优势要大于生产布匹的绝对优势,因此A国在小麦的生产上有比较优势。

根据比较优势理论,现在A、B两国开展专业分工,A国专门生产小麦、B国专门生产布匹,则A国3个小时的劳动可生产30蒲式耳小麦,B国10个小时的劳动可生产2.5码布,可见,在劳动投入总量不变的情况下,分工后的世界总产出比起分工前增加了,小麦产出增加10蒲式耳,布匹产量增加0.5码,国际分工使劳动生产率提高了(如表2-5所示)。

表2-5 比较优势分析(分工后、交换前)

	A国投入的劳动	B国投入的劳动
小麦(10蒲式耳)	3(劳动小时)	0
布匹(1码)	0	10(劳动小时)

假定A国用10蒲式耳小麦来交换B国的1码布匹,那么交换后两国拥有两种产品数量的情况如表2-6所示。

表2-6 比较优势分析(交换后)

	A国拥有产品的数量	B国拥有产品的数量
小麦(蒲式耳)	20	10
布匹(码)	1	1.5

交换后,与分工前相比,A国在布匹数量不变的情况下,可以多拥有10蒲式耳的小麦,而B国在小麦数量不变的情况下,可以多拥有0.5码的布匹,两国都从国际分工和国际贸易中得到了好处。

3. 对比较优势理论的评价

西方国际经济学家认为,大卫·李嘉图的比较成本理论简化了现实中的错综复杂的国际贸易关系,而只突出了比较成本的差别。因此,要使比较成本的分析得以成立,必须补充6个重要的假设作为理论分析的前提条件:

(1) 只有一种生产要素(劳动)、两种产品以及两个规模既定的国家;

(2) 两国两种产品的生产函数相同,消费者偏好相同;

(3) 国内劳动要素具有同质性;

(4) 劳动要素可以在两个生产部门间自由流动,但不能跨国流动;

(5) 贸易是自由的,并且不考虑运输成本等任何贸易费用;

(6) 规模收益不变,商品与劳动市场都是完全竞争的。

这一模型也就是所谓的2×2×1模型(两个国家、两种产品、一种要素)。由于劳动是唯一生产要素，且规模收益不变，所以两国间生产技术差异就表现为两国劳动生产率的差异。因此，大卫·李嘉图的比较优势理论实际上是从技术差异角度来解释国际贸易发生的原因。

大卫·李嘉图科学地发展了亚当·斯密的绝对优势理论，指出两国只需在不同产品生产上分别具有劳动生产成本上的相对优势，而不必是绝对优势，就可以通过国际分工和互惠贸易而使双方得益。这大大放宽了亚当·斯密贸易学说的苛刻的前提条件，为世界更大范围地开展自由贸易奠定了理论基础，也是世界上第一个较具一般性的贸易学说，而且其思想还为现代贸易理论的进一步发展提供了研究思路，迄今仍具有十分重要的理论意义和现实意义。但李嘉图的比较优势说只考虑了一种生产要素(劳动)，又假定只有两种产品和两个国家，而且未考虑具体贸易条件的确定问题，后来的新古典经济学对这些问题进行了相应补充和深入研究。

(三) 相互需求原理

大卫·李嘉图之后，穆勒和马歇尔以需求强度作为决定交换比例的依据，将需求强度与贸易条件和获利程度紧密联系起来。然而这一做法使比较利益原理与不等价交换更明显地联系在一起。因为如果相互需求强度是由偶然因素决定的变量，那么交换比例(即贸易条件)会时而有利于A国，时而有利于B国，从长期来看，不会造成必然的不等价交换，而是能够实现均衡贸易。然而在总体劳动生产率水平一高一低的两国间，很明显，需求强度受结构性因素影响长期呈现固定趋势。因为在比较利益原理中，是以完全的国际分工为前提的，而商品价值只由劳动投入量决定，这样使工资水平与商品的价值和交换价值直接联系起来。劳动生产率水平高的国家必有较高的工资水平，这也必然导致两国商品无法实现等价交换。如果以现实中的不完全分工来看，其道理也是一样的，且更具说服力。因为劳动生产率高的国家的产品一旦进入低劳动生产率国家的市场，势必以其强大的竞争能力挤垮对方国家很大一部分国内相关企业。反之，劳动生产率低的国家的产品进入和占领劳动生产率高的国家的市场却存在困难。这必将造成低劳动生产率国家对高劳动生产率国家产品的强烈依赖性，因此两国间需求强度长期失衡是不言而喻的。以需求强度来解释贸易获利问题，恰恰说明了不同经济发展水平国家间的贸易是不可行的。

以价值分析为基础来考察国际贸易的现代西方经济学家，所依据的国际贸易理论，绝大部分都是对大卫·李嘉图理论的发展、补充和修正。比如，19世纪末到20世纪中期的美国经济学家陶西格提出绝对差异、相等差异和比较差异，并将工资差异引入比较成本，使比较成本从单纯的以劳动价值论为基础的劳动成本发展成为涵盖多种生产要素的成本概念——既包括各种要素的禀赋，也包括要素价格。之后，著名的国际贸易学家哈伯勒将机会成本引入生产成本的比较中，用现代一般均衡理论的语言重新证明了古典比较优势理论。而对大卫·李嘉图静态比较优势理论进行突破性发展的是日本经济学家筱原三代平，他提出了动态比较成本论，认为在进行产业结构调整时，应将具有长远利益、需求收入弹性高及劳动生产率上升快且辐射大的产业确定为重点产业加以扶持，以努力创造其比较优势。对大卫·李嘉图比较优势理论的补充最具有代表性的是赫克歇尔和俄林的要素禀赋理论。当贸易理论家们将国际贸易中出现的新情况与传统的以比较优势为基础的赫克歇尔-俄林理论加以对照后，又发现该理论不能或不完全能够解释国际贸易中的这些新变化。因此，战后国际贸易理论研究的重大发展之一，就是在对传统贸易理论的反思过程中，迪克斯特、诺曼、兰卡斯特、克鲁格曼、赫尔普曼和埃塞尔等经济学家用实证的方法解释贸易格局，逐步形成了新贸易理论，填补了传统贸易理论的逻辑空白。新贸易理论摒弃了传统贸易理论中报酬不变和完全竞争的假定，而以规模经济和不完全竞争为前提，对国际贸易产生的原因与形式、贸易保护政策效应与最优贸易政策等问题重新进行了探讨。

三、现代学派自由贸易理论

现代学派的自由贸易理论是以赫克歇尔和俄林提出的要素禀赋理论以及其后提出的与要素禀赋理论相背离现象的里昂惕夫之谜为发展主线的。

(一) 要素禀赋理论

要素禀赋理论是 20 世纪上半叶由瑞典经济学家赫克歇尔(E. Heckscher, 1879－1952)和俄林(B. Ohlin, 1899－1979 年)创立的。赫克歇尔于 1919 年发表了《对外贸易对国民收入之影响》的著名论文，提出了要素禀赋论的基本观点。俄林接受了其师赫克歇尔的观点，于 1933 年出版了《域际贸易和国际贸易》一书，并因此获得 1977 年诺贝尔经济学奖。因此，要素禀赋理论也被称为赫-俄理论(H-O 理论)或赫-俄模型。

从前面对大卫·李嘉图比较优势理论的分析可以看出，大卫·李嘉图是从各国生产同一产品存在劳动生产率差异的角度，揭示比较优势的基础，阐明国际分工和国际贸易的原因。而要素禀赋论则根据各国资源禀赋即生产要素供给情况的不同，具体分析了国际分工和国际贸易的原因。

1. 要素禀赋理论的假设条件

要素禀赋理论的假设条件有以下几个：

(1) 世界上只有两个国家，生产两种产品、使用两种生产要素；

(2) 两国在生产同一商品时使用相同的技术，即生产函数相同；

(3) 两国在两种商品的生产上规模收益不变，即单位生产成本不随生产的增减而变化；

(4) 商品市场和要素市场都是完全竞争的，生产要素在一国国内可以自由流动，在国与国之间则不能自由流动；

(5) 没有运输成本、不存在关税或非关税壁垒；

(6) 两国的需求偏好相同；

(7) 两国的贸易是平衡的，每个国家的总进口额和总出口额相等。

2. 要素供给比例理论

要素禀赋理论可以分为狭义的要素禀赋理论和广义的要素禀赋理论。狭义的要素禀赋理论也称为要素供给比例理论。广义的要素禀赋理论不仅包括要素供给比例理论，还包括要素价格均等化理论。要素供给比例理论的主要内容如下。

1) 商品价格的国际绝对差异是国际贸易的直接原因

所谓商品价格的国际绝对差异是指不同国家的同种商品用同一货币表示的价格是不同的。商品总是从价格较低的国家流向价格较高的国家。当存在价格国际绝对差异时，国际贸易可以带来利益。

2) 各国商品价格比例不同是国际贸易产生的必要条件

尽管商品价格的国际绝对差异是产生国际贸易的直接原因，但并非有商品价格的国际绝对差异就会发生国际贸易，还必须符合比较优势的原则。赫-俄理论认为，交易双方国内商品价格(成本)的比例不同(在完全竞争市场条件下，商品价格等于生产成本)，国际贸易才会发生。

下面分别举例说明。

假设只有 A、B 两国，生产小麦和布匹两种商品，商品价格(成本)比例如表 2-7 所示。

表2-7　商品价格(成本)比例(1)

单位: 本国货币

	A国	B国
小麦单位成本	1	3
布匹单位成本	2	1

在 A 国国内小麦和布匹的成本比例是 1:2, B 国国内小麦和布匹的成本比例是 3:1。这意味着, 在 A 国小麦的成本是布匹的 1/2, 而在 B 国, 小麦的成本是布匹的 3 倍。如果 A 国输出小麦, B 国输出布匹, 则双方都可以从贸易中获利。

但如果两国成本比例相同, 一国的两种商品成本都按同一比例低于另一国, 则两国之间只能发生暂时的贸易关系。假定 A 国生产小麦和布匹的成本均比 B 国低 50%, 则成本比例如表 2-8 所示。

表2-8　商品价格(成本)比例(2)

单位: 本国货币

	A国	B国
小麦单位成本	1	2
布匹单位成本	2	4

在这种情况下, 只能是 A 国的小麦和布匹都单方向向 B 国输出, B 国为此需大量买入 A 国货币, 则 A 国货币汇价会上升。而 A 国货币汇价上升意味着 A 国出口商品价格上涨, 就会抑制 A 国的出口。在汇率达到一定水平时, 双方的进口值会恰好等于出口值, 这就建立了贸易平衡。由于各国的商品价格是用本国货币表示的, 为比较商品价格的国际差异, 必须考虑汇率因素。加入汇率因素后, 将两国商品价格换算为同种货币, 在两国成本比例相同时, A 国商品的单位成本完全等于 B 国商品的单位成本, 因此, 将不会再有贸易关系产生。

3) 各国商品价格比例不同是由要素价格比例不同决定的

所谓要素价格, 是指要素的报酬, 即劳动、资本、土地等生产要素所获得的相应工资、利息、地租的货币收入。假定各国的生产函数是相同的, 但各国的要素价格比例不同, 由于商品价格等于生产要素价格乘以相同的市场函数, 由此导致各国的商品价格比例不同。

4) 要素价格比例不同是由要素供给比例不同决定的

赫-俄理论认为, 在要素的供求决定要素价格的关系中, 要素供给是主要的。在各国需求一定的情况下, 各国的要素供给不同对要素的价格产生了不同的影响。在一般情况下, 要素供给丰富的国家, 其要素价格就相对低廉; 要素供给稀缺的国家, 其价格就相对昂贵。

总体来说, 要素禀赋理论的核心思想就是: 一个国家的生产优势或国际竞争力是由其要素充裕度决定的。在国际贸易中, 各国出口的是用本国丰富的生产要素所生产的商品, 进口的是本国稀缺而他国丰富的生产要素所生产的商品。

俄林还认为国际分工和国际贸易最重要的结果是使各国的各种生产要素得到更有效的利用, 在国际分工的条件下, 各种生产要素的有效利用将会比在闭关自守的情况下获得更多的社会总产出。俄林还认为国际生产要素不能自由流动使生产达不到理想结果, 但是商品的流动在一定程度上可以弥补国与国之间生产要素缺乏流动性的不足, 即国际贸易可以部分解决国与国之间生产要素分布不均的缺陷。

3. 要素价格均等化理论

赫克歇尔和俄林认为，国际贸易使生产要素的国际价格趋向于相等，即要素价格均等化。

按照理论假设，生产要素在国与国之间不能自由流动。但是由于在两国实行国际分工和发生贸易后，各自大量使用本国丰裕的要素进行生产，因而产生大量的对丰裕的生产要素的需求，需求的扩大使这类要素的价格上涨；同时，由于不断进口本国稀缺要素生产的外国产品，将使国内对本国稀缺要素的需求下降，从而导致本国该类要素的价格下跌。这样一来，通过国际贸易导致了两国生产要素的价格有均等化的发展倾向。

美国经济学家萨缪尔森在其1947年至1972年间发表的系列论文中对要素价格均等化作了数学证明，指出国际要素均等化不仅是一种趋势，而且是一种必然。故这一理论合称为赫-俄-萨(H-O-S)原理。

要素禀赋理论是西方国际贸易理论发展中的一个重要阶段，是现代国际贸易理论的开端。俄林将价格理论引入国际交换领域，以货币为单位，对商品的货币价格(成本)进行分析，与古典贸易理论相比，更接近国际贸易实际。

(二) 里昂惕夫之谜(Leontief Paradox)

1. 对要素禀赋理论的检验——里昂惕夫之谜的产生

要素禀赋理论认为，一个国家出口的应该是密集使用本国丰富的生产要素生产的产品，进口的应该是密集使用本国稀缺要素生产的产品。根据这一观点，一般认为，美国是资本相对丰富、劳动相对稀缺的国家，因此，美国应该出口资本密集型产品，进口劳动密集型产品。里昂惕夫是一位美国经济学家，也是"投入一产出"经济学的创始人，他对要素禀赋论确信无疑。但在"二战"后，里昂惕夫运用"投入一产出"法，对美国经济统计资料进行验证的结果却与赫-俄理论相悖。里昂惕夫引用美国1947年和1951年的统计数据，对200个产业的百万美元价值的出口商品和进口替代商品进行了演算，结果表明美国出口商品的资本/劳动比率，低于进口替代商品的资本/劳动比率，如表2-9所示。

表2-9 美国每百万美元出口商品和进口替代商品所需的资本和劳动量

	1947年		1951年	
	出口	进口替代	出口	进口替代
资本(美元)	2 550 780	3 091 339	2 256 800	2 303 400
劳动(人/年)	182.313	170.004	173.91	167.81
资本/劳动	13 991	18 184	12 977	13 726

(资料来源：薛荣久. 国际贸易[M]. 北京：对外经济贸易大学出版社，2003.)

从表2-9可以看出，1947年和1951年的美国进口替代商品的资本/劳动比率都高于出口商品的资本/劳动比率，这说明美国出口商品具有劳动密集型特征，而进口替代商品更具有资本密集型特征。显然，这一验证结果与要素禀赋论得出的结论相反。这一由里昂惕夫发现的赫-俄理论与贸易实践的巨大背离现象使美欧国际贸易学术界大为震惊，被人们称为里昂惕夫之谜或里昂惕夫悖论。里昂惕夫之谜引发了西方经济学界大规模的辩论和验证，由此带来了"二战"以后自由贸易理论的创新和发展。

里昂惕夫之谜引起了学术界的极大反响，很多人效仿里昂惕夫的做法对不同国家的贸易状况进行检验，如日本的建元正弘和市村真一，加拿大的沃尔(D. Wahl)、印度的巴哈尔德瓦(R. Bhardwaj)、德国的斯托尔波(W. Stolper)和罗斯坎普(K. Roskamp)等，他们的检验结果或者符合里昂惕夫反论，或者符合赫-俄模型，或者在与某类国家贸易时符合前者，而与另一类国家贸易时符合后者，结果呈各种状况，并没有一个统一的结论。

2. 对里昂惕夫之谜的解释

1) 劳动高效率论

里昂惕夫认为各国的劳动生产率是不同的，1947年美国工人的劳动效率大约是其他国家的3倍，因此，在计算美国劳动力人数时应将美国实际工人数乘以3，这样，美国就成为劳动相对丰富、资本相对稀缺的国家。因此，美国以出口劳动密集型产品为主，进口资本密集型产品为主。这一解释并未被广泛接受，里昂惕夫本人后来也否定了这一观点。

2) 人力资本论

这一理论认为，里昂惕夫计量的资本只包括物质资本，而忽略了人力资本，在计算资本密集度时必须把人力资本的价值加在有形资本的价值之上。美国经济学家凯南提出了一个修正方案，把美国熟练技术工人的收入高出非熟练工人的收入的部分予以资本化，把这部分人力资本加到实物资本上，作为资本/劳动的分子，经过这一处理，美国出口产品的资本密集度就高于进口产品的资本密集度了。

3) 贸易保护论

这一理论指出，赫-俄理论假设的是自由贸易、完全竞争的政策取向。但在现实中，保护贸易是普遍存在的，美国也不例外。美国政府为了解决国内就业，制定对外贸易政策时有严重保护与鼓励劳动密集型行业的生产与出口、限制外国同类产品进口的倾向，从而使美国出现了出口商品的资本/劳动比率低于进口替代商品的资本/劳动比率的情况。

4) 自然资源稀缺论

美国学者凡涅克指出，里昂惕夫进行研究时，只统计了劳动和资本两种投入，没有考虑自然资源的影响。例如，美国进口商品中50%～60%是初级产品，而其中大部分是木材和矿产品。由于这些产品的资本密集度很高，造成了美国进口资本密集型产品的假象。里昂惕夫在后来对美国的贸易结果进行分析时，考虑了自然因素这一因素，在计算时将投入—产出矩阵中的19种资源密集型产品去掉，结果发现里昂惕夫之谜不再存在，赫-俄理论同贸易实践相符。

总之，国际贸易理论界这场旷日持久的争论是以对要素禀赋论的理论前提进行一番修正而结束的。

四、"二战"以后自由贸易理论的发展

20世纪中期出现了第三次科技革命，有力地推动了"二战"后世界经济的发展，同时也对国际贸易格局产生了巨大影响。它使国际贸易、贸易的商品结构和地理方向发生了根本变化。这突出表现在3个方面：一是发达国家之间的贸易比重快速上升，并逐渐成为国际贸易的主体类型，在发达国家之间的相互贸易中，"产业内贸易"越来越成为主要的贸易形式；二是公司内贸易的迅速发展，大量国际贸易是由公司内贸易构成的，跨国公司成了国际贸易舞台上的重要角色；三是知识密集型产品在国际贸易中的比重不断上升。对此，传统的国际贸易理论(包括古典和新古典国际贸易理论等)无法做出令人信服的解释，于是出现了新的国际贸易分工理论。这些理论包括技术差距论、产品生命周期理论、需求偏好相似理论、产业内贸易理论、公司内贸易理论和国家竞争优势理论。

(一) 技术差距论

技术差距论(Theory of Technological Gap)是由美国经济学家波斯纳(M. U. Posner)提出，经格鲁伯和弗农等人进一步论证发展的。该理论认为技术领先的国家,具有较强开发新产品和新工艺的新技术能力,从而形成和扩大了国与国之间的技术差距,因而有可能暂时享有生产和出口某类新技术产品的比较优势。但随着新技术通过各种途径流传到国外,创新的技术被外国所模仿,外国开始自行生产,减少进口,使得创新国该产品的出口市场缩小,因技术差距产生的国际贸易逐渐减少。最后技术差距消失,贸易则持续到技术模仿国的生产能满足自己的全部需求为止。但是,创新是一个动态的过程,各国会不断重复再创新、再拥有比较优势、再出口的过程。此外,由于各国技术投资和技术革新的进展不一致,因而总存在着一定的技术差距。这样就使得技术资源相对丰裕的或者在技术发展中处于领先的国家,总是有可能享有生产和出口技术密集型产品的比较优势。

技术差距论补充了要素禀赋论,并根据创新活动的连续性使要素禀赋论动态化。

(二) 产品生命周期理论

产品生命周期理论(Product Life Cycle Theory)是由美国经济学家弗农(Raymond Vernon)于1966年在他的《产品周期中的国际投资与国际贸易》一文中首先提出。他认为,在新产品的生产中可以观察到一个周期,即产品创新阶段、产品成熟阶段和产品标准化阶段构成的产品生命周期。弗农认为,一种产品从生产者到消费者手里,需要很多不同的投入成本,如研究与开发投入、资本和劳动投入、促销及原材料投入等。随着技术的变化,在产品生命周期的不同阶段,各种投入在成本中的相对重要性也将发生变化。由于各国在各种投入上的相对优势不同,因此,各国在该产品不同阶段是否拥有比较优势取决于各种投入在成本中的相对重要性。例如,在某一阶段,资本在生产成本中居支配地位,而资本又是某一国的相对丰富要素,那么该国在这一阶段就处于比较优势地位。

根据产品生命周期理论,产品完成一次循环需经历以下3个不同阶段。

(1) 产品创新阶段(The Phase of Introduction)。

(2) 产品成熟阶段(The Phase of Maturation)。

(3) 产品标准化阶段(The Phase of Standardization)。

根据产品生命周期的不同阶段可以推断出不同国家的贸易演变过程。当创新国家推出新产品后,出口逐渐增加。随之而来的是,一些发达国家也开始跟随生产这种产品,这时创新国就会从出口的高峰上降下来,而这些发达国家开始从进口的谷底逐渐上升。当一些发达国家的产品打入创新市场并具有一定份额后,创新国出口极度萎缩,并逐渐走进进口谷底,与此同时,这些发达国家开始走向出口的高峰。当产品生命周期进入标准化阶段,一些发展中国家开始向创新国和一些发达国家出口产品,原来处于出口高峰的发达国家也开始滑向进口的深谷。这时这些发达国家要想挽救销售,以免丧失市场,必须提高和改进技术,使产品升级换代,才能在竞争中取胜,保住市场。但是,与其花力气在国内研究改进技术,不如将一些标准化的产品转移到技术水平较低、劳动力价格低廉、地价便宜的发展中国家生产。这样,这些发展中国家就开始把产品出口到创新国家和一些其他发达国家,并开始从进口的深谷走向出口的高峰。

事实上,在产品生命周期的不同阶段,同一种产品在各国间的贸易会表现出不同的特点,这是因为不同类型的国家在不同阶段拥有的相对优势不一样。创新国家工业比较先进,技术力量相当雄厚,国内市场广阔,资源相对丰富,在生产新产品和增长产品方面具有相对优势;国土较小而工业先进的国家,由于拥有相对丰富的科学和工程实践经验,在生产某些新产品方面具有相对优势,但是由于国内市场狭小,生产成熟产品缺乏优势;发展中国家拥有相对丰富的不熟练劳动力弥补了相对缺乏的资本存量的不足,因此生产标准化产品具有优势。因此,对于各国来说,各自都有自己的比较优势,只要适当运用其优势,就可以获得极大的动态效益。

(三) 需求偏好相似理论

需求偏好相似理论(Theory of Demand Preference Similarity)又称偏好相似说或收入贸易说, 它是瑞典经济学家林德(S. B. Linder)提出的。林德将需求导入国际贸易理论, 用国家之间需求结构的相似性来解释工业制成品贸易的发展。他认为赫-俄理论只适用于工业品和初级产品之间的贸易, 而无法解释工业品和工业品之间的贸易。

林德认为, 工业品生产的初期目标是满足国内需求, 随着生产规模的扩大, 才会想到拓展海外市场。由于产品是为满足国内市场偏好和收入水平而生产的, 故该产品较多的是出口到那些偏好相似的国家。这些国家间的需求结构和需求偏好越相似, 其贸易量就越大。而影响一国需求结构的主要因素是人均收入水平。人均收入越相似的国家, 其消费偏好和需求结构越相近, 产品的相互适应性就越强, 贸易机会就越多。人均收入水平的差异则是贸易的潜在障碍。

需求偏好相似理论的意义在于它部分地解释了现实中大量贸易发生在要素禀赋相似的发达国家之间和同一部门内的原因。赫-俄理论认为, 各国要素禀赋差异越大, 其开展国际贸易的可能性就越大; 而需求偏好相似理论则从需求角度论证, 说明各国经济发展水平越接近, 需求偏好越相似, 它们之间的贸易规模就越有扩大的可能性。需求偏好相似理论对现实当中 75%以上的贸易都发生在发达国家之间这一实际的国际贸易现象, 做出了比较令人信服的解释, 对国际贸易理论的发展起到了巨大的推动作用。

(四) 产业内贸易理论

经济学者通过深入研究发现, 传统的国际贸易理论如比较优势理论或要素禀赋理论更适合于说明产业之间的贸易问题, 例如, 用一国的农产品如大米去交换另一国的工业制成品如汽车, 或者用一国制成品中的纺织品和另一国的钢材进行贸易, 这些产品间的国际贸易就是产业间贸易(Inter-industry Trade)。但是, 欧洲经济共同体成立后, 共同体内成员国之间贸易流量的大幅度增长主要是同一个产业部门内部同种类产品的相互交换所导致的。例如, 法国既向德国出口轿车, 同时又从德国进口轿车; 法国用自己生产的葡萄酒去交换英国的威士忌。这种贸易活动是典型的产业部门内部的国际贸易问题。西欧国家之间产业内贸易纵深发展显示出: 国家之间要素禀赋差别越小, 发生产业内贸易的可能性越大, 贸易流量也越大。这种贸易现象显然用传统的要素禀赋理论无法做出满意的解释, 因为西欧国家的要素禀赋状况差别不大, 技术水平差别不大, 同一产业部门产品的要素密集程度差别也不大, 所以这种现象必须用新的贸易理论来说明。

美国经济学家格鲁贝尔(H. G. Grubel)等人通过对产业内贸易的研究, 提出了有关产业内同类产品贸易增长特点和原因的理论, 即产业内贸易理论(Intra-industry Trade Theory)。

一般说来, 产业内贸易具有以下几个特点。

(1) 产业内贸易是产业内同类产品的相互交换。

(2) 产业内贸易的产品流向具有双向性。即一国对同一产业内的产品, 既有出口, 也有进口。

(3) 产业内贸易的产品是多样化的。这些产品中, 既有资本密集型, 也有劳动密集型; 既有高技术产品, 也有标准技术产品。

(4) 产业内贸易的产品必须具备两个条件: 一是在消费上能够相互替代; 二是在生产中需要相近或相似的生产要素投入。

产业内贸易形成的原因和主要制约因素主要有以下几点。

(1) 产品的差异性。同类产品可以由于商标、品牌、款式、包装、规则等方面的差异而被视为异质产品, 这种同类产品的异质性可以满足不同消费心理、消费欲望和消费层次的需要, 从而导致不同国家间产业内贸易的发生和发展。

(2) 生产的规模经济性。由于规模经济的要求，企业只能生产种类有限的同类商品，不能满足所有消费者的多种需求。因此，一国专业化生产同一产业的一些差异化产品，另一国专业化生产同一产业的另一些差异化产品，并彼此进行交换，这样，两国厂商都可以享有规模经济利益，两国消费者的产品多样化的需求都可得到满足。因此，两国企业的规模经济的要求越高，两的产业内贸易量也越大。

(3) 经济发展水平。一般认为，经济发展水平越高，产业部门内异质性产品的生产规模也就越大，产业部门内部分工就越发达，从而形成异质性产品的供给市场。同时，经济发展水平越高，人均收入水平也越高，较高人均收入层上的消费者的需求会变得更加复杂和多样化，呈现出对异质性产品的强烈需求，从而形成异质性产品的需求市场。当两国之间人均收入水平趋于相等时，其需求结构也趋于接近，产业内贸易发展倾向就越强。

(五) 公司内贸易理论

战后世界经济中出现的一个新现象，就是跨国公司的快速发展。跨国公司作为战后国际贸易最主要的经营者，对国际贸易的发展产生了巨大影响。在国际贸易中有相当一部分贸易属于跨国公司的公司内贸易。之所以把公司内贸易称为国际贸易，是因为在公司内贸易中，商品的流动超越了国界，它是两个相对独立的经济实体之间进行的商品或劳务的交换，贸易的结果对各实体所在国的国际收支均产生了影响。但是，公司内贸易实际上又只不过是跨国公司进行跨国经营活动的一种方式，与一般意义上的国际贸易又有很大的区别，公司内贸易的双方都处于共同所有权控制之下，进行交换的市场是跨国公司的内部市场，交换的价格是跨国公司内部制定的转移价格或调拨价格。从其交易内容看，公司内贸易的商品大都是具有特别重要的意义的中间商品，这反映了同一生产部门内专业化分工的深化。这一现象是传统的国际贸易理论难以解释的，因为传统的国际贸易理论以国家为基本分析单位，在假定不存在要素国际流动的情况下，强调各国生产要素的差异是决定贸易结构的关键，分析的出发点是各产业部门之间的国际分工。而公司内贸易是与跨国公司本身的生产经营战略相联系，其分析的出发点是同一产业内部的国际分工，因而需要做新的理论分析。

(六) 国家竞争优势理论

国家竞争优势理论(The Theory of Competitive Advantage of Nations)是由迈克尔·波特(Michel E. Porter)在他的《国家竞争优势》一书中提出的，该理论从企业参与国际竞争这个微观角度来解释国际贸易现象，正好弥补了比较优势理论的不足，在赫-俄理论与产品生命周期理论的基础上，迈克尔·波特试图赋予国家的作用以新的生命力，提出了国家具有"竞争优势"的观点。

第二次世界大战后，世界经济中出现的产业全球化和企业国际化的现象，导致一些人认为企业的国际竞争已不具有国家的意义，跨国企业已成为超越国家的组织。但迈克尔·波特并不同意这种观点，他认为经济发展的事实是几十年来，在某些特定的产业或行业中，竞争优胜者一直集中在少数国家并保持至今。不能离开国家谈论产业竞争力的原因在于：竞争优势是通过高度的当地化过程而创造出来并保持下去的，国民经济结构、价值观念、文化传统、制度安排、历史遗产等种种差别都对竞争力有深刻的影响。竞争全球化并没有改变产业母国的重要作用，国家仍然是支撑企业和产业进行国际竞争的基础。20 世纪 80 年代，美国的一些传统支柱产业，如汽车制造业的竞争力被日本和西欧国家所超过，一些新兴产业也受到这些国家的强大竞争压力。如何提高国际竞争力是当时美国学术界、企业界和政府有关部门急需解决的一个问题。同时，随着经济全球化进程的加快，国际竞争日趋激烈，获取企业、产业乃至国家的竞争优势已成为现实的迫切需求。

迈克尔·波特认为，财富是由生产率支配的，或者它取决于由每天的工作、每一美元的所投资本以及每一单位所投入的一国物质资源所创造的价值。生产率根植于一国和地区的竞争环境，而竞争环境则产生于某一框架，这一框架在结构上如同一枚由 4 个基本面所构成的钻石，因而国家竞争优势理论通常也被称为"钻石理论"。钻石理论认为，生产要素、需求因素、相关和支持产业与企业战略、组织结构和竞争对手的状况等所构成的不同组合是一国在国际贸易中取得成功的关键决定因素。激烈的国际竞争对于一国在国际竞争中取得成功，并进一步获取国家整体竞争优势具有特别重要的意义。国家竞争优势的决定因素如图 2-1 所示。

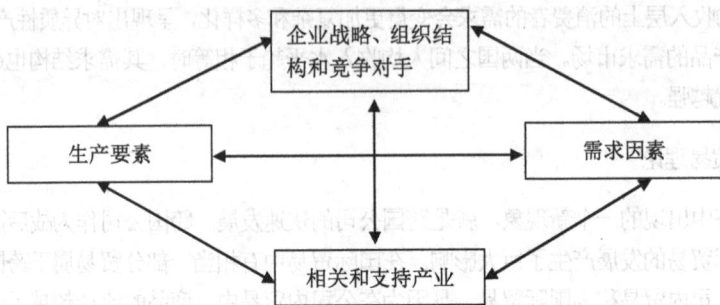

图2-1 国家竞争优势的决定因素

1. 生产要素

迈克尔·波特把生产要素分为基本要素(Basic Factors)和高等要素(Advanced Factors)两类。基本要素包括自然资源、气候、地理位置、非熟练劳动力、资本等一国先天拥有或不需太大代价便能得到的要素；高等要素包括现代化电信网络、高科技人才、高精尖技术等需要通过长期投资和后天开发才能创造出来的要素。对于国家竞争优势的形成而言，后者更为重要。在特定条件下，一国在某些基本要素上的劣势反而可能刺激创新，使企业在可见的瓶颈、明显的威胁面前为提高自己的竞争地位而奋发努力，最终使国家在高等要素上更具竞争力，从而创造出动态竞争优势，但这种转化需要条件：一是要素劣势刺激创新要有一定前提，不可以各方面都处于劣势，否则会被淘汰；二是企业必须从环境中接收到正确信息；三是企业要面对相对有利的市场需求、国家政策及相关产业。

2. 需求因素

一般企业的投资、生产和市场营销首先是从本国需求来考虑的，企业从本国需求出发建立起来的生产方式、组织结构和营销策略是否有利于企业进行国际竞争，是企业是否具有国际竞争力的重要影响因素。所谓有利于国际竞争的需求，取决于本国需求与别国需求的比较。一是需求特征的比较，这包括：本国需求是否比别国需求更具有全球性；本国需求是否具有超前性，具有超前性需求会使为之服务的企业能相应走在其他同行企业的前面；本国需求是否最挑剔，往往最挑剔的购买者会迫使当地企业在产品质量和服务方面具有较高的竞争力。二是需求规模和需求拉动方式的比较，当地需求规模大的某一产品有利于提高该行业的国际竞争力。而在需求拉动方式中，消费偏好是很重要的，一国国民的普遍特殊消费偏好容易激发企业的创新动力。三是需求国际化的比较，一国的需求方式会随着本国人员在国际上的流动而传播到国外，反过来本国人员在异国接受的消费习惯也会被带回国并传播开来。因此，只要一国对外开放程度越高，其产品就越容易适应国际竞争。

3. 相关和支持产业

对一国某一行业的国际竞争力有重要影响的另一因素是一国中该行业的上游产业及其相关行业的国

际竞争力。相关和支持产业的水平之所以对某一行业的竞争优势有重要影响，其原因有以下几个：可能发挥群体优势；可能产生对互补产品的需求拉动；可能构成有利的外在经济和信息环境。显然，相关产业是否发达而完善，不仅关系到主导产业能否降低产品成本、提高产品质量，从而建立起自己的优势；更重要的是，相关和支持产业与主导产业在地域范围上的邻近，将使得企业相互之间频繁而迅速地传递产品信息、交流创新思路成为可能，从而极大地促进企业的技术升级，形成良性互动的既竞争又合作的环境。

4. 企业战略、组织结构和竞争对手

良好的企业管理体制的选择，不仅与企业的内部条件和所处产业的性质有关，而且取决于企业所面临的外部环境。因此，各种竞争优势能否被恰当匹配在企业中，很大程度上取决于国家环境的影响。国家环境对人才流向、企业战略和企业组织结构的形成的影响决定了该行业是否具有竞争能力。迈克尔·波特强调，强大的本地本国竞争对手是企业竞争优势产生并得以长久保持的最强有力的刺激。正是因为国内竞争对手的存在，会直接削弱企业相对于国外竞争对手所可能享有的一些优势，从而促使企业努力去苦练内功，争取更为持久更为独特的优势地位；也正是因为国内激烈的竞争，迫使企业向外部扩张，力求达到国际水平，占领国际市场。

除了上述4个基本因素外，迈克尔·波特认为，一国所面临的机遇和政府所起的作用对国家整体竞争优势的形成也具有辅助作用。他主张政府应当在经济发展中起催化和激发企业创造能力的作用。政府政策和行为成功的要旨在于为企业创造一个宽松、公平的竞争环境。

迈克尔·波特认为，一国的国家竞争优势发展可以分为4个阶段。第一阶段为要素推动阶段。这一阶段，基本要素上的优势是竞争优势的主要源泉。第二阶段是投资推动阶段。竞争优势的获得主要来源于资本要素。第三阶段是创新推动阶段。这个阶段的竞争优势来源于创新，不断创新可以增强一国经济的适应能力，赢得持续的竞争优势。第四阶段是财富推动阶段。此时国家主要靠过去长期积累的物质和精神财富来维持经济的运行，创新的意愿及能力均下降，面临丧失竞争优势的危险。

迈克尔·波特的国家竞争优势理论是当代国际贸易理论的重大发展，为国际竞争力的研究提供了一个全新的分析范式——钻石模型，它强调动态因素与创新在一国竞争优势中的重要作用，指出国内因素在决定国际竞争力方面的重要性，弥补了其他国际贸易理论的不足，深化了要素创造对竞争优势作用的认识，较圆满地回答了理论界长期未能解答的一些问题，而且对国家未来贸易地位的变化可提供具有一定前瞻性的预测。

第三节　保护贸易理论

一、保护贸易理论概述

贸易保护政策是指一国政府通过制定某种保护性的贸易措施，使本国的生产者在其国内市场上获得足以同来自外国的进口商品进行竞争的优势。

"国际经济学的悖论"——在国内贸易中，卖者希望商品价格越高越好，买者则希望商品价格越低越好，这是经济学的基本常识和既定前提。但是，在国际贸易中，却是出口国(卖者)千方百计降低出口

商品的价格，而进口国(买者)则想方设法抬高进口商品的价格。(资料来源：茅于轼. 国际经济学：理论缺陷与思考[J]. 新思维，2002(3).)

"悖论"的直接表现是各国的贸易保护政策与措施，如出口补贴、出口退税等降低出口商品价格的政策措施，和征收高额进口关税抬高进口价格的政策措施。贸易保护政策由一定的贸易保护理论支持，而其实质则在于相关主权国家之间的利益冲突。但是，每一个国家或政府在国际经济关系中采取贸易保护政策所代表或考虑的并不是本国全体公民或大多数公民的利益，而只是国内某些特殊群体的利益。这就是"悖论"产生的根本原因。

任何干预贸易的政策都会给本国或整个世界带来一定的经济损失。既然如此，为什么还要实行贸易保护呢？本章主要讨论支持贸易保护的理论。

二、李斯特的保护幼稚工业论

(一) 保护幼稚工业论提出的背景

当以英国为首的欧洲先进工业国完成工业革命，开始逐步推行自由贸易政策，向世界进行扩张时，美国则刚刚取得独立，德国也结束了其封建割据的局面，开始其工业化进程。为了赶上和超过先进工业国，美国和德国于 19 世纪先后实行严厉的保护贸易政策，使本国工业在英国等欧洲先进工业国的强大压力之下得以生存并获得发展。

保护贸易政策的理论，就其影响而言，以保护幼稚工业理论最具代表性。这一理论最早在 18 世纪由美国经济学家汉密尔顿(A. Hamilton)提出，后来由德国经济学家弗里德里希·李斯特(Friedrich List，1789－1846)发展和完善，综合成为一个完整的理论体系。

(二) 李斯特保护幼稚工业论的主要内容

美国建国后，第一任财长部长汉密尔顿代表独立发展美国经济的资产阶级的要求，在 1791 年 12 月提出了《关于制造业的报告》，他指出，美国必须执行贸易保护政策源于本国的幼稚工业经不起外来竞争，他主张用征收保护关税的办法鼓励幼稚工业发展，但他并不主张对一切进口商品征收高关税或禁止进口，而只是对本国能生产的但竞争力弱的进口商品实施严厉的进口限制措施。汉密尔顿对"幼稚工业"相关说法的提出早于李斯特，但其分析不成体系。

李斯特在其 1841 年出版的《政治经济学的国民体系》一书中，系统地提出了保护幼稚工业的贸易学说。李斯特接受了汉密尔顿贸易保护的基本理论并加以系统发展，建立了以生产力理论为基础，保护关税制度为核心的保护幼稚工业理论。这一理论在承认自由贸易利益的前提下，主张以保护贸易为过渡，扶持有前途的幼稚工业，促进社会生产力的发展，最终实现自由贸易。

1. 对古典学派自由贸易理论的批评

1) 反对比较成本论，主张发展生产力

李斯特认为发展一国的生产力比通过比较优势获得贸易利益更为重要，财富的生产力比财富本身更重要。在自由贸易条件下，进口廉价的工业品似乎可以换得交换价值，但这不利于落后国家的工业生产力的发展，其既得的财富难以维持，甚至其文化、自由、国家主权都会落到经济力量强大的国家手里。而如果德国采取保护关税政策，一开始会使工业品的价格提高，但经过一段时期，德国工业得到充分发展，生产力将会提高，商品生产费用将会下跌，商品价格就会下降，甚至低于进口商品的价格。

2) 反对不加区别的自由竞争，主张一定条件的保护

李斯特认为古典学派的根本缺陷在于宣扬世界主义而忽视经济发展的民族特点。他认为，各国经济面临的具体情况不同，因而每个国家的经济发展也有其特殊的道路，所以不存在各国共同的普遍经济规律。李斯特将一国国民经济的发展分为5个阶段：原始未开化时期、畜牧时期、农业时期、农工业时期、农工商业时期。各国经济发展阶段不同，所采取的贸易政策也应不同。他认为德国正处于农工业时期，要想发展生产力，过渡到农工商业时期，必须依靠国家的保护关税政策，扶持工业的发展。

3) 反对古典学派自由放任的原则，主张国家对经济的干预

李斯特认为必须借助国家力量发展生产力，而不能听信古典学派的说教，听任经济自发地实现转变和增长。他指出，古典学派的自由贸易理论之所以受到英国的大力推崇，是因为该国在保护关税制度下已经发展成为一个经济强国，可以在自由竞争中打败世界上一切竞争对手，它想成为利益的永久垄断者，因此想用虚伪的"科学的自由贸易的名义"敲开世界各国的海关大门。因此，李斯特竭力主张德国实行保护贸易政策。

2. 保护的目的和对象

李斯特保护贸易政策的目的是促进生产力的发展。经过比较，李斯特认为由于制造工业使用动力和大机器，其生产力远远高于农业，所以他特别强调发展工业生产力。他认为农业国的人民精神萎靡，因循守旧，缺乏文化、福利和自由；而工业国的人民充满增进身心和才能的精神。因此，李斯特希望提高德国工业资产阶级的地位，发展工业生产力。

关于保护对象，李斯特认为不是针对所有行业，而是根据本国经济发展的需要有选择地进行扶植和保护。他提出了保护对象的几个条件：

(1) 幼稚工业才需保护；

(2) 幼稚工业成熟后不再保护，一定时期内(如30年)扶植不起来则放弃保护，保护幼稚工业不是保护落后与低效率；

(3) 无强有力竞争对手的幼稚产业不需要保护；

(4) 农业不需要保护，只有刚从农业阶段跃进的国家，由于距工业成熟阶段尚远，才需保护，工业发达后，农业会跟着兴起。

3. 保护手段和保护层次

李斯特认为关税是建立和保护国内工业的主要手段，但必须随工业发展水平的提高逐渐提高关税。他认为工业的发展有一个过程，因此保护关税也不能一下订得太高，因为税率太高会过快地隔断与别国的经济联系。

此外，关税保护措施应区别对待，"对某些工业品可以实行禁止输入，或规定的税率事实上等于全部或至少部分地禁止输入。"同时，"凡是在专门技术与机器制造方面还没有获得高度发展的国家，对于一切复杂机器的输入应当允许免税或只征收轻微的进口税"。

(三) 对保护幼稚工业论的评价

1. 保护幼稚工业论具有理论上的合理性，但在实际操作中取决于3个条件

自由贸易的倡导者约翰·穆勒将保护幼稚工业理论作为贸易保护的"唯一成立的理由"。

保护幼稚工业理论在现实中有着广泛的影响力，世界贸易组织也以该理论为依据，列有幼稚产业保护条款。该条款允许一个国家为了建立一个新工业或者为了保护刚刚建立不久、尚不具备竞争力的工业

采取进口强制性措施,对于被确认的幼稚产业可以采取提高关税、实行进口许可证、征收临时进口附加税的方法加以保护。

保护幼稚工业理论的着眼点是一国的长远利益。其基本假设是,保护这些工业在短期内虽然要付出代价,但从长远看是有利的,有必要的。这一点在理论上是成立的,但在实际操作中不一定成立。保护幼稚工业能否长期获利,取决于3个条件:

(1) 这些被保护的"新生儿"必须有潜在的、通过成长会发挥出来的比较优势;

(2) 保护只是短期的(以 30 年为最高期限),为保护所付出的代价是短暂的、有限的;

(3) 被保护的"新生儿"在长大后给社会所带来的收益会足以弥补社会为保护它而付出的"抚养费"。

因此,不是所有的幼稚工业或民族工业都应该受到保护。美国经济学家富兰克·陶西格在 19 世纪末考察了当时受关税保护的美国新兴铁器制造业,结果发现该行业的生产方式在 20 年内没有变化,市场份额也没有任何扩大,保护并没有使这一幼稚工业长大。

2. 保护幼稚工业理论在实践中成效不大

保护幼稚工业理论在实践中成效不大的原因有许多。一是被保护对象如何选择的问题。许多发展中国家政府选择保护目标并不是从经济利益而是从政治利益或其他利益出发。二是保护手段如何选择的问题。有时对象选对但手段用错,其结果仍然达不到通过对幼稚工业的保护来促进其成长的目的。一般来说,采用产业政策优于关税等限制进口的贸易政策。产业政策(如生产补贴)不但对社会造成的损失较小,还能起到监督企业、加速企业成长的作用。在产业政策下,企业的补贴来自政府,政府有权控制和调节,政府为减少开支会促进企业提高效率。而在关税政策之下,企业的收益来自市场,企业没有提高效率的压力。

3. 通过限制进口的手段来保护幼稚工业会产生一种不被人注意的社会损失,即推迟接受和普及先进技术和知识所造成的损失

日本在早期也采取过阻止进口的办法,但很快就转向其他形式,如采用优惠贷款、专利、免税等方式来支持发展本国的电子计算机工业,其转变正是基于这一认识。

实际上,保护手段的选择不仅是一个认识问题,还涉及政府的利益。采用关税,政府可以有收入,而使用产业政策,政府不但失去了税收还要增加支出。

三、凯恩斯的超保护贸易理论

(一) 超贸易保护理论提出的背景

20 世纪 30 年代,垄断代替了竞争,国际经济制度产生了巨大变化。1929 至 1933 年期间,资本主义世界发生了空前严重的经济危机,经济萧条、失业使市场问题进一步尖锐化。在大危机后,许多资本主义国家积极干预对外贸易,实行高关税、外汇限制、数量限制、鼓励出口等措施改善国内的经济状况。在上述历史背景下,各国经济学者提出了各种支持超保护贸易政策的理论根据,其中有重大影响的是凯恩斯主义有关推崇重商主义学说的超保护贸易理论。

凯恩斯(J. M. Keynes, 1883—1946 年)是英国经济学家,凯恩斯主义的创始人。他的代表作是 1936 年出版的《就业、利息和货币通论》。1929 至 1933 年的经济大危机之前,凯恩斯是一个自由贸易论者。当时,他否认保护贸易政策会有利于国内的经济繁荣和就业。在大危机之后,凯恩斯转而推崇重商主义。他认为,重商主义保护贸易的政策确实能够保证经济繁荣,扩大就业,缓和危机。

(二) 超保护贸易理论的内容

1. 对古典学派自由贸易理论提出批评

凯恩斯认为，古典学派自由贸易理论不适用于当时的社会。因为该理论是建立在国内充分就业的前提下的。古典学派认为国与国之间的贸易应当是进出口平衡，以出口抵偿进口，即使由于一时的原因或由于人的力量使贸易出现顺差，这也会由于贵重金属的移动和由此产生的物价变动得到调整，进出口仍归于平衡。他们主张不为贸易出现逆差而担忧，也不必为贸易出现顺差而高兴，故主张自由贸易政策，反对人为地干预对外贸易。

凯恩斯则认为，古典学派自由贸易理论已经过时了。首先，20 世纪 30 年代，大量失业的情况客观存在，自由贸易理论"充分就业"的假设前提已不复存在。其次，古典学派自由贸易论者虽然以"国际收支自动调节说"说明了贸易差额会最终趋向均衡的过程，但忽略了在调节过程中对一国国民收入和就业所产生的影响。凯恩斯认为，应该仔细分析贸易顺差和逆差对国民收入和就业的作用。他认为，贸易顺差能增加国民收入、扩大就业，而贸易逆差则会减少国民收入，加重失业。凯恩斯指出，一国总投资包括国内投资和国外投资。国内投资额由资本边际效率和利息率决定，对外投资量由贸易顺差大小决定。贸易顺差可以为一国带来黄金，扩大支付手段，降低利息率，刺激物价上涨，扩大投资，有利于缓和国内危机和扩大就业量。因此，他赞成贸易顺差，反对贸易逆差。凯恩斯的支持者们进而提出对外贸易乘数理论。

2. 对外贸易乘数理论

对外贸易乘数(Foreign Trade Multiplier)理论是凯恩斯投资乘数在对外贸易方面的运用。为证明增加新投资对就业和国民收入的好处，凯恩斯提出了投资乘数理论。

凯恩斯把反映投资增长和国民收入扩大之间的依存关系称为乘数或倍数理论。它的意思是说，新增加的投资引起对生产资料的需求增加，从而引起从事生产资料生产的人们(企业主和工人)的收入增加；他们收入的增加又引起对消费品需求的增加，从而又导致从事消费品生产的人们的收入增加。如此推演下去，结果，由此增加的国民收入总量会大于原增加投资量的若干倍。凯恩斯认为，增加的倍数取决于"边际消费倾向"(边际消费倾向即增加的消费在增加的收入中所占的比例)。如果边际消费倾向为 0，也就是说，人们将增加的收入全部用于储蓄，一点都不消费，那么，国民收入就不会增加。如果边际消费倾向为 1，即人们把增加的收入全部用于消费，一点都不储蓄，那么，国民收入增加的倍数将为 $1+1+1+1+1+\cdots$，直到无穷大。如果边际消费倾向介于 0 与 1 之间，即人们将增加的收入中的一部分用于消费，则国民收入增加的倍数将在 1 和无穷大之间。这里的倍数也就是乘数，用 K 来表示，则 K 的计算公式为

$$K=\frac{1}{1-边际消费倾向}$$

国民收入的增加额(ΔY)＝乘数(K)×投资的增加额(ΔI)

在国内投资乘数理论的基础上，凯恩斯的支持者们引申出对外贸易乘数理论。他们认为，一国的出口和国内投资一样，有增加国民收入的作用；一国的进口和国内储蓄一样，有减少国民收入的作用。当出口商品和劳务时，从国外得到的货币收入，会使出口产业部门收入增加，消费也随之增加；这又会引起其他产业部门生产增加、就业增加、收入增加……如此循环下去，收入增加量将为出口增加量的若干倍。当进口商品和劳务时，必须向国外支付货币，于是收入减少，消费也随之下降，与储蓄一样，成为国民收入的漏洞。因此，他们得出结论：只有当贸易出超或国际收支为顺差时，对外贸易才能增加一

国的就业量，提高一国国民收入总量，而且，国民收入增加量将是贸易顺差增加量的倍数。这就是对外贸易乘数理论的含义。

那么，如何计算对外贸易顺差对国民收入影响的倍数呢？凯恩斯的支持者们提出了许多公式，下面举其中一例来说明。

我们用 ΔY 来表示国民收入的增加额，ΔI 表示投资的增加额，ΔX 表示出口的增加额，ΔM 表示进口的增加额，K 表示乘数。则计算对外贸易顺差对国民收入影响的乘数公式为

$$\Delta Y = [\Delta I + (\Delta X - \Delta M)] \times K$$

从公式中我们可以看出，在 ΔI 和 K 不变时，贸易顺差越大，则 ΔY 越大；反之，若贸易差额为逆差，则 ΔY 会缩小。因此，一国越是扩大出口，越是限制进口，贸易顺差越大，对本国经济发展的作用就越大。由此，对外贸易乘数理论为超保护贸易政策提供了理论依据。

(三) 对超保护贸易理论的简要评价

超保护贸易理论是凯恩斯在其总量分析的框架下对重商主义的复习，他主张以国家调控的手段来保护本国的垄断工业在国内外市场上的垄断能力，其保护措施远远超过了近代保护贸易理论所主张的关税保护措施，体现出超保护的色彩。这一理论客观上对发达资本主义国家的对外贸易和国际贸易的发展均起到十分重要的作用，尤其是对外贸易乘数理论，在一定程度上反映了对外贸易与国民经济发展之间的内在规律性。但是，如果为了追求贸易顺差，不加节制地奖励出口和限制进口，势必导致贸易壁垒盛行，甚至爆发贸易战，从而阻碍国际贸易的发展。

四、战略性贸易保护理论

(一) 战略性贸易保护理论的含义

战略性贸易保护理论是 20 世纪 80 年代布兰德等人以不完全竞争和双寡头为条件，运用产业组织理论、市场结构的分析为工具提出的贸易保护理论，其目的是证明在一定条件下，自由贸易的最优性未必存在，而补贴、征收反补贴税、运用关税等手段，以国家干预为出发点，可以提高该国的经济福利。规模经济和不完全竞争是战略性贸易政策理论的两个重要假设前提。

所谓战略性贸易政策是指政府以维持或改变不完全竞争企业的战略行为，使市场竞争朝向有利于本国获取最大利益的方向发展的政策。这种政策观点针对寡头垄断市场结构而提出，其核心在于：

(1) 在不完全竞争条件下实施；
(2) 政府的政策目标是为获取本国的利益最大化；
(3) 该政策是一种进攻性的而非防御性的政策；
(4) 政府对贸易活动进行干预的目的是改变市场结构或竞争环境，调整企业的战略性行为。

(二) 战略性产业的选择标准

如果说经济中存在着战略性部门，那么企业家或经济学家该怎样识别它们？克鲁格曼提出了识别战略性部门的两项标准：一是看该部门的资本或劳动回报率是否特别高；二是看该部门是否存在着外部经济，即某一企业的研究开发活动或经验对其他企业是否会产生技术外溢。然而，由于外溢是没有市场价格的，根据这项标准去衡量战略性部门有一定难度。

(三) 战略性贸易保护理论的主要内容

1. 理论观点

由于国际市场上的不完全竞争性质和规模经济的存在,市场份额对各国企业变得更加重要。市场竞争变成一场少数几家企业之间的"博弈"(Game),谁能占领市场,谁就能获得超额利润。战略性贸易保护理论主张通过政府补贴等方式来帮助本国企业在国际竞争中获胜,而企业获胜之后所得的利润会大大超过政府所支付的补贴。

2. 政策模型

假定两家公司——美国 A 公司和法国 B 公司,两家公司生产技术和能力相近,都能生产一种可坐 500 名乘客的大客机,而生产这种客机又具有规模经济的特点,且市场需求有限,整个市场只能容纳一家获利的公司,即一家公司进入能够获取 100 亿美元的利润。但如果两家公司都进入,则双方各自损失 5 亿美元。美国 A 公司和法国 B 公司面临生产或不生产的抉择(没有补贴的情况下两家公司的生产和盈亏情况如表 2-10 所示)。

表 2-10 无补贴的情况下两家公司的生产和盈亏状况

		法国 B 公司			
		生产		不生产	
美国 A 公司	生产	-5 亿美元	-5 亿美元	100 亿美元	0
	不生产	100 亿美元	0	0	0

如果美国 A 公司首先进入市场,则法国 B 公司面临两种选择:要么不生产,让美国 A 公司独自赚取 100 亿美元的利润,自己没有盈利也不亏损;要么生产,在市场上两败俱伤,各损失 5 亿美元。在这种情况下,法国 B 公司显然会选择不生产。

现在假设法国政府采取战略性贸易政策,补贴法国 B 公司 25 亿美元生产这种新型飞机,这种补贴使两家公司的盈亏情况发生了变化。(法国政府补贴的情况下两家公司的生产和盈亏情况如表 2-11 所示)。

表 2-11 法国政府补贴的情况下两家公司的生产和盈亏状况

		法国 B 公司			
		生产		不生产	
美国 A 公司	生产	-5 亿美元	20 亿美元	100 亿美元	0
	不生产	0	125 亿美元	0	0

在新的情况下,法国 B 公司只要生产,就有利润,而不管美国 A 公司生不生产。对法国 B 公司来说,不生产的选择已经被排除。而美国 A 公司也只剩下两种可能:一种是不生产,让法国 B 公司独自赚取利润;另一种是两家都生产而自己承担 5 亿美元的亏损。美国 A 公司已无获得利润的可能,自然退出竞争。结果是,法国 B 公司独占市场,获得 125 亿美元的利润。无论对 B 公司还是对法国政府来说,这种结果

自然是很有吸引力的。政府只支付了25亿美元的补助，却换来了125亿美元的收益，净得利100亿美元。

由此可见，政府的保护政策可以使本国企业在国际竞争中获得占领市场的战略性优势并使整个国家受益。

(四) 战略性贸易保护理论的局限性

战略性贸易保护理论的局限性主要表现在以下几个方面。

(1) 外国政府可能会采取同样的措施。如果美国政府对A公司也进行补贴，那么结果会是两家都生产。虽然A公司和B公司在政府补贴下都能获利，但各国政府的支出会大于企业所得，整个经济是净损失。

(2) 信息的准确性问题。即使美国政府不补贴A公司，如果法国政府在信息不完全时进行盲目保护，仍然存在着不能达到预期效果的问题。假如A公司与B公司在生产技术或经营管理上略有差别，如表2-12所示，B公司比A公司的生产成本要高，如果两家都生产，B公司亏损20亿美元，而A公司则能赢利5亿美元。

表2-12　信息不完全时两家公司的生产和盈亏状况

		法国B公司			
		生产		不生产	
美国A公司	生产	5亿美元	-20亿美元	125亿美元	0
	不生产	0	100亿美元	0	0

在没有补贴的情况下，美国A公司不论怎样都会生产，而法国B公司则不会生产，美国A公司将独占市场。如果法国政府不了解这种情况，仍然补贴B公司25亿美元，企图借此将美国A公司挤出市场，结果却不能如愿，整个国家仍然亏损20亿美元。

(五) 战略性贸易保护理论的实践

战略性贸易政策理论在实践中比较成功的范例当属日本和韩国。政府的干预政策在帮助这两个国家的私人企业，乃至整个产业的发展壮大方面起了重要的作用。实际上，也是日、韩等国实践的成功使战略性贸易政策理论受到了更大的关注。

从世界范围来看，近年来取得成功、发展较快的行业，如钢铁、汽车、电子等，在很大程度上得到了政府的积极支持和资助。积极的贸易政策加快了经济增长与对外贸易的相互作用过程。特别是日本，其战略性产业政策和贸易政策的成效更为显著。20世纪50年代至20世纪60年代，日本政府利用外汇供应和低息贷款，加之进口限制和关税保护，支持发展了重化工业，特别是钢铁、汽车工业，从而将工业重心从劳动密集型的轻工业转变为资本、技术密集型的重化工业。就汽车而言，20世纪50年代，日本的汽车质量差、成本高，为了帮助汽车工业，日本政府不仅限制外国汽车的进口，而且通过日本发展银行为其提供优惠贷款等。其采取的其他促进的措施还包括设备加速折旧、出口补贴、出口贷款、特殊优惠税收条款等。由于受到进口限制的保护而免于与外国竞争，汽车工业得到了加强，并在20世纪60年代中期变得具有国际竞争力。20世纪70年代中期，日本政府又对半导体等知识、技术密集型产业的研究开发加以资助，并鼓励政府和工业部门联合研究开发新技术，从而使日本企业在20世纪80年代控制了世界芯片市场。

事实上，包括极力主张自由贸易的美国在内的许多发达国家的政府，都越来越重视那些具有战略意义、充满希望的高科技部门，如半导体、飞机和生物技术部门等，实行有利的战略性贸易政策能够保证它们在现在和未来的竞争中处于优势地位。

复习思考题

一、名词解释

1. 对外贸易政策　　2. 自由贸易政策　　3. 保护贸易政策　　4. 战略性贸易政策

二、不定项选择题

1. 对外贸易政策的基本类型有(　　)。
   A. 地区贸易政策　　　　B. 服务贸易政策　　　　C. 自由贸易政策
   D. 保护贸易政策　　　　E. 总贸易政策

2. 通常经济贸易竞争力强的国家崇尚(　　)政策。
   A. 保护贸易　　　　B. 自由贸易　　　　C. 开放贸易　　　　D. 封锁贸易

3. 亚当·斯密和大卫·李嘉图主张的国际贸易政策属于(　　)。
   A. 重商主义　　　　　　　　　　B. 自由贸易政策
   C. 保护贸易政策　　　　　　　　D. 管理贸易政策

4. "一国输出的商品一定是生产上具有绝对优势、生产成本绝对低于他国的商品"，这种观点来自于(　　)。
   A. 亚当·斯密　　　B. 大卫·李嘉图　　　C. 赫克歇尔　　　D. 俄林

5. 中国生产手表和自行车分别需要 8 个和 9 个劳动日，印度生产手表和自行车分别需要 12 个和 10 个劳动日，根据比较优势理论，下列说法中正确的是(　　)。
   A. 中国宜生产和出口手表　　　　B. 印度宜生产和出口手表
   C. 印度宜进口手表、自行车　　　　D. 中国宜生产和出口手表、自行车

6. 一国拥有充裕的资本要素，所以它应该专门生产资本密集型产品进行对外交换，这种说法来自(　　)。
   A. 李嘉图的比较成本理论　　　　B. 俄林的要素禀赋论
   C. 亚当·斯密的绝对成本理论　　　D. 林德的需求偏好相似理论

7. 根据西方的国际分工理论，发展中国家应该向发达国家出口本国(　　)。
   A. 比较成本低的产品　　B. 比较成本高的产品　　C. 丰富资源密集型产品
   D. 稀缺资源密集型产品　　E. 绝对成本高的产品

8. (　　)主要是用于解释发达国家之间的贸易的。
   A. 比较优势理论　　　　　　　　B. 产业内贸易论
   C. 需求偏好相似说　　　　　　　D. 产品生命周期理论

9. 李斯特认为，一国在制定对外贸易政策时应首先考虑(　　)问题。
   A. 获取交换价值　　　　　　　　B. 增加社会财富
   C. 发展生产力　　　　　　　　　D. 提高福利水平

10. 超贸易保护主义的主要观点是(　　)。

    A. 保持贸易顺差　　　　　　　　　　　　B. 保护幼稚工业

    C. 保护成熟的垄断工业　　　　　　　　　D. 系统化管理贸易制度

三、简答题

1. 自由贸易政策的优点和缺点是什么?

2. 保护贸易政策的优点和缺点是什么?

3. 简述对外贸易政策的演变。

4. 一国在制定对外贸易政策时应考虑的因素有哪些?

5. 比较优势理论的核心思想是什么?

6. 李斯特的保护幼稚工业理论的主要内容有哪些? 说明了什么问题?

第三章

国际贸易政策措施

【课前导读】

在国际贸易理论中，经济学家对国际贸易产生的原因、国际贸易的形态等进行了严密的逻辑分析。分析结论显示，一国应该进行或实行自由贸易。但是，在国际贸易政策的制定中，国际贸易理论研究中那些被剔除掉的因素和其他因素会进入政策制定者的视野，使国际贸易保护层面显现出来。当前，虽然一国的贸易政策在总体上不断进行着贸易自由化，各国越来越开放，但我们放眼世界，仍然会看到国际贸易不完全自由的一面，即各国或多或少会采取各种鼓励出口和限制进口的政策措施。本章详细介绍了各种关税措施、非关税措施、鼓励出口措施以及出口管制措施，并对关税的经济效应和关税的有效保护等问题进行了探讨。

【要点提示】

1. 关税措施的基本概念与类型
2. 关税的经济效应、保护程度
3. 非关税壁垒的基本概念与类型
4. 鼓励出口和出口管制措施的类型和手段

第一节 关税措施

一、关税措施概述

(一) 关税的概念和特点

关税(Tariff or Customs Duty)是指进出口商品经过一国关境时，由该政府所设置的海关向在本国境内的进出口商所征收的税收。它是国家财政收入的一个重要组成部分。

关税与其他税收一样，具有强制性、无偿性和固定性的特点。但是与其他税种相比，关税还有另外两个特点：第一，关税的征收对象是进出境的商品；第二，关税具有涉外性，是对外贸易政策的重要手段。由于关税在商品的流通过程中征收，进出口商可以把关税税额作为成本的一部分追加到进出口商品上，最终将关税负担转嫁给消费者，因此，关税是一种间接税。由于大多数国家对绝大多数出口商品不征收关税，而进口商品征税后，成本与价格上升，竞争力减弱，所以一个国家可以将关税作为限制进口的重要措施。

关税的征收是通过海关来执行的。海关是国家行政管理机构，它不仅代表国家对外行使主权，对内也代表中央政府行使其对地方的权力。海关一般设置在沿海口岸和陆地边境。海关的基本职责是：对进出国境的货物、邮递物品、旅客行李和运输工具等进行监督管理，征收关税和法定的由海关征收的其他税费，查禁走私，办理其他海关业务等。

(二) 关税种类

1. 进口税、出口税和过境税

按照征税商品的流向，关税可以分为进口税、出口税和过境税。

进口税(Import Duties)是进口国的海关在外国商品输入时对本国进口商所征收的正常关税(Normal Tariff)。这种进口税在外国货物直接进入关境或国境时征收，或者外国货物由自由港、自由贸易区或海关保税仓库等提出，进入进口国的国内市场销售，办理海关手续时征收。

进口税按税率征收幅度可以分为最惠国税率、普通税率、特惠税率和普惠税率。最惠国税率适用于与该国签订有最惠国待遇条款的贸易协定的国家或地区所进口的商品，是世贸组织成员之间在政策贸易下必须给予的关税待遇。普通税率适用于与该国没有签订这种贸易协定的国家或地区所进口的商品。最惠国税率比普通税率低，二者税率差别往往很大。目前，普通税率的平均水平在35%左右。最惠国税率的平均水平在3%左右，发展中国家在最惠国税率上，还能享受到10%左右的优惠待遇。特惠税率(Preferential Duties)又叫优惠税率，它是对从某个国家或地区进口的全部商品或部分商品，给予特别优惠的低关税或免税待遇，其他国家或地区不得根据最惠国待遇原则要求享受这种优惠待遇。特惠税率有的是互惠的，有的是非互惠的。普惠税(Generalized System of Preferences Tariff)是发达国家承诺对从发展中国家或地区输入的商品，特别是制成品和半制成品，给予普遍的、非歧视的和非互惠的关税优惠待遇。利用普惠制，扩大本国产品出口是发展中国家特有的一种方法，它增加了发展中国家受惠国的出口收益，促进了发展中国家的工业化，加快了发展中国家的国民经济增长。

出口税(Export Duties)是出口国家的海关在本国产品输往国外时，对出口商所征收的关税。经济发达国家一般不征收出口税，因为这种税收会提高本国商品在国外市场上的销售价格，降低本国商品的国际竞争能力，不利于扩大出口。第二次世界大战后，征收出口税的国家主要是部分发展中国家，其目的是为了增加本国财政收入，或者是为了保护本国同种工业制成品的生产，以满足本国市场的供应。

过境税(Transit Duties)又称为通过税，它是对于通过其关境的外国商品所征收的一种关税。由于过境商品对本国生产和市场没有影响，所征收税额很低，财政意义不大，故大多数发达国家相继废止征收过境税。

2. 财政关税和保护关税

根据征收关税的目的不同，关税有财政关税和保护关税之分。

财政关税(Revenue Tariff)是以增加国家财政收入为目的而征收的关税。其税率往往是根据国家的需要和对贸易量的影响制定的。财政关税的税率一般都保持在比较低的水平，因为如果税率过高，会阻碍进口或影响出口，最终难以达到增加财政收入的目的。

保护关税(Protective Tariff)是指以保护国内产业为目的而对外国商品所征收的关税。保护关税的税率一般都比较高，因为税率高，才会使进口的外国商品成本上升，竞争力下降，以此来达到保护本国生产的目的。

在18世纪重商主义时期，重商主义者第一次把关税用做一种限制国际贸易的工具，使关税具有保护关税的性质。直到现在，绝大多数国家都把关税作为削弱外来竞争的保护贸易措施，只有极少数发展中国家把关税作为财政收入的主要来源。

3. 进口附加税(Import Surtaxes)

进口附加税是指商品征收了正常进口税入境后，出于特定目的而额外征收的关税。进口附加税通常是一种限制进口的临时性措施，其目的主要是：应付国际收支危机，维持进出口平衡，防止外国商品低价倾销，对某个国家实行歧视或报复政策等，故进口附加税又叫"特别关税"。由于进口附加税比正税所受的国际约束要少，使用灵活，常常被用做限制进口与贸易战的武器。

一般来说，进口附加税是一国在特定时期针对个别国家和特定商品征收的，对所有进口商品征收进口附加税的情况较少。根据征收目的的不同，进口附加税又可以分为反倾销税、反补贴税、报复关税和保障措施关税4种。

1) 反倾销税(Anti-dumping Duties)

反倾销税是对进行低价倾销的商品所征收的一种进口附加税。征收反倾销税的目的在于抵制商品倾销，保护本国的国内市场和产业。所谓倾销，是指进口商品以低于正常价值的价格在其他国家销售的行为。倾销的目的大多数在于打击对手，占领外国市场，这样会使进口国厂商面临不平等的竞争而受到冲击。为了抵制商品倾销，保护本国国内市场，很多国家都对实行倾销的外国商品征收反倾销税。

根据世界贸易组织《反倾销协议》的规定，对某种进口商品征收反倾销税有3个必要条件：第一，倾销的存在(价格低于正常价值)；第二，倾销对进口国国内已建立的某项工业造成重大损害或产生严重威胁，或者对某一国内工业的新建产生严重阻碍；第三，该进口商品的倾销行为和所称损害之间存在因果关系。

关于正常价值的判断有3种方法：首先是按相同产品在出口国国内市场销售正常情况下的可比价格；如果没有这种国内价格，则按相同产品在正常贸易情况下向第三国出口的最高可比价格；最后是产品在原产国的生产成本加合理利润。这3种确定正常价值的方法是依次采用的。另外，这种方法仅适用于来自市场经济国家的产品，对于来自非市场经济国家的产品，应该选用替代国价格，即以一个属于市场经济的第三国生产相同或类似产品的成本或售价作为基础，来确定其正常价格。

反倾销税一般按倾销差额征收，由此抵消低价倾销商品价格与该商品正常价格之间的差额。

2) 反补贴税(Anti-Subsidy Duties)

反补贴税也称抵消税或补偿税，是对直接或间接接受任何奖金或补贴的外国进口商品所征收的一种进口附加税。

对某种进口商品征收反补贴税也有3个必要条件。第一，补贴存在。凡进口商品在生产、制造、加工、买卖、输出过程中所接受的任何奖金和补贴，不管其来自政府还是同业公会，都构成征收反补贴税的条件。第二，补贴对进口国国内已建立的某项工业造成重大损害或产生严重威胁，或者对某一国内工业的新建产生严重阻碍。第三，该进口商品的补贴行为和所称损害之间存在因果关系。

反补贴税的税额一般按其所享受的奖金和补贴税款的多少来征收，不得超过该产品接受补贴的净额，且征税期限不得超过5年。

【案例3-1】中美反倾销反补贴案例

2018年4月，在贸易摩擦愈演愈烈的紧张环境下，中美两国在不同领域"接力"反倾销。

2018年4月17日，美国商务部宣布，对原产自中国的钢制轮毂产品发起反倾销和反补贴调查(即"双反"调查)。美国商务部还初裁认定从中国进口的通用铝合金板存在补贴行为，补贴幅度为31.2%～113.3%。美国商务部数据显示，2017年美国从中国进口的钢制轮毂产品金额约为3.88亿美元。中国产品的倾销幅度介于12.1%～231.7%，涉及56项补贴计划。如果美国国际贸易委员会在2018年10月15日做出肯定性终裁，美国将正式对上述产品征收反补贴关税。

2018 年 4 月 17 日，我国商务部公布对原产于美国的进口高粱反倾销调查的初步裁定。商务部裁定原产于美国的进口高粱存在倾销，国内高粱产业受到了实质损害，且倾销与实质损害之间存在因果关系，并决定对原产于美国的进口高粱实施临时反倾销措施。根据裁定，自 2018 年 4 月 18 日起，进口经营者在进口原产于美国的进口高粱时，应依据裁定所确定的各公司保证金比率(178.6%)向中华人民共和国海关提供相应的保证金。初裁后，商务部将继续对本案进行调查并做出最终裁定。商务部将按照中国相关法律、法规和世贸组织规则保障各利害关系方的正当权利。

有关专家表示，中美双方在此时间节点"接力"反倾销，是贸易摩擦进一步延续的表现，但与美国的贸易保护主义不同，我国对美采取的反倾销措施是严格遵循世界贸易组织的多边规则的。(资料来源：www.poeple.com.cn)

3) 报复关税(Retaliatory Tariff)

报复关税是指对特定国家的不公平贸易行为采取报复行动而临时加征的进口附加税。

报复关税运用的范围相当广泛，对商品、船舶、企业、投资或知识产权等方面的不公正待遇，进口国都可以运用报复关税。通常在对方取消不公正待遇时，报复关税也会相应取消。然而，报复关税也可能引起他国的反报复，最终导致贸易战。

4) 保障措施关税

在公平贸易的条件下，由于关税减让等承诺的存在，可能导致某一世界贸易组织成员方对某种产品的进口增加，从而对该成员方生产同类产品或者直接竞争产品的国内产业造成严重损害或者严重损害威胁。在这种情况下，该成员方可以对这种产品的进口采取数量限制和提高关税等措施，以便国内有关产业进行调整，适应竞争，这类措施就是保障措施。以提高关税的形式实施的保障措施就是保障措施关税。

4. 从量税和从价税

按征税的标准或征税的方法，可以将关税划分为从量税(Specific Tariffs)和从价税(Ad-Valorem Tariffs)。从量税是对进口货物每个单位量征收一定的税额。例如每公升酒征收 1.5 美元。从量税较适合于标准化和原材料产品。从量税的高低与货物数量的多少成正比关系。

从量税额的计算公式为

$$从量税额＝货物数量×单位从量税$$

按从量税方式征收关税，相当于是对廉价物品会征收比例较高的关税，因此，这种关税征收方式实际上是鼓励同类产品中质量好、价格高的商品进口。从量税的另一特点是在进口货物时，海关当局无须确定其价值而只需要知道其数量便可征纳关税。由于征收从量税对货物价值不敏感，从而其保护作用会受到通货膨胀的抵消。由于世界范围内通货膨胀和制成品贸易比重的上升，从量税逐步被从价税替代。

从价税是按进口货物的价值征收一定百分比的税，例如对酒征收 10%的从价关税。从价税一般适用于工业制成品。从价税与商品价格的涨落成正比关系。如果产品价格上涨(比如发生了通货膨胀)，则从价税的保护程度和关税水平同步变动，特别是对高价格的制成品，其保护作用和从量税相比更有效。从价税的税率明确，便于比较不同国家的税率；从价税的税收负担较为公平，符合税收的公平原则；从价税的征收比较简单，对于同种商品可不必因其品质的不同再进行详细分类。

从价税额的计算公式为

$$从价税额＝货物价值×从价税率$$

在以上两种基本关税形式上，将从价税和从量税这两种方法混合使用便构成了复合税，又称混合税

(Compound Tariffs)。比如对酒征收5%的从价税,另外每公升加征1美元的从量税。其计算公式为

$$复合税额=从量税额+从价税额$$

在具体征收时还有两种情况:一种是以从量税为主,另外加征从价税;另一种是以从价税为主,另外加征从量税。

此外,还有一种征收关税形式,它是对同一种进口商品同时订有从价、从量或混合税率。海关需要限制进口时,可选择其中税率高的一种形式征税;如需要鼓励进口,可选择低税率的一种形式征税,这种关税叫选择税(Alternative Tariffs)。比如,日本对坯布的进口税率规定有协定税率10%以及协定税率7.5%另外每平方米加征2.6日元两种,具体征收时,按其中高者进行。

(三) 关税税则

关税税则(Customs Tariff)又叫海关税则。关税税则是一国对进出口商品计征关税的规章和对进出口的应税商品和免税商品加以系统分类的一览表。它是海关征税的依据,是一国关税政策的具体体现。

从内容上来看,海关税则一般包括两部分:一部分为海关征收关税的规章、条例和说明;另一部分为关税税率表。关税税率表主要由税则号列、商品名称、关税税率等栏目组成。

1. 根据关税税率栏目的多少,海关税则可分为单式税则和复式税则

单式税则(Single Tariff)又叫一栏税则。在这种税则中,每个税目只有一种税率,该税率适用于来自于任何国家的商品,不存在差别待遇。资本主义国家在自由竞争时期曾经实行过单式税则,但资本主义发展到垄断时期后,纷纷放弃单式税则,演变为复式税则。

复式税则(Complex Tariff)又被称为多栏税则。在这种税则下,每一税目都有两个或两个以上的税率。主要目的是对来自不同国家的同一商品进行区别对待,适用不同的税率,结果会造成同一种商品由于其来源国不同而被征收不同的关税,造成了国别歧视。目前,世界上绝大多数国家实行的是复式税则。

2. 根据海关税则中税率制定的国家权限不同,海关税则可分为自主税则和协定税则两种

自主税则(Autonomous Tariff)是由本国政府自主制定,并有权加以变更的海关税则。它又被称为国定税则。协定税则(Conventional Tariff)是通过本国与其他国家谈判制定,受条约或协定约束的海关税则。自主税则和协定税则中形成的关税税率分别称为自主税率和协定税率。

3. 关税税则中的商品分类

国际贸易的商品成千上万,种类繁多。出于对商品征税的管理,科学地对商品进行系统分类显得非常重要。在"二战"前,不同的国家有不同的分类方法,各国差别很大。有的按商品的自然属性分类,分成水产品、农产品、畜产品、纺织品、机械制品等;有的按商品的加工程度分类,分成原料、半制成品、制成品等;也有的是按税率的高低顺序进行分类;还有的是按商品名称的拉丁字母顺序分类的。这种不同的分类方法显然不利于国际贸易的发展,不利于各国间的比较研究;不利于国家间的关税减让谈判。

为了克服各国在海关税则商品分类上的差异,避免各国通过海关制定有利于本国的商品分类,实行贸易歧视的做法,国际上的海关合作理事会制定了《海关合作理事会商品目录》(Customs Co-operation Council Nomenclature, CCCN)。因其在布鲁塞尔制定,故又称为《布鲁塞尔税则商品目录》(Brussels Tariff Nomenclature, BTN)。这对统一海关税则的商品分类起了很大的作用。

海关合作理事会从1970年开始着手研究将《海关合作理事会商品目录》和已存在的联合国的《国际贸易商品标准分类》(SITC)进行统一。联合国的《国际贸易商品标准分类》是为了便于对进出口贸易统计

分析而进行的分类。其首先将所有的商品分成初级产品和工业制成品两大类，然后再细分。这两种分类既有差别又有联系。经过几年的努力，海关合作理事会将《布鲁塞尔税则商品目录》和《国际贸易商品标准分类》这既有差别有又联系的两种分类进行了协调，终于在1983年通过了《商品名称与编码协调制度》(Harmonized Commodity Description and Coding System)，简称《协调制度》(Harmonized System)，于1988年1月1日开始生效。我国从1992年1月1日开始使用该《协调制度》。

二、关税的经济效应

一国对进口商品征收进口关税，使得外国商品不能自由进入国内市场，势必影响该国国内商品的价格、生产和消费等。关税的征收，首先是造成价格的变动，即引起进口商品的国际市场价格和国内市场价格的变动，然后通过价格的变动，进而影响到出口国和进口国在生产、贸易和消费方面的调整，产生消费效应、生产效应、贸易效应、福利效应等。

关税对一国经济影响的大小取决于该国在国际市场上的地位。

我们将对关税的经济效应的分析分为进口大国和进口小国两种情况。这里的进口大国是指一国某种或某类商品的进口量占世界该种商品总进口量的比重较大，当其进口量减少时会造成世界市场上对这种商品的需求量下降，进一步导致该商品在国际市场上价格下跌。这里的进口小国是指一国某种或某类商品的进口量占世界该种商品总进口量的比重很小，以至于其进口量的变化对世界市场该种商品的价格不会产生影响。

(一) 进口小国的关税效应

图3-1反映了小国实施进口关税的情况。假定贸易商品的规模报酬不变，进口国对应的供给和需求曲线分别是 S 和 D。世界市场价格是 P_w。由于这是一个小国，因此它能在此价格基础上进口任何数量它所需要的商品。在自由贸易的时候，P_w 也就是进口国的国内价格，在此价格水平上，该国自己的商品供给为 S_1，但消费需求为 D_1，需求与供给之间的差额 D_1-S_1 就是进口。假定这时该国对进口征收税率为 t 的从价税，国内价格就会提高到 $P_w(1+t)$。

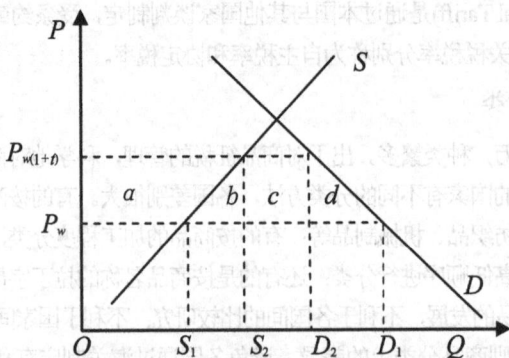

图3-1 贸易小国的关税效应(局部均衡分析)

小国征收关税除了导致商品的国内价格上升以外，该国还会产生以下几种经济效应。

(1) 消费效应：征收关税带来了国内消费的减少，由 D_1 减少到 D_2。

(2) 生产效应：征收关税导致国内产量的增加，由 S_1 增加到 S_2。

(3) 贸易效应：征收关税导致进口量的减少，由 D_1-S_1 减少到 D_2-S_2。

(4) 福利效应：消费者剩余减少＝$a+b+c+d$

　　　　　　生产者剩余增加＝a

　　　　　　政府的关税收入＝c

消费者和生产者剩余的概念和测量方法也可用来衡量关税的成本和利益。

消费者剩余减少量为 $a+b+c+d$，c 作为政府的关税收入，a 以生产者剩余的形式再分配给了国内商品的生产者，而剩余的 $b+d$ 代表了对经济的保护成本或净损失。

保护成本或净损失中的生产部分 b 会上升，是因为征收关税后，一些国内资源从更有效的出口商品生产部门转向了低效的进口商品生产部门。保护成本或净损失中的消费部分 d 也会上升，是因为由于关税，进口工业商品价格被人为地提高了，同时也打乱了该国的消费模式。

这样，由于征收进口关税，收入被进行了再分配。从国内消费者(支付更高价格者)转移到国内商品生产者(获得更高价格者)、从国家富有要素部门(生产出口商品部门)转移到稀缺要素部门(生产进口商品部门)。这就导致了低效率，即关税造成的保护成本或净损失。用消费者剩余减少的量除以由于关税而"节省出"的工作岗位的数目，我们可计算每增加一个国内工作岗位所需要的成本。

(二) 进口大国的关税效应

如果进口国是国际市场上的大国，那么对进口产品征收关税不仅会影响国内的生产和消费，还会影响国际市场的价格。

假定现在进口大国(本国)政府决定对进口商品征收关税，其直接的效应就是使商品的国内价格提高，而价格的上涨会使生产扩大、消费减少，从而使进口需求下降。本国的进口需求下降也就意味着外国的出口必须削减，这又会导致外国商品的价格下跌。显然，在大国模型中，本国商品的价格上涨幅度要小于关税的幅度，这是因为外国的价格也下降了，但是两国价格的差额正好等于关税。

图3-2 显示了大国征收关税后的情况。图中 P_F 是自由贸易时的价格。P_T 是本国征收关税以后的国内价格，P_W 是外国在本国征收关税以后的商品价格，它既是外国的出口价格，也是本国征收关税之前的进口价格。

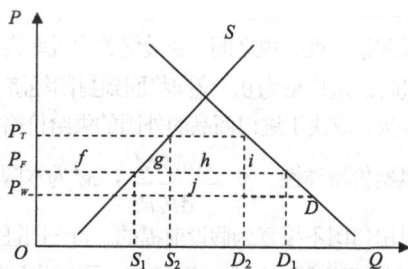

图3-2　贸易大国的关税效应(局部均衡分析)

大国征收关税除了导致商品的国内价格上升以外，该国还会产生以下几种经济效应。

(1) 消费效应：征收关税带来了国内消费的减少，由 D_1 减少到 D_2。

(2) 生产效应：征收关税导致国内产量的增加，由 S_1 增加到 S_2。

(3) 贸易效应：征收关税导致进口量的减少，由 D_1-S_1 减少到 D_2-S_2。

(4) 福利效应：消费者剩余减少＝$f+g+h+i$

　　　　　　生产者剩余增加＝f

　　　　　　政府的关税收入＝$h+j$

结果：整个国家净利益变动为 $j-(g+i)$。

如果 $j>(g+i)$，则整个国家净得益；

如果 $j<(g+i)$，则整个国家净损失。

为什么小国征收关税造成社会净损失而大国征收关税有可能提高国民收益呢？

主要原因是大国在国际市场上有左右价格的能力，通过减少进口，大国可以迫使出口国降低价格，这实际上是迫使出口国也承担了一部分税赋，j 部分是由出口国间接支付的。对进口国来说，则是一笔额外的收入，如果这笔收入大于由于关税造成的经济损失的话，进口国就可能在总体上得益。小国则不然，国际市场价格不会因小国进口减少而下降。因此，关税的负担则完全由本国消费者承担，没有外来的关税收入来弥补，总体上会造成损失。

除了上述几种主要的经济效应之外，还有一个贸易条件效应。贸易条件是指一国的出口价格指数与进口价格指数之比。关税的贸易条件效应是指征收关税对进口国贸易条件的影响。对于小国而言，其征收关税对世界市场价格没有影响，因此对贸易条件也无影响；对于大国来说，其征收关税会导致世界市场价格下降，可能会使进口价格指数下降，进一步改善贸易条件。

(三) 最优关税税率

从以上分析我们得知，对进口小国，任何关税都会带来社会福利的纯损失，而对于进口大国来说，关税有可能带来收益。那么对进口大国而言是否关税越高收益越大呢？答案是：不一定。

1. 最优关税的含义

高关税固然使进口商品的单位税收额增加，但是也有两个不利方面：一是造成进口数量的减少，总的税收不一定增加，如果关税过高，进口量下降严重，关税收入有可能下降；二是如果进口缩减严重，造成国内价格大幅度上升，消费下降，消费者所受的损失也会增加。

鉴于此，只有在适当的税率下，进口国才有可能使收益达到最大。这个能使本国的经济收益达到最大的适当关税叫最优关税税率。

2. 最优关税的说明

(1) 最优关税一定处于零关税和禁止性关税之间。令最优关税税率为 t^*，$t^*=0$ 时，谈不上改善贸易条件也无所谓最优；$t^*=$禁止性关税时，进口量为 0，该国将回到封闭经济。

(2) 关税收益是否大于关税损失，取决于进口商品的外国的供给价格弹性。最优关税税率的计算公式为 $t^*=1/S_m$。其中，S_m 是外国的供给价格弹性，$S_m=\dfrac{\mathrm{d}M/M}{\mathrm{d}P/P}$，$M$ 为本国进口量，P 为进口商品价格。

(3) 最优关税税率的设计是以出口国不报复为假设前提的。当一国征收最优关税时，其最大化了本国的社会福利，却使贸易伙伴的福利水平下降。而且，即使在一国征收最优关税时其贸易伙伴不采取报复行动，该国所得收益也会小于贸易伙伴的损失。这样，就世界总体而言，征收关税要比自由贸易下的福利少。

三、关税的保护程度

(一) 关税水平

关税水平指一个国家进口关税的平均水平。一个国家的关税水平可以反映该国征收关税对该国各种不同商品的价格水平的平均影响程度，是衡量一个国家进口关税对本国经济保护程度的重要指标。关税水平有两种测算方法。

1. 简单算术平均法

$$关税水平 = \frac{税则中所有税目的税率之和}{税则中所有税目之和} \times 100\%$$

简单算术平均法的优点是计算简单易行。但其缺点在于：①没有考虑各种货物进口总值不一等因素对关税水平的影响；②计算结果受税则中税目设置的影响。

2. 加权算术平均法

此方法是以该国征收进口关税的商品价值量为权数，再结合税率计算出来的。

$$t = \sum t_i f_i$$

式中，t_i 代表个别关税率；f_i 代表某一关税率的商品进口额占总商品进口额的比例，其总和等于 1；t 代表总体关税水平。

加权算术平均法的优点是能较真实地反映一个国家的关税水平。但其缺点在于计算结果受一个国家税则中零税率税目多少的影响，零税率税目多则计算出的数值偏低，反之则偏高。

(二) 名义保护率

世界银行将名义保护率定义为：某一商品的名义保护率是由于实行关税保护而引起的国内市场价格超过国际市场价格的部分与国际市场价格的百分比。

$$NRP = \frac{P - P^*}{P^*} \times 100\%$$

$$P = P^* + T$$

其中，NRP 是名义保护率，P 是进口商品的国内市场价格，P^* 是自由贸易价格或进口商品的国际市场价格，T 是进口关税。通常，一国自国外进口商品的价格被认为就是该商品的国际市场价格。

在关税保护措施的作用下，进口商品的价格提高了，这样国内生产的同类商品得以相同的价格出售，从而达到了保护本国商品生产的目的。

【例3-1】假设在国际市场上某种汽车的售价为每辆 10 000 美元，某进口国的国内市场相同汽车的价格在各种保护措施作用下为每辆 11 000 美元。求该国对汽车的名义保护率是多少？

解：$NRP = \dfrac{11\,000 - 10\,000}{10\,000} \times 100\% = 10\%$

在理论上，名义保护率实际上就是一国的保护关税税率，虽然由于货币汇率变化、供求关系变化等因素的影响，使实际中的名义保护率与法定税率常常存在一些差别，但大体上还是一致的，一般就把一国法定关税税率看成是名义保护率。

(三) 有效保护率

1. 有效保护率的提出

有效保护率的概念是加拿大经济学家巴伯(C. L. Barber)于1955年首先提出的。1970年，在关贸总协定秘书处和瑞士国际问题研究所的主持下，第一个有效保护理论国际性会议在日内瓦召开了。

有效保护理论的发展是由于跨国公司的发展导致了全球合作生产，中间产品的贸易量大大增加。而许多国家经常对中间产品诸如原料进口免税，或只征收比用进口原料才能生产的最终产品更低的关税。这样做的目的通常是为了鼓励国内生产和增加就业。例如，一国可能对进口羊毛免税但却对毛料的进口征税，以刺激国内毛料的生产和增加国内就业。

2. 有效保护率的内涵

在当代经济生活中，最终产品的生产过程常常需要中间产品作为投入。在实际的出口商品中，除最终产品外，还包括大量中间产品，如原料、机器设备等。对一种最终产品征收进口关税，不但保护了该进口竞争商品的生产行业，而且保护了为这个行业提供原材料等投入的其他行业。

例如，对小汽车征收进口关税，不但保护了小汽车行业的生产，而且还保护了为汽车生产提供投入的钢铁、机械、橡胶、仪表等行业的生产。另一方面，进口竞争(或进口替代)行业中的企业，不但受到对进口商品征收关税的影响，而且要受到对所使用的原材料等中间产品征收的关税的影响。

对中间产品或原材料征收关税，将提高这些产品的价格，从而增加国内使用者的负担，导致生产成本上涨，对于那些使用进口中间产品或原材料的最终产品来说，会使对其所征收的关税产生的保护效应降低。

3. 有效保护率的计算

一个行业的有效保护率就是征收关税后该行业单位产品附加值的增加率，它可以表示为

$$ERP = \frac{V^* - V}{V} \times 100\%$$

式中：ERP——有效保护率。

V——自由贸易下产品的增值。

V^*——征收关税后产品的增值。

【例3-2】 在自由贸易条件下，美国自行车的价格为200美元，原料成本为140美元。如果美国开始对自行车和自行车生产原料分别征收10%和5%的进口税，试计算其有效保护率是多少？

解：自由贸易条件下国内加工增加值 V=200美元－140美元=60美元

10%的自行车进口税使自行车的国内价格上升到200美元×(1+10%)=220美元

5%的原料进口税使原料成本上升到140美元×(1+5%)=147美元

则实施关税保护后的国内增加值 V^*=220美元－147美元=73美元

因此，$ERP = \frac{V^* - V}{V} \times 100\% = \frac{73-60}{60} \times 100\% = 21.67\%$

【例3-3】 在自由贸易条件下，一公斤棉纱的价格为20元，其投入原棉价格为15元，余下的5元为国外加工增加值。试计算在下列不同的关税保护措施下的有效保护率。

(1) 假设对棉纱进口征税 10%,原棉进口免税。

解: 棉纱的国内市价=20 元×(1+10%)=22 元

征税后国内增加值=22 元-15 元=7 元

自由贸易下棉纱国内增加值=20 元-15 元=5 元

ERP=(7-5)÷5=40%

(2) 假设对棉纱进口征税 10%,对原料原棉进口也征税 10%。

解: 国内棉纱市价=20 元×(1+10%)=22 元

征税后原料成本=15 元(1+10%)=16.5 元

征税后国内增加值=22 元-16.5 元=5.5 元

ERP=(5.5-5)÷5=10%

(3) 假设对棉纱进口征税 10%,对原料原棉进口征税 20%。

解: 国内棉纱市价=20 元×(1+10%)=22 元

征税后原料成本=15 元(1+20%)=18 元

征税后棉纱国内增加值=22 元-18 元=4 元

ERP=(4-5)÷5=-20%

结论: 制成品关税税率高于其投入品的关税税率,能使有效保护率高于其名义关税保护率。如果相反则会产生负保护。

(四) 有效保护率的政策意义

1. 有效保护与关税结构(关税税率结构)

关税结构是指一国关税税则中各类商品关税税率高低的相互关系。各国关税税率结构通常呈税率升级趋势,即从初级产品、半制成品到制成品,随着国内加工程度的深化,税率不断提高。

关税升级指按产品的加工程度的提高而相应提高关税的一种关税阶梯,反映了一种限制加工品进口的保护主义倾向。以原材料的税率最低,原材料的税率甚至可能是零税率,随着加工程度的提高,半制成品的税率就高于原材料的税率,制成品的税率高于半制成品的税率。据估计,发达国家平均进口关税率的升级情况为: 植物油籽税率为 0,植物油的税率则升级 4.4%;烟草为 1.2%,烟草制品则为 18.1%;糖为 1%;糖制品则为 20%;铁矿石为 0;铁板则为 3.4%;天然磷酸盐为 0;而磷酸化肥则为 3.2%等。发达国家在加工环节中出现升级项目的比率是: 美国、日本和欧共体为 90%;奥地利、澳大利亚和新西兰为 88%;瑞士、芬兰也在 70%左右。《乌拉圭回合部长宣言》中,就关税谈判曾明确阐明"谈判应当在通过适当的方法削减或视情况取消关税,包括降低或取消高关税和关税升级"。

2. 有效保护与关税减让谈判

关税减让谈判的原则是: 大幅度削减投入品的关税税率,小幅度削减或不削减最终产出品的关税税率。这样,在降低总体关税水平的同时,不降低、少降低,甚至可能提高对被保护产业的有效保护。

3. 有效保护与关税制度

1) 海关监管下加工

海关监管下加工制度是允许某些货物在进入境内自由流通前,暂时不征收关税,在海关监管下进行加工,然后按加工后的状态适用税率计征关税的一种海关制度。在各国经济中有时一类产出品的投入品由于某种需要必须以高关税保护,而该产出品作为其他行业的投入品又受到这些行业的限制,不能提高关税税率。在投入产出系数较大的条件下，投入品税率高于产出品的税率将导致负保护。这意味着生产者把产出品的生产过程放到境外有可能比在境内更为有利。采用海关监管下加工可以较好地解决这个问题。

2) 加工贸易保税和复出境退税

有效保护理论告诉我们，对于出口品而言，如果进口关税为零，而其进口投入品的关税不为零时，出口品会出现负保护。解决这一问题的办法：一是对出口品的进口投入品实行保税；二是对加工后复出境的货物退还其进境时征收的关税和进口环节的国内税。这样可以使投入品的税率为零，从而避免出现负保护。

第二节　非关税壁垒

一、非关税壁垒的历史变迁与特点

关税不是实施保护以避免外国竞争的唯一手段。在国际贸易中存在着各种各样的非关税措施，被自由贸易论者称之为非关税壁垒(Non-tariff Barriers，NTB)。它泛指一国政府为了调节、管理和控制本国的对外贸易活动，从而影响贸易格局和利益分配而采取的除关税以外的各种行政性、法规性措施和手段的总和。

从历史上看，早在重商主义时期，限制和禁止进口的非关税性措施就开始盛行。1929年至1933年的大危机时期，西方发达国家曾一度高筑非关税壁垒，推行贸易保护主义。尽管如此，"非关税壁垒"这一术语是在关贸总协定(GATT)建立以后才逐渐产生的。真正把非关税措施作为保护贸易政策的主要手段开始于20世纪70年代，其原因是多方面的。

首先是由于各国经济发展不平衡导致的，这是非关税壁垒迅速发展的根本原因。美国的相对衰落，日欧的崛起，特别是20世纪70年代中期爆发的经济危机，使得市场问题显得比过去更为严峻。以美国为首的发达国家纷纷加强了贸易保护手段；其次，"二战"后在GATT努力下，关税大幅度减让之后，各国不得不转向用非关税措施来限制进口，保护国内生产和国内市场；第三，20世纪70年代中期以后，许多国家相继进行了产业结构调整，其为保护各自的经济利益纷纷采用了非关税措施来限制进口；第四，科技水平迅速提高，相应提高了对进口商品的检验能力。通过检验，可获得各种商品对消费者健康的细微影响，从而有针对地实行进口限制。例如对含铅量、噪音大小的测定等；第五，非关税措施本身具有隐蔽性，不易被发觉，而且在实施中往往可找出一系列理由来证明它的合理性；最后，各国在实施非关税措施时相互效仿，也使这些措施的实施范围迅速扩大。

经过多年的演化发展，20世纪90年代以来，非关税壁垒呈现出形式更加隐蔽、技巧更高的特点，以致很难区分其保护是否合理。具体来看，大致有以下几方面变化：第一，传统制度化的非关税壁垒不断升级。如反倾销的国际公共规则建立后，在制度上削弱了倾销作为贸易壁垒的作用，但频繁使用反倾销手段又演化为新的贸易壁垒。第二，技术标准上升为主要的贸易壁垒。由于各国的技术标准难以统一，使技术标准成为最为复杂的贸易壁垒，并常常使人难以区分其合理性。第三，绿色壁垒成为新的行之有效的贸易壁垒。一些国家特别是发达国家往往借环境保护之名，行贸易保护之实。第四，政治色彩越来越浓。发达国家甚至利用人权、劳工标准等形成带有政治色彩的贸易壁垒，大肆推销其国内人权标准，干涉别国内政。据不完全统计，非关税壁垒从20世纪60年代末的800多项已上升至21世纪初的2 000多项。

无论非关税壁垒如何变化，与关税措施相比，其均具有以下几个明显的特征。

(1) 有效性。关税措施主要是通过影响价格来限制进口，而非关税措施主要是依靠行政机制来限制进口。因而非关税措施更能直接地、严厉地且有效地保护本国生产与本国市场。

(2) 隐蔽性。与明显地提高关税不同，非关税措施既能以正常的海关检验要求和进口有关行政规定、法令条例的名义出现，又可以巧妙地隐蔽在具体执行过程中而无须做出公开规定，人们往往难以清楚地辨识和有力地反对这类政策措施，这种隐蔽性增加了反贸易保护主义的复杂性和艰巨性。

(3) 歧视性。一些国家往往针对某个国家采取相应的限制性非关税措施，更加强化了非关税壁垒的差别性和歧视性。

(4) 灵活性。关税是通过一定立法程序制定的具有一定延续性的贸易政策，在特殊情况下做灵活性调整比较困难。而制定和实施非关税措施，通常可根据需要，运用行政手段做必要的调整，具有较大的灵活性。正因为如此，非关税壁垒已逐步取代关税措施，成为各国所热衷采用的实施贸易保护的政策手段。

二、非关税壁垒的类型

为了更深刻地认识非关税壁垒的特征以及积极应对其不利影响，我们有必要对繁多芜杂的非关税壁垒进行区别和归类。从不同的角度出发，非关税壁垒大致可以归纳为如下几种类型。

第一类，从制定主体角度，非关税壁垒可分为内生性非关税壁垒与外生性非关税壁垒。其区别在于是本国自主决定还是受外界压力或通过谈判达成协议决定。如 1981 年美国单方面规定从中国进口的羊毛衫配额为 18.73 万打，即为自主配额，属于内生性措施。目前，大多数"自限协定"或"有秩序销售协定"均是通过谈判达成的，其属于外生性的措施。

第二类，从实施手段的特性角度，非关税壁垒可分为制度性非关税壁垒与技巧性非关税壁垒。前者利用如进口配额、许可证、反补贴、反倾销、海关估价、原产地规则、政府采购等制度形成制度性壁垒，后者利用如技术标准、质量标准、环境标准、劳工标准、商品检验、包装、标签等形成技巧性壁垒。技巧性壁垒的隐蔽性极高，看上去似乎并不违背国际贸易的公共规则，但内容却变幻莫测，行之有效，使人防不胜防。它不仅直接阻碍了来自别国商品的进口，出口国为适应其看似合理的要求，还要对生产要求、技术标准、产品规格等做出一系列的调整，增加了不合理的成本和费用负担。

第三类，从影响方式及程度的角度，非关税壁垒可分为直接影响性、间接影响性以及溢出或旁及影响性非关税措施。此种分法是联合国贸易和发展会议在 20 世纪 80 年代所做出的。直接影响性的非关税措施，是出于保护国内产业、加强国内产业在国外市场的竞争力的考虑，而采取的对外国进口方面进行限制和对本国出口进行限制或激励的措施，如配额、许可证、进口押金制等。这类措施对贸易的限制很明显，比较直截了当；间接影响性措施从表面上看是出于其他目的而制定的，比较含蓄，不易发现，但仍被怀疑具有隐藏的限制贸易动机，如质量标准、广告数量、海关程序等。旁及性或溢出性措施是指并非主要针对贸易，却不可避免地导致国际竞争条件失常，从而对贸易发生影响的一些非关税壁垒措施。这类壁垒包括政府对某种或某类商品在生产、销售和分配方面的垄断；影响贸易的产业结构和地区发展政策；政府特定的国际收支政策措施；各国关税制度的不同，国家社会保险制度的不同，折旧期限制度的不同等；政府资助的防卫、航天和非军事采购引起的需求变动，国家标准和规定及做法的变动，国外运输费的变动和国家批准的国际运输协定等。

第四类，从实施目的或作用机制角度，非关税壁垒可分为数量限制型与成本价格型非关税壁垒。这是联合国贸易与发展会议在上述分类中的进一步解释。前者是通过直接限制进口商品的数量或进口金额从而直接达到有效限制进口的目的，如配额、许可证、国内采购法规、国内含量规定等；后者是通过直接影响进出口商品或国内产品的成本进而削弱外国商品的竞争力来达到限制进口的目的，如运费差别待遇、海关估价做法、环境标准、劳工标准等。

通过表 3-1，我们可以更清晰地了解到非关税措施的主要形式及其特性。

表 3-1　非关税措施分类表

	直接影响性措施	间接影响性措施	溢出或旁及性影响措施
控制数量	配额、许可证 自愿出口限制 进出口禁令 当地含量要求 混合规定 禁止性政府采购政策 直接影响贸易的投资措施	通信工具限制 广告数量和市场限制 间接影响贸易的投资措施	产业和地区发展政策 特定的国际收支政策 税收制度的差异
影响成本	进口附加税 反倾销措施、补偿关税 进口押金制 国内费用的差别待遇	海关估价 外汇管制 包装、标签规定 质量、卫生、环境标准 安全、劳工标准 报关程序 披露规定和行政指导 专业服务中的许可证、文凭 销售证规定	国家社会保障制度 折旧期限的差异 国家订货的规模效应 国际运输协定

资料来源：(1) 赵春明. 非关税壁垒的应对及运用[M]. 北京：人民出版社，2001.

(2) 刘力. 国际贸易学——新体系与新思维[M]. 北京：中共中央党校出版社，1999.

(3) 李金亮. 狭义国际经济学[M]. 广州：暨南大学出版社，1992.

(一) 进口配额制(Import Quotas)

进口配额又称进口限额，是一国政府在一定时期(如一季度、一年)内，对于某些商品的进口数量或金额加以直接限制。在规定的期限内，配额以内的货物可以进口，超过配额不准进口，或者征收较高的关税或罚款。它是进口国实施数量限制的主要手段之一。根据控制的力度和调节手段，进口配额可分为绝对配额和关税配额两种类型。

1. 绝对配额(Absolute Quotas)

即在一定时期内，对某些商品的进口数量或金额规定一个最高限额，达到这个数额后，便不允许进口。在具体实施过程中它又有 3 种方式。

(1) 全球配额(Global Quotas)。它属于世界范围的绝对配额，对来自任何国家或地区的商品一律适用。主管当局通常按进口商的申请先后或过去某一时期的进口实际额度批给一定的额度，直至总配额发放完为止，超过总配额就不许进口。

(2) 国别配额(Country Quotas)。即在总配额内按国别和地区分配固定的配额，超过规定的配额便不准进口。实行国别配额可以使进口国家根据它与有关国家和地区的政治经济关系情况，分别给予不同的配额。国别配额又分为单方面配额和协议配额。单方面配额又称自主配额，是由进口国单方面规定在一定时期内从某个国家或地区进口某些商品的配额；协议配额是由进口国与出口国双方通过谈判达成协议规定的某种商品的进口配额。

(3) 进口商配额(Importer Quotes)。即进口国政府把某些商品的配额直接分配到进口商，分到配额的多寡决定着进口的多寡。发达国家政府往往把配额分给大型垄断企业，中小进口商难以分到或分配的数量甚少。

2. 关税配额(Tariff Quotas)

关税配额是指对商品的进口绝对数额不加限制，而对在一定时期内，在规定的配额以内的进口商品给予低税、减税或免税待遇，对超过配额的进口商品则征收较高的关税或附加税甚至罚款。这种配额与征收关税直接结合，具有一定的灵活性。

【案例3-2】2001年4月17日，日本政府决定从2001年4月23日起至2001年11月8日的200天里，对从中国进口的大葱、鲜香菇、灯芯草3种农产品实施"紧急限制进口措施"，限制进口量以内的产品征收3%～6%的关税，超过部分则征收106%～266%的关税。

(二) 进口许可证制

进口许可证制(Import License System)是指商品的进口，事先要由进口商向国家有关机构提出申请，经过审查批准并发给进口许可证后，方可进口，否则一律不许进口。

从与进口配额的关系上看，进口许可证可分为两种：一种是有定额的许可证，即政府有关机构预先规定有关商品的进口配额，然后在配额的限度内，根据进口商的申请对每一笔进口货发给进口商进口许可证，一般只允许一定数量进口而非全部申请数量。还有一种是无定额的进口许可证，即进口许可证不与进口配额相结合，进口国政府不预先公布进口配额，只在个别考虑的基础上颁发有关商品的进口许可证、实施进口。因为它是个别考虑的，没有公开的标准，因而就给正常的贸易活动造成了更大的困难，起到了更大的限制进口的作用。

按照进口许可的程度来分，进口许可证一般有两种：一种是公开一般许可证，它又称公开许可证或一般许可证。凡是列明属于公开一般许可证的商品，进口商只要填写公开一般许可证后，即可获准进口。因此，这类商品实际上是"自由进口"的商品。还有一种是特种进口许可证，进口商必须向政府有关当局提出申请，经政府有关当局逐笔审查批准后才能进口。这种进口许可证，多数都指定进口国别或地区。需要申请特别进口许可证的商品一般包括烟、酒、军火武器、麻醉品或某些禁止进口的商品等。

进口许可证制在"二战"之前曾被西欧国家广泛使用。"二战"后，西方各国仍执行严格的进口许可证制度。并且时常通过复杂的申领进口程序和手续进一步阻碍商品的进口。直到1979年11月"东京回合"与会各方签订了《进口许可证手续协议》后情况才有所好转。该协议对简化国际贸易中所运用的管理手续和做法都做了明确的规定，确保这些手续较为透明、公平、合理地使用。

(三) "自愿"出口限额

1. 自愿出口限额的实质

"自愿"出口限额("Voluntary" Export Quotas)又称"自动"限制出口或自愿出口限制，这是20世纪60年代以来非关税壁垒中很流行的一种形式。几乎所有发达国家在长期贸易项目中都采用了这种形式。"自愿"出口限额是指在进口国的要求或压力下，出口国"自动"规定某一时期内某些商品对该国的出口限制，在限定的配额内自行控制出口，超过配额即禁止出口。

自愿出口限制通常是两个政府之间谈判的结果，导致出口国限制它向进口国的出口供给。这种协议从字面上来看不是自愿的，但是，它是出口国所乐于接受的进口国或明或暗地威胁使用的贸易壁垒(关税、进口配额或反倾销税)的一种转化形式。

有时自愿出口有利于把保护主义措施看成是强加于自由的国际贸易活动之上的一系列限制方法的集合。这样的自愿出口限制就是一种手段，进口国通过它强加给外国供给的一个征税上限(约束之一)、确定的商品种类(约束之二)、确定的供给来源(约束之三)、确定的数量而不是金额(约束之四)、确定的时期之内(约束之五)。此外，出口国家还要对出口供给进行管理。

2. 采取自愿出口限额措施的原因

与其他保护措施比较，要从经济的角度来理解为什么进口国政府要使用自愿出口限制而不是关税和配额仿佛是挺困难的。使用关税和配额，租金会保留在进口国内部，而自愿出口限制是有选择性的，并不能覆盖所有的供给，进口国政府必须总是准备把新的供给商排除出去。此外，自愿出口限制从福利和效率的角度来看，排在从价税和进口配额之下。那么，怎样才能够解释政府所表现出来的对自愿出口限制的偏爱胜过进口配额和关税，并一再实施它的这种现象呢？其原因主要有以下几点。

(1) 这与传统手段被关税及贸易总协定(General Agreement on Tariffs and Trade，GATT)和世界贸易组织(World Trade Organization，WTO)限制有关。尽管自愿出口限制实际上是与GATT/WTO的精神相违背的，但通过自愿出口限制，一方面GATT/WTO成员实现了对出口方的限制，另一方面也避免了与他们所签署的GATT/WTO规则文件的冲突。

(2) 自愿出口限制可以像出口税那样发挥作用，全部租金都被转移到出口国，所以自愿出口限制会提高出口企业的利润和出口国的福利。既然出口税不受GATT/WTO的支持，一种适当的自愿出口限制可以作为出口国政府的临时选择。

(3) 自愿出口限制在出口国形成了一个特殊的利益集团。这个集团对出口国来说可能会是一个施加压力的团体，其通过保持自愿出口限制的实施可以获得持续的租金收入。在这种方式下，转移到出口国的租金能够削弱出口国政府对自愿出口限制措施的反对，从进口国的角度来看，租金转移削减了报复的风险和对外政策的摩擦。

(4) 从政治的角度来看，自愿出口限制特别容易实施。直接的进口限制如关税和配额，必须通过法律程序(如在美国)或高度透明的管理渠道(如在欧盟)，而自愿出口限制可以秘密地进行谈判，不会为公开的政治过程和公众监督所妨碍。

(5) 出口国偏爱自愿出口限制是因为这种协议为它提供了一种每隔几年就可以对进口国施加压力，使其取消限制的选择，或者至少改变或放宽自愿出口限制种类的定义，使之更好地符合出口国的出口产品组合。这也有可能成为一柄双刃剑，使限制更为繁杂。

(四) 反倾销和反补贴措施的滥用

反倾销和反补贴的初衷本来是抵消不公平竞争。因为外国商品倾销和受补贴商品进口会给本国市场和生产造成重大伤害，因此倾销和补贴在国际贸易中一般被视为不公平贸易行为。为了保护本国国内市场和产业，进口国可对实施倾销和得到补贴的进口商品采取反倾销和反补贴措施，实行正当的保护。但是，反倾销和反补贴措施被越来越多的进口国滥用，他们以反倾销反补贴之名，行贸易保护之实，使得反倾销反补贴已经成为一种非常隐蔽的非关税壁垒。有时即使最终裁决倾销或补贴不成立，但仅反倾销和反补贴的立案和审理过程就足以对进口商品形成障碍。随着我国对外贸易的快速发展，外国对我国出口商品实施无理的反倾销和反补贴措施现象日益严重，我国已成为世界上遭受反倾销反补贴壁垒最多的国家之一。

为抑制反倾销手段的滥用，GATT/WTO曾经做了不懈努力。1947年的《关贸总协定》中就有关于反倾销的原则性规定,但内容非常笼统和模糊,难以对各国的倾销行为形成有效的约束,反而给反倾销措施的滥用提供了可乘之机。"东京回合"多边贸易谈判对关贸总协定的有关反倾销的原则性规定加以具体化,制定了较为全面详细的反倾销规则,但仍然不够严谨和明确,未能有效地遏制倾销行为以及反倾销措施的滥用。在"乌拉圭回合"多边贸易谈判中,经过较长时期艰苦的努力,终于制定出了较为完善的《反倾销协议》,成为各国遵守的国际规则。其主要内容如下。

1. 反倾销的条件

根据 WTO 的《反倾销协议》,只有具备以下 3 个条件,成员方才能采取反倾销措施。

(1) 存在倾销。倾销是指一种产品的出口价格低于出口方在用于本国消费的同类产品的价格,在确定一个产品是否倾销时,必须比较该产品的出口价格与出口方的国内消费价格。如果前者低于后者,即被认为是倾销。但是,如果出口方国内市场销售行为不正常或者国内市场销售量较小时,倾销的确定不能根据出口价格和出口方的国内消费价格的比较,而应该把出口价格同以下两者依次进行比较:同类产品出口到第三国的可比价格;在原产国的产品生产成本上加上一般费用、销售与管理费用和利润的基础上计算出来的推定价值。

(2) 存在实质损害。实质损害是构成法律倾销与采取反倾销措施的必要条件。实质性损害有 3 种表现,或是指对进口国国内产业产生实质损害,或是指对进口国产业产生实质威胁,或是指对进口国新建产业产生实质阻碍。以下内容构成对国内产业的损害或受到损害的威胁:倾销的进口产品大量增加,相对于进口国的生产或消费而言,或是绝对增加或是相对增加;进口产品的价格降低了国内同类产品的价格,或阻碍其价格的提高。

(3) 倾销与损害之间存在因果关系。进口方如果要采取反倾销行动,除了证明一进口产品存在倾销行为和对国内产业存在损害之外,还必须证明倾销和损害之间存在因果关系,即证明进口国国内相同或相似产业的损害是由于进口产品的倾销造成的。

2. 反倾销的程序

反倾销要按以下程序合理进行。

(1) 反倾销调查的提起与受理。反倾销调查可用如下两种方式提起:由一个受倾销影响的国内产业或其代表向有关当局以书面形式提起反倾销调查;或由有关当局决定进行反倾销调查。

(2) 初步裁决。在适当调查的基础上,有关当局对于倾销或损害可做出肯定或否定的初步裁决。

(3) 价格保证。反倾销调查开始后,如果收到出口商令人满意的修改其产品价格或停止向该地区以倾销价格出口产品的自动保证后,主管当局认为倾销的损害结果将得以消除,则可中止或终止调查。但是,如果主管当局认为接受出口商的价格保证是不现实的,则可拒绝其价格保证,但应该说明理由。

(4) 临时措施。在初步裁决存在着倾销和损害的事实后,进口方当局为防止该国产业进一步受到损害,可采取反倾销的临时措施。临时措施可用采取临时关税的形式,也可用征收与反倾销税等量的保证金或保税金的形式。临时措施只能从开始调查之日起的 60 天后采取,实施期限通常不超过 4 个月。只有在出口商主动请求或者有关当局认为的确有必要时,可以适当延长,但最多只能延长 2 个月。

(5) 征收反倾销税。在有关当局最终确认进口商品构成了倾销,并因此对进口方某一相同或类似产品的产业造成了实质性损害,就可对该倾销产品征收反倾销税。征收反倾销税的数量应该等于或小于倾销幅度,征税期限以足以抵消倾销所造成的损害所需的时间为准,但一般不得超过 5 年。

(6) 行政复审和司法审查。在征收反倾销税的一段合理的时间之后,有关当局根据当事人的请求或自身的判断,可进行行政复审,以确定是否需要继续征收反倾销税。有关当局的最终裁决和行政复审可特别要求司法、仲裁或行政法庭进行复审。

同时，WTO 规定，在《反倾销协议》实施过程中，如果缔约方之间发生分歧，首先应该相互协商。如果协商不成，应提请世界贸易组织反倾销实施委员会进行调解。如果在 3 个月内无法解决分歧，反倾销实施委员会应在争议一方请求下成立专门小组，来审查整个案件。

(五) 绿色贸易壁垒

世界各国特别是发达国家将环境与贸易问题挂钩以后，制定并实施了大量的绿色贸易壁垒措施，其表现形式是多种多样的，大致可归纳为以下几种类型。

1. 绿色关税制度

这种形式是绿色壁垒的初期表现形式。即进口国以保护环境为理由，对一些污染环境、影响生态环境的进口产品除征收一般正常关税外，再加征额外的关税。这其实是一种进口附加税，又称为环境进口附加税。在 20 世纪 80 年代联合国贸易与发展会议所列的非关税壁垒清单中，进口附加税是被列为缺乏透明度和歧视性的非关税壁垒的措施。因此，征收环境进口附加税违背了 GATT 的非歧视原则。

2. 环境配额制度

配额是非关税壁垒常用的数量限制措施，现已延伸至环境贸易领域。国际上有些环保主义者主张，根据某一出口国某种产品环保实绩来确定其在本国市场的销售配额，即按时期(如年、季度、月)分配给相关出口国输入本国该产品的最高数量。这种做法对发展中国家和各国中小企业具有很大的歧视性。因为，发展中国家以及各国中小企业受自身经济实力和技术实力的限制，很难在短期内提高其环境技术标准和质量。这种主张不仅在实践上行不通，在理论上也不攻自破，而且直接违背了 WTO 关于废除数量限制的原则。

3. 环境许可证制度

环境许可证制度要求在取得许可证的基础上才能允许进口或出口，也就是在出口前获得了进口国的"预先同意通知"。这种做法源于《濒危野生动植物物种国际公约》等国际绿色规范。该公约规定，对于不加保护有消失危险的野生动植物的贸易应受到严格的限制，在管理当局批准承认的出口许可证的基础上才允许出口，进口国只能在出口国颁发出口许可证的前提下才进口。一些国家据此加以演变，实施绿色准入制度。

4. 绿色补贴制度

由于污染治理费用通常十分高昂，导致一些企业难以承受此类开支。尤其是一些发展中国家和一些中小企业，靠自身实力去解决此类积重难返的问题更是困难重重。当企业无力投资于新的环保技术、设备或无力开发清洁技术产品时，政府需要采用环境补贴来帮助筹资控制污染，这些方式包括专项补贴，使用环境保护基金，低息优惠贷款等。按 WTO 修改后的《补贴与反补贴措施协定》的规定，这类补贴是"为促进现有设施适应法律和规章所规定的新的环境需求而给予的有关企业的资助"，它属于不可申诉补贴范围，因而为越来越多的国家和地区所采用。经济合作与发展组织(OECD)允许其成员政府根据"污染者付费原则"提供环境补贴。但这类补贴行为也引起一些进口国以其造成价格扭曲因而违反 WTO 自由贸易原则为由，征收相应的反补贴税，从而导致因围绕环保补贴问题而引起的贸易纠纷。20 世纪 90 年代，美国就曾以环境补贴为由对来自巴西的人造胶鞋和来自加拿大的速冻猪肉提出了反补贴申诉。

5. 环境成本内在化制度

一些发达国家根据外部经济理论制定环境成本内在化制度，对来自于那些环保制度宽松国家的产品以"生态倾销"为名实行贸易保护主义措施。由于"环境成本内在化"是绿色壁垒的重要理论基础,故有必要在此对相关概念进行解释。商品在生产、使用过程中造成环境破坏和资源流失,由此形成的成本,即为环境成本。将环境成本纳入生产成本,即为环境成本内在化。所谓外部经济是指某项经营活动对他人或社会造成影响,而又未将此计入生产或交易成本。环境成本内在化理论认为,某些生产、营销活动污染空气和水,恶化环境资源,甚至造成跨国境或全球性环境问题(如酸雨、河流污染、气候变暖和异常),然而这些环境资产的价值往往在出口生产和国际贸易中被忽略不计。由于出口商品或劳务的价格不包含或不反映其全部环境成本,国际贸易的开展可能加重市场失灵而使环境更加恶化。因此,必须将这种由于市场失灵导致的消极的外部经济效应"内部化",即内在化到出口商品或劳务的真实成本中,以便促进资源的合理使用和环境的有效保护。

环境成本内在化以后,国际贸易中某些产品(如资源型、绿色消费品)的比较优势就会发生变化,一些国家的产品因此失去价格竞争力而退出国际市场。另外,其还将改变资本流动地理方向和行业流向。资本将从高环境成本的行业、地区抽出而投向低环境成本或无环境成本的行业、地区,以获取源于环境成本差异的"租金"。

西方发达国家的一些企业认为,由于环境不同造成的"成本投入差异"使外来产品取得了不公正的成本优势和市场竞争优势,这使它们自己处于不利的竞争地位。为了改变这种不利的竞争地位,这些企业和一些环保组织的援外活动集团联合起来攻击别国(特别是发展中国家)低成本的环境标准构成的所谓的"生态倾销"。它们认为"生态倾销"是不公正贸易。并对政府施加压力,要求本国政府征收"生态倾销税",以抵消国外低成本产品的竞争优势,或者对国内工业进行补贴,使其在国内市场和国际市场可以低价竞争。广大发展中国家对此提出了异议,他们认为对环境管制差异造成的产品投入成本差异对市场竞争力产生的影响并没有发达国家鼓吹的那么严重。据统计,与环境有关的成本一般只占全部产品销售价值的 1%~2%。只有部分污染密集型行业和自然资源部门此项成本高于平均值,例如化工、矿业、采炼工、造纸业等。

6. 繁杂苛刻的环保技术标准

发达国家的科学技术水平较高,处于技术垄断地位,他们在环境保护的名义下,通过立法手段,制定严格的强制性环保技术标准,限制国外商品出口,有些国家甚至执行内外有别的环保标准。其保护主义本质昭然若揭。很多环保标准对发展中国家来说,是在短期内根本无法达到的,貌似公平,实则歧视。目前这种标准的繁杂和苛刻程度连发达国家内部的企业都感到难以适应。欧共体商业协会于 1992 年所作的一份有关非关税壁垒的调查报告指出,在当时 12 个被调查的成员国的主要制造商中,有 1.1 万多家企业将欧共体内部多达 10 万多条的技术标准、法规视为阻碍贸易的主要因素之一,在德、法、英三国,大部分被调查者更视其为最主要的障碍。令一些出口企业感到很头痛的事就是如何及时、完整地搜集这方面的信息,因为只要产品在某个小地方不能满足某个组织的标准要求,就会面临极为不利的境况。

目前,环境技术标准所涉及的产品越来越多,并且标准越来越高,标准的分类越来越细,主要有:
(1) 食品中的农药残留量及其化学物质含量;
(2) 陶瓷产品的含铅量;
(3) 皮革的 PCP(五氯苯酚)残留量;
(4) 烟草中的有机氯含量;
(5) 机电产品、玩具的安全性指标;
(6) 汽油的含铅量指标;
(7) 汽车尾气的排放标准;

(8) 包装材料的可回收性指数;

(9) 纺织品污染指数;

(10) 保护臭氧层的受控物质, 如冰箱、空调、泡沫及发胶等。

7. 复杂苛刻的绿色检验检疫措施

海关卫生检疫制度一直存在, 但发达国家对食品的安全卫生指标十分敏感, 对农药残留、放射性残留、重金属含量的要求日趋严格。例如, 1993 年 4 月第 24 届联合国农药残留法典委员会大会上, 讨论了 176 种农药在各种商品中的最高残留量、最高再残留量(即指现已禁用的、但仍在食品中残留的农药含量) 和指导性残留限量。因此, 欧盟对在食品中残留的 22 种主要农药制定了新的最高残留限量, 即从严控制其在食物中的残留限量。在日本, 有关农兽残限量方面的标准多达 6 000 多个。可想而知, 企业过这些关口要付出多大的代价。

【案例3-3】2006 年 5 月起, 日本正式施行《食品中残留农业化学品肯定列表制度最终草案》。该草案明确设定了进口食品、农产品中可能出现的 734 种农药、兽药和饲料添加剂的近 5 万个暂定标准, 大幅抬高了进口农产品、食品的准入门槛。目前全球约有 700 种农药, 即便是拥有先进设备和检测人员的日本横滨进口食品检疫检查中心也只有检测其中 200 种农药的能力。即使这 200 种农药的检测, 也因化验数据收集和管理工作量大、设备和人手严重不足而影响工作进度。

8. 绿色环境标志和认证制度

环境标志是贴在商品或其外包装上的一种图形。它是根据有关的环境标准和规定, 由政府管理部门或民间团体依照严格的程序和环境标准颁给厂商, 附印于产品及包装上的一种图形。其可以向消费者表明, 该产品或服务, 从研制、开发到生产、使用直至回收利用整个过程均符合环境保护的要求, 对生态系统和人类无危害或危害极小。

通常列入环境标志的产品类型有: 节水节能型、可再生利用型、清洁工艺型、低污染型、可生物降解型、低能耗型等。

环境标志制度兴起于 20 世纪 70 年代, 此后得以迅速发展, 现已成为市场准入的通行证。早在 1977 年, 当时的联邦德国环境部长提出并命名了"蓝色天使计划", 以一种画着蓝色天使的标签作为产品达到一定生态环境标准的标志。继德国之后, 加拿大制定了"环保选择方案"(ECP), 日本制定了"生态标志制度", 北欧四国实施"白天鹅制度", 奥地利实施"生态标志"制度, 法国也诞生了"NF 环境"标志制度, 葡萄牙实施"生态产品"制度, 新西兰实施"环境选择制度"。世界第一大贸易国美国也于 1988 年开始实行环境标志制度, 有 36 个州联合立法, 在塑料制品、包装袋、容器上使用绿色标志, 甚至还率先使用"再生标志"。欧盟于 1993 年 7 月正式推出欧洲环保标志(Eco Label), 凡是有此标志者, 即可在欧盟成员国自由通行, 各国可自由申请。除政府制定的环境标志制度外, 一些公众团体也制定了一些环境标志制度, 其中比较有名的有: 美国的"科学证书制度"和绿色签章, 瑞典的"良好环境选择"以及德国分别用于纺织品、热带木材和成衣的 3 种环境标志等。

现在, 绿色环境标志和认证制度已不是发达国家或地区的专利了, 在环境保护浪潮的推动下, 许多发展中国家或地区也纷纷制定了环境标志制度, 其中较为著名的有印度的"生态标志制度", 新加坡的"绿色标志制度"和我国台湾地区的"环境标志制度"。此外, 巴西、哥伦比亚、智利、埃及等国家也有了自己的绿色标志制度。

(六) 技术性贸易壁垒

技术性贸易壁垒就是指那些强制性或非强制性确定商品某些特性的规定、标准和法规, 以及旨在检验商品是否符合这些技术法规和确定商品质量及其适应性的认证、审批和试验程序所形成的贸易障碍。它实际上是一些发达工业国家，利用其科技上的优势，通过商品法规、技术标准的制定与实施、商品检验及认证工作等，对商品进口实行限制的一种措施。它是一种无形的非关税壁垒，是国际贸易中最隐蔽、最难对付的非关税壁垒之一。

技术性贸易壁垒的框架体系主要表现为技术法规与技术标准、包装和标签要求、商品检疫和检验规定、环境壁垒和信息技术壁垒。

1. 技术法规与技术标准

技术法规就是由进口国政府制定、颁布的有关技术方面的法律、法令、条例、规则和章程，它具有法律上的约束力。技术法规所涉及的范围包括环境保护、卫生与健康、劳动安全、节约能源、交通规则、计量、知识产权等方面，其对商品的生产、质量、技术、检验、包装、标志以及工艺流程进行严格的规定和控制，使本国商品具有与外国同类商品所不同的特性和适用性。对于出口国厂商来说，向国外出口商品时就必须考虑并严格遵守进口国制定的技术法规，否则，进口国就有权对违反技术法规的商品限制进口，甚至扣留、销毁，直至提起申诉。

技术标准是指由公认的(规定产品或有关生产工艺和方法的)规则指南或机构所核准，供共同和反复使用的、不强制要求与其一致的一种文件。传统的标准和标准化活动，被认为是企业组织生产的技术依据，是企业生产技术诀窍的载体。而如今，标准化作为加速复杂产品贸易的一种不可缺少的语言和工具，已被公众广泛承认。出口商品只有符合进口国规定的标准，才准予进口。其可以帮助进口国达到其限制或阻止商品进口的目的。

美国、欧盟、日本等国家和地区利用它们在科学技术方面的优势，直接制定了有关技术的贸易保护法规和标准。

美国联邦政府各部门颁布的直接或间接与进出口贸易有关的技术法规比较健全。例如，美国人所共知的食品药品管理局(Food and Drug Administration，FDA)，是美国联邦政府的一个主要职能部门，其主要使命是执行政府有关食品药品等方面的法令、法规，确保消费者的健康、安全。FDA 从保护美国广大群众的健康、安全和消费利益的立场上出发，实施一系列的技术法规，其原则是确保消费者所享用的食品是纯正的、干净的，是在卫生的条件下出产的、安全无虑的；药品及医疗用品必须是安全的、有疗效的；化妆品必须是安全的，由许可的配料制成的；具有辐射性的器具必须是合乎规定标准的等。对于活畜、肉类、禽类、畜产品、兽用药物和新鲜农产品等方面的贸易，美国农业部制定了一些强制性标准，肉禽必须附有证书，证明符合美国标准后方可进入美国市场。汽车的进口基本是受"排烟标准"及"安全标准"双重法规的管制，任何进口汽车若不能符合美国的排烟标准或安全标准，均不能进入美国市场。

欧盟共有 10 多万个技术法规和标准，大多数都比较苛刻复杂。除了技术条文本身外，其实施过程和认证措施，也常常是国际贸易的障碍。例如，1987 年 6 月 25 日，欧盟颁布了 87/358/EEC 指令，对轮胎统一发放 CE 标志，如检测数据不符合该指令的要求，就要禁止该类轮胎在统一市场上销售，并撤销 CE 标志。

日本也是技术法规繁多的国家，在这方面制定的法规有：《外汇及外贸管理法》《进出口贸易管理令》《出口交易法》《关税法》《出口检验法》及《外汇管理令》等。在日本名目繁多的技术法规与标准中只有极少数是与国际标准一致的。当外国产品进入日本市场时，不仅要求符合国际标准，还要求与日本标准相吻合，而且日本对很多商品的技术标准是强制性的，并通常要求在合同中体现，还要求附在信用证上，进口货物入境时要由日本官员检验是否符合各种技术性标准，比如，英国输往日本的小汽车，必须由日本人进行检修，如不符合日本标准的规定，则要求英方在日本雇员检修，费时费工。

一些国家会在技术法规和标准的基础上推行合格认证制度，即借助合格证书或合格标志证明某项产品或服务是符合规定的标准或技术条件的活动。按照技术法规和标准的规定，对企业生产、产品、质量、安全、环境保护及其整个保证体系进行全面的监督、审查、检验，合格后授予国家或国外权威机构统一颁发的认证标志。一般来说，许多产品没有取得认证就无法进入这些国家的市场。认证工作涉及生产、流通、消费领域，是一项复杂的系统工程，对大多数发展中国家的企业来说，要获得国际著名机构的认证是相当困难的。目前，国际上著名的认证有 ISO9000 系列认证，IEC 电气设备安全标准认证，英国劳氏船舶等级社 LR 认证，欧盟 CE 认证及美国 UL 认证等。各国不同的检验标准、方式以及低效率的工作过程甚至人为地破坏、阻挠都会造成实质上的技术壁垒。例如，日本规定外国同类商品在不同时间进口每次都要有一个检验过程，而对本国同类商品，只需一次性对生产厂家做检验就可以了，这就是明显的歧视性待遇。

2. 包装和标签要求

各国对包装、标签都有细致入微的规定，这些规范有的的确是必需的，但这样也大大增加了出口商的成本，且有些特殊的要求很难做到。各国颁布的有关包装的法律、法令的主要内容包括：①除海关依法禁止进口商品采用可能对本国生态环境造成破坏的包装材料之外，许多国家还采取立法形式，在本国范围内禁止使用某些包装材料。②建立存储返还制度。③强制执行再循环或再利用法律。根据包装政策和法规，很多国家规定生产者、进口商、批发商和零售商有责任收集、处理包装废弃物。④向生产包装材料的企业征收原材料税。若包装材料使用自然资源，需要负担较重的税；若使用再循环材料，则负担较轻的税。⑤向产品生产企业征收产品包装税(费)。若产品包装中全部使用可再循环的包装材料，则可以免税；若部分使用再循环材料，则征收较低的税；若全部使用不可再利用或再循环材料，则征收较高的税。⑥采取征收废物处置费的方法来鼓励再循环和可再循环包装。⑦建立绿色标志制度。

美国是世界上食品标签法规最为完备、严谨的国家，其在新法规的研究制定方面处于领先地位。美国食品和药物管理局要求大部分的食品必须标明至少 14 种营养成分的含量，仅仅是在这一领域处于领先地位的美国制造商就为此每年要多支出 10.5 亿美元，由此可以想象其他落后国家的出口商的成本压力了，尤其是对没条件进行食品成分分析的国家而言这无疑就是禁止进口性措施了。日本《食品卫生法》对食品加工、制造、使用、调理、保存标准以及添加剂、包装容器、标签标准等做了详尽规定。欧盟理事会92-5EEC 指令对容器、包装等做出了严格的规定，并一直通过产品包装、标签的立法来设置外国产品的进口障碍。欧盟对纺织品等的进口产品还要求加贴生态标签。目前在欧盟最为流行的生态标签为"OKO-Tex Standard100"，是纺织品进入欧洲纺织品市场的通行证。意大利法律除了对一般进口商品在包装和标签上有严格的规定外，还专门对钢琴、医用温度计、酒等商品做了特殊的标签规定。

3. 商品检疫和检验规定

关于商品检疫和检验这方面的规定多如牛毛。如美国利用其安全、卫生检疫及各种包装、标签规定对进口商品进行严格检查。对进口食品的管理，除了市场抽样外，主要在口岸检验，不合要求的将被扣留，然后以改进、退回或销毁等方式处理。欧盟进口肉类食品，不但要求检验农药的残留量，还要求检验出口国生产厂家的卫生条件。日本对海外进入其境内的农产品、畜产品及食品类实行严格的检疫、防疫制度。相关法律有《食品卫生法》《植物防疫法》《家畜传染病预防法》等。对于入境的农产品，首先由农林水产省属下的动物检疫所和植物检疫所从动植物病虫害角度进行检疫。同时，由于农产品中很大部分用做食品，在接受动植物检疫之后还要由日本厚生省属下的检疫所对具有食品性质的农产品从食品的角度进行卫生防疫检查。

4. 信息技术壁垒

由于近几年电子商务的迅速发展,有关电子商务的标准也正日益成为技术贸易壁垒。随着电子商务的技术支持——电子数据交换(Electronic Data Interchange, EDI)技术在发达国家的应用日趋广泛和成熟,一些国家开始强行要求以 EDI 方式进行贸易。虽然电子商务为国际贸易实务带来了极大的便利,同时也为微观经济主体内部进行网络化管理起了促进作用,比如:各国或地区政府要求采用电子商务方式报关,因为采用人工报关将会延长放行时间,有可能坐失良机;通过国际互联网或专门的网络,使业务人员坐在办公桌旁就能寻觅到商业良机,并且有利于建立起更多的贸易伙伴关系;简化了国际贸易程序,缩短了国际贸易成交过程,从而节省了人力、物力和财力。但是,从世界范围来看,电子商务的成功应用大多是在发达国家和地区,尤其是美国和欧洲,他们从中获取了极大的利益。而发展中国家由于信息技术发展相对落后,计算机软硬件设备、通信设施以及法规建设都不健全,很难达到 EDI 的硬性要求,尚未能执行完全的电子签证系统。这实际上已成为发达国家对发展中国家设置贸易障碍的借口。

(七) 其他常见的非关税壁垒

1. 对外贸易国家垄断制

对外贸易国家垄断制(Foreign Trade Under State Monopoly)又称进出口的国家垄断,是指国家对某些商品的进出口规定由国家直接经营,或者是把某些商品的进口或出口的垄断权给予某个垄断组织。发达国家对商品贸易的国家垄断主要体现在以下 3 方面:第一类是对烟和酒的垄断,并从中获得巨大的财政收入;第二类是农产品贸易,国家往往把对农产品的对外垄断销售作为国内农业政策措施的一部分;第三类是武器贸易,一些发展中国家为了打破外商在对外贸易上的垄断,成立国有贸易机构,直接控制进出口业务和主要进出口商品的品种和数量。

2. 歧视性的政府采购政策

歧视性的政府采购政策(Discriminatory Government Procurement Policy)是指一些国家通过法令,规定政府机构在采购时必须优先购买本国产品,从而对国外产品构成歧视。如美国实行的"购买美国货法案"规定,凡是联邦政府所需采购的货物,应该是美国制造的,或是用美国原料制造的,只有在美国自己生产的数量不够,或者国内价格过高,或者不买外国货就会损害美国利益的情况下,才可以购买外国货。许多国家都有类似的规定,如英国限制政府向外国采购通信设备和电子计算机,日本有几个省规定政府机构使用的办公设备、汽车、计算机、电缆、导线、机床等不得采购外国产品。

3. 各种国内税

一些国家特别是西欧国家,广泛采用国内税制度来限制进口。这是一种比关税更加灵活和更易于伪装的贸易壁垒手段。因为国内税(Internal Taxes)通常不受贸易条约或多边协定的限制,制定和执行国内税的权限属于本国政府机构有时甚至是地方政府机构。通常的做法是对国内货物和进口货物征收较大差幅的消费税,通过对进口货物征收高于国内产品的消费税,来削弱进口商的竞争力,从而抑制进口。

4. 最低限价

最低限价(Minimum Price)是指进口国对某一商品规定最低价格,进口价格如低于这一价格就征收附加税。最低限价往往是根据某一商品生产国在生产水平最高的情况下生产出的价格而制订的。例如欧洲共同体 1978 年起对钢材规定了最低限价,这一价格是根据日本生产钢材的最高生产水平而制定的,凡低于该价格的,就要征收差额部分的附加税。美国为抵制西欧和日本的低价钢材和钢制品进口,在 1977 年也实行了类似的保护制度。

5. 设置海关障碍

(1) 海关任意估价。有些国家专断地提高进口货的海关估价，来提高进口货的关税负担，阻碍商品的进口。实施这项措施的国家以美国最为突出。

(2) 改变进口关道。有些国家往往不按合同规定，任意改变货物入关口岸。即让进口货物在海关人员少、海关仓库狭小、商品检验能力差的海关进口，拖延商品过关时间，增加进口商的负担，从而达到限制进口的目的。

(3) 制定独特的商品分类。有些国家不依关税合作理事会制定的税则和《协调制度》来制定本国海关税则和商品分类，自己单独搞一套商品分类，使出口商难以应付。

6. 外汇管制

外汇管制(Foreign Exchange Control)是一国政府通过法令对国际结算和外汇买卖实行限制来平衡国际收支和维持本国货币汇价的一种制度。在实行外汇管制的国家，出口商必须把出口所得到的外汇按官定汇率卖给外汇管制机关，进口商也必须在外汇管制机关按官定汇价申请购买外汇。一些国家往往将其与许可证制度结合使用来控制进口商品品种、数量和进口国以及用汇数额，从而达到平衡国际收支、保护国内市场的目的。此外，有些发展中国家还实行复汇率制度，利用外汇买卖成本的差异，间接影响不同商品的进出口。

7. 预付进口押金制

预付进口押金(Advanced Deposit)又称预先进口存款。在这种制度下，进口商在进口商品时，必须预先按进口金额的一定比率和规定的时间，在指定的银行无息存放一笔现金，从而增加了进口商的资金负担，达到限制进口的目的。意大利、芬兰、新西兰及巴西等国实行这种制度。

8. 有秩序的销售安排

所谓"有秩序的销售安排"(Orderly Marketing Arrangement, OMA)，是20世纪70年代由发达国家提出来的一种新型的非关税壁垒措施。发达国家认为国际贸易应由"自由贸易"转变到"有秩序地进行"。它与"自动"出口配额相似，其目的是保护发达国家国内工业和销售市场，避免国际性竞争，尤其是来自发展中国家产品的竞争。"有秩序的销售安排"是通过政府正式干预，由出口国和进口国签订具体协定，按照这一协定，出口国将自己产品的出口约束在一定的水平上。如美国与日本在1977年谈判"有秩序的销售安排"，由政府首脑出面，要求日本减少彩电、收音机、电炉等的出口。

9. 服务贸易壁垒

第二次世界大战后，服务贸易发展迅速。由于各国服务行业发展不平衡，有些国家采取了保护措施。服务业的特殊性，决定了各国限制的办法只能用非关税措施。服务贸易中的非关税壁垒对传统的服务项目的限制主要集中在运输、旅游以及外国银行在本国设立分支机构等方面。如对进口服务者征收歧视性捐税，或者制定苛刻的要求与标准等。20世纪80年代以来，在对新兴服务业的限制上主要体现在以下几个方面：一是数据处理和通信设备服务方面的歧视限制，如有些国家禁止在本国内使用在本国以外进行处理的数据；二是限制外国公民在本国建厂、开设银行和进行技术咨询服务活动；三是对外国银行、企业的开业权加以严格限制。

10. 劳工标准

关于"劳工标准"，目前尚无统一的精确的定义。总的来讲，它是由国际劳工组织的基本公约或核心标准构成，主要包括劳动者的权利(如结社自由权、罢工权、集体谈判权)、人格尊严(如禁止强迫劳动等)、禁止劳动歧视(如男女同工同酬、禁止就业和职业方面对不同种族、肤色、宗教等的歧视)、下一代成长(规定准许就业的最低年龄标准以及禁止童工劳动)、工人工作条件(如工作环境要符合健康安全的标准)等有关人权方面的问题,以及与贸易效益相关的社会福利待遇标准(如制定工人的最低工资标准、保障工人的合理收入、维持工人的基本生活等)。由于它有深厚的经济、社会和法律渊源,故有众多提法。如:"核心劳工标准""人权—社会条款""贸易—社会保障标准""人权国际法""贸易—社会联系""贸易—劳工标准联系"等。

把劳工标准与贸易挂钩就可形成贸易壁垒。在世界范围内,一些国家以劳动者劳动环境和生存权利等为借口采取的贸易保护措施,就是由劳工标准的内容发展而来。有些发达国家经常试图把劳工问题同贸易捆在一起,以期削减发展中国家的劳动成本优势。例如,在 1971 年实施普惠制(GSP)方案时,欧美等国家在其各自的普惠制方案中均对受惠国的劳工标准做了规定,以此作为获得优惠的条件。GATT 第七轮多边贸易谈判期间,美国又倡议建立相关的多边协定,但因发展中国家的抵制和部分发达国家的反应冷淡而未得逞。1988 年,美国出台的《贸易与竞争综合法案》中首次将"持续否定工人权利的行为模式"列入不合理外国贸易做法清单,为对所谓不尊重"世界公认的雇员权利"的国家挥舞大棒的政策披上了国家法律的外衣。1992 年,美、加、墨达成《北美自由贸易协定》,该协定要求成员国必须在国内立法中加入保障结社自由、集体谈判等原则,强调成员国加强合作,通过技术援助和信息交换来改善三国的劳工标准,从而将劳工标准列入区域性法律框架。1995 年美国总统经济报告公然宣称:本届政府要在国际上推动劳工标准方面有所建树。欲将北美自由贸易区的劳工合作协定模式推广到 WTO 的多边体制之中。1995 年,欧盟开始执行一项新规则,规定对那些执行明确劳工标准的国家在适用普惠制时,给予额外优惠。

世贸组织成立以后,发达国家伺机将"劳工标准"问题多边化。1996 年 12 月在新加坡召开的 WTO 首届部长级会议上,以美国为首的发达国家在维护人权、保证公平竞争的借口下,坚持核心劳工标准的讨论。劳工标准的核心是,当进口国家发现其进口产品是由被剥夺公认权利和低于公认标准工资的工人生产时,有权对该产品征收关税或限制进口。发展中国家担心此举偏离会议原议程,所以予以广泛抵制。

1999 年 12 月 2 日,克林顿在西雅图召开的 WTO 部长级会议上发言,声称要将不符合劳工标准国家生产的产品排除在美国市场之外。会议之后,各国都认识到了在国际贸易关系中劳工标准问题的严重性,在 2000 年 2 月 19 日闭幕的联合国贸易与发展会议第十届大会上,发展中国家对劳工标准达成了重要共识,拒绝把劳工标准纳入国际贸易制度中,发展中国家必须团结协作,共同努力建立"公平、公正、安全"和非歧视的多边贸易体制。

11. 投资措施中的贸易壁垒

随着对外直接投资的快速发展,许多影响贸易格局的投资措施产生了。贸易性投资措施包括数量众多的激励和调节手段,最初是通过古老、广泛的国产比率要求的形式对外国企业施加影响,客观上对国际贸易产生直接的负面影响。这种贸易性投资措施最早被拉美国家运用在汽车工业中,其目的在于阻止当地出现纯粹的组装厂。如墨西哥规定其国内汽车生产中,国有比率必须达到所创价值的 36%,大型车必须达到 40%。随后,这种贸易性投资措施产生了一系列变形。在这些变形中对国际贸易产生直接影响的有贸易平衡规定、外汇平衡限制和出口规定。贸易平衡规定将投资者的进口量与其出口量相联系,从而起到促进出口限制进口的作用,其做法往往是规定投资者的进口量不能超过出口量的一定比例;外汇平衡限制是要求投资者必须保障出口所得的外汇收入和进口初级产品的外汇支出之间保持平衡;出口规定是指规定投资者必须出口一定比例的生产产品。

贸易性投资措施也对国际贸易产生了间接影响。其影响是通过以下各项规定或措施产生的:外国投资者生产的产品的国产比例规定、使用本国初级产品的规定、技术转让的规定、某种初级产品最大进口量的限制、投资比例规定、人员结构的规定、产品营销规定、国内营销规定、限制汇回投资收益等。需要指出的是，WTO管辖的《与贸易有关的投资措施协议》(TRIMS)已将当地成分要求、贸易平衡要求、进口用汇规定、国内销售要求等做法列为禁止使用的措施。

第三节　出口促进和出口管制措施

从16世纪的重商主义者，到当今世界的许多普通民众，人们常常认为，出口能给一国带来收入，能够增加出口就是好事，为此，许多政府不惜通过各种政策来刺激出口。当然，贸易政策并不总是"奖出"的，在特殊情况下，为了其他政治、经济或社会目标，政府也会限制出口。

一、出口促进措施

(一) 加强政府作用

1. 制定科学的贸易政策

对外贸易的发展可以为一国政府带来大量的外汇收入和本国经济发展所需的资金等。因此，许多国家政府都非常重视进出口，采取了各种鼓励出口的贸易政策，如：根据世界经济发展状况和本国实际情况，制定科学的符合本国国情的对外贸易政策；通过双边和多边谈判为本国出口商品进入更广阔的国际市场创造条件；采取有利于扩大对外贸易的财政和金融政策；采取各种方法鼓励出口厂商的积极性等。

2. 改善对外贸易环境

改善对外贸易环境的做法有以下几种。

(1) 积极参与各种国际性或区域性的经济、金融和贸易组织。

(2) 签订各种双边与多边的贸易协定，保证本国贸易的稳定发展。

(3) 参加各种商品协定和生产国组织，维护和发展本国贸易利益。

(二) 促进出口的行政组织措施

1. 设立专门组织，研究与制定出口战略

由政府设立专门提供公共服务的组织机构，承担研究与制定出口战略的任务。例如：美国1960年成立了"扩大出口全国委员会"，其任务是向美国总统和商务部部长提供有关改进和鼓励出口的各项措施的建议和资料；1978年成立了"出口委员会"和跨部门的"出口扩展委员会"，附属于总统国际政策委员会；1979年成立了"总统贸易委员会"，集中统一领导美国的对外贸易工作；1992年成立了国会的"贸易促进协调委员会"；1994年又成立了"美国出口援助中心"，此外，还有一个贸易政策委员会，专门定期讨论、制定对外贸易政策与措施。欧洲国家和日本等国为了扩大出口都成立了类似组织。

2. 加强国外市场情报工作，及时向出口厂商提供商业信息和资料

许多国家都设立了官方的商业情报机构，向出口商提供相关信息。如，英国的海外贸易委员会在1970年就设立了出口信息服务部。由其向有关厂商提供信息，以促进出口。又如日本政府出资设立的日本贸易振兴会，就是一个从事海外市场调查并向企业提供信息服务的机构。

3. 设立贸易中心，组织贸易博览会，促进本国商品出口

贸易中心是永久性设施，其中可提供商品陈列展览场所、办公地点和咨询服务等。贸易博览会是流动性的展出，可以用来广泛推介本国商品。这些工作可以使外国进口商更好地了解本国商品，从而起到促销的作用。有些政府对组织展出和参加展出的企业还会给予一定的费用补贴。

4. 组织贸易代表团出访和接待来访，加强国际经贸联系

许多国家为了推动和发展对外贸易，组织贸易代表团出访，其费用大部分由政府财政支付。此外，许多国家还设立专门的机构接待官方代表团，并协助本国公司、社会团体接待来访的外国工商界人士，以促进贸易活动。

5. 组织出口厂商的评奖活动，提高出口商的积极性

"二战"后，对出口厂商给予精神奖励的做法在一些国家日益盛行。对扩大出口成绩卓著的厂商，由国家授予奖章、奖状，并通过授奖活动推广他们扩大出口的经验，激励广大厂商的出口积极性。如，英国对出口有功企业实行"女王陛下表彰"，并规定受表彰的企业在 5 年之内可使用带有女王名字的奖状来对自己的产品进行宣传。有的国家对有突出贡献的出口商颁发总统奖章或荣誉称号，或者由总理写亲笔感谢信等。这些都能比较有力地推动本国出口贸易的发展。

(三) 出口信贷(Export Credit)

1. 出口信贷的含义

出口信贷是一个国家为了鼓励大型成套设备出口，增强国际竞争能力，通过银行对本国出口厂商或国外进口商(或其银行)提供的贷款。

2. 出口信贷的种类

1) 按时间长短划分，出口信贷可以分为短期信贷、中期信贷和长期信贷。

(1) 短期信贷：期限一般在 180 天以内，适用于原料、消费品及小型机器设备的出口。

(2) 中期信贷：期限一般在 1~5 年，适用于中型机器设备的出口。

(3) 长期信贷：期限可以长达 5~10 年，甚至更长，适用于大型成套设备与船舶的出口。

2) 按借贷关系划分，出口信贷可以分为卖方信贷和买方信贷

(1) 卖方信贷。卖方信贷是指出口方银行向本国出口厂商(即卖方)提供的贷款。有些货物由于出口金额大，进口商要求延期付款，出口商为了资金周转，需要银行贷款，然后将贷款的利息和费用通过商品加价的方式转嫁给进口商。所以，卖方信贷实际上是银行直接资助出口厂商向外国进口厂商提供延期付款。

卖方信贷的基本流程为：买卖双方签订合同，买方先支付 5%~15% 的货款；待交货、验收和保证期满，买方再支付 10%~15% 的货款，其余部分在全部交货后的若干年内支付，并需支付延期付款期间的利息(如图 3-3 所示)。卖方信贷是一种商业信用。

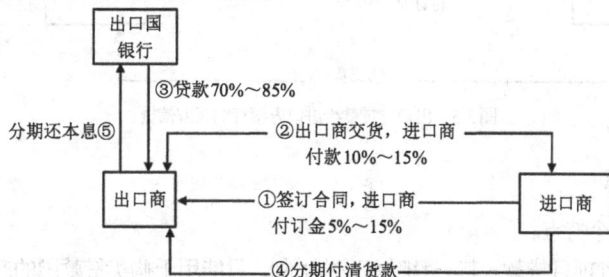

图3-3 卖方信贷基本流程

(2) 买方信贷。买方信贷是指出口方银行直接向外国的进口厂商或进口方的银行提供的贷款,是一种约束性贷款,即必须用于购买本国货物。其在具体操作中有两种形式。

第一,出口方银行贷款给进口厂商的买方信贷。

在这种信贷方式中,进口商除自筹资金交纳 15%～20%的订金外,其余货款将使用出口方银行提供的贷款以即期付款方式一次性地支付给出口厂商,然后按贷款协议所规定的条件向出口方银行还本付息(具体流程如图 3-4 所示)。

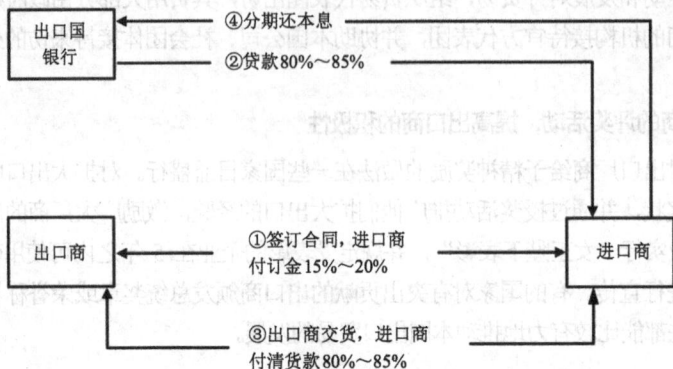

图 3-4　出口方贷款给进口厂商的买方信贷

第二,出口方银行贷款给进口方银行的买方信贷。

在具体业务中,进口厂商首先向出口厂商支付 15%左右的订金,再由出口方银行贷款给进口方银行,然后由进口方银行以即期付款方式代进口厂商向出口厂商支付其余的货款,并按贷款协议规定的条件向出口方供款银行还贷付息。进口厂商则与该银行在国内按商定的方式结算清偿。其做法如图 3-5 所示。买方信贷不仅使出口厂商能够较快地得到货款和减少风险,而且使进口厂商对货价以外的费用比较清楚,便于讨价还价,一次性付款的货价比延期付款的货价更为低廉。此外对于出口方银行来说,贷款给国外的买方银行,还款风险大大降低。因此,这种方式较为流行。

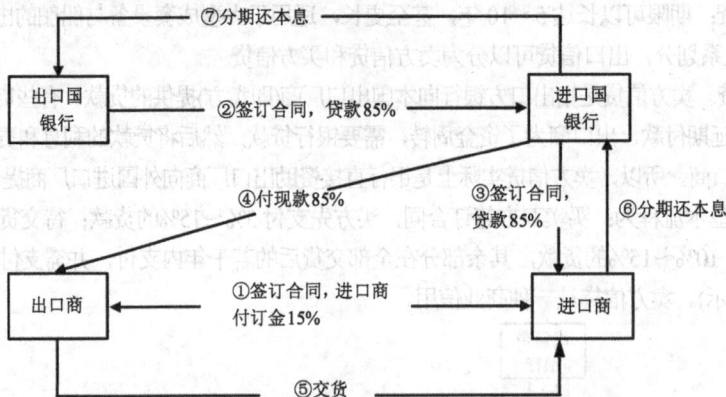

图 3-5　出口方贷款给进口方银行的买方信贷

3. 出口信贷的特点

出口信贷有以下几个特点。

(1) 出口信贷是一种项目贷款。其一般附有采购限制,只能用于购买贷款国的产品,而且都与具体的出口项目相联系。

(2) 利率低。出口信贷利率低于国际金融市场贷款的利率，其利差由出口国政府给予补贴。

(3) 出口信贷是部分贷款。出口信贷的贷款金额，通常只占买卖合同金额的85%左右，其余的10%～15%由进口厂商先行支付。

(4) 通常与出口信贷担保结合。出口信贷的发放通常与出口信贷担保相结合，这样可以避免和减少信贷风险。出口信贷担保以国家担保居多。

出口信贷国家担保是一国政府设立专门机构，对本国出口商和商业银行向国外进口商或银行提供的延期付款商业信用或银行信贷进行担保，当国外债务人不能按期付款时，由这个专门机构按承保金额给予补偿。这是国家用承担出口风险的方法，鼓励扩大商品出口和争夺海外市场的一种措施。从担保的项目和金额看，出口信贷国家担保的项目一般是商业保险公司所不愿意承担的出口风险，担保金额占合同金额的75%～100%；从担保对象看，一是对出口厂商的担保，二是对银行的直接担保；从担保期限和费用看，期限分为短期与中长期，费用低。

(四) 出口补贴(Export Subsidies)

1. 出口补贴的含义

出口补贴又称出口津贴，是一国政府为了降低出口商品的价格，加强其在国外市场上的竞争能力，在出口某种商品时给予出口厂商的现金补贴或财政上的优惠待遇。实施出口补贴可以降低出口商品的成本，提高出口商品的实际收益，这是国际上运用的最为广泛的出口促进措施。

2. 出口补贴的形式

(1) 直接补贴。直接补贴是指出口某种商品时，直接付给出口厂商的现金补贴或出口奖励金，其数额为本国生产费用与其他国家生产费用之间的差额。有时，补贴金额还可能大大超过实际的成本差额，因而已包含出口奖励的意味。这种补贴方式以欧盟对农产品的出口补贴最为典型。欧盟国家的农产品生产成本较高，其国内价格一般高于国际市场价格，若按国际市场价格出口会出现亏损，因此，政府对农产品的出口提供补贴，保证支付这些农产品国际市场与国内市场的差价。

(2) 间接补贴。间接补贴是给予补贴对象财政上的优惠，从而间接地推动本国商品的出口。政府对出口商品给予财政上的优惠措施主要有：退还或减免出口商品的销售税、增值税和盈利税等国内税收；在商品出口以后，政府允许企业申请退回进口原材料或半成品时支付的关税；此外还有信贷补贴、汇率补贴、商品和劳务补贴等。

间接补贴中比较通行的做法是出口退税。所谓出口退税是指在本国商品出口时，政府将征收的国内税或加工出口前所缴纳的原料进口税予以退还的一种出口鼓励政策。出口退税可以降低商品的出口成本，增强其国际竞争力，鼓励出口以带动国内工业发展。关贸总协定一般禁止出口补贴，但对出口退税予以认可。关贸总协定关于补贴的第16条和补充规定认为：免征某项出口产品的关税、免征相同产品供内销时必须缴纳的国内税，或退还与所缴数量相当的关税或国内税，不能视为一种补贴。其理由是：一方面，这些出口商品未在生产国国内销售；另一方面，这些商品在进口国国内可能被征收同种或同类的国内税。同时各国原料进口税率高低不等，使得使用进口原料的出口商品的比较利益因关税不同而发生扭曲。为了避免重复征税和消除这种比较利益的扭曲，出口退税已成为国际上通行的做法。

(五) 商品倾销和外汇倾销

1. 商品倾销

1) 商品倾销的概念和类型

商品倾销是指以明显低于正常价格的价格，向国外抛售商品，从而打击竞争对手，占领市场的一种手段。商品倾销按具体目的的不同，可以分为如下 3 种。

(1) 季节性或偶然性倾销。这种倾销不以打击竞争对手为目的，主要用于在销售旺季过后处理库存积压商品，倾销的持续时间很短，对倾销国市场的冲击不大，一般不在进口国反倾销范畴之列。

(2) 间歇性或掠夺性倾销。这种倾销是以低于国内价格甚至低于生产成本的价格在国外市场销售商品，挤垮竞争对手后再以垄断力量提高价格，以获取高额利润。

(3) 长期性倾销。又称持续性倾销，这种倾销是长期、持续地以低于国内市场价格的价格在国外市场销售商品。这种倾销主要以扩大出口、消化过多的生产能力或赚取外汇为目的。

间歇性倾销和长期性倾销都会给进口国当地的同类厂商造成不利影响，属于进口国反倾销的范畴。

2) 商品倾销成功的条件

(1) 出口商品生产企业在本国市场上有一定的垄断力量，商品市场价格的高低，很大程度上由出口商品生产者决定。

(2) 本国与外国的市场必须隔离，相互间不流通，不存在出口商品回流国内市场的可能。

(3) 出口商品国内需求价格弹性低于进口国对该商品的需求价格弹性。

(4) 进口国不采取反倾销措施。

2. 外汇倾销

1) 外汇倾销的概念

外汇倾销是指出口国通过降低本国货币币值的方法来促进本国商品出口的行为。当本币贬值后，出口商品以外币表示的价格降低，出口竞争力提高；进口商品以本币表示的价格上升，进口需求会减少，从而可以达到促进出口、限制进口的目的。

2) 外汇倾销成功的条件

(1) 本币贬值的程度大于国内通货膨胀的程度。货币贬值必然引起一国国内物价上涨的趋势。当国内通货膨胀程度赶上或超过货币贬值的程度，对外贬值与对内贬值的差距消失，外汇倾销也就无法达到促进出口、限制进口的目的。

(2) 进出口商品的需求价格弹性都比较大。当外汇倾销造成出口产品价格下降，进口产品价格上升时，出口数量可以有更大幅度的增长，进口数量可以有更大幅度的减少。

(3) 其他国家不同时实行同等程度的货币贬值或采取其他报复性措施。如果其他国家也实施货币贬值或提高关税，那么就会起到抵消的作用，从而无法实现货币贬值的利益。

(六) 经济特区措施

1. 经济特区的发展与设置条件

1) 经济特区的产生和发展

经济特区是指一个国家或地区在其关境外划出的一定区域，在此区域内实行特殊的优惠政策，吸引外商从事贸易和出口加工等业务活动，以扩大出口、增加财政收入和外汇收入、促进本地区和邻近地区经济快速发展。

经济特区历史悠久，早在 16 世纪，意大利的里窝那自由港就成为最早的自由港雏形。从 17 世纪到 19 世纪，欧洲各国相继将一些地理条件优越的港口辟为自由港、自由贸易区。到第二次世界大战前，共计有 26 个国家设立了 75 个经济特区。"二战"后，强劲的经济发展势头带动经济特区的发展，各国纷纷建立了各种类型的以发展加工出口为主的经济特区，到目前世界上已有 700 多个经济特区，它们的贸易额已占世界贸易总额的 40%左右，经济特区向着大型化、多元化、高技术化的方向发展，成为各国扩大出口的有力措施。

2) 经济特区设置的条件

(1) 地理条件：海港地区、首都或大城市地区和地理位置优越的内陆地区。

(2) 经济社会条件：经济社会稳定，经济增长势头较好。

(3) 政策条件：有吸引外资的优惠政策和措施。

(4) 拥有完备的基础设施。

2. 经济特区的形式

1) 自由港和自由贸易区

自由港又称为自由口岸，自由贸易区是自由港发展而来的，其范围包括了自由港的邻近地区。它们都是在国家关境之外，对国外全部或大部分商品可以免税自由进出港口，并且准许在港内或区内开展自由运输、储存、展览、拆装、重新包装、整理、加工和制造等业务，以吸引外国商品转口及外国企业投资生产，可以增加财政和外汇收入，促进对外贸易和经济的发展。

自由港和自由贸易区有两种类型：一是把整个城市或地区划为自由港或自由贸易区，如我国的香港特别行政区；二是把城市或地区的一部分设为自由港或自由贸易区。

2) 保税区

保税区是海关所设置的或经海关批准注册的，受海关监督的特定地区和仓库。在保税区内，外国商品享有与自由港或自由贸易区相同的免税优惠，还可以自由储存、改装、分类、混合、加工和制造等。此外，有的保税区还允许在区内经营金融、保险、房地产、展销和旅游业务。如果外国商品从保税区进入所在国国内市场，则需办理报关，交纳进口税。

3) 出口加工区

出口加工区，是指一个国家或地区在其交通条件便利的地方，如港口、机场等地划出一定范围，创造良好的基础设施和优惠政策，鼓励外国企业在区内投资，生产以出口为主的制成品的加工区域。出口加工区是从自由贸易区中分化出来的，其目的在于吸引外国投资，引进先进技术、设备与管理，扩大工业品出口，增加外汇收入，促进外向型经济发展。

4) 自由边境区

自由边境区，是指一国或地区为了发展边境落后地区经济所设立的经济特区，在此区域内，国家采取类似自由贸易区或出口加工区的优惠政策，吸引国内外厂商投资，发展本地区的经济。与其他经济特区所不同的是，在自由边境区生产加工的商品主要供区内使用。设置自由边境区有一定的期限，当该区域经济发展到一定程度，优惠待遇会逐渐取消，直至废除自由边境区。这种特区仅拉丁美洲少数国家设有。

5) 过境区

沿海国家为了给内陆邻国的进出口货运提供便利，开辟某些海港、河港或国境城市作为货物过境区，对于过境的货物，简化海关手续，免征关税或只征小额的过境费用。过境货物可在过境区内短期储存，重新包装，但不得再进行加工。

6) 科学工业园区

科学工业园区是知识、技术、人才高度集中，融科研、教育、生产为一体的科技资源开发区。科学工业园区自20世纪50年代自发形成，到20世纪80年代各国竞相兴办。世界上第一个科学工业园是1951年创立于美国加州的"斯坦福科学工业区"(以它为中心发展成"硅谷"，已成为美国最大的电子工业研制中心)。

科学工业园区有如下4种类型。

(1) 新兴工业技术与大学、研究中心相结合型，如美国犹他州首府盐湖城附近的"仿生谷"。

(2) 大学与科研机构相结合型，如日本的"筑波科学城"。

(3) 以吸引外资为主并作为经济性特区型，如中国台湾地区的"新竹科学工业园区"。

(4) 高新技术产业与科研单位、大学在空间地理位置上结合型，如美国的"波士顿 128 号公路区"和英国的"剑桥科学公园"。

7) 综合型经济特区

综合经济特区是指一国在其港口或港口附近划出一定的范围，兴建基础设施和提供减免税收等优惠待遇，吸引外国或区外企业在区内从事外贸、加工工业、农牧业、金融保险和旅游业等多种经营活动的区域。

二、出口管制措施

出口管制是指出口国政府通过实施各种经济法令和行政措施，对本国出口贸易进行管理和控制。各国在鼓励出口的同时，也会出于某些政治、军事和经济上的考虑，限制或禁止某些战略性商品和其他重要商品输往国外。出口管制也是一国对外政策的重要组成部分，发达国家经常利用出口管制措施实施贸易歧视。

(一) 出口管制的原因

1. 经济原因

(1) 一国对本国比较稀缺而又比较重要的商品常常会实行出口限制以保证国内的需要。

(2) 控制、稳定国际市场价格。

(3) 为了增加政府收入而对其大宗出口的商品征收出口税。

2. 政治原因

(1) 对"敌对"国家或"不友好"国家的出口往往受到政府的限制。

(2) 出于实行贸易制裁的目的(单边贸易制裁或多边贸易制裁)。

(二) 出口管制的商品内容

1. 战略物资或先进技术

战略物资及尖端技术如军事装备、高技术产品等产品对维护国家安全，保持科学技术的优势地位具有重要意义。

2. 国内紧缺物资

国内紧缺物资包括国内市场紧缺的商品及国内生产所急需的原材料、半成品等。这些商品直接影响国内市场的供应，是保持经济稳定发展的重要物资。

3. 实行"自愿出口限制"的商品

为了缓和、避免与进口国的贸易摩擦，或迫于进口国的压力，被迫管制具有竞争力的商品，如一些发展中国家的纺织品。

4. 历史文物、艺术珍品、贵金属等

珍贵文化、艺术品及黄金、白银等特殊商品。

5. 贸易制裁规定的商品

对政治对立、关系紧张或国际组织实行制裁的国家出口的商品。

6. "限产保价"商品

出口国或垄断组织的商品，例如欧佩克(OPEC)组织对其成员国石油产量及出口量的管制，目的是维护其垄断价格。

(三) 出口管制的形式

1. 多边出口管制

多边出口管制是指几个国家政府，通过一定的方式建立国际性多边出口管制机构，商讨和编制多边出口管制货单和出口管制国别，规定出口管制的办法，以协调彼此的出口管制政策和措施，达到共同的政治和军事目的。

1949年11月，在美国操纵下西欧12国成立的"巴黎统筹委员会"就是一个实行多边出口管制的组织机构，其主要宗旨就是管制对社会主义国家出口商品，其主要功能是编制增减多边"禁运"货单，规定禁运的国别和地区等。随着冷战的结束，该组织已失去了过去的意义，于1994年4月1日正式解散。

2. 单边出口管制

单边出口管制是指一国根据本国的需要，制定出口管制方面的法律，设立专门的执行机构，对本国的某些商品出口进行审批和颁发出口许可证，实行出口管制。单边出口管制是由一国单方面自主决定，是实施歧视性贸易政策的手段。

实施单边出口管制最典型的国家是美国。早在1917年美国国会就通过了《1917年与敌对国家贸易法案》，禁止对"敌对国"进行财政金融和商业贸易。随着国际政治经济形势变化，其又相应制定并多次修改了各种出口管制法规条例。总体上来讲，管制程度较以前有所松动，手续也日渐简便。

(四) 出口管制的措施

1. 出口国家专营

这种措施要求对受到出口管制的商品的出口由国家指定专门机构直接控制和管理。专营出口的商品一般限于一些敏感性商品，如石油及其制品、粮食和武器等。

2. 征收出口税

政府对出口管制范围内的商品根据管制程度征收高低不等的出口税，以削弱出口商品在国际市场上的竞争力，达到控制出口的目的。

3. 实行出口许可证制度

国家规定对属于出口管制的商品的出口必须申请领到出口许可证后海关才予以放行。出口许可证是一种直接管制措施，管制效果快速、明显，能有效地控制出口商品的国别、地区和价格、数量，是目前使用得最广泛的出口管制措施之一。

4. 实行出口配额制

出口配额往往与出口许可证同时使用，既可以确定商品出口的规模和方向，又可以具体控制数量和价格。

5. 出口禁运

这是一种最严厉的出口管制措施。政府一般将国内的珍贵历史文物、珍稀动植物及其制品以及国内紧张的原材料和初级产品列入禁运之列。

除了上述措施以外，出口管制措施还包括出口商品生产原料计划控制、窗口指导、口头规劝等。另外，出口管制措施不仅适用于单边出口管制，也适用于多边出口管制。

【课后拓展】

2018年中美贸易战进程

2018年，由美国发起的贸易战令人目不暇接，其中，与中国的贸易战最为引人注目，但这一切并非从2018年4月宣布的500亿美元关税清单和中兴禁售令才开始。回顾整个2018年，中美之间的贸易摩擦从年初就已经出现。

1月11日，美国商务部公布进口钢铁对国家安全产生威胁的调查报告。

1月22日，特朗普批准对太阳能电池板征收30%的关税，对洗衣机征收20%的关税。此举对世界最大的太阳能电池板生产国中国影响巨大。

2月4日，中国商务部分别发布2018年度第12号和第13号公告，决定对原产于美国的进口高粱进行反倾销反补贴立案调查。

2月16日，美国商务部提出几项可能旨在限制中国钢铝出口的措施，包括惩罚性关税、进口配额等，但有报道指出，钢铝关税伤害的更多的是美国的盟国如欧盟、加拿大、墨西哥。

3月8日，美国正式批准对进口钢铁征收25%、进口铝征收10%的关税。墨西哥和加拿大被暂时豁免。

3月22日，美国贸易代表办公室发布了针对中国的"301调查"结果；当天，美国总统宣布计划对中国500亿美元的商品征收关税，并表示将限制中国企业对美投资并购。商品清单将在15天内公布。

4月2日，中国对包括美国农产品在内的128项商品加收最高至25%的关税，以回应美国的钢铝关税。

4月3日，美国正式提出要对中国500亿美元的商品征收关税，包括平板电视、医疗器械、航空器零部件和电池等电子产品。

4月4日，中国提出对美国进口的大豆、汽车、化学用品等价值500亿美元的商品征收关税。

4月5日，美国总统特朗普要求美国贸易代表办公室依据"301调查"，额外对1 000亿美元中国进口商品加征关税。4月5日，中国在世贸组织争端解决机制项下向美方提出磋商请求，正式启动争端解决程序。

4月17日，美国商务部部长罗斯宣布，对产自中国的钢制轮毂产品发起反倾销和反补贴调查；美国商务部还初裁从中国进口的通用铝合金板存在补贴行为。

5月17至18日，由中国副总理刘鹤率领的中方代表团和包括财政部部长姆努钦、商务部部长罗斯等成员的美方代表团就贸易问题进行了建设性磋商。中美两国19日在华盛顿就双边经贸磋商发表联合声明，双方同意继续就此保持高层沟通，积极寻求解决各自关注的经贸问题的方法。

5月29日，美国白宫宣布将对从中国进口的含有"重要工业技术"的500亿美元商品征收25%的关税。其中包括与"中国制造2025"计划相关的商品。

6月2至3日，中美全面经济对话中方牵头人刘鹤带领中方团队与美国商务部部长罗斯带领的美方团队在北京钓鱼台国宾馆就两国经贸问题进行了磋商。

6月15日，美国政府发布了加征关税的商品清单，决定对4月3日征求公众意见的1 333项商品中的818项约340亿美元中国商品，自7月6日起实施加征关税25%，同时对新增284项商品约160亿美元商品加征关税开始征求公众意见。

6月16日，中国决定对原产于美国的约500亿美元进口商品加征25%的关税，其中对农产品、汽车、水产品等约340亿美元商品自2018年7月6日起实施加征关税，对其他商品加征关税的实施时间另行公告。

7月6日，美国开始对6月15日公布的价值340亿美元的中国商品加征25%的进口关税。中国也于同日对同等规模的美国产品加征25%的进口关税。同日，中国6月16日公布的对约340亿美元美国商品加征关税25%正式开始实施。

7月11日，美国政府公布进一步对华加征关税商品清单，拟对约2 000亿美元中国产品加征10%的关税，其中包括海产品、农产品、水果、日用品等项目。

8月2日，美国政府宣布称拟对上述2 000亿美元商品加征关税税率由10%提高至25%。

8月7日，美国贸易代表办公室决定：6月15日征求公众意见的284项商品中的279项约160亿美元中国商品将于8月23日开始实施加征关税25%。

8月8日，中国决定对约160亿美元的美国商品自8月23日起实施加征25%关税。

8月18日，中国公布对原产于美国的约600亿美元进口商品加征10%或5%的关税。

8月23日，中美最新一轮互征关税措施正式生效。商务部称，中国在世贸组织起诉美国301调查项下对华160亿美元输美产品实施的征税措施。

9月24日，中国国务院新闻办公室发布《关于中美经贸摩擦的事实与中方立场》白皮书，旨在澄清中美经贸关系事实，阐明中国对中美经贸摩擦的政策立场，推动问题合理解决。白皮书指出，中美经贸关系事关两国人民福祉，也关乎世界和平、繁荣、稳定。对中美两国来说，合作是唯一正确的选择，共赢才能通向更好的未来。中国的立场是明确的、一贯的、坚定的。

12月1日，中美两国元首会晤踩下经贸摩擦升级的"刹车"，双方同意停止相互加征新的关税，并设下自12月1日开始的为时90天的宽限期。(资料来源：www.xinhua.net)

复习思考题

一、名词解释

1. 关税　　　　2. 从价税　　　3. 从量税　　　4. 进口税　　　5. 出口税

6. 关税水平　　7. 名义保护率　8. 有效保护率　9. 非关税壁垒

10. 进口配额制　11. 出口管制

二、不定项选择题

1. 美国对薄荷脑的进口按每磅50美分征收普通税率，最惠国税率每磅征收17美分。这种税是(　　　)。

　　A. 选择税　　　　　B. 从价税　　　C. 从量税　　　　D. 混合税

2. 关税税率表包括(　　　)栏目。

　　A. 征税机构　　　B. 货物分类目录　C. 税额　　　　D. 税率　　　E. 税则号列

3. 以低于国内价格甚至低于成本的价格，在国外某一市场倾销商品，在打垮竞争对手，垄断该市场后，再提高价格，这种倾销方式被称之为(   )。

    A. 偶然性倾销   B. 间歇性倾销   C. 长期性倾销   D. 临时倾销

4. 普遍优惠制的主要原则有(   )。

    A. 普遍的   B. 非歧视的   C. 互惠的

    D. 非互惠的   E. 有歧视的

5. 在其他条件不变的情况下，当进口最终产品的名义关税率高于其所用的进口原材料的名义关税率时，(   )。

    A. 有效关税保护率等于名义关税保护率

    B. 有效关税保护率大于名义关税保护率

    C. 有效关税保护率小于名义关税保护率

    D. 两者关系难以确定

6. 甲国规定 2015 年从乙国进口打火机数量不得超过 100 万只，这种贸易限制措施属于(   )。

    A. 自动出口配额   B. 关税配额   C. 国别配额   D. 全球配额

7. 下列各种贸易限制措施中，属于非关税壁垒的是(   )。

    A. 进口押金制   B. 海关任意估价   C. 进口许可证制

    D. 进口最低限价制   E. 外汇管制

8. 发达国家进口和出口的国家垄断主要集中在(   )。

    A. 烟和酒   B. 农产品   C. 武器

    D. 机器设备   E. 通信设备

9. 绿色贸易壁垒的形式包括(   )。

    A. 技术标准   B. 环境标志   C. 包装制度

    D. 卫生检疫制度   E. 管制制度

10. 买方信贷是指(   )。

    A. 卖方对买方的信贷   B. 出口地银行对卖方的信贷

    C. 出口地银行对买方的信贷   D. 进口地银行对卖方的信贷

三、简答题

1. 关税从不同角度可以划分为哪些种类？

2. 大国和小国的关税负担有什么差异？

3. 关税会给进口国造成怎样的经济效益？

4. 请对关税壁垒和非关税壁垒在实践中的作用进行比较分析。

5. 非关税措施主要有哪些？它们是如何起到限制进口作用的？

6. 鼓励出口措施有哪些？它们是如何起到促进出口作用的？

第四章

国际贸易术语

【课前导读】

交易价格的形成在每一次贸易磋商和谈判中都是非常重要的，但在国际贸易中，这是一件困难的事情。究其原因，这与国际贸易本身的特点有着密切的关系。与国内贸易相比，国际贸易的过程非常复杂，具有环节多、涉及面广等特点，由于买卖双方位于不同的国家，每一次交易都要经历长途运输，过多道关卡，涉及银行、保险、商检、海关等多道环节，面对如此复杂、众多的环节和过程，当买卖双方还没有明确自己应在交易中承担哪些责任和风险，支付哪些费用之前，他们是绝对无法对交易价格做出准确判断的。因此，在进行贸易磋商时，交易双方首先要就以下主要问题达成一致。

(1) 卖方在什么地方，以什么方式办理交货？(核心问题)

(2) 货物发生损坏或灭失的风险何时由卖方转移给买方？

(3) 由谁负责办理货物的运输、保险以及通关过境的手续？

(4) 由谁承担办理上述事项时所需的各种费用？

(5) 买卖双方需要交接哪些有关的单据？

这些问题事先不谈妥，价格就无法确定，交易就无法进行。而如果每笔交易过程中买卖双方都要对上述问题进行逐一的磋商，不免费时费力。经过长期的实践，在国际贸易中逐渐出现了一些概括性极强的简单术语，以此来确定买卖双方在货物交易过程中的责任、风险和需要承担的费用，从而使价格的确定变得简单。

【要点提示】

1. 贸易术语的含义和作用

2. 有关贸易术语的 3 种国际贸易惯例

3. 《2010 通则》中的 11 种贸易术语下买卖双方的基本义务以及应注意的问题

4. 《2010 通则》与《2000 通则》的主要区别

第一节　贸易术语与国际贸易惯例

一、贸易术语的含义

贸易术语(Trade Terms)又称价格术语。它是在长期的国际贸易实践中产生的，用简明的语言或缩写字母来表明商品的价格构成，说明货物交接过程中有关责任、风险和费用划分问题的专门用语。

每一个贸易术语的含义都具有双重性。

1. 贸易术语表示了一定的交易条件

所谓交易条件是指交易得以确立和顺利进行的基本条件。在国际货物买卖过程中，一旦贸易术语被确定，那么有关交货地点、风险转移界限以及随后的运输、保险、报关等责任都将被清楚地划分出来，从而构成了双方交易的基本条件。

以"FOB 上海"为例，按照 FOB 的含义，我方是出口方，在交易中的主要责任将是：备好货物，办理好出口手续，将货物运抵上海港口，装上买方安排的运输船只；而货物的主要运输、保险以及到达对方国家后的进口手续等事项，则由买方来办理。在风险划分方面，一般情况下，货物到达装运港船上之前的风险由卖方承担；而货物到达装运港船上以后的运输途中，由于各种原因导致货物受损或灭失的风险则由买方来负责。

2. 贸易术语表明了一定的价格构成

由于所使用的贸易术语确定了双方在交易中应履行的责任和义务，与之相应的交易价格也就可以确定下来。在任何一次交易中，除了货物成本以外，成交价格总会与买卖双方承担责任的大小密切相关。承担责任较大的一方将要承担更大的风险、付出更多的费用，成交的价格自然会向其倾斜，对其有利。而在不同的贸易术语中，买卖双方在交易中承担的责任已经被分别确定下来，这就为交易价格的确定构建了基本的框架。贸易术语表明了一项价格必须包含的因素，尤其是从属费用，如运费、保险费等。

例如：

FOB 价＝离岸价

CFR 价＝FOB 价＋运费

CIF 价＝FOB 价＋运费＋保险费

总体来说，每种贸易术语都有其特定的含义，不同的贸易术语意味着买卖双方承担的责任、风险和费用不同。

二、贸易术语的作用

贸易术语在国际贸易中起着积极的作用。

1. 简化交易磋商的内容，有利于迅速达成交易和签订合同

由于每种贸易术语都有其特定的含义，而且一些国际组织对各种贸易术语也做了统一的解释和规定，这些解释和规定在国际上已被广泛接受，并成为惯常使用的做法。因此，买卖双方只需商定按何种贸易术语成交，即可明确彼此在交接货物方面所应承担的责任、风险和费用。这就简化了交易磋商的内容，缩短了交易磋商的时间，从而有利于双方迅速达成交易和签订合同。

2. 有利于买卖双方核算价格和成本

贸易术语表明了价格构成的因素，所以买卖双方在确定成交价格时，都很明确所采用的贸易术语包含哪些从属费用，这就有利于双方进行比价和加强成本核算。

3. 有利于解决履约过程中产生的争议

买卖双方商订合同时，如因考虑不周导致合同中某些事项规定不明确或不完备，致使履约过程中产

生的争议不能依据合同的规定解决。在此情况下，可以援引有关贸易术语的一般解释来处理。因为贸易术语的一般解释已成为国际惯例，并被国际贸易从业人员和法律界人士所理解和接受，从而成为国际贸易中公认的一种行为规范和准则。

三、有关贸易术语的国际贸易惯例

国际贸易惯例是一种适用于国家与国家之间的，或者说适用于国际经济贸易和海事活动的惯例，是在国际贸易长期实践中形成的若干具有普遍意义的习惯做法和解释。在国际贸易实践中，由于各国法律制度、贸易习惯和做法不同，不同的国家和地区对同一术语的理解和解释往往并不完全相同，在使用这些贸易术语时不可避免地存在着较大的分歧，容易引起贸易纠纷，也影响了国际贸易的发展。为了解决这一问题，国际法协会、美国商业团体和国际商会分别制定了解释国际贸易术语的规则，因而形成了一般的国际贸易惯例。

现行的有关贸易术语的国际贸易惯例主要有 3 种：《1932 年华沙-牛津规则》《1990 年美国对外贸易定义修订本》和《2010 年国际贸易术语解释通则》。

(一) 《1932 年华沙-牛津规则》(Warsaw-Oxford Rules 1932)

《1932 年华沙-牛津规则》是国际法协会专门为解释 CIF 贸易术语而制定的。19 世纪中叶，CIF 术语开始在国际贸易中得到广泛应用，然而对使用这一术语时买卖双方各自应承担的具体义务，并没有统一的规定和解释，经常发生纠纷。对此，国际法协会于 1928 年在波兰华沙制定了关于 CIF 买卖合同的统一规则，称为《1928 年华沙规则》，共 22 条。其后经过历次修订，目前沿用的为 1932 年在英国牛津修订的版本，称为《1932 年华沙—牛津规则》，共 21 条。这一规则专门解释 CIF 合同，对于 CIF 的性质、买卖双方所承担的风险、责任和费用的划分以及货物所有权转移的方式等问题做了比较详细的解释。此惯例主要为东欧和北欧一些国家采用。

(二) 《1990 年美国对外贸易定义修订本》(Revised American Foreign Trade Definitions 1990)

《1990 年美国对外贸易定义修订本》是由美国几个商业团体制定的。最早制定于 1919 年，原名为《美国出口报价及其缩写条例》，其后于 1941 年做了修订，更名为《1941 年美国对外贸易定义修订本》，经美国商会、美国进口商协会和全国对外贸易协会所组成的联合委员会通过，由全国对外贸易协会予以公布。1990 年，根据形势发展的需要，该惯例被再次修订，形成《1990 年美国对外贸易定义修订本》。

《1990 年美国对外贸易定义修订本》中所解释的贸易术语共 6 种，分别为：

(1) EXW(Ex Works)——产地交货；

(2) FOB(Free on Board)——在运输工具上交货；

(3) FAS(Free Along Side)——在运输工具旁交货；

(4) CFR(Cost and Freight)——成本加运费；

(5) CIF(Cost,Insurance,Freight)——成本、保险费、运费；

(6) DEQ (Delivered Ex Quay)——目的港码头交货。

《1990 年美国对外贸易定义修订本》主要在美国、加拿大及其他一些美洲国家采用，由于它对贸易术语的解释，特别是第二和第三种术语的解释与《国际贸易术语解释通则》有明显的差异，所以，在同美洲国家做交易时要特别注意。

(三) 《2010 年国际贸易术语解释通则》(INCOTERMS2010)

1. 《国际贸易术语解释通则》的产生和发展

《国际贸易术语解释通则》(International Rules for the Interpretation of Trade Terms，INCOTERMS)简称为《通则》，《通则》是国际商会为了统一对各种贸易术语的解释而制定的。最早的《通则》产生于1936年，为了使之能与国际贸易的发展保持同步，先后于1953年、1967年、1976年、1980年、1990年、2000年和2010年对其进行了补充和修订，最新的《通则》于2010年10月修订完毕，并于2011年1月1日生效。为了区分不同年份的修订本，一般在INCOTERMS后加上年份，如2010年修订的版本称为《2010年国际贸易术语解释通则》(简称《2010通则》)，国际商会还将INCOTERMS2010注册成了商标，并提出了使用该商标的要求。

2. 《国际贸易术语解释通则》的宗旨

《通则》制定的宗旨是为国际贸易中最普遍使用的贸易术语提供一套解释的国际规则，以避免因各国不同解释而出现的不确定性，或至少在相当程度上减少这种不确定性。

3. 《国际贸易术语解释通则》的适用范围

《通则》仅适用于买卖合同，进一步而言，仅适用于买卖合同的部分领域；《通则》仅适用于货物贸易，即有形贸易，对于无形贸易则并不适用。

在有关国际贸易的国际惯例中，《通则》涉及内容最多，使用范围最广，在世界上绝大多数国家都得到采用。近年来，国际商会也感觉到《通则》在世界范围内的影响越来越大，因此，在进行最近的修订时力图保持它的相对稳定性。

4. 《国际贸易术语解释通则》在国际货物买卖合同中的作用

《通则》是对合同双方当事人权利和义务的调整。但是应该注意，《通则》并不能调整合同双方就合同产生的所有权利和义务，其调整范围非常有限，主要包括货物的交付、进出口手续的办理、风险的转移、费用的划分和部分通知义务的履行等问题，而对于其他问题，如所有权的转移、合同的生效、变更、解除与修改、违约责任等则没有规定。对于在《通则》中没有规定的法律问题，必须依赖于其他规定来调整，如合同当事人的约定和合同所适用的法律。

如果一个国际货物买卖合同适用了《国际贸易术语解释通则》的规定，则合同的约定、合同所适用的法律以及《通则》将同时对合同产生调整效力，共同决定双方当事人的权利和义务。

5. 《2010 通则》与《2000 通则》的主要区别

国际商会在修订《通则》时掌握的主要原则是：为了稳定贸易制度环境，可改可不改的，不改；语言表达上更符合业务习惯，更加明确，易于理解；另外尽量保持与《联合国国际货物销售合同公约》的协调一致。

《2010通则》与《2000通则》的主要区别体现在以下几个方面。

1) 对适用范围的调整

国际商会在2010年对《通则》进行修订的主要目的就是扩大通则的适用范围。近年来在贸易发展中出现了一个重要趋势，即许多国家的企业将原本只适用于国际贸易的贸易术语在国内贸易中也大量运用。国际商会接受了这一现实，在修订时对术语的解释做了相应的调整。《2000通则》规定只适用于国际货物销售合同，而《2010通则》则考虑到了一些大的区域贸易及集团内部贸易的特点，规定《2010通则》不仅适用于国际货物销售合同，也适用于国内货物销售合同。

2) 对贸易术语名称和数量的调整

《2000 通则》中包含有 13 种术语，分别是 EXW、FCA、FAS、FOB、CFR、CIF、CPT、CIP、DAF、DES、DEQ、DDU 和 DDP(如表 4-1 所示)。《2010 通则》将《2000 通则》中的 DAF 、DES 、DEQ 、DDU4 个术语删除，新增了 DAT、DAP 两个术语，贸易术语的数量由原来的 13 种变为 11 种(如表 4-2 所示)。

3) 对贸易术语分类的调整

《2000 通则》将贸易术语分为 E、F、C、D 4 组，且按照卖方责任逐步增加、买方责任逐步减少依次排列。《2010 通则》则按照所适用的运输方式划分为两大类(适用于各种运输方式类和仅适用于海运及内河运输类)，意在提醒使用者注意不要将仅适用于海运及内河运输的术语用于其他运输方式(见表 4-1 及表 4-2)。

表 4-1　《2000 年国际贸易术语解释通则》(INCOTERMS2000)

组　别	贸易术语(英文名称及缩写)		贸易术语(中文名称)	合同性质
E 组：启运	EXW	Ex Works	工厂交货	装运合同
F 组：主要运费未付	FCA	Free Carrier	货交承运人	装运合同
	FAS	Free Alongside Ship	装运港船边交货	
	FOB	Free On Board	装运港船上交货	
C 组：主要运费已付	CFR	Cost and Freight	成本加运费	
	CIF	Cost ,Insurance and Freight	成本加保险费、运费	
	CPT	Carriage Paid To	运费付至	
	CIP	Carriage and Insurance Paid To	运费、保险费付至	
D 组：(到达)	DAF	Delivered At Frontier	边境交货	到达合同
	DES	Delivered Ex Ship	目的港船上交货	
	DEQ	Delivered Ex Quay	目的港码头交货	
	DDU	Delivered Duty Unpaid	未完税交货	
	DDP	Delivered Duty Paid	完税后交货	

表 4-2　《2010 年国际贸易术语解释通则》(INCOTERMS2010)

适用于任何运输方式类(Any mode of Transport)		
贸易术语(英文缩写)	贸易术语(英文名称)	贸易术语(中文名称)
EXW	Ex Works	工厂交货
FCA	Free Carrier	货交承运人
CPT	Carriage Paid To	运费付至
CIP	Carriage and Insurance Paid To	运费、保险费付至
DAT	Delivered at Terminal	运输终端交货
DAP	Delivered at Place	目的地交货
DDP	Delivered Duty Paid	完税后交货

(续表)

<table>
<tr><th colspan="3">仅适用于海运及内河运输类(Sea and Inland Waterway Transport Only)</th></tr>
<tr><th>贸易术语(英文缩写)</th><th>贸易术语(英文名称)</th><th>贸易术语(中文名称)</th></tr>
<tr><td>FAS</td><td>Free Alongside Ship</td><td>装运港船边交货</td></tr>
<tr><td>FOB</td><td>Free On Board</td><td>装运港船上交货</td></tr>
<tr><td>CFR</td><td>Cost and Freight</td><td>成本加运费</td></tr>
<tr><td>CIF</td><td>Cost ,Insurance and Freight</td><td>成本加保险费/运费</td></tr>
</table>

4) 新增加了指导性说明(Guidance Note)

《2010 通则》在具体解释每种贸易术语的开篇部分,都新加了一个指导性说明。指导性说明主要解释了该种术语适用于什么样的运输方式,卖方在什么情况下完成交货,该术语合同下与货物有关的风险负担何时转移,买卖双方之间的成本或费用以及出口手续如何划分等事宜,以及双方应当明确规定交货的具体地点和未能规定所引起的费用的负担等基本问题。该说明不构成术语实际规则的组成部分,增加这一部分内容主要是为了帮助使用者根据具体的交易情况准确、高效地选择恰当的贸易术语。

需要注意的是在指导性说明中,《2010 通则》通常要求双方当事人自行明确风险转移的临界点,而非《2010 通则》本身去规定这些临界点。这就需要买卖双方在订立合同时要考虑到该问题,必要时可在商定的基础上另行规定双方认可的风险临界点。

5) 对贸易术语义务项目上的调整

《2010 通则》和《2000 通则》对于其解释的每种贸易术语下的买卖双方各自的义务都分别列出 10 个项目。

但是《2010通则》和《2000通则》的不同之处在于:卖方在每一项目中的具体义务不再对应买方在同一项目中相应的义务,而是改为分别描述,并且各项目内容也有所调整。

《2000 通则》将每种贸易术语项下卖方和买方各自应承担的义务相互交叉对比,纵向排列,即在规定卖方每一项义务后,紧接着规定买方相对应的义务(如表 4-3 所示)。《2010 通则》则改为《1990通则》的表述方式,不再纵向交叉对比,而是横向比较(如表 4-4 所示)。

表4-3 《2000通则》买卖双方义务对比

A. 卖方义务(THE SELLER'S OBLIGATIONS)
B. 买方义务(THE BUYER'S OBLIGATIONS)
A1 提供符合合同规定的货物
B1 支付货款
A2 许可证、批准文件及海关手续
B2 许可证、批准文件及海关手续
A3 运输合同和保险合同
B3 运输合同和保险合同
A4 交货
B4 受领货物
A5 风险转移
B5 风险转移

(续表)

A. 卖方义务(THE SELLER'S OBLIGATIONS)
B. 买方义务(THE BUYER'S OBLIGATIONS)

A6	费用划分
B6	费用划分
A7	通知买方
B7	通知卖方
A8	交货凭证、运输单证或有同等作用的电子信息
B8	交货凭证、运输单证或有同等作用的电子信息
A9	核查、包装及标记
B9	货物检验
A10	其他义务
B10	其他义务

表4-4 《2010通则》买卖双方义务对比

A. 卖方义务(THE SELLER'S OBLIGATIONS)	B. 买方义务(THE BUYER'S OBLIGATIONS)
A1 卖方一般义务	B1 买方一般义务
A2 许可证、授权、安检通关和其他手续	B2 许可证、授权、安检通关和其他手续
A3 运输合同和保险合同	B3 运输合同和保险合同
A4 交货	B4 受领货物
A5 风险转移	B5 风险转移
A6 费用划分	B6 费用划分
A7 通知买方	B7 通知卖方
A8 交货凭证	B8 交货凭证
A9 核查、包装及标记	B9 货物检验
A10 协助提供信息和相关费用	B10 协助提供信息及相关费用

6) 对货物风险转移界限的调整

《2010通则》取消了《2000通则》中FOB、CFR和CIF术语下与货物有关的风险在装运港"船舷转移"的概念，不再规定风险转移的临界点，改为由卖方承担货物在装运港装上船为止的一切风险，而买方承担货物在装运港装上船之后的一切风险。

7) 新增连环贸易(String Sales)

《2010通则》在FAS、FOB、CFR和CIF等几种适用水上运输的术语的指导性说明中，首次提及连环贸易(String Sales)，其在CPT和CIP的A3项中也有提及。

在大宗货物买卖中，货物常在一笔连环贸易下的运输期间被多次买卖，由于连环贸易中货物由第一个卖方运输，作为中间环节的卖方就无须装运货物，而是通过其所获得的货物的装运单据来履行其义务。因此，新版本对连环贸易模式下卖方的交付义务进行了细分，也弥补了以前版本中在此问题上未能反映的不足。

8) 涉及运输安全清关信息等

《2010通则》中买卖双方义务第十项要求卖方和买方分别要帮助对方提供包括与安全有关的信息和

单据,并可向受助方索偿因此而发生的费用。例如《2010 通则》规定,在 EXW 项下,卖方需要协助买方办理出口清关以及在 DDP 项下买方需要协助卖方办理进口报关等,同时还需要承担为另一方清关而获得必要单据所涉及的费用。

《2010 通则》在第二项中增加了与安全有关的清关手续。这主要是考虑到美国 "9·11" 事件后恐怖袭击事件不断增加导致各国对安全措施的加强。为与此配合,进出口商在某些情形下必须提前提供货物接受安全扫描和检验的相关信息,这一要求体现在 A2/B2 和 A10/B10 中。

国际商会在推出《2010 通则》时还提醒贸易界人士,由于《通则》已多次变更,如果当事人愿意采纳《2010 通则》,应在合同中特别注明本合同受《2010 通则》的管辖。另外,要特别注意《2010 通则》实施之后以前版本的《通则》并非就自动废止,当事人在订立贸易合同时仍然可以选择使用《2000 通则》甚至《1990 通则》。为避免误解,2011 年以后签订的贸易合同中最好标明合同适用的贸易惯例的名称及其版本,如在合同的相关条款中规定:"FOB SHANGHAI,CHINA,INCOTERMS2010"。

四、国际贸易惯例的性质和作用

国际贸易惯例是国际组织或权威机构为了减少贸易争端,规范贸易行为,在长期、大量的贸易实践的基础上制定出来的。国际贸易惯例与习惯做法是有区别的,国际贸易业务中反复实践的习惯做法经过权威机构加以总结、编纂与解释,就形成了国际贸易惯例。

国际贸易惯例的适用是以当事人的意思自治为基础的,因为惯例本身不是法律,它对贸易双方不具有强制性约束力,故买卖双方有权在合同中做出与某项惯例不一致的规定。但是,国际贸易惯例对贸易实践仍具有重要的规范作用。这体现在:一方面,如果双方都同意采用某种惯例来约束该项交易,并在合同中做出明确规定时,那么该惯例就具有强制性。因此《1932 年华沙-牛津规则》《1990 年美国对外贸易定义修订本》及《2010 年国际贸易术语解释通则》都建议买卖双方在合同中明确表示是否使用该惯例。另一方面,如果双方在合同中既未排除,也未注明该合同使用某项惯例,在合同执行中发生争议时,受理该争议案的司法和仲裁机构也往往会引用某一国际贸易惯例进行判决或裁决。针对上述情况,《联合国国际货物销售合同公约》规定,合同没有排除的惯例,已经知道或应当知道的惯例,经常使用反复遵守的惯例适用于合同。我国法律规定,凡中国法律没有规定的,适用国际贸易惯例。

第二节 适用于各种运输方式的贸易术语

一、EXW:Ex Works(...named place)——工厂交货(……指定地点)

EXW 是指当卖方在其所在地或其他指定的地点(如工场、工厂或仓库等)将货物交给买方处置时,即完成交货。卖方不需要将货物装上任何前来接收货物的运输工具,亦不必为货物办理出口清关手续。EXW 是卖方义务最小、买方义务最大的术语,适用于各种运输方式。

(一) 买卖双方的义务

1. 卖方主要义务

(1) 在合同规定的时间和地点,将合同要求的货物置于买方的控制之下。

(2) 承担将货物交给买方处置之前的一切风险和费用。

(3) 提交商业发票或具有同等作用的电子记录或手续。

2. 买方主要义务

(1) 在合同规定的时间和地点，受领卖方提交的货物，并按合同规定支付货款。

(2) 承担受领货物之后的一切风险和费用。

(3) 自担风险和费用，取得出口和进口许可证或其他官方批准证件，并办理货物出口和进口所需的一切海关手续。

(二) 使用 EXW 术语应注意的问题

1. 关于货物的交接问题

双方在订约时要对交接货物的时间、地点做出明确规定。卖方在货物备妥后，还须提供能使买方提货的所需通知。如果买方没有在规定的时间、地点受领货物或由其确定时间地点时未及时通知卖方，只要货物被特定化为合同项下货物，由买方承担因此产生的风险和费用。

2. 关于货物的包装和装运问题

卖方必须支付货物包装费用，除非是不需要包装便可进行运输的特殊货物。卖方应采取适宜运输的包装方式，除非买方在签订买卖合同前便已告知卖方特定的包装要求。包装应做适当标记。一般情况下，卖方不承担将货物装上运输工具的责任及费用。

3. 关于办理出口相关手续的问题

出口手续由买方办理。在需要办理海关手续时，应买方要求并由买方承担风险和费用的情况下，卖方应协助买方办理出口货物必需的出口许可证或其他官方许可文件，卖方必须提供其掌握的货物安全检查所要求的任何信息。

从有关规定来看，本规则较适用于国内贸易，对于国际贸易，则应选 FCA "货交承运人(……指定地点)" 规则为佳。

二、FCA：Free Carrier(…named place)——货交承运人(……指定地点)

FCA 是指卖方只要将货物在指定地点交给买方指定的承运人，并办理了出口清关手续，即完成交货义务。FCA 适用于各种运输方式，特别是内陆城市采用集装箱运输和多式联运更适合采用该贸易术语。

就《2010 年通则》而言，承运人是指与托运人签署运输合同的一方。

(一) 买卖双方的义务

1. 卖方主要义务

(1) 在合同规定的时间和地点，将货物置于买方指定的承运人控制下，并及时通知买方。

(2) 承担将货物交给承运人控制之前的一切风险和费用。

(3) 自负风险和费用，取得出口许可证或其他官方批准文件，并办理货物出口所需的一切海关手续。

(4) 提交商业发票或具有同等作用的电子记录或手续，并自费提供通常的交货凭证。

2. 买方主要义务

(1) 签订从指定地点承运货物的合同、支付有关运费，并将承运人名称及有关情况及时通知卖方。

(2) 根据买卖合同的规定受领货物并支付货款。

(3) 承担货交承运人后的一切风险和费用。

(4) 自负风险和费用，取得进口许可证或其他官方证件，并且办理货物进口所需的一切海关手续。

(二) 使用 FCA 术语应注意的问题

1. 交货条件

若卖方在其所在地交货，应负责装货，即当卖方将货物装上由买方指定的承运人或运输代理人或其他人提供的运输工具上时，就可以认为卖方履行了其交货义务；若在其他地点交货，则卖方不负责卸货，即当卖方将装载于运输工具上未卸下的货物交由买方指定的承运人或运输代理人或其他人控制之下时，即完成交货义务。

2. 风险转移的问题

FCA 条件下买卖双方的风险划分一般是以货交承运人为界。但如因买方责任(买方没有及时地将承运人名称及有关事项通知卖方或他所指定的承运人在约定的时间未能接受货物)使卖方无法按时完成交货义务，根据《通则》的规定，自规定交付货物的约定日期或期限届满之日起，若无规定日期的，则按卖方完成交货时的通知日期起算，由买方承担货物灭失或损坏的一切风险，但以货物已被划归合同项下为前提条件。

3. 关于运输合同的订立

FCA 方式下，买方应当自付费用订立从指定的交货地点运输货物的合同，卖方没有为买方订立运输合同的义务。但是，若经买方要求，或者依循商业惯例且买方未适时给予卖方相反指示，则卖方可以按照通常条件订立由买方承担风险与费用的运输合同。在任何一种情况下，卖方都可以拒绝订立此合同；如果拒绝，则应立即通知买方。

【案例 4-1】某公司按照 FCA 条件出口一批商品，合同规定 4 月份装运。但到了 4 月 30 日，仍未见买方关于承运人名称及有关事项的通知。在此期间，备作出口的货物，因火灾而焚毁。

问：此项损失应由谁负担？

【案例解析】FCA 方式下，货交承运人控制之前一切风险由卖方承担。本案当中，该批货物因买方迟迟未通知卖方承运人及其他事项，故在合同规定的装运期满仍未能交予承运人处置，风险尚未转移给买方。此外，根据《通则》规定，买方承担未及时通知卖方承运人及其他事项所引起的风险应该是在合同规定的交付货物的约定日期或期限届满后发生的，以货物划归合同项下为前提，本案不符合这一条件，因此此项损失应由卖方承担。

三、CPT：Carriage Paid To(…named place of destination)——运费付至(……指定目的地)

CPT 是指卖方向其指定的承运人交货，并支付到目的地的运费，办理出口清关手续，即完成交货义务。买方承担卖方交货之后的一切风险和其他费用。

(一) 买卖双方的义务

1. 卖方主要义务

(1) 订立将货物运往指定目的地的运输合同，并支付有关运费。

(2) 在合同规定的时间和地点，将货物置于承运人控制下，并及时通知买方。

(3) 承担将货物交给承运人控制之前的风险。

(4) 自负风险和费用，取得出口许可证或其他官方批准文件，并办理货物出口所需的一切海关手续。

(5) 按合同约定向买方提交商业发票，在目的地提货所需运输单据等各项单证，或具有同等效力的电子记录或程序。

2. 买方主要义务

(1) 自负风险和费用，取得进口许可证或其他官方证件，并且办理货物进口所需的一切海关手续。

(2) 承担自货物在约定交货地点交给承运人控制之后的风险。

(3) 接受卖方提供的有关单据，受领货物，并按合同规定支付货款。

(二) 使用 CPT 术语应注意的问题

1. 风险转移的界限问题

按 CPT 术语成交，风险转移点和费用转移点是分离的。虽然卖方要负责订立从启运地到指定目的地的运输合同，并支付运费，但是卖方只承担启运地货交承运人(多式联运情况下为货交第一承运人)控制之前的风险。

2. 责任和费用的划分问题

按 CPT 条件成交，买卖双方一般应约定装运期和目的地，以便卖方自费订立运输合同，将货物按照通常路线和习惯方式运往指定目的地的约定地点。若买方有权决定装货时间或目的地，则买方应给予卖方充分的通知，以便于卖方顺利履行交货义务。如未约定目的地的具体交货地点或未能依交易习惯予以确定该地点，则卖方可在指定的目的地选择其最适合的交货点。卖方货交承运人后，应向买方发出货已交付通知，以便于买方办理保险及在目的地受领货物。如果买方未向卖方通知或未按时受领货物，则由此引起的额外费用和风险，应由买方承担。

CPT 方式下，卖方只承担从交货地点到指定目的地的正常运费。此外的费用一般由买方负担。货物的装卸费可以包括在运费中，统一由卖方负担，也可以由双方在合同中另行规定。

3. CPT 与 FCA 的异同点

(1) 相同点：按这两种术语成交，卖方的交货界限是相同的，都是在约定地点将货物交给承运人控制后完成交货；风险的转移也是相同的，卖方承担的风险都是在交货地点随着交货义务的完成而转移；保险方面的规定相同，都是由买方自负风险和费用办理，与卖方无关；适合的运输方式相同，都适用于各种运输方式。

(2) 区别：主要是责任和费用的划分不同。采用 FCA 术语，从交货地到目的地的运输合同由买方订立，运费也由买方负担；采用 CPT 术语，订立运输合同的责任改为卖方，运费也由卖方负担。

四、CIP：Carriage and Insurance Paid to(…named place of destination)——运费、保险费付至(……指定目的地)

CIP 是指卖方向其指定的承运人交货，支付货到目的地的运费，办理货物在途中的保险并支付保险费，并负责出口清关手续。买方承担卖方交货之后的一切风险和其他费用。

(一) 买卖双方的义务

1. 卖方主要义务

(1) 订立将货物运往指定目的地的运输合同，并支付有关运费。

(2) 在合同规定的时间和地点，将货物置于承运人控制下，并及时通知买方。

(3) 承担将货物交给承运人控制之前的风险。

(4) 按照买卖合同的规定，自负费用投保货物运输险。

(5) 自负风险和费用，取得出口许可证或其他官方批准文件，并办理货物出口所需的一切海关手续。

(6) 按合同约定向买方提交商业发票，在目的地提货所需运输单据、保险单等各项单证，或具有同等效力的电子记录或程序。

2. 买方主要义务

(1) 接受卖方提供的有关单据，受领货物，并按合同规定支付货款。

(2) 承担自货物在约定地点交给承运人控制之后的风险。

(3) 自负风险和费用，取得进口许可证或其他官方证件，并办理货物进口所需的一切海关手续。

(二) 使用 CIP 术语应注意的问题

1. 正确理解风险和保险问题

按 CIP 术语成交的合同，卖方要负责办理货运保险，并支付保险费，但货物从交货地运往目的地途中的风险由买方承担。所以，卖方的投保属于代办性质。卖方应向信誉良好的保险人或保险公司按双方协商确定的险别投保。在没有规定的情况下卖方可按惯例投保最低的险别，保险金额一般是在合同价格的基础上加成 10%，并采用合同货币。当买方提出要求时，在可行的情况下，卖方应要求买方提供必要的信息，并根据买方提供的信息，在买方付费的情况下加保额外的保险。

2. CIP 与 FCA、CPT 的异同点

(1) 相同点：3 种术语在交货地点、风险划分界限以及适用的运输方式方面都是相同的。

(2) 不同点：它们的区别主要在于买卖双方所承担的责任和费用方面。与 FCA 相比，CPT 方式下，卖方增加了办理运输的责任和费用；而采用 CIP 术语时，卖方比起 CPT 又增加了办理保险的责任和费用，提交的单据中增加了保险单据。

五、DAT：Delivered at Terminal(…named terminal at port or place of destination)

——(运输终端交货……指定目的港或目的地的运输终端)

DAT 的产生旨在替代《2000 通则》中的 DEQ 术语并对其加以扩展。它是指卖方自负风险和费用在合同约定的日期或期限内将货物运到合同规定的目的港或目的地的约定运输终端，并将货物从抵达的载货运输工具上卸下，交给买方处置时即完成交货义务。

"Terminal" 可以是目的港或目的地的任何地点，如目的地的港口码头、仓库、集装箱堆场或者铁路、公路或航空货运站等，并且卖方需要承担在目的地或目的港把货物从运输工具上卸下的费用。

(一) 买卖双方的义务

1. 卖方主要义务

(1) 自行负担风险和费用订立运输合同，在规定日期或期限内，将货物从出口国运到进口国指定目的港或目的地运输终端(港口码头、仓库、集装箱堆场或者铁路、公路或航空货运站等)，并给买方发出通知，以便买方采取收取货物通常所需的措施。

(2) 卸货之后，将货物置于买方控制之下，才算完成交货义务。

(3) 承担将货物在目的港或目的地运输终端交给买方控制之前的风险和费用。

(4) 自负风险和费用，取得出口许可证或其他官方批准文件，并办理货物出口所需的一切海关手续。

(5) 向买方提供商业发票以及合同要求的其他任何单证，或具有同等效力的电子记录或程序。

2. 买方主要义务

(1) 在目的港或目的地运输终端受领货物，并按合同规定支付货款。

(2) 承担在目的港或目的地运输终端受领货物之后的风险和费用。

(3) 自负风险和费用，取得进口许可证或其他官方批准文件，并办理货物进口所需的一切海关手续。

(二) 使用 DAT 术语应注意的问题

1. 正确理解"运输终端"的含义

根据《2010 通则》的解释，"运输终端"可以是目的港或目的地的任何地点，如码头、仓库、集装箱堆场或者铁路、公路或航空货运站等，可以是露天，也可以是室内。为了避免双方不必要的纠纷，建议双方当事人尽量明确地指定终点站，如果可能，最好指定约定的目的港或目的地的终点站内的一个特定地点，因为货物到达这一地点前的风险是由卖方承担，建议卖方在所签订的运输合同中将这一特定地点写明。

2. 注意卖方责任的限度

在 DAT 方式下，卖方所承担的责任是将货物交到合同规定的运输终端。如果当事人希望卖方承担将货物从运输终端运到另一地点的运输并负担所产生的风险和费用，那么此时 DAP(目的地交货)或 DDP(完税后交货)规则应该被适用。

六、DAP：Delivered at Place(…named place of destination)——目的地交货(……指定目的地)

DAP 是指卖方自负风险和费用在合同约定的日期或期限内将货物运到合同规定的目的地的约定地点，将货物置于买方的控制之下，在卸货之前即完成交货义务。

"Place" 既可以指港口，也可以是陆地的地名。

(一) 买卖双方的义务

1. 卖方主要义务

(1) 自行负担费用和风险订立运输合同，在规定日期或期限内，将货物从出口国运到进口国指定目的地，并给买方发出通知，以便买方采取收取货物通常所需的措施。

(2) 将货物放在已抵达指定目的地的运输工具上,将已做好卸载准备的货物置于买方控制之下,就算完成交货义务。

(3) 承担在目的地将货物交给买方控制之前的风险和费用。

(4) 自负风险和费用,取得出口许可证或其他官方批准文件,并办理货物出口所需的一切海关手续。

(5) 向买方提供商业发票以及合同要求的其他任何单证,或具有同等效力的电子记录或程序。

2. 买方主要义务

(1) 在目的地受领货物,并按合同规定支付货款。

(2) 承担在目的地受领货物之后的风险和费用。

(3) 自负风险和费用,取得进口许可证或其他官方批准文件,并办理货物进口所需的一切海关手续。

(二) 使用 DAP 术语应注意的问题

1. DAP 的交货地点

DAP 是《2010 通则》新推出的贸易术语,它旨在替代《2000 通则》中的 DAF、DES 和 DDU 术语,所以 DAP 的交货地点既可以是在两国边境指定地点,也可以是目的港船上,还可以是进口国国内的某一地点。但《2010 通则》仍建议双方将交货目的地尽量指定明确以避免纠纷。

2. 卸货费用的负担

采用 DAP 术语,卖方不负担卸货费用。但为了避免纠纷,《2010 通则》仍建议卖方签订恰好匹配该种选择的运输合同。如果卖方按照运输合同承受了货物在目的地的卸货费用,那么除非双方达成一致,卖方无权向买方追讨该笔费用。

3. 要注意进口清关是否便利

在 DAP 交货条件下,卖方有时要将货物运到进口国内约定目的地,将货物交给买方。但是货物进口的清关手续和进口税却不是由卖方负担,而是由买方负担。这对于一些自由贸易区以及订有关税同盟的国家间的贸易是适宜的。而如果进口国是属于清关困难而且耗时长的国家,买方有时不能及时顺利地完成清关手续,这种情况下要求卖方承担按时在目的地交货的义务将有一定的风险。所以,卖方在出口业务中采用 DAP 交货条件之前,应先了解进口国海关管理方面的情况,如果预计进口清关会遇到困难,则不应采用 DAP 术语。

4. DAP 与 DAT 的区别

DAP 和 DAT 都是《2010 通则》中新增的术语,二者的差异并不明显。主要体现在两个方面:一是卸货义务和费用的承担不同,二是交货地点的不同。卸货义务和费用方面,DAT 术语规定卖方有义务自担费用将货物从运输工具上卸下再交由买方处置,而 DAP 术语则规定应由买方履行卸货义务并承担相关费用。交货地点方面,DAT 术语规定为"指定运输终端",主要适用于集装箱运输,而 DAP 则规定交货地点是"指定目的地",其范围比 DAT 的"指定运输终端"更为广泛。为了避免争议产生,无论是使用 DAT 还是 DAP,都建议将卸货义务、费用的承担以及具体的交货地点在合同条款中予以明确规定。

> 【案例4-2】A 公司与某客户合作一直采用 FOB,5 月份一次交易中某客户提出要求想改成 DAP,但声明海运费和保险费他们会连同尾款一起打给 A 公司,他们只是想借 DAP 的贸易形式,说只有 DAP 是货物到指定地点后才属于他们的库存,而 FOB 是只要货物一上船就算是他们的库存了。所以他们会付所有 FOB 外的费用。请问:如果将 FOB 改成 DAP,除了之前 FOB 的费用,卖方还需要付哪些费用?

DAP 对卖方有没有不利的地方？A 公司可否接受？

【案例解析】按照《2010 通则》的规定，DAP 术语下，卖方要负担将货物运至指定目的地将货物交给买方控制之前的一切风险和费用。本案中，如果将贸易术语由 FOB 改为 DAP，则卖方除 FOB 方式下一切费用外，还需要承担从装运港到目的地途中的一切运费，为了避免途中的运输风险，还要负担途中的保险费，由于业务环节增加，还要负担相应的管理费和杂费等。此外，DAP 是到达合同，FOB 是装运合同，贸易术语修改后卖方收款也会延期。使用 DAP 术语对卖方来说除了费用增加以外，风险也大大增加。FOB 术语下卖方负担货到装运港船上以前的一切风险即可，而在 DAP 方式下卖方还需要承担从装运港到目的地途中的一切风险。修改贸易术语后卖方的责任、风险和费用都大大增加，因此，A 公司最好不要轻易接受。

七、DDP：Delivered duty paid(…named place of destination)——完税后交货(······指定目的地)

DDP 是指卖方自负风险和费用，在合同约定的日期或期限内，将货物运到合同规定的指定目的地的约定地点，完成进口清关手续后，在运输工具上将货物置于买方的控制之下，即完成交货。卖方承担将货物运至指定的目的地的一切风险和费用，并有义务办理出口清关手续与进口清关手续，对进出口活动负责，以及办理一切海关手续。

DDP 是卖方义务最大、买方义务最小的术语，适用于各种运输方式。

(一) 买卖双方的义务

1. 卖方主要义务

(1) 订立将货物按照通常路线和习惯方式运往指定目的地的运输合同，并支付有关运费。

(2) 在合同规定的时间和指定目的地约定地点的运输工具上，将合同规定的货物置于买方控制之下。

(3) 承担在指定目的地约定地点，将货物交给买方控制之前的一切风险和费用。

(4) 自负风险和费用，取得出口和进口许可证及其他官方批准文件，并办理货物出口和进口所需的一切海关手续。

(5) 向买方提供商业发票以及合同要求的其他任何单证，或具有同等效力的电子记录或程序。

2. 买方主要义务

(1) 在目的地约定地点受领货物，并按合同规定支付货款。

(2) 承担在目的地约定地点受领货物之后的风险和费用。

(3) 根据卖方的请求，并由卖方负担风险和费用的情况下，给予卖方一切协助，使其取得货物进口所需的进口许可证或其他官方批准文件。

(二) 使用 DDP 术语应注意的问题

1. 有关进口清关的问题

使用 DDP 术语，是由卖方负责办理进口清关手续。如果卖方直接办理进口手续有困难，在卖方承担风险和费用的前提下，买方必须向卖方提供援助，帮助卖方取得进口货物的许可证及办理官方的手续。如果卖方不能直接或间接地取得进口许可，不建议当事人使用 DDP 术语。如果双方希望买方承担所有进口清关的风险和费用，则应采用 DAP 术语。如果双方当事人同意在卖方承担的义务中排除货物进口时应支付的某些费用(如增值税)，应在合同中写明。如 "Delivered Duty Paid, VAT Unpaid"，即 "完税后交货，增值税未付"。否则，任何应付的进口税款都应由卖方负担。

2. 卖方应妥善办理投保事项

DDP 是《2010 通则》中卖方承担风险、责任和费用最大的一种术语。按照这一术语成交，卖方要负责办理所有的进出口清关手续，将货物从启运地一直运到合同规定的进口国内指定目的地，把货物实际交到买方手中，才算完成交货。根据《通则》规定，按此术语成交，卖方对买方并无义务订立保险合同，但由于卖方承担风险太大，为了能在货物受损或灭失时及时得到经济补偿，一般情况下，卖方应根据货物的性质、运输方式和运输路线来投保适当的货运保险险别。

第三节 适用于海运和内河运输的贸易术语

一、FAS: free alongside ship(...named port of shipment)——船边交货(……指定装运港)

FAS 习惯称为装运港船边交货，它是指卖方要在合同约定的日期或期限内，将货物运到合同规定的装运港口，并交到买方指派的船只旁边，即完成交货义务。买卖双方风险和费用的划分，以装运港船边为界。FAS 仅适用于海运和内河运输。

(一) 买卖双方的义务

1. 卖方主要义务

(1) 在合同规定的时间和装运港口，将合同规定的货物交到买方所派船只旁边，并及时通知买方。

(2) 承担将货物交至装运港船边之前的一切风险和费用。

(3) 自负风险和费用，取得出口许可证或其他官方批准证件，并办理货物出口的一切海关手续。

(4) 提交商业发票以及合同要求的其他任何单证，也可以是具有同等效力的电子记录或手续。

2. 买方主要义务

(1) 订立从指定装运港口运输货物的合同，支付运费，并将船名、装货地点和要求交货的时间等及时通知卖方。

(2) 在合同规定的时间和地点，受领卖方提交的货物，并按合同规定支付货款。

(3) 承担装运港船边受领货物之后的一切风险和费用，包括装船费用以及将货物从装运港运往目的港的运输、保险和办理进口手续等各种费用。

(4) 自负费用和风险，取得进口许可证或其他官方批准证件，并办理货物进口的一切海关手续。

(二) 使用 FAS 术语应注意的问题

1. 不同惯例对 FAS 的解释不同

《2010 通则》规定，FAS 仅适用于海运和内河运输，交货地点只能是装运港；而根据《1990 年美国对外贸易定义修订本》的规定，FAS 是 Free Along Side 的缩写，即交到运输工具旁，这里的运输工具可以是汽车、火车、飞机等各种运输工具，并不一定是在装运港船边。因此，在同北美国家的交易中如使用 FAS 术语，就要在 FAS 后面加上 Vessel(船舶)字样，这才表示"船边交货"。

2. 交货地点的问题

买卖双方应当尽可能明确地指定装运港的具体装货地点，这是因为到这一地点的费用与风险由卖方承担，并且根据港口交付惯例这些费用及相关的手续费可能会发生变化。采用这一术语成交，由买方负责运输，卖方在装运港船边交货，若买方所派船只不能靠岸，则卖方要负责承担将货物从码头驳运到船边的一切费用和风险。当货物通过集装箱运输时，卖方通常是在集装箱终点站将货物交给买方指定的承运人，而不是在装运港船边。在这种情况下，船边交货规则不适用，而应当适用货交承运人规则。所以，在采用集装箱运输的情况下，不适宜选用 FAS 术语，而应选用 FCA 术语。

3. 船货衔接问题

在 FAS 条件下，从装运港到目的港的运输合同由买方负责订立，买方要及时地将船名、船期和要求装货的时间、地点通知卖方，以便卖方按时做好备货出运工作。卖方也应将货物交至船边的情况及时通知买方，以利于买方办理装船事项。如果买方指派的船只未能按时到港接受货物，或者比规定的时间提前停止装货，或者买方未能及时地发出派船通知，只要货物已被清楚地划出，或以其他方式确定为本合同项下的货物，由此产生的风险和损失均由买方承担。而如果买方按时将船派到并发出了相应的通知，卖方却未能及时将货物交到装运港船边，则因此产生的费用和风险由卖方承担。

二、FOB：Free on Board(…named port of shipment)——船上交货(……指定装运港)

FOB 习惯称为装运港船上交货，它是指卖方要在合同约定的日期或期限内，将货物运到合同规定的装运港口，并交到买方指派的船上，即完成其交货义务。

FOB 是国际贸易中常用的贸易术语之一，仅适用于海运及内河运输。货物在装船前移交给承运人的情形，不适用 FOB 的规则，适用 FCA 的规则。

(一) 买卖双方的义务

1. 卖方主要义务

(1) 在合同规定的时间和装运港口，将合同规定的货物交到买方指派的船上，并及时通知买方。

(2) 承担货物交到装运港船上为止的一切风险和费用。

(3) 自负风险和费用，取得出口许可证或其他官方批准文件，并办理出口所需一切海关手续。

(4) 提交商业发票和证明卖方已按规定交货的清洁单据以及合同要求的其他任何单证，也可以是具有同等效力的电子记录或手续。

2. 买方主要义务

(1) 按时租船订舱并支付运费，及时通知卖方船名、装货地点、交货时间。

(2) 根据买卖合同的规定受领货物并支付货款。

(3) 负担货物交到装运港船上后的一切风险和费用。

(4) 自负风险和费用，取得进口许可证或其他官方文件，并办理进口所需一切海关手续。

(二) 使用 FOB 术语应注意的问题

1. 风险划分界限的变更

在 2000 年及以前版本的《通则》中都规定 FOB 的风险划分界限是装运港船舷。"船舷为界"表明货物在越过装运港船舷之前的风险，包括在装船时货物跌落码头或海中的损失，都由卖方承担；货物在越过装运港船舷之后的风险，包括在起航前和在运输途中所发生的损坏或灭失，都由买方承担。但考虑到在现代的装运作业中，货物由起重机械吊装上船的比例逐渐减少，以及在"连环销售"的情况下，卖方出售的可能是已经装上船或在途货物，《2010 通则》关于 FOB 术语下风险划分不再以"船舷为界"，而是改为货物装到船上，风险才由卖方转移给买方。

2. 船货衔接问题

在 FOB 条件下，从装运港到目的港的运输合同由买方负责订立，卖方负责在合同规定的装运港和规定的期限内，将货物装到买方指派的船只上，双方各负其责。如果衔接不好，就会出现船等货或货等船的现象，影响合同的顺利执行。按照有关法律和惯例，如果买方指派的船只按时到达装运港，卖方却未能备妥货物，那么由此产生的各种损失如空舱费(Dead Freight)、滞期费(Demurrage)等由卖方承担。而如果买方未能按时派船，包括未经对方同意提前或延迟将船派到装运港，卖方都有权拒绝交货，而且由此产生的各种损失，如卖方增加的仓储费、保险费及因迟收货款所造成的利息等都由买方负担。有时双方按 FOB 条件成交，后来买方又委托卖方办理租船订舱，对卖方而言这属于代办性质，在买方承担风险和费用的前提下，卖方可酌情接受。这种情形下如果卖方租不到船，他不承担后果，买方无权因此撤销合同或索赔。

买方要给予卖方关于船名、装船地点和所要求的交货时间的充分通知，保证卖方备货与买方派船接货互相衔接。可在合同中具体规定买方应在船到港多少时间前通知卖方。

3. 《1990 年美国对外贸易定义修订本》对 FOB 的不同解释

以上有关 FOB 的解释都是按照国际商会的《2010 通则》做出的，然而不同国家和不同的惯例对 FOB 的解释并不完全一致。

《1990 年美国对外贸易定义修订本》关于 FOB 的解释有 6 种，其中前 3 种是在出口国内陆发货地点的内陆运输工具上交货，第四种是在出口地点的内陆运输工具上交货，只有第五种"FOB Vessel …"与"通则"的 FOB 意思接近。第六种是在进口国指定内陆地点交货。在使用第四种和第五种解释的时候要注意，这两种解释有可能后面接的交货地点名称相同，但具体地点不同。举例来说，如果买方要求在西雅图的装运港船上交货，则应在 FOB 和地名之间加上"Vessel"字样，变成"FOB Vessel Seattle"，否则，卖方有可能按第四种情况在西雅图市的内陆运输工具上交货。

另外，出口手续的办理也存在差异。按照《2010 通则》，卖方义务之一是"自负风险和费用，取得出口许可证或其他官方批准文件，并办理货物出口所需一切海关手续。"但是，按照《1990 年美国对外贸易定义修订本》的解释，卖方只是"在买方请求并由其负担费用的情况下，协助买方取得……为货物出口或在目的地进口所需的各种证件。"

由于加拿大等国也援引美国的惯例，因此，在与美国、加拿大等美洲国家以 FOB 成交时要特别注意 FOB 的不同含义。

4. 装船费用的负担——FOB 的变形

装船费用是指完成装船作业过程中涉及的费用，主要包括将货物运往船上的费用、理舱费、平舱费等。按一般惯例，卖方承担装船的主要费用，不包括货物装船后的理舱或平舱的费用。但由于运输方式不同，装船费用的负担也有所不同。如买方使用班轮运输，船方管装管卸，装船费用已包含在班轮运费中，此时装船费实际上由买方承担。如果使用租船运输，船方一般不负担装卸费用，这就需要买卖双方在合同中明确装船费用由谁负担，从而产生了 FOB 术语的变形。《2010通则》中对此没有作具体规定，但也不反对当事人使用变形，如使用时建议在合同中做出明确说明。

在实际业务中，FOB 常见的变形有以下几种。

(1) FOB 班轮条件(FOB Liner Term)，是指装船费用按照班轮的做法处理，即由支付班轮运费的一方(买方)负担。

(2) FOB 吊钩下交货(FOB Under Tackle)，是指卖方将货物交到买方指定船只的吊钩所及之处，货物吊装入舱及后续各项费用由买方负担。

(3) FOB 理舱费在内(FOB Stowed，FOBS)，是指卖方负责将货物装入船舱并支付包括理舱费在内的装船费用。理舱费是指货物装到船舱底后，进行垫隔、整理、安置的费用。它主要用于大宗的打包货物或以件数计量的货物。

(4) FOB 平舱费在内(FOB Trimmed，FOBT)，是指卖方负责将货物装入船舱并支付包括平舱费在内的装船费用。平舱费是指对成堆装入船舱的大宗散装货物(煤炭、谷物等)在舱内进行平整、调动、安置所需的费用，目的是保持船身平稳和不损害船身结构，以利正常航行。

(5) FOB 理舱费及平舱费在内(FOB Stowed and Trimmed，FOBST)，是指理舱费和平舱费均由卖方承担。

需要注意的是 FOB 术语的变形是为了说明装船费用的负担问题，并不改变 FOB 的交货地点和风险划分。

【案例4-3】A公司以FOB条件出口一批茶具，买方要求A公司代为租船，费用由买方负担。由于A公司在约定日期内无法租到合适的船，且买方不同意更换装运港，以致延误了装运期，买方以此为由提出撤销合同。问：买方的要求是否合理？

【案例解析】我方应拒绝买方撤销合同的无理要求。按FOB条件成交的合同，按常规由买方负责租船订舱。卖方可以接受买方的委托代为租船订舱，但卖方不承担租不到船的责任。就本案例来讲，因卖方代为租船没有租到，买方又不同意改变装运港，因此，卖方不承担因自己未租到船而延误装运的责任，买方也不能因此要求撤销合同。

三、CFR：Cost and Freight(…named port of destination)——成本加运费(……指定目的港)

CFR 是指卖方负责租船订舱，在合同约定的日期或期限内，将货物运到合同规定的装运港，装到自己安排的船只上，或者以取得货物已装船证明的方式完成其交货义务。

CFR 也是国际贸易中常用的贸易术语之一，仅适用于海运和内河运输。CFR 对于货物在装到船舶之上前便已交给承运人的情形可能不适用，如当事人各方无意越过船舷交货，宜使用 CPT 规则。

(一) 买卖双方的义务

1. 卖方主要义务

(1) 租船订舱并支付运费，在合同规定的时间和港口，将合同要求的货物装上船并及时通知买方。

(2) 负担货物交到装运港船上之前的一切风险和费用。

(3) 自负风险和费用，取得出口许可证或其他官方文件，并且办理出口所需一切海关手续。

(4) 提交商业发票，及自费向买方提供为买方在目的港提货所用的通常的运输单据以及合同要求的其他任何单证，也可以是具有同等效力的电子记录或手续。

2. 买方主要义务

(1) 接受卖方提供的有关单据，受领货物，并按合同规定支付货款。

(2) 负担货物交到装运港船上之后的一切风险。

(3) 自负风险和费用，取得进口许可证或其他官方文件，并且办理进口所需一切海关手续。

(二) 使用 CFR 术语时应注意的问题

1. 租船订舱

在 CFR 术语下，卖方自付费用，按照通常条件订立运输合同，经由惯常航线，将货物用通常用于供运输这类货物的船舶加以运输，就已尽到了自己的责任。若买方提出限制船舶的国籍、船型、船龄、船级以及指定装载某班轮公司的船只等要求，则卖方根据实际情况可予以拒绝，在卖方能够办到又不增加额外费用时，也可以考虑接受。

2. 卖方的装运义务

采用 CFR 术语成交，卖方要保证能按时完成在装运港交货的义务，卖方应根据货源和船源的实际情况合理地规定装运期。装运期一经确定，卖方应及时备货和租船订舱，并按规定的期限发运货物。卖方延迟或提前装运都是违反合同的行为，都要承担违约责任。买方有权根据具体情况拒收货物或提出索赔。

3. 装船通知的重要作用

以 CFR 条件成交，卖方在完成装船后，应及时、充分地向买方发出已装船通知，以便买方及时办理投保手续。如果卖方没有及时向买方发出已装船通知，致使买方未能投保，那么货物在运输途中的风险由卖方承担。在此情形下，卖方就不能以风险在装运港船上转移为由免除责任。

4. 卸货费用的负担

《2010 通则》规定使用 CFR 术语时，买方应该承担卸货费包括驳船费和码头费用在内，除非运输合同规定以上费用由卖方承担，但为了避免争议，买卖双方最好在合同中明确卸货费用由谁负担，于是产生了 CFR 的变形。

(1) CFR 班轮条件(CFR Liner Term)，指卸货费用按照班轮的做法处理，即由支付班轮运费的一方(卖方)负担。

(2) CFR 吊钩下交货(CFR Ex Tackle)，指卖方负责将货物从船舱吊起一直卸到船舶吊钩所及之处(码头上或驳船上)。若在船舶不能靠岸的情况下，租用驳船的费用和货物从驳船卸到岸上的费用则由买方负担。

(3) CFR 卸到岸上(CFR Landed)，指由卖方负担卸货费，包括驳运费在内。

(4) CFR 舱底交货(CFR Ex Ship's Hold)，指船到目的港在船上办理交接后，由买方自行启舱，并负担货物由舱底卸至码头的各种费用。

需要注意的是 CFR 术语的变形是为了说明卸货费用的负担问题，并不改变 FOB 的交货地点和风险划分。

【案例 4-4】 中国 A 公司(买方)与澳大利亚 B 公司(卖方)于某年 3 月 20 日订立了 5 000 公斤羊毛的买卖合同，单价为 314 美元/kg，CFR 张家港，规格为型号 T56FNF，信用证付款，装运期为当年 6 月，我公司于 5 月 31 日开出信用证。7 月 9 日卖方传真我方称，货已装船，但要在香港地区转船，香港地区的船名为 Safety，预计到达张家港的时间为 8 月 10 日。但直到 8 月 18 日 Safety 轮才到港，我方去办理提货手续时发现船上根本没有合同项下的货物，后经多方查找，才发现合同项下的货物已在 7 月 20 日由另一条船运抵张家港。但此时已造成我方迟报关和迟提货，被海关征收滞报金人民币 16 000 元。我方向出口方提出索赔。我方的要求是否合理？本案应如何处理？

【案例解析】首先，卖方没有及时地发出已装船通知。合同规定装运期为 6 月，卖方 7 月 9 日才通知我方。其次，在船名船期通知错误这一问题上，责任在卖方是不容置疑的。因为根据《通则》CFR 术语有关解释，卖方有义务将转船的变化情况及时通知买方，以便买方采取通常必要的措施来提取货物。可是本案的卖方没有这样做，使得我方不得不设法打听货物的下落甚至支付滞报金之类的额外费用。故我方的要求是合理的，最终仲裁庭裁决出口方赔偿滞报金给我方。

四、CIF：Cost, Insurance and Freight(…named port of destination)——成本加保险费、运费(……指定目的港)

CIF 是指卖方负责租船订舱，在合同约定的日期或期限内，将货物运到合同规定的装运港，装到自己安排的船只上，或者以取得货物已装船证明的方式完成其交货义务，同时还要自负费用为买方办理水上货物运输保险。

CIF 也是国际贸易中常用的贸易术语之一，仅适用于海运和内河运输。CIF 术语并不适用于货物在装上船以前就转交给承运人的情况，例如通常运到终点站(即抵达港、卸货点，区别于 port of destination)交货的集装箱货物。在这样的情况下，应当适用 CIP 术语。

(一) 买卖双方的义务

1. 卖方主要义务

(1) 租船订舱并支付运费，在合同规定的时间和港口，将合同要求的货物装上船并及时通知买方。

(2) 负担货物交到装运港船上之前的一切风险和费用。

(3) 按照买卖合同的约定，自负费用办理水上运输保险。

(4) 自负风险和费用，取得出口许可证或其他官方文件，并且办理出口所需的一切海关手续。

(5) 提交商业发票和在目的港提货所用的通常的运输单据以及合同要求的其他任何单证，或具有同等作用的电子记录或手续，并自费向买方提供保险单据。

2. 买方主要义务

(1) 接受卖方提供的有关单据，受领货物，并按合同规定支付货款。

(2) 负担货物交到装运港船上后的一切风险。

(3) 自负风险和费用，取得进口许可证或其他官方文件，并且办理进口所需一切海关手续。

(二) 使用 CIF 术语时应注意的问题

1. 风险和保险问题

CIF 条件下因风险和费用分别于不同地点转移而具有以下两个关键点：风险转移点和费用转移点，CIF 方式下两者是不一致的。在货物到达装运港船上以后，运输途中的风险即转移给买方，但水上运输保险却是由卖方负责办理并支付费用的。如果买卖合同中明确规定了保险险别、保险金额等内容，则卖方应该按合同规定投保。如果买卖合同中未就保险险别等有关问题做出具体规定，那就根据有关惯例来处理。以《2010 通则》对 CIF 的解释为例，其规定在合同中没有具体规定时，卖方只需按最低的保险险别投保："该保险需至少符合《协会货物保险条款》的 C 款(Clause C)或类似条款的最低险别"。但在买方要求并由买方承担费用的情况下，卖方可以加保任何附加险别。

另外，买卖合同通常会指定相应的目的港，但可能不会进一步详细指明装运港，即风险向买方转移的地点。如买方对装运港尤为关注，那么合同双方最好在合同中尽可能精确地确定装运港。

2. 租船订舱问题

在 CIF 术语下，卖方自付费用，按照通常条件选择习惯的航线，租用适当的船舶将货物运往目的港，就已尽到了自己的责任。若买方提出限制船舶的国籍、船型、船龄、船级以及指定装载某班轮公司的船只等要求，卖方均有权拒绝接受。但卖方也可放弃这一权利，根据具体情况给予通融，即在卖方能够办到又不增加额外费用时，可以考虑接受。

3. 象征性交货(Symbolic Delivery)问题

从交货方式来看，有实际交货(Physical Delivery)和象征性交货(Symbolic Delivery)两种。实际交货是指卖方按合同规定将货物实际交给买方或其指定人，不能以交单代表交货，属于实物交接。象征性交货是指卖方只要在约定地点完成装运，并向买方提交合同规定的，包括物权凭证在内的有关单证，就算完成了交货义务，无须保证到货。

CIF 术语是一种典型的象征性交货。卖方是凭单交货，买方是凭单付款。只要卖方如期向买方提交了合同规定的全套合格单据，即使货物在运输途中损坏或灭失，买方也必须履行付款义务，事后可根据情况分别向船方、保险公司或卖方索赔；反之，如果卖方提交的单据不符合要求，即使货物完好无损地运达目的地，买方仍然有权拒付货款。

4. 卸货费用负担

《2010 通则》规定使用 CIF 术语时，买方应该承担卸货费(包括驳船费和码头费用在内)，除非运输合同规定以上费用由卖方承担。但为了避免争议，买卖双方最好在合同中明确卸货费用由谁负担，于是产生了 CIF 术语的变形。CIF 术语变形的含义与前述 CFR 术语的变形完全一致。

(1) CIF 班轮条件(CIF Liner Term)。

(2) CIF 吊钩下交货(CIF Ex tackle)。

(3) CIF 卸到岸上(CIF landed)。

(4) CIF 舱底交货(CIF Ex ship's hold)。

需要注意的是 CIF 术语的变形也是为了说明卸货费用的负担问题，并不改变 CIF 的交货地点和风险划分。但为了避免争议，《2010 通则》指出双方在签订买卖合同时，有必要在合同中明确规定贸易术语的变形是仅仅限于费用的划分，还是包括了风险在内。

【案例4-5】某公司以 CIF 条件对外出口一批罐头。

(1) 合同签订后，接到买方来函，声称合同规定的目的港最近经常发生暴乱，要求我方在办理保险时加保战争险，对此，我公司应如何处理？

(2) 这批货物抵目的港后，我方接到买方支付货款的通知，声明因货物在运输途中躲避风暴而增加的运费其已代我公司支付给船公司，故此付款中已将此项费用扣除。对此，我公司应如何处理？

【案例解析】(1) 在买方要求时，并在买方承担费用的情况下，我方可以加保战争险。

(2) CIF 条件下，除非合同事先规定，否则卖方只要负责按通常条件和惯驶航线，租用适当船舶将货物运往目的港即可。因躲避风暴而额外增加的运费不能包含在其中，本案中买方的要求不合理，我方应予以拒绝，要求买方退还该项费用。

FOB、CFR 和 CIF 是国际贸易中最常用的 3 种术语，所以掌握这 3 种术语的内容和特点就显得尤为重要。通过对 3 种术语异同点的比较，可以加深对这 3 种术语的理解。

3 种术语的相同点在于：①都是象征性交货，卖方凭单交货、买方凭单付款。②运输方式相同，都适用于水上运输。③交货地点相同，都是在出口国港口交货。④风险转移界限相同，都是装运港船上。⑤办理进出口清关手续相同，都是卖方办理出口手续、买方办理进口手续。

3 种术语的不同点在于：①运输责任和费用的承担不同。FOB 方式下，主要运输及其费用由买方承担；而 CFR 和 CIF 方式下主要运输及其费用由卖方承担。②办理保险的责任和费用承担不同。FOB、CFR 方式下，主要运输途中的风险由买方承担，买方可以自行选择是否办理保险；而 CIF 方式下，办理保险的责任和费用由卖方承担。

第四节　《2010 通则》11 种贸易术语的总结与选用

一、《2010 通则》11 种贸易术语的总结

(一) 适用的运输方式

适用于任何运输方式的有 EXW、FCA、CPT、CIP、DAT、DAP、DDP；适用于水上运输方式的有 FAS、FOB、CFR、CIF。

(二) 合同性质

按 EXW 成交，卖方在产地交货，故其签订的合同为产地交货合同；按 FAS、FOB、CFR、CIF、FCA、CPT 和 CIP 术语成交时卖方都是在启运国或装船国履行其交货义务，都具有装运港或装运地交货的性质，因此，按这些术语签订的买卖合同其性质都属于装运合同；按 DAT、DAP 和 DDP 术语成交时，卖方必须承担货物运至目的地的所有费用和风险，即在到达地点履行其交货义务，按这些术语签订的买卖合同其性质属于到达合同。

(三) 进出口清关

EXW 术语下，由买方同时负责进出口清关；FCA、CPT、CIP、DAT、DAP、FAS、FOB、CFR 及 CIF 术语下，由卖方负责出口清关、买方负责进口清关；DDP 术语下，由卖方同时负责进出口清关。

(四) 运输和保险的办理及费用的支付

在 EXW、FCA、FAS、FOB 术语下，主要运输和保险都是由买方负责办理并支付相关费用；在 CPT、CFR 术语下，主要运输由卖方办理并承担运费，途中的保险则由买方承担；CIP、CIF、DAT、DAP 及 DDP 术语下，主要运输和保险都是由卖方负责办理并支付相关费用。

(五) 责任大小

卖方承担责任最小的是 EXW 术语，责任最大的是 DDP 术语；买方则与之相反。

(六) 风险的提前转移

一般来讲，卖方承担的风险是在双方约定的交货地点的特定界限，随着交货义务的完成而转移的。通常情况下，买方不承担交货之前所发生的货物损坏或灭失的风险。但是，各种贸易术语下都规定了当买方没有按约定受领货物或没有给予卖方完成交货义务的必要指示，例如没有给予装船时间或交货地点的通知，那么，风险和费用的转移可以提前到交货之前。但风险的提前转移有一个前提条件，那就是货物已经正式划归合同项下，即清楚地划出或以其他方式确定为该合同项下的货物。如果货物尚未特定化，风险就不能提前转移。

(七) 包装和检验

在国际贸易中，包装的用料和方式因商品的性质和采用的运输方式不同存在着很大差异。为了切实起到保护商品的作用，避免事后发生争议，《2010通则》在每一术语的卖方义务第9条(A9)中都规定：卖方必须自负费用，采用使货物适宜运输的包装方式包装货物(但所运输货物通常无须包装即可销售的除外)，除非买方在买卖合同签订前告知卖方以特定方式包装。

关于货物的检验问题，《2010通则》也规定，除了采用DDP术语成交外，货物在装运前的检验费用均由买方承担，因为这是为了买方的利益而进行的。但如果是出口国有关当局强制进行的检验，那么除了在EXW条件下仍由买方负担检验费用，在其他术语下则由卖方承担。

二、贸易术语的选用

在国际贸易中，贸易术语是确定合同性质、决定交货条件的重要因素，选择适当的贸易术语对促进合同的订立，方便合同的履行，提高企业的经济效益具有重要的意义。

(一) 实际业务中，选用贸易术语时应考虑的主要因素

1. 运输条件

运输条件是买卖双方在确定选用哪种贸易术语时首先要考虑的问题。在本身有足够运输能力或安排运输无困难，经济上又合算时，可争取按由自身安排运输的条件成交(出口选择CFR、CIF、CPT、CIP；进口选择FOB、FCA、FAS)。否则，应尽量争取按由对方安排运输的条件成交(出口选择FOB、FCA、FAS；进口选择CFR、CIF、CPT、CIP)。

2. 货源情况

国际贸易中货物的品种五花八门，不同类别的货物由于特点不同，在运输方面的要求也各不相同，因此适合的运输方式、运费开支大小也有差异，选用贸易术语时要予以考虑。此外，成交量的大小，也直接涉及安排运输是否有困难和经济上是否合算的问题。成交量太小，又无班轮通航的情况下，负责安排运输的一方势必会增加运输成本，在选用贸易术语的时候就尽量由对方安排运输。

3. 运费因素

运费是影响国际贸易货物价格的主要因素之一。在选用贸易术语时，应考虑货物途经路线的运费收取情况和运价变动趋势。一般来说，当运价趋于上涨时，为了避免承担运价上涨的风险，可以选用由对方安排运输的贸易术语成交(出口选择FOB、FCA、FAS；进口选择CFR、CIF、CPT、CIP)。

4. 运输途中的风险

在国际贸易中，交易的商品一般需要经过长途运输，货物在运输过程中可能遇到各种自然灾害、意

外事故等风险，特别是在遇到战争或正常的国际贸易遭到人为障碍与破坏的时期和地区，则运输途中的风险更大。因此，买卖双方洽商交易时，必须根据不同时期、不同地区、不同运输路线和运输方式的风险情况，并结合购销意图来选用适当的贸易术语。

5. 办理进出口货物结关手续有无困难

在国际贸易中，关于进出口货物的结关手续，有些国家规定只能由结关所在国的当事人安排或代为办理，有些国家则无此项限制。因此，当某出口国政府规定，买方不能直接或间接办理出口结关手续，则不宜按 EXW 条件成交，而应代之以 FCA 条件成交；若进口国当局规定，卖方不能直接或间接办理进口结关手续，此时则不宜采用 DDP，而应选用其他术语成交。

(二) 在外贸实践中，FOB、CFR 和 CIF 最为常用的原因

在国际货物买卖中，FOB、CFR 和 CIF 是人们最为常用的贸易术语，所占比率约为 90%～95%。究其原因，主要有以下几点：

(1) 这三种贸易术语产生时间最早，最为人们所熟悉和习惯使用；

(2) 买方和卖方一般都不愿意承担在对方国家内所发生的风险，而这三种贸易术语下买卖双方的风险划分点与关境界限基本一致；

(3) 这三种贸易术语下买卖双方不必到对方国家办理货物的交接，对买卖双方比较有利；

(4) 因为水上运输运费低廉、运量大、关卡少，世界上绝大多数货物贸易都选择水上运输方式，而这三种贸易术语都适用于水上运输。

复习思考题

一、名词解释

1. 贸易术语　　2. 国际贸易惯例

二、不定项选择题

1. 在以下条件成交的合同中，不属于装运合同的是(　　)。

　　A. FOB 上海　　　　B. FCA 武汉　　　　C. CIF 纽约　　　　D. DAP 巴黎

2. 某公司与国外一家公司以 EXW 条件成交了一笔买卖，在这种情况下，其交货地点是在(　　)。

　　A. 出口国港口　　　B. 进口国港口　　　C. 出口国工厂　　　D. 装运港船上

上海出口摩托车一批，水运至新加坡，中方办理出关手续，外方办理进关手续，价中不含运保费，按以上交易条件，适用的贸易术语是(　　)。

　　A. FOB 上海　　　　B. CIF 新加坡　　　C. CFR 上海　　　D. FCA 新加坡

4. 一般情况下，在以 CFR 贸易术语成交的合同中，货物的价格构成包括(　　)。

　　A. 货物成本　　　　　　　　　　　B. 货物成本＋运费

　　C. 货物成本＋保险费　　　　　　　D. 货物成本＋运费＋保险费

5. 按照《2010 通则》的解释，仅适于水运方式的贸易术语有(　　)。

　　A. EXW　　B. FOB　　C. CFR　　D. CIF　　E. DAP

6. 下列属于在出口国交货的贸易术语有(　　)。

　　A. DAP　　B. EXW　　C. CIF　　D. DDP　　E. FAS

7. 代表运输终端交货的贸易术语是(   )。

    A. CIF   B. DAP   C. DAT   D. DDP

三、判断题

1. 在出口贸易中，我们要尽量选择我方责任、费用和风险较少的贸易术语。(   )

2. 采用 EXW(工厂交货)贸易术语成交时，卖方在自己工厂把货物交给买方，但仍须负责货物安全至装运港装船越过船舷时(即风险责任划分界限在装运港船舷)。(   )

3. 在 EXW 条件下卖方所承担的责任是最小的，DAP 条件下卖方所承担的责任是最大的。(   )

4. 采用 FOB 条件时，通常由买方负责租船订舱，也有由卖方代办租船订舱的情况，按一般惯例，只要卖方已尽最大努力，因客观原因而租不到船或订不到舱位，买方不得为此向卖方提出索赔或撤销合同。(   )

5. 按 CIF Landed Singapore 成交，货物在新加坡港的卸货费和进口报关费应由卖方负担。(   )

6. 根据 INCOTERMS 2010，按 FOB 条件成交的双方，风险与费用的划分点均在装运港船舷。(   )

7. 某公司以 CFR 贸易术语出口一批货物，由于船只在运输途中搁浅，使部分货物遭受损失，进口方可不负责。(   )

8. 我方按 FOB 伦敦从英国购买一批机器产品，即交货地点为伦敦。(   )

9. 以 CIF 条件成交，卖方在装船后至交单这段时间内，如果货物发生灭失或损坏，应由卖方负责。(   )

10. 按 CIF 术语成交的合同，货物的运输和保险都由卖方一手操纵，卖方应及时落实货源，安排船舶申报出口。装船发运和办理投保手续，按时履行在装运港交货的义务，并负担货物到目的港之前的风险。(   )

四、简答题

1. 为什么说 CIF 是一种典型的象征性交货？

2. 简述 CIF、CFR、FOB 的异同点。

五、案例分析

1. "某 CIF 合同规定，卖方必须将货物于×年×月×日之前送达目的港，是否合理？"如果是 FOB、CFR 呢？

2. 中国 A 公司与美国 B 公司签订出口合同一份，贸易术语 CFR NEWYORK，A 公司按合同规定在 2018 年 5 月 20 日将货物运至码头装船，在运输过程中车辆遇险翻覆，货物受损，A 公司电告 B 公司事故，由于 CFR 系买方投保，A 提出按保险惯例，承保范围为仓至仓，所以要求 B 公司向保险公司索赔，A 可以得到赔偿吗？

第五章

国际货物买卖合同的基本条款(一)

【课前导读】

国际货物买卖合同是指不同国家(地区)的当事人之间所订立的转移货物所有权的合同。国际货物买卖合同中的各项条款,由合同当事人根据"契约自主"的原则协商确定。经当事人约定的各项合同条款,既是确定合同当事人权利和义务关系的根本依据,也是判断合同是否有效的客观依据。由此可见,订好合同条款,有着重要的法律和实践意义。

在国际货物买卖合同中,根据各个条款在合同中的作用,可以将其分为主要交易条件和一般交易条件两类。多数国家的法律或判例认为,品质条款、数量条款、包装条款、装运条款、价格条款、支付条款等是主要交易条件,合同当事人一旦违反这些条款,另一方有权要求解除合同。

【要点提示】

1. 商品品质的表示方法、订立品质条款的注意事项
2. 订立数量条款的注意事项
3. 国际货物运输方式、海运提单的性质和种类
4. 装运条款的主要内容
5. 海上货物运输保险承保的范围、保险条款的主要内容

第一节 品名、品质条款

一、商品的名称

商品的名称(Name of Commodity),简称为品名,它是指能使某种商品区别于其他商品的一种称呼或概念。商品的名称在一定程度上体现了商品的自然属性、用途以及主要的性能特征。

(一) 在合同中约定商品名称的意义

1. 业务上的需要

买卖双方洽商交易时,首先要明确买卖什么商品,并在合同中列明成交商品的名称,所以品名条款是合同中不可缺少的一项。

2. 法律需要

按照国际上有关法律和惯例的规定，对成交商品的描述，是构成商品说明的一个组成部分，是买卖双方交接货物的一项基本依据，它直接关系到买卖双方的权利和义务。若卖方交付的货物不符合约定的品名和说明，买方有权提出损害赔偿要求，甚至可以拒收货物或撤销合同。

(二) 合同中的品名条款

1. 品名条款的规定方法

合同中的品名条款又被称为标的物条款。在进出口合同中，品名条款并无统一格式，它的表述方法如下。

(1) 在"商品名称"的标题下列明买卖双方成交商品的名称。

(2) 不加标题，只在合同的开头部分列明交易双方同意买卖某种商品的文句。

(3) 把对有关商品的具体品种、等级和型号的概括性描述包括进去。这种情况下，它实质上是品名条款和品质条款的综合，如：BCD190海尔冰箱。

2. 规定品名条款应注意的事项

(1) 内容应该明确具体，文字表达清楚，避免笼统。

(2) 尽量使用国际通用名称。

(3) 合理描述成交商品，不应列入不必要的描绘词。

(4) 选用合适的品名，以利节税节费。

(5) 合同各处及各种单据上的品名要完全统一。

二、商品的质量

商品的质量(Quality of Goods)，简称为品质，是指商品的内在质量和外观形态的综合，是由商品的自然属性决定的。内在质量具体表现为商品的化学成分、物理性能、生物结构、组织结构等。外观形态则具体表现为花色、款式、造型、味觉、透明度、光泽等。

(一) 在合同中约定商品品质的意义

1. 约定进出口商品品质具有十分重要的法律意义

商品的品质不仅是国际货物买卖合同中的主要交易条件，而且是买卖双方进行交易磋商的首要条件，又是买卖双方交接货物时对货物品质进行评定的依据。《联合国国际货物销售合同公约》规定：卖方交货必须符合约定的质量，如卖方交货不符合约定的品质条件，买方有权要求损害赔偿，也可以要求修理或交付替代货物，甚至拒收货物或撤销合同。

2. 约定进出口商品品质具有十分重要的实践意义

商品品质的优劣，直接影响商品的使用价值和价格，它是决定商品使用性能和影响商品市场价格的重要因素。提高商品品质还是非价格竞争的一个重要组成部分，是加强对外竞销的重要手段之一。

在实际业务中，因品质问题产生贸易纠纷的案例是最多的。因此，为了减少和避免争议，在进出口合同中约定品质条件、写明品质条款，不论是从法律还是从实践的角度而言，都是非常重要的。

(二) 商品品质的表示方法

国际贸易中买卖的商品种类繁多、特点各异，所以表示商品品质的方法也各不相同。概括起来，主要有以实物表示和以说明表示两大类。

1. 以实物表示商品品质

(1) 看货买卖(Sales by Actual Quality)。通常是先由买方或其代理人在卖方所在地亲自验货，达成交易后，卖方即应按验过的商品交付货物，且买方不得对品质提出异议。多用于首饰、珠宝、字画等商品或在寄售、拍卖和展卖业务中采用。

(2) 凭样品买卖(Sales by Sample)。样品通常是指从一批商品中抽出来的或由生产、使用部门设计、加工出来的，足以反映和代表整批商品质量的少量实物。买卖双方同意以样品表示商品品质并以此作为交货的品质依据就称为凭样品买卖，也称凭样销售。

在国际贸易中，按样品提供者的不同，可以分为卖方样品(Seller's Sample)、买方样品(Buyer's Sample)和对等样品(Counter Sample)。对等样品又被称为确认样品或回样。

凭样品买卖需要注意的事项有以下 4 个方面。

第一，以介绍商品为目的而寄出的样品，最好标明"仅供参考"(For Reference Only)。在寄送"参考样品"的情况下，如买卖合同中未订明交货品质以该项样品为准，而是约定了其他方法来表示品质，这就不是凭样成交，这种样品对交易双方均无约束力。

第二，卖方交货品质必须与样品完全一致。因此卖方所提供的样品必须足以代表整批货物的平均品质，不能过高或过低。样品品质过高会给交货带来困难，而过低则会使卖方在价格上受到损失。为防止买方日后对卖方所交货物的品质故意挑剔，卖方在提供标准样品时，应留存一定数量的同样的样品，作为日后交货或处理纠纷的品质依据，称为"复样"。

第三，以样品表示品质的方法，只能酌情采用。很多商品要想做到与样品完全一致是很困难的，因此并不适合采用凭样品成交。实际业务中单纯凭样品成交的较少，一般用样品表明某个方面的指标。例如布匹的颜色很难用文字说明表示清楚，那么签订合同时可以附上一小块布作为色样。

第四，采用凭样成交而对品质没有绝对把握时，应在合同条款中做出灵活的规定。如规定"品质与样品大致相同"(Quality shall be about equal to the sample)或"品质与样品近似"(Quality is nearly same as the sample)。

2. 以说明表示商品品质

1) 凭规格买卖(Sales by Specification)

商品规格是指一些足以反映商品品质的主要指标，如化学成分、含量、纯度、性能、容量、长短、粗细等。凭规格买卖时，应提供具体规格来说明商品的品质状况，并在合同中订明。这种方式在国际贸易中使用最为广泛。

2) 凭等级买卖(Sales by Grade)

商品的等级是指同一类商品，按规格的差异，可以将其分为品质优劣不相同的若干等级。为了便于履行合同和避免争议，在品质条款中列明等级的同时，最好将每一等级的具体规格同时规定下来。例如在出口冻带骨兔肉的时候将其等级规定为：特级每只净重不低于 1 500 克；大级每只净重不低于 1 000 克；中级每只净重不低于 600 克；小级每只净重不低于 400 克。

【案例 5-1】青岛某出口公司向日本出口一批苹果。合同上写的是三级品，但到发货时才发现三级品库存告罄，于是该出口公司改以二级品交货(二级品比三级品质量好)，并在发票上加注："二级苹果仍按三级计价"。请问：这种以好顶次的做法是否可以？

【案例解析】这种做法不妥当。商业发票所载货物名称必须与信用证和合同所载相符，进口方完全可以借口与原合同规定不符相要挟，如当地市场价格疲软或下跌时，尽管给的是好货，对方也可能拒收或索赔，造成出口方损失。

3) 凭标准买卖(Sale by Standard)

标准是经政府部门或国际性工商业团体等统一制定和公布的标准化规格及其检验方法。在国际贸易中，有些商品习惯于凭标准买卖。表5-1所示即为国际电工委员会统一制定的普通干电池的型号标准及规格尺寸。

表5-1 普通干电池的型号标准及规格尺寸

型号命名与标识	IEC 型号	美国型号	日本型号	直径(mm)	高度(mm)	中国型号
普通锌锰电池	R03	AAA	UM-4	10.5	44.5	7 号电池
普通锌锰电池	R06	AA	UM-3	14.5	50.5	5 号电池
普通锌锰电池	R14	C	UM-2	26.2	50	2 号电池
普通锌锰电池	R20	D	UM-1	34.2	61.5	1 号电池

(注：IEC 代表国际电工委员会，R 代表圆形，R 后面的两位数字表示电池的大小型号。)

凭标准买卖时要注意，不同版本的同一标准，对同一种商品规定的品质标准可能不同，所包含的商品品种也不一定相同，因此，应确切了解所参照标准的内容，并在合同中注明所援引标准的版本和年份。

在国际贸易中，对于某些品质变化较大，难以规定统一标准的农副产品，往往采用"良好平均品质"(Fair Average Quality, FAQ)这一术语来表示其品质。FAQ 一般称为"大路货"，是和"精选货"(Selected)相对而言的。例如："中国桐油，大路货，游离脂肪酸最高4%"。

4) 凭商标或品牌买卖(Sale by Trade Mark or Brand Name)

商标是指生产者或商号用来说明其所生产或出售的商品的标志。商标经注册后成为一种工业产权，受法律保护。品牌是指工商企业给其制造或销售的商品所冠的名称，以便与其他企业的同类产品区别开来。

凭商标或品牌买卖一般只适用于部分品质稳定的工业制成品或经过科学加工的初级产品。国际上的一些知名品牌采用较多。如果一种品牌的商品同时有许多种不同的规格或型号，在规定品牌的同时，还必须订明其规格或型号。

此外，我国企业在接受国外客户订货，并约定由我方在商品或包装上印制外商提供的商标或品牌时，应注意该项商标或品牌是否合法，以免出口商品运往国外时触犯进口国的商标法而引起纠纷。

5) 凭说明书和图样买卖(Sales by Descriptions and Illustrations)

有些商品，如机电产品、运输工具、仪器设备等，由于其结构和性能复杂，难以用几个简单的指标来说明其品质全貌，可由卖方提供照片、图样、说明书等，向买方具体说明商品的构造、原材料、规格、性能、使用方法及其包装条件等。买方也可以自行制作图纸、图片、提出规格和加工材料的要求，交由卖方制造、报价。这些都称为凭说明书和图样买卖。凭说明书和图样买卖要求所交的货物必须符合说明书规定的各项指标，在合同中除列入说明书的内容外，一般还需要订立卖方品质保证条款和技术服务条款。

6) 凭产地名称买卖(Sales by Name of Origin)

在国际货物买卖中，有些产品，因产区的自然条件、传统加工工艺等因素的影响，在品质方面具有其他产区的产品所不具有的独特风格和特色，对于这类产品，也可用产地名称来表示其品质。如西湖龙井茶、景德镇陶瓷、长白山人参等。

以上各种表示品质的方法，一般是单独使用，但有时也可酌情将其混合使用。

(三) 订立品质条款时要注意的问题

1. 正确运用各种表示品质的方法

(1) 能用科学的指标说明其质量的商品，适于凭规格、等级或标准买卖。

(2) 难以规格化和标准化的商品，适于凭样品买卖。

(3) 质量好有特色的名优产品，适于凭商标或品牌买卖。

(4) 性能复杂的机器、电器和仪表，适于凭说明书或图样买卖。

(5) 具有地方风味和特色的产品，可凭产地名称买卖。

2. 必要时规定品质机动幅度

在国际贸易中，卖方为了避免因交货品质与合同品质条款有小的差异而造成违约，可以在品质条款中做出一些灵活变通的规定，常见的方法如下。

1) 规定品质公差

品质公差(Quality Tolerance)是指为国际性工商组织所规定的或国际同行业所公认的或买卖双方认可的产品品质的差异。这种公认的误差，即使合同没有约定，只要卖方交货在公差范围内，也不能视为违约，但为了明确起见，最好还是在合同中做出相应的规定，例如在合同中订明："尺码或重量允许有±5%的合理公差"。

2) 规定交货品质与样品大体相同或相似

凭样品买卖时，有时会因为买卖双方对所交货物与样品的对比看法不一致而产生争议。为了便于履行合同，避免纠纷，在订立品质条款时，可规定"交货品质与样品大体相同或相似"(Quality to be considered and being about equal to the sample)之类的文句。

3) 规定品质机动幅度(Quality Latitude)

某些初级产品(如农副产品)的质量不稳定，为了交易的顺利进行，在规定其品质指标时，可加订一定的品质机动幅度，即允许卖方所交货物的品质在一定幅度内波动。品质机动幅度的规定有两种方法：一是规定一定的差异范围(例如："漂布，幅阔35～36寸")；二是规定一定的上下极限(例如："中国花生仁，水分最高13%，不完善粒最高5%；含油量最低44%")。

为了体现按质论价，在允许交货品质有一定机动幅度的情况下，对某些货物也可以根据实际交货品质调整商品价格，即可以在合同中加订品质增减价条款。根据我国外贸实践，品质增减价条款有下列几种订法。

(1) 对机动幅度内的品质差异，可按交货实际品质规定予以增减价。例如某大豆出口合同规定："水分每增减1%，合同价格减增1%；不完善粒每增减1%，合同价格减增0.5%。"

(2) 只对品质低于合同规定者扣价，对品质高于合同者却不增加价格。

3. 品质条件要有科学性和合理性

(1) 要从实际出发，防止品质条件偏高或偏低。

(2) 要合理地规定影响品质的各项重要指标。一些相对次要的质量指标要少订，与品质无关紧要的条件或说明则尽量不订入合同，以免合同条款过于烦琐。

(3) 要注意各质量指标之间的内在联系和相互关系。有些指标之间是相互影响的，如果其中某项指标规定不当，有可能影响到合同其他指标，给合同履行带来困难或不必要的损失。例如某合同条款规定小麦的品质条件为："水分不超过15%，不完善粒不超过5%，杂质不超过3%，矿物质不超过0.1%"。此项规定就明显不合理，其中对矿物质的要求过高，与其他指标不相称。为了使矿物质符合约定的指标，需反复加工，其结果必然会大大增加不完善粒所占比例，从而造成不应有的损失。

(4) 品质条件应明确、具体。不宜采用 "大约" "左右" "合理误差" 之类的笼统、含糊的字眼，以免在交货品质问题上引起争议。

【案例 5-2】我国某出口公司与日本一家公司签订出口一批农产品的合同。其中品质规格为：水分最高 15%，杂质不超过 3%，交货品质以中国商检局品质检验为最后依据。但在成交前我方公司曾向对方寄送过样品，合同签订后又电告对方，确认成交货物与样品相似。货物装运前由中国商检局品质检验签发品质规格合格证书。货物运抵日本后，该外国公司提出：虽然有检验证书，但货物品质比样品差，卖方有责任交付与样品一致的货物，因此要求每吨减价 10 000 日元。我公司以合同中并未规定凭样交货为由不同意减价。于是，日本公司请该国某检验公司检验，出具了所交货物平均品质比样品差 7%的检验证明，并据此提出索赔要求。我方不服，提出该产品系农产品，不可能做到与样品完全相符，但不至于低 7%。但由于我方留存的样品遗失，无法证明，最终只好赔付一笔品质差价。

【案例解析】

(1) 此例是一宗既凭品质规格交货，又凭样品买卖的交易。卖方成交前的寄样行为及订约后的 "电告" 都是合同的组成部分。

(2) 要根据商品特点正确选择表示品质的方法，能用一种表示就不要用两种，避免双重标准。既凭规格，又凭样品的交易，两个条件都要满足。

(3) 样品的管理要严格。"复样" "留样" 或 "封样" 要进行妥善保管，这是日后重要的物证。

第二节　数量条款和包装条款

一、商品的数量

商品的数量(Quantity of Goods)是指以一定的度量衡单位表示的商品的重量、数量、长度、面积、体积、容积等。

(一) 在合同中约定数量条款的意义

(1) 数量条款是国际货物买卖合同不可缺少的主要条款之一。

(2) 按约定的数量交付货物是卖方的一项基本义务。

《联合国国际货物销售合同公约》规定卖方必须按合同数量条款的约定如数交付货物，否则构成违约。如果卖方多交，买方可以收取多交数量的全部或部分(收下则应按合同价格付款)，也可以拒收多交部分。如果卖方少交(也称短交)，卖方应在规定的交货期届满前补交，但不得使买方遭受不合理的不便或承担不合理的开支，同时买方保留要求损害赔偿的权利。

(二) 商品的计量单位和计算重量的方法

1. 计量单位

商品采用何种计量单位，除主要取决于商品的性质外，也视交易双方的意愿和不同国家实施的度量衡制度而定。计量单位通常有下列几种。

(1) 按重量计量：公吨、长吨、短吨、公斤、克、盎司等。

(2) 按数量计量：件、双、套、打、卷、袋、包等。

(3) 按长度计量：米、英尺、码等。

(4) 按面积计量：平方米、平方英尺、平方码等。

(5) 按体积计量：立方米、立方英尺、立方码等。

(6) 按容积计量：升、加仑、蒲式耳等。

国际贸易中常见的度量衡制度有公制(Metric System)、英制(The Britain System)、美制(The U.S System)和国际计量组织在公制基础上颁布的国际单位制(The International System of Unit，SI)。不同的度量衡导致同一计量单位所表示的数量有差异。例如：就表示重量的吨而言，实行公制的国家一般采用公吨，每公吨为1 000公斤；实行英制的国家一般采用长吨，每长吨为1 016公斤；实行美制的国家一般采用短吨，每短吨为907公斤。

《中华人民共和国计量法》规定："国家采用国际单位制。国际单位制计量单位和国家选定的其他计量单位，为国家法定计量单位。"我国出口商品，除照顾对方国家贸易习惯外，应采用我国法定计量单位。我国在进口机器设备和仪器等时要求使用我国法定计量单位，否则不许进口。如确有特殊需要，须经有关标准计量管理部门批准。

2. 计算重量的方法

(1) 毛重(Gross Weight)。毛重是指商品本身的重量加包装物的重量。这种计重方法一般适用于低值商品。

(2) 净重(Net Weight)。净重是指商品本身的重量，即商品除去包装物以后的重量。这是国际贸易中最常见的计重方法。一些价值较低的农产品或其他商品，有时也采用"以毛作净"(Gross for Net)的办法计重。例如："天津红小豆，每公吨300美元，共10 000公吨，单层麻袋包装以毛作净。"

(3) 公量(Conditioned Weight)。有些商品如棉花、羊毛、生丝等有较强的吸湿性，所含的水分受客观环境的影响较大，其重量也就很不稳定。为了准确计算这类商品的重量，国际上通常采用按公量计算的方法。其计算公式有如下两种：

① 公量＝商品干净重×(1＋公定回潮率)；

② 公量＝商品净重×(1＋公定回潮率)/(1＋实际回潮率)。

其中，商品干净重是指此类商品将水分完全抽干以后的重量，公定回潮率可由双方根据贸易和行业惯例约定，实际回潮率＝水分/干净重。

【例5-1】某厂出口生丝10公吨，双方约定公定回潮率是11%，用科学仪器抽出水分后，生丝净剩8公吨。问某厂出口生丝的公量是多少？

解：① 公量 = 商品干净量×(1 + 公定回潮率) = 8(1 + 11%) = 8.88(公吨)

② 公量 = 商品净重×(1 + 公定回潮率)/(1 + 实际回潮率) = 10×(1 + 11%)/(1 + 25%) = 8.88(公吨)

(4) 理论重量(Theoretical Weight)。对于一些按固定规格生产和买卖的商品，只要其规格一致，那么每件重量大体是相同的，一般即可从其件数推算出总量。适用于规格一致的铝锭等商品。

(5) 法定重量(Legal Weight)。按照一些国家海关法的规定，在征收从量税时，商品的重量是以法定重量计算的。所谓法定重量是商品净重加上直接接触商品的包装物料(如销售包装)的重量。

(三) 订立数量条款时要注意的事项

1. 数量条款的内容

数量条款通常包括一般包括成交数量、计量单位和计量方法等内容。数量条款内容的繁简，主要取决于商品的种类和特性。例如："中国大米1 000公吨，麻袋装，以毛作净。"

2. 合理约定数量机动幅度

数量机动幅度又称溢短装条款(More or Less clause)，就是在合同中规定卖方实际交货的数量可以比合同规定的数量多交或少交的比例。只要卖方交货数量在约定的增减幅度内，买方就不得以交货数量不符为由而拒收货物或提出索赔。一般适用于矿砂、化肥、食糖等散装的、数量较大的、不易控制的货物。

溢短装条款一般包括3个方面的内容：可溢装或短装的百分比、溢短装的选择权以及溢短装部分的作价。例如："中国大米1 000公吨，麻袋装，以毛作净，为适应舱容需要，卖方有权多装或少装5%，超过或不足部分按合同价格计算。"

在订立数量机动幅度条款时，需要注意下列几点。

(1) 数量机动幅度的大小要适当。具体的百分比应根据商品特性、行业或贸易习惯和运输方式等因素而定。

(2) 机动幅度选择权的规定要合理。根据不同情况可以规定由卖方行使、由买方行使或由船方行使。

(3) 溢短装条款的计价方法要公平合理。对于多装或少装的部分，一般是按合同价格计算，但为了防止有选择权的一方利用行市的变化，有意多装或少装牟利，也可以在合同中规定多装或少装部分按市价计算。

3. 数量条款应当明确具体

在数量条款中，不宜使用大约、近似、左右(about，circa，approximate)等带伸缩性的字眼来说明，因为各国和各行业对此的解释不同。

在《跟单信用证统一惯例》(UCP600)中对于相关词汇是这样解释的："约"或"大约"用于信用证金额或信用证规定的数量或单价时，应解释为允许有关金额或数量或单价有不超过10%的增减幅度。

此外，如果信用证没有规定交货数量的增减幅度，只要货物数量不是以包装单位或个数计数，且总支取金额不超过信用证金额的情况下，交货数量允许有5%的增减幅度。

【案例5-3】某粮油食品进出口公司出口一批驴肉到日本。合同规定，该批货物共25吨，装1 500箱，每箱净重16.6千克。如按规定装货，则总重量应为24.9吨，余下100千克可以不再补交。当货物运抵日本港口后，日本海关人员在抽查该批货物时，发现每箱净重不是16.6千克而是20千克，即每箱多装了3.4千克。因此该批货物实际装了30吨。但在所有单据上都注明了24.9吨。议付货款时也按24.9吨计算，白送5.1吨驴肉给客户。此外，由于货物单据上的净重与实际重量不符，日本海关还认为我方少报重量有帮助客户逃税的嫌疑，向我方提出意见。经我方解释，才未予深究。但多装5.1吨驴肉，不再退还，也不补付货款。

【案例解析】世界上许多国家的海关对货物进口都实行严格的监管，如进口商申报进口货物的数量与到货数量不符，进口商必然受到询查，如果到货数量超过报关数量，就有走私舞弊之嫌，海关不仅可以扣留或没收货物，还可追究进口商的刑事责任。本例中，由于我方的失误，实际交货违反了数量条款的规定，不仅给自己造成损失还给进口商带来麻烦。

二、商品的包装

商品的包装(Package of Goods)是指为了有效地保护商品品质的完好和数量的完整，采用一定的方法将商品置于合适容器的一种措施。

(一) 约定包装条款的意义

1. 包装条款是买卖合同中的一项主要交易条件

《联合国国际货物销售合同公约》规定：卖方交付的货物，必须按照合同规定的"同类货物通用的方式装箱或包装，如果没有此类通用方式，则按照足以保全和保护货物的方式装箱和包装……否则即视为与合同不符。"如卖方交付的货物未按约定的条件包装，或者货物的包装不符合行业习惯，买方有权拒收货物。若货物虽按约定的条件包装，但却与其他货物混杂在一起，买方有权拒收违反约定包装的那部分货物，甚至可以拒收整批货物。

2. 适当的包装便于货物运输、储存、保管、陈列和携带等，且不易丢失或被盗，为各方面提供便利

3. 改进包装是企业加强对外竞销的重要手段

(二) 商品的运输包装

根据包装在流通过程中所起的不同作用，可以分为运输包装和销售包装。

运输包装又称外包装、大包装。其主要作用是保护商品的品质和数量，并使其便于运输、装卸、储存和计数。

1. 对运输包装的要求

(1) 运输包装必须适应商品的特性。

(2) 运输包装必须适应各种不同运输方式的要求。

(3) 运输包装必须考虑有关国家的法律规定和客户的要求。

(4) 运输包装要便于各环节有关人员进行操作。

(5) 运输包装要在保证包装牢固的前提下节省费用。

2. 运输包装的分类

(1) 单件运输包装。其是指货物在运输过程中作为一个计件单位的包装。

(2) 集合运输包装。其是将一定数量的单件商品组合成一件大的包装或装入一个大的包装容器内，如集装箱、集装袋等。

3. 运输包装的标志

包装标志是指在货物的运输包装上书写、压印、刷制的特定记号和说明事项，包括图形文字、数字、字母等。包装标志的作用是在装卸、运输和保管过程中，便于识别货物、便于海关查验、便于单证核对，以及避免装卸作业时损坏包装内的货物或伤害人身安全。包装标志按其用途可分为运输标志、指示性标志、警告性标志、原产地标志、重量和尺码标志等。

1) 运输标志(Shipping Mark)

运输标志又称唛头，它是一种识别标志，通常由一个简单的几何图形和一些字母、数字及简单的文字组成。

联合国欧洲经济委员会简化国际贸易程序工作组制定了一套标准化运输标志供各国参考使用，其主要内容包括：收货人或买方名称的英文缩写或简称；参考号，可以是运单号、订单号或发货票号；目的地(港)；件号(顺序号和总件数)。详情参见例5-2。此外，买卖双方还可以根据商品特点和具体要求在运输包装上刷写原产地、合同号、许可证号、体积与重量等内容。

【例5-2】运输标志范例

ABCCO	收货人名称
SC9750	参考号
LONDON	目的地(港)
NO.4/20	件号

2) 指示性标志(Indicative Mark)

指示性标志是以简单、醒目的图形和文字在包装上标出，提示人们在装卸、运输和保管的过程中注意的事项。它是一种操作注意标志。

3) 警告性标志(Warning Mark)

警告性标志又称危险货物包装标志。凡在运输包装内装有爆炸品、易燃物品、有毒物品、腐蚀物品、氧化剂和放射性物质等危险货物时，都必须在运输包装上标明各种危险品的标志，以示警告，便于装卸、运输和保管人员按货物特性采取相应的防护措施，以保护物资和人身安全。在我国出口危险货物的运输包装上，要标明我国有关部门制定的《危险品货物包装标志》和联合国政府间海事协商组织规定的《国际海运危险品标志》两套标志。

(三) 商品的销售包装

销售包装又称内包装、小包装，是直接接触商品并随商品进入零售点和消费者直接见面的包装。销售包装具有保护商品、美化商品、宣传介绍商品以及便于商品销售和使用等作用。

1. 对销售包装的要求

(1) 便于陈列展售。商品一般都要陈列在店铺里或货架上，因此商品的造型结构要便于陈列展售。

(2) 便于识别商品。在商品包装上印制醒目的图案或文字标示，可以方便顾客了解商品。

(3) 便于携带和使用。销售包装的大小要适当，同时轻便易携带，以方便顾客购买。

(4) 要有艺术吸引力。这样有利于吸引顾客和提高售价。

2. 销售包装标志

在销售包装上，一般都附有装潢画面和文字说明，并印有条形码的标志。

条形码是由一组带有数字的黑白及粗细间隔不等的平行条纹所组成，它是利用光电扫描阅读设备为计算机输入数据的特殊的代码语言。国际上通用的条形码种类有两种：一种是 UPC 码，由美国统一代码委员会编制；一种是 EAN 码，由国际物品编码协会编制。EAN 码由 12 位产品代码和 1 位校验码构成，前 3 位为国别码，中间 4 位数字为厂商号，后 5 位数字为产品代码。我国于 1991 年正式加入国际物品编码协会，该协会分配给我国的国别码为"690~695"。

进口国一般对于进口商品的包装都有严格的规定，比如说，有些国家明文规定所有进口商品的文字说明必须使用本国文字。另外，销售包装上应印有条形码标志，以便使用条形码技术进行扫描结算，有些国家规定无条形码标志则不予进口。

【案例5-4】某年我国某出口公司出口一批货物到加拿大，价值80万美元。合同规定用塑料袋包装，每件要使用英、法两种文字的唛头。但我国某公司实际交货改用其他包装代替，并仍使用只有英文的唛头，国外商人为了适应当地市场的销售要求，不得不雇人重新更换包装和唛头，后向我方提出索赔，我方理亏只好认赔。试对此案做出评析。

【案例解析】从本案来看，卖方未严格按照合同规定的包装条件履行交货义务，应视为违反合同。

我公司的错误有两处:一是擅自更换包装材料,虽然对货物本身的质量未造成影响;二是未按合同规定使用唛头,由于加拿大部分地区属于法语区,为此,销售产品除英文外常还要求加注法文。总之,为了顺利出口,必须了解和适应不同国家规定的特殊要求,以减少不必要的麻烦。

(四) 中性包装和定牌生产

1. 中性包装

中性包装(Neutral Packing)是指既不标明生产国别、地名和厂商名称,也不标明商标或品牌的包装。它包括无牌中性包装和定牌中性包装两种。前者是指包装上既无生产地名和厂商名称,又无商标、品牌;后者是指包装上仅有买方指定的商品或品牌,但无生产地名和出口厂商的名称。

采用中性包装,是为了打破某些进口国家或地区的关税及非关税壁垒以及适应交易的特殊需要,如转口贸易等,它是出口国厂商对外竞销、扩大出口的一种手段。

2. 定牌生产

定牌生产是指卖方按买方要求在其出售的商品或包装上标明买方指定的商标或品牌的做法。

(五) 包装条款的内容

包装条款一般包括对包装材料、包装方式、包装规格、包装标志和包装费用等方面的规定。

例如:"每件装一塑料袋,每袋约5千克,半打为一盒,十打装一木箱。"

(六) 订立包装条款需要注意的事项

(1) 要考虑商品特点及不同运输方式的要求。约定的包装要达到安全、适用和适销的要求。

(2) 包装的规定要明确具体。避免使用类似于"海运包装""习惯包装"等笼统、含糊的词句,以免事后因双方解释不同引起争议。

(3) 要考虑有关国家的包装和标签管理条例。否则,可能会被禁止进口或禁止销售。

(4) 包装费用的负担要明确,在不影响包装质量的前提下注意节省包装费用。

(5) 合理运用中性包装和定牌生产,有利于打破某些国家的关税和非关税壁垒。

第三节 国际货物运输

一、 运输方式

国际货物运输直接关系到进出口货物能否安全到达目的地、合同能否顺利履行,买卖双方在订立合同时,必须结合实际情况,谨慎选择合理的运输方式。现有的国际货物运输方式包括海洋运输、铁路运输、航空运输、邮包运输、集装箱运输与国际多式联运、内河运输、公路运输与管道运输等,这些运输方式都有各自的特点和经营方式。

(一) 海洋运输(Ocean Transport)

在国际货物运输中,运用最为广泛的是海洋运输。目前,海运量在国际货物运输总量中占80%以上,这是因为海洋运输可以利用四通八达的天然航道,不受道路和轨道限制,通过能力大、运量大、运费较低。但同时海洋运输也容易受气候等自然条件影响,航期不稳定、风险较大、速度较慢。

海洋运输按其经营方式不同可分为班轮运输和租船运输。

1. 班轮运输(Liner Transport，也称定期船运输)

班轮运输是在固定的航线上运行，停靠固定的港口，并按事先公布的航期表营运，按事先公布的运价表收费的一种水上运输方式。

1) 班轮运输的特点

(1) "四定"。固定的航线、固定的停靠港口、固定的航行时间表以及相对固定的费率。

(2) "二管"。船方管装管卸，即由船方负责配载装卸，装卸费包括在运费中，货方不再另付装卸费，船货双方也不计算滞期费和速遣费。

(3) 船货双方的权利、义务与责任豁免，以船方签发的提单条款为依据。

(4) 班轮承运货物的品种、数量比较灵活，货运质量有保证，且一般在码头仓库交接货物，为货主提供便利。

2) 班轮运费的计算

班轮公司是按照班轮运价表(Liner's Freight Tariff)的规定计收运费的。不同船公司或班轮公会的运价表不同。在班轮运价表中，一般包括货物分级表、各航线费率表、附加费率表、冷藏货及活牲畜费率表等。

班轮运费原则上由海上运费和装卸费等组成，实际计算可分为基本运费和附加费用两部分。

(1) 基本运费的计收标准。基本运费是指货物从装运港到卸货港的基本费用，又分传统的件杂货运费率和集装箱包箱费率。在同一票货或同一提单下出现混装情况时，按"就高不就低"的原则计费。商品基本运费的计收标准通常有以下几种。

按货物的毛重计收运费，也称重量吨(Weight Ton)，运价表内用"W"表示。

按货物的体积或容积计收运费，也称尺码吨(Measurement Ton)，运价表内用"M"表示。1尺码吨＝1立方米或40立方英尺。

按货物的毛重或体积计收，由船公司选择其中收费较高的一种作为计费吨，运价表内以"W/M"表示。

按商品价格计收，称为从价运费(Ad Valorem)，运价表内用"A. V."表示，从价运费一般按FOB价格的一定百分比收取。从价运费适用于黄金、白银、稀有药材等贵重货物，因为船公司在运输此类货物时，在运载和保管方面需要采取特别的措施，并承担较大的责任。

在货物重量、尺码或价值三者中选择最高的一种计收，运价表内用"W/M or A. V."表示。

按货物重量或尺码选择其高者，再加上从价运费计算，运价表内以"W/M plus A. V."表示。

按货物件数计收，如汽车按辆、活牲畜按头计算。

按船货双方的临时议价(Open Rate)计收，货方在运量大时可争取到较优惠的价格，通常在承运粮食、矿砂、煤炭等运量大、货价低、装卸容易、装卸速度快的产品时使用。

按起码费率计收，在每一提单上所列的重量或体积计算出来的运费尚未达到运价表内规定的最低运费额时，则按最低运费计收。

(2) 附加费用。附加费用是指除基本运费外，对一些需要特殊处理的货物，或者由于突发事件或客观情况变化等原因而需要另外加收的费用。附加费有的是在基本运费的基础上加收一定百分比，有的是按每运费吨加收一个绝对数额。附加费名目繁多，而且会随着航运情况的变化而变动。在班轮运输中，常见的附加费有：超重附加费、超长附加费、选择卸货港附加费、直航附加费、转船附加费、港口附加费、变更目的港附加费、货币贬值附加费、绕航附加费、燃油附加费等。

(3) 班轮运费的计算方法。先根据货物的英文名称从货物分级表中查出有关货物的计费等级及其计算标准；然后从航线费率表中，查出有关货物的基本费率；最后再加上各项需支付的附加费率，所得总和就是有关货物的单位运费，再乘以计费重量吨或尺码吨，就得到该批货物的运费总额。如果是从价运费，则按规定的百分率乘以 FOB 货价即可。

【例5-3】 某批货物总共 1000 箱，每箱毛重 30 公斤、体积 0.05 立方米，运费计收标准为 W/M，每运费吨基本费率 200 美元，到××港加收港口附加费 10%。问总运费为多少？

解：因为重量吨小于尺码吨，所以按尺码吨计费。

每箱运费＝200×(1＋10%)×0.05＝11(美元)

总运费＝11×1 000＝11 000(美元)

2. 租船运输(Shipping by Chartering)

租船运输是指租船人向船东租赁船舶用于运输货物。其可以分为租赁整船和部分舱位。租船运输没有预定的船期表，船舶航线和停靠港口不固定，船舶的航线、运输货物种类、航行时间、运费或租金由船货双方在租船合同中议定。其适用于大宗货物如粮食、油料、矿物、化工等运输。

租船运输的方式有如下几种。

(1) 定程租船(Voyage Charter，又称程租船、航次租船)。其是指由船舶所有人(出租人)提供船只，在指定港间进行一个或数个航次，承运指定货物的租船运输。船东承担该航程中船舶的经营管理及船舶在航行中的一切开支。这种租船方式又可以分为单程租船、来回航次租船、连续航次租船、包运合同等。

(2) 定期租船(Time Charter，又称期租船)。其是指船舶所有人(出租人)将船舶出租给承租人，供其使用一定时期的租船运输。租船人负责支付在此期间船舶的燃料费、港口费、装卸费等，船方仅负责船舶的维修、护理、机器正常运转和船员的工资与给养。承租人可将定期租船作为班轮或定程租船使用。

(3) 光船租赁(Bare Boat Charter)。船舶所有人将船舶(空船)租给承租人使用一段时间，而不提供船员和船舶的营运。承租人自己要任命船长，配备船员，负责船员的给养和船舶营运管理所需的一切费用。这种租船方式比较复杂，一般很少使用。

(4) 航次期租(Time Charter on Trip Basis，TCT)。其以完成一个航次运输为目的，按完成航次所花的时间和约定的租金率计算租金。

我国的外贸企业多用定程租船。

(二) 铁路运输(Rail Transport)

铁路运输也是在国际贸易中比较常用的运输方式。铁路运输一般不受气候的影响，运量较大、速度较快，有高度的连续性，运输过程中风险较小，而且办理铁路货运手续也比海洋运输简单，因此，在国际货运总量中，铁路运量仅次于海洋运量。

进出口铁路货物运输包括国内铁路货物运输和国际铁路货物联运两种。

1) 国内铁路货物运输

进出口货物的国内铁路货物运输是指出口货物经铁路运至装运港，进口货物经铁路运至进口国内各地的过程。还有内地和香港地区之间的铁路运输。

内地和香港地区之间的铁路运输称为两票运输——国内段运输和港段运输，由中国对外贸易运输公司各地分公司和香港地区的香港中国旅行社联合组织(运输费用分段计算)。

2) 国际铁路货物联运

国际铁路货物联运是指使用一份统一的国际联运单据，由铁路部门负责经过两国或两国以上铁路进行全程运送，且货物过境时不需发、收货人参加的运输方式。

采用国际铁路货物联运，有关当事国事先必须有书面的约定。有关的国际条约一是许多欧洲国家参加的《国际铁路货物运送规则》(简称《国际货约》)，二是苏联和东欧国家还有我国参加的《国际铁路货物联运协定》(简称《国际货协》)，因苏联和东欧剧变等导致《国际货协》名存实亡。目前，我国与俄罗斯、朝鲜、蒙古等有铁路相连的国家的进出口货物，都是依据双边签署的《国境铁路协定》，采用国际铁路货物联运的方式运送的。

(三) 航空运输(Air Transport)

航空运输与海洋运输、铁路运输相比，具有运输速度快、货运质量高、不受地面条件限制等优点，适合于运送急需物资、鲜活商品、精密仪器和贵重物品等。其缺点在于运费贵、运量有限。

航空运输又可以分为以下几种类型。

(1) 班机运输(Scheduled Airline)。班机是在固定时间、固定航线、固定始发站和目的站运输的飞机，包括客货混合飞机和全货航班，适用于运输急需物品、鲜活商品、节令性商品等。

(2) 包机运输(Chartered Carrier)。其是指包租整架飞机或联合包租飞机进行货物运输，又分整包机和部分包机(部分包机适用于大于一吨但不足整机的情况，其特点是运费低，所需时间长于班机)。

(3) 集中托运(Consolidation)。其是指航空货运代理公司把若干单独发运的货物(各自出具航空运单)组成一批货物，用一份总运单整批发运到预定地点，由代理公司在目的地的代理人收货、报关、分拨后交给实际收货人。

(4) 航空急件传送(Air Express Service)。这是国际航空运输中最快捷的方式，由专门机构经营。

(四) 集装箱运输(Container Transport)

集装箱运输是以集装箱为运输单位进行货物运输的一种现代化运输方式，它可以适用于海洋运输、铁路运输及国际多式联运等。

集装箱运输的优点包括以下几条：

(1) 有利于提高装卸效率和加速船舶的周转；
(2) 有利于提高运输质量和减少货损货差；
(3) 有利于节省各项费用和降低货运成本；
(4) 有利于简化货运手续和便利货物运输；
(5) 把传统单一运输串联为连贯的成组运输，从而促进了国际多式联运的发展。

在国际航运中使用的集装箱主要有20英尺和40英尺两种规格。为了便于统计集装箱运输的货运量，目前国际上都以20英尺集装箱作为计算衡量单位，以TEU(Twentyfoot Equivalent Unit)表示，意思是"相当于20英尺单位"。集装箱运输按装箱方式可以分为整箱货和拼箱货两种。凡一批货物，达到一个或一个以上集装箱内容积的75%以上或集装箱负荷重量的95%及以上，即可作为整箱货(Full Container Load，FCL)；反之，称为拼箱货(Less Container Load，LCL)。

(五) 国际多式联运(International Multimodal Transport)

国际多式联运是在集装箱运输的基础上产生和发展起来的综合性连贯运输方式，一般是以集装箱为媒介，把海陆空各种传统的单一运输方式有机结合起来，组成一种国与国之间的连贯运输。

《联合国国际货物多式联运公约》将国际多式联运定义为："国际多式联运是指按照多式联运合同，以至少两种不同的运输方式，由多式联运经营人把货物从一国境内接运货物的地点运至另一国境内指定交付货物的地点。"

构成多式联运应具备以下条件。

(1) 必须有一个多式联运合同，约定经营人和托运人间的权利、义务、责任和豁免。

(2) 必须是国与国之间两种或两种以上不同运输方式的连贯运输。

(3) 必须使用一份包括全程的多式联运单据，并由一个多式联运经营人对全程负责。

(4) 必须是国与国之间的货物运输。

(5) 必须是全程单一运费费率。

(六) 大陆桥运输(Land Bridge Transport)

大陆桥运输是将连贯大陆的铁路或公路运输系统作为中间桥梁，把大陆两端的海洋连接起来的集装箱连贯运输方式。目前世界上的大陆桥主要有以下几条。

(1) 西伯利亚大陆桥。西伯利亚大陆桥是通过俄罗斯西伯利亚铁路把太平洋远东地区与波罗的海和黑海及西欧大西洋口岸连接起来的大陆桥。

(2) 新亚欧大陆桥。它东起我国连云港，经陇海线、兰新线，连接北疆铁路，出新疆的阿拉山口，最终抵达荷兰的鹿特丹和阿姆斯特丹等西欧主要港口。

(3) 北美大陆桥。北美大陆桥有两条，一条从西部太平洋口岸至东部大西洋口岸；另一条是从西部太平洋口岸至墨西哥湾口岸。

(七) 公路、内河、邮政、管道运输

1. 公路运输(Road Transport)

公路运输具有机动灵活、速度快、方便等优点，可以实现"门到门运输"。但公路运输的不足之处在于载运量有限、运输成本高、容易造成货损事故。对于一些内陆相连的国家，公路运输可以将对外贸易货物直接运进运出，同时它也是在车站、港口和机场等地集散进出口货物的重要手段。随着我国公路建设的扩展，特别是高速公路的不断增加，公路运输在实现国际多式联运和"门到门运输"中，将扮演更重要的角色。

2. 内河运输(Inland Waterway Transport)

内河运输是水上运输的重要组成部分，它是连接内陆腹地与沿海地区的纽带，在运输和集散进出口货物中起着重要的作用。有些国家还有国际河流相连，这些国家之间的进出口货物还可以通过国际河流运输和集散。

3. 邮包运输(Parcel Post Transport)

各国邮政部门之间签订有协定和合约，因此可以在国与国之间相互传递邮件包裹，从而形成国际邮包运输网。国际邮包运输具有国际多式联运和"门到门运输"的性质，托运人只需按邮局章程一次托运并付清足额邮资，取得邮件包裹收据，即算完成交货手续。各国邮政部门负责在国与国之间传递邮包。邮包到达目的地后，收件人凭借邮局到件通知即可向有关邮局提取。由于这种运输方式手续简便，费用也不高，在国际贸易中被普遍采用，它比较适用于重量轻、体积小的货物。

4. 管道运输(Pipeline Transport)

管道运输是货物在管道内借高压气浆的压力向目的地输送的一种运输方式，它是运输通道和运输工具合二为一的一种专门运输方式。管道运输的优点包括不受地面气候的影响，可以连续作业；货物运量大、货损货差小；运输成本低；经营管理简单。但它运输的货物过于专门化，仅适用于液体和气体货物，

而且只能单向运输，固定投资大。近年来，随着我国对石油、天然气等能源的需求不断上升，我国同周边国家的管道运输也相继快速发展起来。

二、运输单据

运输单据是指承运人或其代理人签发给托运人的证明货物已装船或已由承运人监管的单据。它是交接货物、处理索赔和理赔以及向银行结算货款或进行议付的重要单据。在国际货物运输中，根据运输方式不同可以将运输单据主要分为海运提单、海运单、铁路运单、航空运单、多式联运单据和邮包收据等。

(一) 海运提单

海运提单(Bill of Lading，B/L)简称提单，是指船方或其代理人在收到货物后签发给托运人(货方)的一种凭证，它体现了承运人与托运人之间的相互关系。

1. 海运提单的性质和作用

(1) 货物收据。提单是承运人或其代理人出具的证明承运人已收到或接管提单上所载货物的依据。

(2) 运输契约的证明。海运提单条款中明确规定了承运人、托运人双方之间的权利与义务、责任与豁免，它是承运人和托运人之间订立的运输契约的证明，是处理承运人和托运人之间争议的法律依据。

(3) 物权凭证。海运提单是货物所有权的凭证，代表货物所有权，货物抵达目的港后，承运人应向海运提单的合法持有人交付货物。海运提单可以通过背书转让，以实现货物所有权的转移。

2. 海运提单的基本内容

海运提单包括班轮提单和租船合同下的提单。班轮提单的内容包括正面条款和背面条款；租船提单仅在提单正面列有简单的记载事项，并表明"所有其他条款、条件和例外事项按某年某月某日租船合同办理"，提单背面没有印制条款。下面以班轮提单为例介绍海运提单的主要内容。

1) 提单正面条款

提单正面的记载事项，分别由托运人和承运人或其代理人填写，包括：承运人、托运人、收货人、被通知人、提单号码、船名、航次、装运港、目的港、货物名称、运输标志、件数和包装种类、毛重尺码、运费和其他费用、提单签发日期、地点和份数、承运人或其代理人签字等。

2) 提单背面条款

提单背面条款一般是船方事先印制好的，主要包括对承运人与货方的权利与义务、责任与豁免的规定，是双方处理争议时的主要法律依据。

国际上为了规范提单条款的内容，曾先后签署了 3 个有关提单的国际公约，包括《海牙规则》《维斯比规则》《汉堡规则》。由于这 3 个公约签署的历史背景不同，内容不一，各国对这些公约所持的态度也不同，因此，各国船公司签发的提单背面条款的内容也就各有差异。

3. 海运提单的种类

1) 根据货物是否已装船分为已装船提单和备运提单

(1) 已装船提单(On Board B/L)。其是指船公司已将货物装上指定船舶后签发的提单，其特点是提单上必须以文字表明货物已经装到某船上，并记载装船日期，同时还应由船长或其代理人签字。根据《跟单信用证统一惯例》规定,如信用证要求海运提单作为运输单据,银行将接受注明货物已装船或已装指定船舶的提单。所以,在国际贸易中,一般都要求卖方提供已装船提单。

(2) 备运提单(Received for Shipment B/L)。备运提单又称收讫待运提单,是指承运人已收到托运货物等待装运期间所签发的提单。这种提单买方或提单的受让人一般都不愿意接受,在跟单信用证的支付方式下,银行一般也不予接受。解决的办法是:发货人可在货物装船后凭备运提单换取已装船提单;也可经承运人或其代理人在备运提单上批注货物已装上某船及装船日期,并签字盖章使之成为已装船提单。但在集装箱运输中,备运提单可接受。

2) 根据提单上对货物外表状况有无不良批注分为清洁提单和不清洁提单

(1) 清洁提单(Clean B/L)。其是指货物在装船时"表面状况良好",船公司在提单上没有加注任何有关货物受损或包装不良等批注的提单。一般情况下银行只接受清洁提单。清洁提单也是提单转让时所必备的条件。

(2) 不清洁提单(Unclean B/L)。其是指船公司在其签发的提单上注明了货物表面状况或包装不良或存在缺陷等文句的提单。例如,提单上批注"×件损坏"(…packages in damaged condition)。买方和银行一般不接受不清洁提单。

3) 根据提单收货人抬头的不同分为记名提单、不记名提单和指示提单。

(1) 记名提单(Straight B/L)。其是指提单的收货人栏内填明特定收货人名称,只能由该收货人提货的提单。这种提单不能通过背书方式转让给第三方,不能流通,在国际贸易中很少使用。

(2) 不记名提单(Bearer B/L)。其是指提单收货人栏内没有指明任何收货人,只注明提单持有人(Bearer)字样,谁持有提单,谁就可以提货。承运人交货,只凭单,不凭人。不记名提单无须背书即可转让,采用这种提单风险大,在国际贸易中也很少使用。

(3) 指示提单(Order B/L)。其是指提单上的收货人栏填写"凭指定"(To order)或"凭某某人指定"(To order of…)字样。这种提单可经过背书转让,所以在国际贸易中使用很广泛。背书的方式又有"空白背书"和"记名背书"之分。前者是指背书人(提单转让人)在提单背面签名,而不注明被背书人(提单受让人)名称;后者是指背书人除在提单背面签名外,还列明被背书人名称。记名背书的提单受让人如需再转让,必须再加背书。目前在实际业务中使用最多的是"凭指定"并经空白背书的提单,习惯上称其为"空白抬头、空白背书"提单。

4) 根据运输方式不同可以分为直达提单、转船提单和联运提单

(1) 直达提单(Direct B/L)。其是指货物在航行途中不经过换船而直接运往目的港所签发的提单。凡合同和信用证规定不准转船者,必须使用这种直达提单。

(2) 转船提单(Transshipment B/L)。其是指从装运港装货的船只,不直接驶往目的港,而需要在中途换装其他船舶所签发的提单。在这种提单上要注明"转船"或"在××港转船"字样。

(3) 联运提单(Trough B/L)。其是指经过海运和其他运输方式联合运输时由第一程承运人所签发的包括全程运输的提单。应当指出,联运提单虽包括全程运输,但签发联运提单的承运人一般都在提单中规定,只承担他负责运输的一段航程内的货损责任。

5) 根据提单内容繁简分为全式提单和略式提单

(1) 全式提单(Long from B/L)。其是指既有正面条款,又有背面条款的提单。

(2) 略式提单(Short from B/L)。其是指只有正面条款,背面没有任何条款的提单。这种提单一般都列有"本提单货物的收受、保管、运输和运费等事项,均按本公司全式提单内所印的条款为准"的字样。租船合同下所签发的提单通常是简式提单。

6) 根据提单的有效性分为正本提单与副本提单

(1) 正本提单(Original B/L)。其是指提单上有承运人、船长或其代理人签名盖章并注明签发日期的提单。正本提单上必须标明"正本"(Original)字样。正本提单一般签发一式两份或三份,凭其中的任意一份提货后,其余的即作废。《跟单信用证统一惯例》规定,银行接受仅有一份的正本提单,如签发一份以上正本提单时,应包括全套正本提单。买方与银行通常要求卖方提供船公司签发的全部正本提单,即所谓"全套"(Full Set)提单。

(2) 副本提单(Copy B/L)。其是指提单上没有承运人、船长或其代理人签字盖章,不可流通转让,而仅供工作上参考之用的提单。在副本提单上一般都标明"副本"(Copy)或"不作流通转让"(Non-negotiable)字样,以示与正本提单有别。

7) 根据提单的签发日期分为预借提单、倒签提单和过期提单

(1) 预借提单(Advanced B/L)。其是指由于信用证规定的有效期或交单期即将到达,而托运人未能及时备妥货物或尚未装船完毕时,应托运人要求由承运人或其代理人提前签发的已装船清洁提单。承运人签发这种提单要承担很大的风险,或者有可能构成承、托双方合谋对第三方收货人进行欺诈的行为。

(2) 倒签提单(Anti-dated B/L)。其是指承运人在提单上签注的货物装船完毕的日期早于货物实际装船完毕的日期的提单。这种提单与预借提单一样,具有非法性和欺诈性,应禁止使用。买方等利益人通过查航海日志可查出实际装运情况。

(3) 过期提单(Stale B/L)。其是指错过规定的交单日期或者晚于货物到达目的港日期的提单。前者,是指卖方迟于规定或法定的期限向银行交付的提单,过期提单会影响买方及时提货、转售并可能造成其他损失,根据《跟单信用证统一惯例》规定,如信用证无特殊规定,银行将拒绝接受在运输单据签发日后超过21天才提交的单据。后者,是在近洋运输时容易出现的情况,因此在近洋国家间的贸易合同中,一般都订有"过期提单可以接受" (Stale B/L is acceptable)的条款。

8) 其他种类的提单

(1) 集装箱提单(Container B/L)。其是指由负责集装箱运输的经营人或其代理人,在收到货物后签发给托运人的提单。集装箱提单与传统的海运提单有所不同,其中包括集装箱联运提单(Combined Transport B/L,CT B/L)及多式联运单据(Multimodal Transport Document,MTD)等。

(2) 舱面提单(On Deck B/L)。舱面提单又称甲板货提单,其是指将货物装于露天甲板上承运时,在提单上注明"装于舱面"(On Deck)字样的提单。这种情况下托运人一般都要向保险公司加保甲板险。货物装在甲板上受损的风险很大,所以进口商一般不愿意货物装在甲板上。如果承运人擅自将货物装在甲板上,一旦损坏或灭失,承运人要承担赔偿责任;如果注明了是承、托双方协商同意的,有"On Deck"字样的提单,那么,只要货物的灭失或损坏不是承运人的故意行为造成的,承运人可免责。根据《跟单信用证统一惯例》规定,除非信用证另有约定,银行不接受甲板货提单。此外,《海牙规则》不适用甲板货,除非在提单条款中明确订明。

(3) 电子提单(Electronic B/L)。这是一种利用电子数据交换(Electronic Data Interchange, EDI)系统对海运途中的货物支配权进行转让的程序。EDI 系统是利用计算机联网设施,使用专用密码将一定的标准信息进行传递,通过货物支配权转移,以实现交易双方开展商业交往目的的一种特殊通信工程。运用 EDI系统后,托运和承运行为都是通过与 EDI 网络相连的计算机系统来进行,待货物装上船后,承运人通过网络向托运人发出确认信息,整个过程都通过网络完成,承、托双方签订的是电子提单。根据《通则》规定,买卖双方约定使用电子通信条件的,凡卖方应出具、提交的各种单据和凭证都可以是电子单证。

(二) 海运单(Sea Waybill, Ocean Waybill)

海运单是证明海上运输合同和货物由承运人接管或装船，以及承运人保证据以将货物交付给单证所载明的收货人的一种不可流通的单证，因此又称"不可转让海运单"(Non-Negotiable Sea Waybill)。海运单不是物权凭证，不可转让。收货人不凭海运单提货，而是凭到货通知提货。因此，海运单收货人一栏应填写实际收货人的名称和地址，以利货物到达目的港后通知收货人提货。近年来，欧洲、北美和某些远东、中东地区的贸易界越来越倾向于使用不可转让的海运单，主要是因为海运单能方便进口商及时提货，简化手续，节省费用，还可以在一定程度上减少以假单据进行诈骗的现象。另外，由于 EDI 技术在国际贸易中的广泛使用，不可转让海运单更适用于电子数据交换信息。1990 年国际海事委员会通过了《国际海事委员会海运单统一规则》，其可以用来规范海运单的使用。

(三) 铁路运输单据

1. 国际铁路联运运单

国际铁路联运运单是参加联运的发送国铁路部门与发货人之间订立的运输契约，其中规定了参加联运的各国铁路部门和收、发货人的权利和义务，对参加人有法律约束力。

运单正本随同货物到达终点站，并交给收货人，它既是铁路部门承运货物出具的凭证，也是铁路部门与货主交接货物、核收货杂费和处理索赔与理赔的依据。运单副本于运输合同缔结后交给发货人，是卖方凭以向收货人结算货款的主要证件。运行报单则是供铁路内部使用的单据。

2. 承运货物收据(Cargo Receipt)

这种单据是在我国内地通过铁路运往港澳地区的货物出口时使用的一种特殊运输单据。它既是承运人出具的货物收据，也是承运人和托运人签订的运输契约。

我国内地通过铁路运往港澳地区的出口货物装车发运后，中国对外贸易运输公司即签发一份承运货物收据给托运人，以作为对外办理结汇的凭证，它还是收货人凭以提货的凭证。

(四) 航空运单(Air Waybill)

航空运单是使用航空运输时承运人与托运人之间的运输契约，也是承运人或其代理人签发的货物收据，航空运单还是承运人核收运费的依据及海关查验放行的必备单据，但航空运单不是物权凭证，不能通过背书转让。收货人提货凭航空公司的提货通知单。因此，在航空运单的收货人栏内，必须详细填写收货人的全称和地址，而不能做成指示性抬头。

航空运单正本一式三份，每份都印有背面条款，其中一份交给发货人，是承运人或代理人接收货物的依据；第二份由承运人留存，作为记账凭证；最后一份随货同行，在货物到达目的地时交付给收货人作为核收货物的依据。

航空运单主要分为两种：一种是航空主运单(Master Air Waybill)，由航空公司签发；另一种是航空分运单(House Air Waybill)，由航空货运代理公司签发。这两种航空运单内容基本相同，法律效力相同。

(五) 多式联运单据(Multimodal Transport Document, MTD)

多式联运单据是证明多式联运合同及证明多式联运经营人接管货物并负责按照合同条款交付货物的单据。《联合国国际货物多式联运公约》规定，多式联运单据是多式联运合同的证明，也是多式联运经营人收到货物的收据和凭以交付货物的凭证。根据发货人的要求，它可以做成可转让的，也可以做成不可转让的。多式联运单据如签发一套一份以上的正本单据，应注明份数，其中一份完成交货后，其余各份正本即失效。副本单据没有法律效力。在实际业务中，对多式联运单据正本和副本的份数规定不一，主要视发货人的要求而定。

(六) 邮包收据(Parcel Post Receipt)

邮包收据是邮政运输的主要单据，是邮局收到寄件人的邮包后签发的凭证，是在邮包发生损坏或丢失时索赔和理赔的依据，但它不是物权凭证。

邮寄证明(Certificate of Posting)是邮政局出具的证明文件，据此证实所寄发的单据或邮包确已寄出和作为邮寄日期的证明。有的信用证规定，出口商寄送有关单据、样品或包裹后，除要出具邮包收据外，还要提供邮寄证明，作为结汇的一种单据。

专递收据(Courier Receipt)是特快专递机构收到寄件人的邮件后签发的凭证。

三、合同中的装运条款

买卖合同中装运条款的内容及其具体订立与合同的性质和运输方式有着密切的联系。我国进出口合同大部分是 FOB、CFR、CIF 合同，而且大部分的货物通过海洋运输。因此，装运条款中主要涉及装运时间、装运港及目的港、是否允许转让与分批装运、装运通知以及滞期速遣条款等内容。

(一) 装运时间(Time of Shipment)

装运时间又称装运期，是指卖方将合同规定的货物装上运输工具或交给承运人的期限。装运时间是合同的主要交易条件，如卖方违反这一条件，买方有权撤销合同，要求卖方赔偿损失。

1. 装运时间的规定方法

1) 规定具体的装运期限

比如说规定一段时间或最后期限，但最好不要限定在某一天，因为在这一天船、货、港很难衔接，容易造成违约，例如："3 月份装运"(Shipment during March)。

2) 规定收到信用证后若干天装运

如规定："收到信用证后 30 天内装运"(Shipment within 30 days after receipt of L/C)，但为了防止买方拖延开证，可加订一些限制条款如"信用证的开立不得迟于某月某日"(The relevant L/C must reach the seller not later than×月×日)。

3) 规定近期装运

如规定"立即装运"(immediate shipment)、"即期装运"(prompt shipment)或"尽快装运"(shipment as soon as possible)等，但国际上对这些词语没有统一解释，易造成争议，要尽量少用。

2. 规定装运时间应注意的问题

(1) 装运时间的规定要明确具体，装运期限的长短要适度。

(2) 应注意货源情况、商品的性质和特点以及交货的季节性等。

(3) 应结合考虑交货港、目的港的特殊季节因素。

(4) 在规定装运期的同时，应考虑开证日期的规定是否明确合理。

【案例5-5】某对外贸易进出口公司于2007年5月23日接到一张国外开来的信用证，信用证规定受益人为某对外贸易进出口公司(卖方)，申请人为E贸易有限公司(买方)。信用证对装运期和议付有效期条款规定："Shipment must be effected not prior to 31st May, 2007. The Draft must be negotiated not later than 30th June, 2007"。某对外贸易进出口公司觉得信用证装运期太紧，23日收到信用证，31日装运就到期。所以有关人员即于5月26日(24日和25日系双休日)按装运期5月31日通知储运部安排装运。储运部根据信用证分析单上规定的5月31日装运期向货运代理公司配船。因装运期太紧，经多方努力才设法商洽将其他公司已配上的货退载，换上对外贸易进出口公司的货，勉强挤上有效的船期。某对外贸易进出口公司经各方努力终于在2007年5月30日装运完毕，并取得5月30日签发的提单。6月2日备齐所有单据向开证行交单。6月16日开证行来电提出："提单记载5月30日装运货物，不符合信用证规定的装运期限。不同意接受单据……"

【案例解析】信用证规定的是"装运必须不得早于2007年5月31日(…not prior to 31st May)，议付有效期规定为最迟不得晚于2007年6月30日"，即装运期与议付有效期都是在6月1日至6月30日之间，而卖方却于5月31日以前装运，所以不符合信用证要求。一般信用证对装运期习惯规定为：最迟装运期某月某日，或不得晚于某月某日(…not later than…)。有关审证人员没有认真地审查信用证条款，以致误解了信用证装运期的规定。

(二) 装运港(地)与目的港(地)

原则上来说，装运港(地)一般由卖方提出，经买方同意后确定；目的港(地)一般由买方提出，经卖方同意后确定。要按贸易术语和运输方式不同来正确选择。

1. 装运港(地)与目的港(地)规定方法

(1) 一般情况下，装运港(地)和目的港(地)各规定一个。例如："port of shipment: Shanghai; port of destination: London."

(2) 按照实际业务的需要，分别规定两个或两个以上的装运港(地)或目的港(地)。例如："port of shipment: Qingdao/Dalian/Shanghai."

(3) 选择港(地)。

① 在几个港口(目的地)中选择一个。例如："CIF London, optional Hamburg /Rotterdam."

② 签订合同时只作笼统规定，在装运或发货前由卖方选定后通知买方。例如："port of shipment: China ports."

2. 确定装运港(地)和目的港(地)的注意事项

(1) 必须是政府许可往来的港口。

(2) 必须注意装卸港(地)的具体条件。如港口的装卸条件、码头泊位的深度、有无冰封期等。

(3) 应注意装卸港(地)有无重名问题。在合同中应明确注明装运港(地)所在国家和地区的名称，以防止发生差错。

(4) 如采用选择港口规定，要注意各选择港口不宜太多，一般不超过3个，而且必须在同一航区、同一航线上。

(三) 分批装运和转运

1. 分批装运(Partial Shipment)

分批装运是指一个合同项下的货物分若干批装运。买卖双方在合同中应明确规定是否允许分批装运。

1) 分批装运的规定方法

(1) 笼统规定允许分批。例如："从上海运至伦敦允许分批装运"(Shipment from Shanghai to London July 2009 with Partial Shipment allowed)。

(2) 限时、限量、限批次。例如："2009年6、7、8月分3批每月平均装运"(Shipment during June/July/August 2009 in three equal monthly lots)。

2) 《跟单信用证统一惯例》关于分批装运的规定

(1) 未禁止即允许。

(2) 运输单据表面上注明同一运输工具、同一航次、同一目的地的多次装运，即使单据表面注明不同的装运时间、不同的装运港，不作为分批装运论。

(3) 分批装运中，其中任何一批未按规定装运，则该批及以后各批均不得付款。

2. 转运(Transshipment)

转运是指一个合同项下的货物从装运地到目的地的运输过程中，中途需要转换运输工具。例如：卖方负责出运货物，如果没有直达船驶往目的港，为了便于完成交货义务，可以在合同中订明"允许转船"(Transshipment to be allowed)。

转运对买卖双方均有影响。如果允许转运，办理运输一方会更加主动；但转运会增加额外费用；转运时可能造成货物损失；转运衔接不当可能会造成运输延迟。

1) 转运的规定方法

(1) 笼统规定"允许转运"(Transshipment permitted)或"禁止转运"(Transshipment prohibited)。

(2) 限定中转港以及第二程承运人。如"从大连至伦敦，在香港经 ABC 轮船公司转运"(Shipment from Dalian to London with Hong Kong by ABC Shipment Company)。

2) 《跟单信用证统一惯例》关于转运的规定

《跟单信用证统一惯例》对"转运"一词按不同运输方式做了不同的解释，并进行了淡化和从宽的处理。规定除非信用证另有规定，可准许转运。《跟单信用证统一惯例》中所谓"禁止转运"，仅指禁止海运港至港除集装箱以外的货物运输的转运。

为了明确责任和便于安排装运，买卖双方是否同意转运以及转运的办法和转运费的负担等问题，都应在买卖合同中订明。

(四) 装运通知(Advice of Shipment)

装运通知是运输条款中不可缺少的一项重要内容。交易双方承担相互通知的义务，有利于明确双方责任，促使双方互相配合，做好船、货衔接工作，并便于办理货运保险。

在 FOB、FCA 术语下，卖方一般应在约定的装运期开始前30天，向买方发出货物备妥待运的通知，以便买方派运输工具接货。买方在安排好运输工具后，将接货的时间、地点、运输工具的具体情况通知卖方，以便卖方及时安排货物装运事项。在 FOB、FCA、CFR、CPT、CIF、CIP 等术语下，卖方在货物装船或交给承运人后，应立即向买方发出相应通知。而在 CFR 或 CPT 合同中由于是由卖方负责装运，买方负责保险，则尤其强调卖方的装运通知义务。

(五) 滞期、速遣条款

在航次租船合同下，船舶的时间损失是由船东承担的，因此船东总是希望尽量缩短每个航次的时间，以便提高船舶的营运效率。该条款对装卸时间、装卸费用等内容都会加以规定。

1. 装卸时间(Laytime, Laydays)

装卸时间是允许完成装卸任务所约定的时间。通常以日数或小时数来表示。当装卸时间以"日"(Day)来计算时,对"日"的含义在合同中应加以明确。在航运业务中,"日"的算法包括日历日、连续日、工作日、好天气工作日、累积24小时工作日、连续24小时好天气工作日等。

至于星期天和节假日是否算入装卸时间,对双方争取滞期费、速遣费都有影响,为明确起见最好在合同中做出说明。

另外,装卸时间的起止算法也应在合同中订明。一般是在收到"装卸准备就绪通知书"(Notice of Readiness,N/R)后经过一定时间起算;止算时间通常指货物实际装卸完毕的时间。

2. 装卸率及滞期、速遣费

装卸率是指每日装卸货物的数量。应根据货物品种和有关港口的正常装卸速度来确定。

如果负责装卸的一方未按约定的装卸时间和装卸率完成装卸任务,则需要向船方交纳延误船期的罚款,称为滞期费(Demurrage)。

如果负责装卸的一方在约定的装卸时间内提前完成装卸任务,有利于加快船舶周转,则可从船方处获得奖金,称为速遣费(Despatch Money)。

按惯例,速遣费为滞期费的一半。

(六) OCP 运输条款

OCP 是我国在与美国或加拿大签订贸易合同时,在运输条款中经常见到的一个术语。

OCP 是 Overland Common Points 的缩写,即"内陆地区"。以美国为例,根据美国运费率的规定,美国内陆区域,即以落基山脉为界,除紧临太平洋的美国西部九个州以外,其以东地区均为适用 OCP 的地区范围,可以享受运费优惠。OCP 的运输过程就是出口到美国的货物海运到美国西部港口(旧金山、西雅图)卸货,再通过陆路交通(主要是铁路)向东运至指定的内陆地点。

1. OCP 运输条款的意义

凡是经过美国或加拿大西海岸指定港口转往内陆地区的货物,如果按照该条款运输,可以享受内陆地区运输的优惠运费率,比当地运费率约低 3%~5%。同时可享有比直达美国或加拿大东海岸港口每尺码吨更低的海运费,并且内陆转运费、码头费、装卸费等已包含其中。

2. 适用 OCP 运输条款的条件

(1) OCP 运输条款只适用于美国或加拿大内陆区域。

(2) 货物的最终目的地必须属于 OCP 地区范围。

(3) 必须经由美国或加拿大西海岸港口中转,以 CFR/CIF 美国或加拿大西岸港口作为价格条款。

(4) 提单上必须表明 OCP 字样,并且在提单目的港一栏中除填明美国或加拿大西部海岸港口名称外,还要加注内陆地区的城市名称。

【案例5-6】有一加拿大商人欲以每公吨 800 加元 CIF 魁北克购买我公司的某商品,12 月装船,即期信用证付款。问对此条件应如何考虑,并应如何答复为佳?

【案例解析】注意在实际业务中某些外商会故意设陷。魁北克在加拿大东岸,属于季节性封冻港口,对 12 月装船的条件难以接受。但魁北克属加拿大 OCP 地区,最好的办法是让对方改报 CIF 温哥华 OCP 魁北克,然后再视其反应如何而定。

第四节　国际货物运输保险

国际货物运输保险是指国际贸易中的买方或卖方(被保险人)向保险公司(保险人)按一定的金额投保一定的险别,并根据一定的保险费率缴纳保险费。保险人承保后,对于被保险货物在国际货物运输途中发生的承保范围内的损失要给予经济补偿。国际货物运输保险属于财产保险的范畴。

在国际贸易中,货物一般都需要经过长途运输,在此期间可能会遇到各种不同的自然灾害或意外事故而使货物中途遭到损失,从而给买方或卖方造成不利的经济后果。通过办理货运保险,货主就可以将不定的损失变为固定的费用(即保险费)摊入成本中,若保险标的发生约定范围内的损失,就可从保险公司得到经济上的补偿。此外,办理货运保险还可以根据保险机构提供的资料及数据,研究货物残损规律、致损原因,总结经验教训,预先采取防护措施,减少损失,更好地促进国际贸易的发展。

国际货物运输保险包括海上货物运输保险、陆地货物运输保险(包括铁路货运保险和公路货运保险)、航空货物运输保险、邮包货物运输保险等多种形式。其中,海上货物运输保险的历史最久、业务量最大,在国际货物运输保险中占重要地位。

一、海上货物运输保险承保的范围

海上货物运输保险承保的范围包括风险、损失和费用。

(一) 风险

海上货物运输保险承保的风险包括海上风险和外来风险。

1. 海上风险(Perils of the Sea)

海上风险又称为海难。一般包括自然灾害和意外事故两种。按照国际保险市场的一般解释和习惯做法,保险公司所保障的海上风险,一方面并不包括所有发生在海上的风险,另一方面并不局限于海上航运过程中发生的风险,还包括与海运相连的陆上、内河、驳船运输过程中的风险。

1) 自然灾害(Natural Calamities)

自然灾害是指不以人的意志为转移的自然界力量所引起的灾害,但在海运保险业务中,它并不是泛指一切由于自然力量造成的灾害,而是仅指恶劣气候、雷电、洪水、流冰、地震、海啸或火山爆发等人力不可抗拒的自然力量造成的灾害。

2) 意外事故(Fortuitous Accidents)

意外事故是指由于偶然、非意料的原因所造成的事故。在海运保险中并不是泛指海上所有的意外事故,而仅指运输工具搁浅、触礁、沉没,船舶与流冰或其他物体碰撞以及失踪、失火、爆炸等。

2. 外来风险(Extraneous Risks)

外来风险是指海上风险以外的其他外来原因所造成的风险。分为一般外来风险和特殊外来风险两种。

1) 一般外来风险

一般外来风险是指货物在运输途中由于偷窃、渗漏、短量、玷污、碰损、钩损、生锈、串味、雨淋、受热受潮等原因所导致的风险。

2) 特殊外来风险

特殊外来风险是指由于战争、罢工、拒绝交付货物等政治、军事、国际禁令及管制措施等所造成的风险和损失。

(二) 损失

海上损失简称海损，是指船舶或货物在海上运输过程中由于海上风险或外来风险所造成的损失。根据国际保险市场的一般解释，凡在与海洋连接的陆运过程中发生的损坏或灭失也属于海损的范畴。根据货物损失的程度，海损可以分为全部损失和部分损失。

1. 全部损失(Total Loss)

全部损失又称全损，是指被保险货物在海洋运输途中全部灭失或完全变质或不可能归还被保险人等。根据全损情况的不同，又可以分为实际全损和推定全损。

1) 实际全损(Actual Total Loss)

实际全损是指保险标的物发生保险事故后灭失，或者受到严重损坏完全失去原有形体、效用，或者不能再归被保险人所拥有。保险货物的实际全损，可按保险金额向保险人请求赔偿全部损失。在保险业务上构成实际全损的情况主要有以下几种。

(1) 保险标的物全部灭失。例如，载货船舶遭遇海难后沉入海底，保险标的物实体完全灭失。

(2) 保险标的物的物权完全丧失，已无法挽回。例如，载货船舶被海盗抢劫，或船货被敌对国扣押等，虽然标的物仍然存在，但被保险人已失去标的物的物权。

(3) 保险标的物已丧失原有商业价值或用途。例如，水泥受海水浸泡后变硬；烟叶、茶叶等受潮发霉后已失去原有价值。

(4) 载货船舶失踪，无音讯已达相当长一段时间。在国际贸易实务中，一般根据航程的远近和航行的区域来决定判断失踪时间的长短。

2) 推定全损(Constructive Total Loss)

推定全损是指被保险货物在运输途中受损后，实际全损已经不可避免，或为避免实际全损所需要支付的费用与继续将货物运往目的地的费用之和超过保险价值。

当被保险货物发生推定全损时，被保险人有权选择恢复和修理标的，按实际损失向保险人索赔部分损失；也有权在经保险公司审核同意的情况下进行委付。委付是指被保险人将保险标的的一切权利和义务转让给保险公司，保险公司按全部损失赔偿。例如：某商人购进一台价值 8 万美元的机器设备，在航行途中遭遇风浪损坏。经专家检测，如要修理好，费用将高达 10 万美元。如果不修理将其部分零件拆开出售，可以卖到 2 万美元，这种情况可认定为推定全损，该商人可以向保险公司申请委付。保险公司核定事故在保险承保责任范围内后，给予该商人全损赔偿，同时保险公司取得该台机器设备的所有权。

2. 部分损失(Partial Loss)

未达到全部损失程度的损失即为部分损失。部分损失按损失的性质不同可分为共同海损和单独海损。

1) 共同海损(General Averages)

载货船舶在海运上遇难时，船方为了船货共同安全，以使同一航程中的船货脱离危险，有意而合理地做出的牺牲或引起的特殊费用，这些损失和费用被称为共同海损。

构成共同海损的条件是：

(1) 共同海损的危险必须是共同的，采取的措施是合理的；

(2) 危险必须是实际存在的或不可避免地发生的，而非主观臆测的；

(3) 共同海损的牺牲必须是自动和有意采取的行为，为了船货共同安全；

(4) 牺牲和费用必须是非常性质的；

(5) 牺牲或费用，最终必须是有效的。

共同海损行为所做出的牺牲或引起的特殊费用，都是为使船主、货主和承运方不遭受损失而支出的，因此，不管其大小如何，都应由船主、货主和承运各方按获救的价值，以一定的比例分摊。这种分摊叫共同海损的分摊。

2) 单独海损(Particular Average)

单独海损是指保险标的物在海上遭受承保范围内的风险所造成的部分灭失或损害，即指除共同海损以外的部分损失。这种损失仅属于特定利益方，并不涉及其他货主和船方。该损失由各受损者单独承担。

单独海损的特点为：①它不是人为有意造成的部分损失。②它是保险标的物本身的损失。③单独海损由受损失的被保险人单独承担，但其可根据损失情况从保险人那里获得赔偿。

【案例5-7】某货轮从天津新港驶往新加坡，在航行途中船舶的货舱起火，大火蔓延至机舱，船长为了船货的共同安全决定采取紧急措施，往舱中灌水灭火。火虽被扑灭，但由于主机受损，无法继续航行，于是船长决定雇佣拖轮将货船拖回新港修理，检修后重新驶往新加坡。其中的损失与费用有：①1 000 箱货被火烧毁；②600 箱货由于灌水受到损失；③主机和部分甲板被烧坏；④拖轮费用；⑤额外增加的燃料、船长及船员工资。请指出这些损失中哪些是单独海损，哪些是共同海损？

【案例解析】①1 000 箱货被火烧毁，属单独海损；②600 箱货由于灌水造成的损失属共同海损；③主机和部分甲板被烧坏，属单独海损；④拖轮费用，属共同海损；⑤额外增加的燃料、船长及船员工资都属共同海损。

(三) 费用

当海洋运输货物发生海上风险事故时，为避免损失的发生和扩大而采取适当措施所引起的费用，保险人会根据其性质和赔付原则予以赔偿。海上费用主要有以下两种。

1. 施救费用(Sue and Labour Charge)

施救费用也称为诉讼及营救费用，是指被保险货物在遭受承保责任范围内的灾害事故时，被保险人或其代理人、雇佣人员或保险单受让人为了避免或减少货物损失，采取各种抢救与防护措施而支出的合理费用。

2. 救助费用(Salvage Charge)

所谓救助费用是指被保险货物在遭受承保责任范围内的灾害事故时，由保险人或被保险人以外的第三者采取了有效的救助措施，在救助成功后，由被救方付给救助人的一种报酬。

二、我国海运货物保险险别

在海洋货物运输保险业务中，保险人承保的责任范围，都是通过各种不同的保险条款规定的。我国现行的《海洋货物运输保险条款》是中国人民保险公司于 1981 年 1 月 1 日修订实施的《中国保险条款》(China Insurance Clauses, CIC)的重要组成部分，该条款对保险人的承保责任范围，按风险和损失的性质，制定了各种险别。根据是否可单独投保分为基本险、附加险和其他专门险三大类。

(一) 基本险

我国《海洋运输货物保险条款》所规定的基本险别包括平安险、水渍险和一切险。其内容是参照伦敦保险协会 1963 年货物保险条款制定的，险别的英文名称也来自该协会条款。

1. 平安险(Free from Particular Average，FPA)

平安险承保的责任范围如下。

(1) 在运输途中由于自然灾害造成的全部损失。若被保险的货物用驳船运往或运离海轮，则每一驳船所装的货物可视为一个整批。

(2) 由于运输工具遭到意外事故造成的全部损失或部分损失。

(3) 运输工具发生意外事故的情况下，货物在此前后又在海上遭受自然灾害所造成的部分损失。

(4) 装卸或转船过程中，被保险货物一件或数件甚至整批落海所造成的全部或部分损失。

(5) 施救费用以不超过该批被救货物的保险金额为限。

(6) 运输工具遭遇海难后在避难港由于卸货引起的损失及在中途港或避难港由于卸货、存仓和运送货物所产生的特殊费用。

(7) 共同海损的牺牲、分摊和救助费用。

(8) 运输契约订有"船舶互撞责任"条款，据该条款规定应由货方偿还船方的损失。

总体来说，在投保平安险的情况下，保险公司主要是对自然灾害造成的全部损失和对意外事故造成的全部损失及部分损失负赔偿责任。此外，对于海上意外事故发生前后，由于自然灾害造成的部分损失也予以赔偿。平安险承保责任范围最小，所缴保险费最少，主要适用于一些大宗、低值粗糙的货物，例如：废钢材、木材、矿砂等。

2. 水渍险(With Particular Average，WPA)

水渍险的承保范围包括：

(1) 平安险所承保的全部保险责任；

(2) 被保险货物在运输途中由于自然灾害造成的部分损失。

投保水渍险，保险公司对自然灾害和意外事故造成的全部损失或部分损失，均负责赔偿。水渍险主要适用于不易损坏或易生锈但不影响使用的货物。例如：钢管、旧汽车等。

3. 一切险(All Risks，AR)

一切险的承保范围包括：

(1) 平安险和水渍险所承保的全部保险责任；

(2) 被保险货物在运输途中由于一般外来风险造成的全部或部分损失。

一切险相当于水渍险和一般附加险的总和。它主要适用于那些价值较高、可能受损因素较多的货物。

【案例 5-8】我国某纺织品公司向澳大利亚出口坯布 100 包，我方按合同规定投保水渍险，货在海运途中因舱内食用水管破裂，致使该批坯布中 30 包浸有水渍，但保险公司拒绝赔偿，为什么？

【案例解析】因为该公司投保的是水渍险，水渍险只对自然灾害和意外事故所造成的损失负责，而舱内食用水管破裂属于一般外来风险，不在水渍险的承保责任范围内。所以本例不能向保险公司索赔，但可凭清洁提单向船公司进行索赔。

我国《海洋货物运输保险条款》除规定了 3 种基本险别的责任范围外，还同时规定了其除外责任，即对下列原因造成的损失保险公司不负赔偿责任。

(1) 被保险人的故意行为或过失所造成的损失。

(2) 属于发货人责任引起的损失。

(3) 在保险责任开始前，被保险货物已存在的品质不良或数量短差所造成的损失。

(4) 被保险货物的自然损耗、本质缺陷、特性以及市价跌落、运输延迟所造成的损失或费用。

(5) 海洋运输战争险和罢工险条款规定的责任范围和除外责任。

我国《海洋货物运输保险条款》还对基本险责任起讫期限作了具体的规定，即仓至仓条款。

仓至仓条款(Warehouse to Warehouse Clause，W/W Clause)是指保险责任自被保险货物运离保险单所载明的启运地仓库或储存处所开始，包括正常运输中的海上、陆上、内河和驳船运输在内，直至该项货物运抵保险单所载明的目的地收货人的最后仓库或储存处所或被保险人用作分配、分派或非正常运输的其他储存处所为止，但被保险的货物在最后到达卸载港卸离海轮后，保险责任以60天为限。

(二) 附加险

在海运保险业务中，进出口商除了投保货物的基本险别外，还可以根据货物的特点和实际需要，再选择若干适当的附加险别投保。附加险别包括一般附加险和特殊附加险，但两者都不能单独投保，必须依附于基本险项下。

1. 一般附加险

我国《海洋运输货物保险条款》中的一般附加险包括偷窃提货不着险、淡水雨淋险、渗漏险、短量险、锈损险、钩损险、串味险、混杂玷污险、碰损破碎险、受潮受热险和包装破裂险11种险别。它们都包括在一切险范围内。

2. 特殊附加险

我国《海洋运输货物保险条款》承保的特殊附加险包括战争险、罢工险、交货不到险、进口关税险、舱面险、黄曲霉素险、拒收险、货物出口到香港或澳门存仓火险。特殊附加险都不能单独投保，只能是在投保上述3种基本险别之一的基础上加保。

1) 战争险

战争险是对由于战争和其他各种敌对行为所造成的损失负赔偿责任。战争险的保险责任起讫和基本险不同，它不采用"仓至仓"条款，而是从货物装上海轮开始至货物运抵目的港或驳船时为止，即只负责水上风险。其保险责任到货物卸离保险单所载明的目的港海轮或驳船时为止。若海轮到目的港后货物未卸船，最长期限为海轮到达目的港当天午夜起算满15天。战争险对原子或热核武器造成的损失除外。

2) 罢工险

罢工险只承保罢工行为所造成的被保险货物的直接损失，如因罢工行为使货物无法正常运输装卸导致的间接损失，保险人不负责赔偿。罢工险的保险期限与基本险相同，以"仓至仓"条款为准。保险业一般习惯将罢工险和战争险同时承保。

(三) 其他专门险

海运货物保险专门险是根据海洋运输货物的特性而承保的专门险别，可以单独投保，包括海洋运输冷藏货物保险、海洋运输散装桐油保险及活牲畜、家禽运输保险。

《协会货物保险条款》(Institute Cargo Clauses，ICC)是由英国伦敦保险人协会制定的，2009年联合货物保险委员会推出了新的ICC条款。目前，世界上许多国家在海运保险业中直接采用该条款。中国出口企业和保险公司对国外商人提出的投保ICC的要求一般均可接受。

《协会货物保险条款》包括ICC(A)、ICC(B)、ICC(C)、协会战争险条款、协会罢工险条款、恶意损害条款和偷窃、提货不着险条款。其中前五个险别条款结构统一，系统清晰完整，可以单独投保。而恶意损害险和偷窃、提货不着险属于附加险，不能单独投保。

我国《海洋运输货物保险条款》是参照 1963 年版的 ICC 旧条款制定的，但其保险险别的内容与 ICC 条款的规定存在一定区别。

1) ICC(A)

ICC(A)的承保责任范围与我国一切险大体相当，采用承保"除外责任"之外的一切风险的概括性规定方法。其除外责任包括：一般除外责任、不适航和不适货除外责任、战争除外责任、罢工除外责任。

2) ICC(B)

ICC(B)的承保责任范围与我国水渍险大体相当，采用承保"除外责任"之外列明风险的办法。与 ICC(A) 相比不包括恶意损害险和对"海盗行为"的责任。

3) ICC(C)

ICC(C)仅承保"重大意外事故"的风险，不承保自然灾害及非重大意外事故的风险。

三、我国陆运、空运货物与邮包运输保险

(一) 我国陆上运输货物保险的险别

我国现行陆上运输货物保险的基本险别主要有陆运险和陆运一切险两种。

1. 陆运险(相当于海运保险中的"水渍险")

陆运险的责任范围包括被保险货物在运输途中因自然灾害或意外事故所造成的全部或部分损失。适用于汽车和火车运输，并以此为限。陆运险的除外责任与海运货物保险的除外责任基本相同。陆运险责任起讫也采用"仓至仓"条款。

2. 陆运一切险(相当于海运保险中的"一切险")

陆运一切险的责任范围是在陆运险的基础之上，再加上被保险货物在运输途中由于一般外来风险所造成的全部或部分损失。其除外责任和责任起讫都与陆运险相同。

陆上运输货物保险除陆运险和陆运一切险以外，还有一种陆上运输冷藏货物险，这是一种专门险。附加险包括陆运战争险和陆运罢工险等。

(二) 我国航空运输货物保险险别

我国现行航空运输货物保险的基本险别有航空运输险和航空运输一切险两种。

1. 航空运输险和航空运输一切险的责任范围

航空运输险的责任范围包括被保险货物在运输途中遭受雷电、火灾、爆炸或由于飞机遭受恶劣天气或其他危难事故所造成的全部或部分损失。其承保责任范围与海运险中的"水渍险"大体相同。

航空运输一切险的承保责任范围是在航空运输险的基础上再加上被保险货物在运输途中由于一般外来原因造成的全部或部分损失。

在投保了航空基本险的基础上，经与保险人协商后可以加保航空运输货物战争险。该险别的承保责任范围包括航空运输途中由于战争、类似战争行为、敌对行为或武装冲突以及各种常规武器和炸弹造成的货物损失。

2. 保险责任起讫

航空运输险和航空运输一切险的保险责任起讫，也采用"仓至仓"条款。但若被保险货物未到达最后指定的仓库或储存处所，则以被保险货物在最后卸货地卸离飞机后满30天为止。

航空运输战争险的责任起讫，是自货物装上保险单所载明的启运地的飞机时开始，到在保险单所载明的目的地卸离飞机为止，但最长以飞机到达目的地当天午夜起满15天为限。

(三) 我国邮包运输货物保险险别

我国现行邮包运输货物保险险别的基本险有邮包险和邮包一切险。

1. 邮包险和邮包一切险的责任范围

邮包险的责任范围包括被保险货物在邮运途中因各种自然灾害和意外事故所造成的全部或部分损失。

邮包一切险的承保责任范围除上述邮包险的全部责任外，还负责赔偿被保险邮包在运输途中由于一般外来风险所造成的全部或部分损失。

2. 邮包险和邮包一切险的责任起讫

邮包险和邮包一切险的保险责任，是从被保险邮包离开保险单所载起运地点寄件人的处所运往邮局时开始生效，直至被保险邮包运达保险单所载明的目的地邮局发出通知书给收件人当夜午夜起算，满15天为止。在此期间，邮包一经递交至收件人处所，保险责任即告终止。

四、国际货物买卖合同中的保险条款

在国际货物买卖合同中，为了明确交易双方在货运保险方面的责任，通常都订有保险条款，保险条款的内容主要包括投保人、保险公司、保险险别、保险费、保险金额、保险条款等。

(一) 保险投保人的约定

在国际货物买卖过程中由买卖双方何方投保取决于买卖双方约定的交货条件和所使用的贸易术语。按 CIF 或 CIP 条件成交，货价中包含了保险费，保险应由卖方办理，但运输途中的风险由买方承担，所以在合同保险条款中，应详细约定卖方负责办理货运保险的有关事项；而按 EXW、FAS、FOB、FCA、CFR 或 CPT 条件成交时，一般只订明"保险由买方自理"，如果买方委托卖方代办保险，则也应在合同中明确规定保险金额、投保险别以及保险费应由买方负担等内容；按 DAT、DAP、DDP 条件成交时，在合同保险条款中，可订明"保险由卖方自理"。

(二) 保险公司和保险条款的约定

以 CIF 或 CIP 术语成交的合同中，保险条款是主要条款之一。保险公司的资信情况与卖方关系不大，但与买方却有着重大的利害关系，因为货物运输途中的风险由买方承担。因此，买方一般都会在合同中限定保险公司和所依据的保险条款，以利日后的保险索赔工作。例如：我国企业按 CIF 条件出口时，买卖双方通常都在合同中订明"按中国人民保险公司 1981 年 1 月 1 日制定的海运货物条款办理"。

(三) 保险险别和保险费的约定

以 CIF 术语成交的合同中，如按中国保险条款投保，买卖双方约定的险别通常是平安险、水渍险、一切险三者之一，有时也可根据货物特性和实际情况加保一种或若干种附加险。如采用伦敦协会货物保险条款，也应根据货物特性和实际需要约定该条款的具体险别。如双方未在合同中约定保险险别，按惯例，卖方可按最低的险别予以投保。

由于在 CIF 货价中，一般不包括战争险等特殊附加险的费用，因此，如买方要求加保战争险等特殊附加险时，其费用应该由买方承担。

交易双方在约定采用何种险别时，通常要对以下几个因素进行综合考虑：货物的种类和特性；货物的使用价值和价值；货物的包装情况；货物的运输条件(运输方式、运输工具、运输路线等)；目的地的政治局势等。

(四) 保险金额的约定

保险金额又称投保金额，是货物发生保险责任范围以内的损失时保险人承担赔偿或者给付保险金责任的最高限额，也是保险人计算保险费的基础。在以 CIF 或 CIP 术语成交的合同中，因保险金额关系到卖方的费用负担和买方的切身利益，所以要将保险金额订立清楚。按照国际贸易惯例，保险金额一般为发票金额加上一定的百分比。此项加成主要是考虑到买方的预期利润，习惯是按 CIF 或 CIP 价的 110%投保。由于不同货物、不同地区、不同时期的预期利润不同，因此，在洽商交易时，如买方要求保险加成超过 10%，卖方也可酌情接受，但加成率一般不应超过 30%。

(五) 保险单的约定

在按 CIF、CIP 术语成交的合同中，还要约定何时卖方应向买方提供保险单。一旦被保险货物在运输途中发生承保范围内的损失，买方即可凭卖方提供的，并经卖方签章背书的保险单向有关保险公司索赔。

【例5-4】保险条款范例："To be covered by the Seller for 110% of total invoice value against All Risks and War Risks as per and subject to the relevant ocean marine cargo clauses of the People's Insurance Company of China dated 1/1/1981." (由卖方按发票金额的 110%投保一切险和战争险并按中国人民保险公司 1981 年 1 月 1 日制定的海运货物条款办理。)

五、国际货物运输保险实务

(一) 确定保险金额

保险金额一般是根据保险价值确定的。保险价值包括货价、运费、保险费以及预期利润等。在国际贸易中，保险金额通常还需在发票金额的基础上增加一定的百分率，即保险加成。例如：以 CIF 条件成交时，保险金额＝CIF 价×(1＋加成率)。

(二) 办理投保和交付保险费

1. 办理投保时，应填写投保单，并交付保险费

办理投保手续要根据买卖合同或信用证的规定，在备妥货物并确定好装运日期和运输工具后，按规定格式填写投保单并缴纳保险费。缴付保险费是保险合同生效的前提条件。

2. 保险费的确定

保险费是被保险人向保险人缴纳的费用。

$$保险费＝保险金额×保险费率$$

保险费率是由保险公司根据一定时期、不同种类的货物损失率、赔付率、国际市场保险费水平确定的。故不同货物、不同目的地、不同运输工具、不同险别的保险费率都有差别。

3. 投保的办法

向保险公司办理进出口货物运输保险，可按两种办法进行。一种是逐笔投保，另一种是按签订的预约保险总合同办理。预约保险总合同又称总保险合同，是一种长期性的货物运输合同。在合同中规定好承保货物的范围、险别、费率、索赔处理等项目，凡属合同中约定的运输货物，在合同有效期内自动承保。

(三) 保险索赔

进出口货物发生属于保险责任范围内的损失后，被保险人应履行的索赔手续包括以下几个步骤。

(1) 损失通知。被保险人要及时通知保险人或其当地代理，并申请检验，要求保险人出具检验报告。保险人也会采取相应措施，如指导施救等。

(2) 向承运人等方面提出索赔。如被保险人提货时发现货物整件短少或明显残损，还要向承运人索取货损货差证明。如货损货差与承运人、码头、装卸公司等有关，要及时以书面形式向其提出索赔等。

(3) 采取合理施救、整理措施。如保险人有合理措施通知，被保险人应按照通知做。费用由保险公司负责，前提是费用要小于货物的保险金额。

(4) 备妥索赔单证。索赔单证包括检验报告、保险单、运输单据、发票、装箱单、向第三方索赔的书面文件、货损货差证明、索赔清单等。

(5) 代位追偿(Right of Subrogation，又称代位权)。在保险业务中，为了防止被保险人双重获益，保险人在履行全损赔偿或部分损失赔偿后，在其赔付金额内，要求被保险人转让其对造成损失的第三者责任方要求全损赔偿或相应部分赔偿的权利。这种权利称为代位追偿权，也称为代位权。在实际业务中，保险人需首先向被保险人进行赔付，才能取得代位追偿权。

【课后拓展】

《联合国国际货物销售合同公约》简介

《联合国国际货物销售合同公约》(United Nations Convention on Contracts of International Sales of Goods)是由联合国国际贸易法委员会主持制定的。其于 1980 年在维也纳举行的外交会议上获得通过。公约于1988 年 1 月 1 日正式生效。1986 年 12 月 11 日我国向联合国秘书长交存了该公约的核准书，成为该公约的缔约国。在提交核准书时，我国提出了两项保留意见：①不同意扩大《公约》的适用范围，只同意《公约》适用于缔约国的当事人之间签订的合同。②不同意用书面以外的其他形式订立、修改和终止合同。

《联合国国际货物买卖合同公约》共分为 4 个部分：①适用范围；②合同的成立；③货物买卖；④最后条款。全文共 101 条。

公约的主要内容包括以下 4 个方面。

(1) 公约的基本原则。建立国际经济新秩序的原则、平等互利原则与兼顾不同社会、经济和法律制度的原则。这些基本原则是执行、解释和修订公约的依据，也是处理国际货物买卖关系和发展国际贸易关系的准绳。

(2) 适用范围。第一，公约只适用于国际货物买卖合同，即营业地在不同国家的双方当事人之间所订立的货物买卖合同，但对某些货物的国际买卖不能适用该公约作了明确规定。第二，公约适用于当事人在缔约国内有营业地的合同，但如果根据适用于"合同"的冲突规范，该"合同"应适用某一缔约国的法律，在这种情况下也应适用"销售合同公约"，而不管合同当事人在该缔约国有无营业场所。对此规定，缔约国在批准或者加入时可以声明保留。第三，双方当事人可以在合同中明确规定不适用该公约。

(3) 合同的订立。其包括合同的形式和发价(要约)与接受(承诺)的法律效力。

(4) 买方和卖方的权利义务。第一，卖方责任主要表现为三项义务：交付货物；移交一切与货物有关的单据；移转货物的所有权。第二，买方的责任主要表现为两项义务：支付货物价款；收取货物。第三，详细规定卖方和买方违反合同时的补救办法。第四，规定了风险转移的几种情况。第五，明确了根本违反合同和预期违反合同的含义以及当这种情况发生时，当事人双方所应履行的义务。第六，对免责根据的条件作了明确的规定。(资料来源：www.baike.so.com)

复习思考题

一、名词解释

1. 运输标志　2. 中性包装　3. 班轮运输　4. 国际多式联运　5. 共同海损

二、不定项选择题

1. 在商品包装上普及和应用条形码标志是实现包装现代化的一项重要内容。国际物品编码协会分配给我国的条形码代号为(　　)。

　　A. 468　　　　　　B. 690　　　　　　C. 694　　　　　　D. 840

2. 合同中的数量条款为"1 000M/T With 5% more or less at Seller's option"，则卖方交货数量可以是(　　)。

　　A. 1 000M/T　　　B. 980M/T　　　　C. 1 035M/T　　　D. 1 500M/T

3. 一批货物在海上运输途中受损，修理费用超过货物修复后的价值，这种损失为(　　)。

　　A. 实际全损　　　B. 推定全损　　　C. 共同海损　　　D. 单独海损

4. 在 CIF 条件下，中国某进出口公司与国外某公司达成一笔出口交易，若两方没有特别规定，按照惯例，中方应投保(　　)。

　　A. 平安险　　　　B. 一切险　　　　C. 水渍险　　　　D. 一切险加战争险、罢工险

5. 在国际贸易中，若卖方交货数量多于合同规定的数量，根据《联合国国际货物销售合同公约》的规定，对于买方而言，可以(　　)。

　　A. 只接受合同规定的数量，而拒绝超出部分

　　B. 接受合同规定数量部分

　　C. 拒收全部货物

　　D. 接受全部货物

6. 在(　　)运输方式下无须订立滞期速遣条款。

    A. 定期租船　　　　B. 集装箱　　　　C. 国际多式联运　　　　D. 班轮

7. 按照货物重量或体积或价值三者中较高的一种计收，运价表内以(　　)表示。

    A. "W/M"　　　　　　　　　　　B. "W/M plus A.V."

    C. "W/M or A.V."　　　　　　　　D. "A.V."

8. 国际贸易中解决争议的方式有多种，其中有第三方参与并建立在自愿基础上的是(　　)。

    A. 协商　　　　　　B. 调解　　　　　　C. 仲裁　　　　　　D. 诉讼

三、计算题

1. 我公司向澳大利亚出口商品 1 200 箱，经香港地区中转，用纸箱包装，每箱毛重 30 千克，体积为 0.045 立方米，运费计算标准 W/M，基本运费为 50 澳元，加燃油附加费 15%，绕航附加费 10%，则应付多少元人民币运费？(假设 100 澳元＝500 元人民币)

2. 某公司出口一批货物到欧洲某港口，CIF 价格总金额为 12 000 美元，投保一切险(保险费率为 0.6%)，及战争险(保险费率为 0.04%)，保险加成率为 10%，求该批货物的保险金额及保险费。

四、案例分析

1. 我国某外贸公司向日、英两国商人分别以 CIF 和 CFR 价格出售蘑菇罐头，有关被保险人均办理了保险手续。这两批货物自启运地仓库运往装运港的途中均遭受损失，问这两笔交易中各由谁办理货运保险手续？该货物损失的风险与责任各由谁承担？保险公司是否给予赔偿？请回答上述问题并简述理由。

2. 某国际贸易公司对国外乔治公司出口 500 吨花生。买方申请开来的信用证规定："分 5 个月装运；3 月份 80 吨；4 月份 120 吨；5 月 140 吨；6 月份 110 吨；7 月份 50 吨。每月不许分批装运。装运从中国港口至伦敦。"国际贸易公司接到信用证后，根据信用证规定于 3 月 15 日在青岛港装运了 80 吨；于 4 月 20 日在青岛港装运了 120 吨，均顺利收回了货款。国际贸易公司后因货源不足于 5 月 20 日在青岛港只装了 70.5 吨。经联系得知烟台某公司有一部分同样规格的货物，所以国际贸易公司要求 "HULIN" 轮再驶往烟台港继续装其不足之数。船方考虑目前船舱空载，所以同意在烟台港又装了 64.1 吨。国际贸易公司向银行提交了两套单据：一套是在青岛于 5 月 20 日签发的提单，其货量为 70.5 吨；另一套是在烟台于 5 月 28 日签发的提单，货量为 64.1 吨。银行认为单据有两处不符：(1)在青岛和烟台分批装运货物；(2)短量。请问不符之处是否成立？

3. 我国以 CIF 术语向美国出口一批货物，货物交付运输前卖方及时投保了一切险和战争险，货物在马六甲海峡附近遭遇海盗抢劫，部分货物被抢走。试分析说明：

(1) 被抢走的货物属于什么海损？

(2) 应该由买方还是卖方向保险公司索赔，为什么？

(3) 保险公司是否应该赔偿，为什么？

第六章

国际货物买卖合同的基本条款(二)

【课前导读】

价格条款、支付条款都是国际货物买卖合同中的主要交易条件。买卖双方在订立合同时,要根据国际市场行情、结合国别(地区)政策,选择合适的作价方法,加强进出口成本核算,实现合理作价。同时还要根据贸易双方的实际情况,在确保安全收付汇的前提下选择恰当的支付方式。一般交易条件包括检验条款、索赔条款、不可抗力条款和仲裁条款等,一方当事人违反这些交易条件后,受到损害的另一方不可以主张解除合同,但可以提出索赔。

【要点提示】

1. 进出口成本核算、主要贸易术语之间的价格换算及价格条款的基本内容
2. 汇票的基本内容、类型和使用
3. 汇付、托收和信用证的基本流程
4. 检验、索赔、不可抗力和仲裁条款的基本内容

第一节　价格条款

在国际货物买卖过程中,进出口商品成交价格的高低和作价办法的差异,与买卖双方的经济利益直接相关。因此,买卖双方在洽商交易和订立合同时,都非常重视商品的价格问题。

一、进出口商品价格的掌握

(一) 进出口商品的作价原则

进出口商品的作价原则是:在贯彻平等互利的原则下,根据国际市场行情,结合国别(地区)政策,并按照购销意图确定适当的价格。其中最重要的是参考国际市场行情作价。国际市场行情主要受供求关系的影响而上下波动,有时甚至瞬息万变。因此,在确定成交价格时,必须注意市场供求关系的变化和国际市场价格涨落的趋势。

(二) 掌握进出口商品价格必须考虑的因素

影响进出口商品价格的因素多种多样,因此,在确定进出口商品价格时,必须充分考虑这些因素,

合理定价。同时，还应注意同一商品在不同交易条件下价格构成因素不同，定价也就应该有所区别。

1. 商品的质量和档次

在国际市场上，一般都贯彻按质论价的原则，即高质高价、低质低价。商品品质的好坏，档次的高低，包装的优劣、式样的新旧，商标、品牌的知名度等，都会影响到商品的价格。

2. 交货条件和交货地点

在国际贸易中，如果交货条件和交货地点不同，买卖双方承担的责任、费用和风险就不同，在确定进出口商品价格时，就必须考虑这些因素。

3. 运输距离

国际货物买卖一般都要经过长途运输，运输距离的远近，会影响到运费和保险费的开支，从而影响商品的价格。因此，在确定进出口商品价格时，必须核算运输成本。

4. 成交数量

按照交易惯例，成交量的大小会影响商品价格。一般而言，成交量大，卖方在价格上应给予买方适当优惠；反之，如果成交量过少，甚至低于起订量时，卖方可以适当提高出售价格。

5. 商品季节性需求的变化

在国际市场上，某些节令性商品，如果赶在节令前到货，由于需求旺盛，就能高价出售；过了节令到货，需求急剧下降，其售价往往很低，甚至只能以低于成本的价格出售。因此，应充分利用季节性需求的变化，切实掌握好季节性差价。

6. 支付条件和汇率的变动

支付条件是否有利和汇率变动风险的大小，都会影响到进出口商品的价格。例如，同一商品在其他交易条件相同时，采取预付货款的支付条件，其价格应低于采取货到付款的支付条件。同时，在确定商品价格时，一般应争取采用对自身有利的货币成交，否则，就应该把汇率变动的风险考虑到货价中去。

除上述各种因素以外，交货期的远近、市场销售习惯和消费者的爱好等因素，对确定进出口商品价格也有不同程度的影响。

总之，买卖双方必须在调查研究的基础上切实注意上述影响进出口商品成交价格的各种因素，通盘考虑，权衡得失，然后商定适当的价格。

(三) 加强成本核算

在国际货物买卖过程中，买卖双方要合理确定成交价格以提高经济效益。在价格掌握上，要防止不计成本、不管盈亏而单纯追求成交量的行为。尤其是卖方在出口商品价格的掌握上，更要注意这方面的问题。为了做到心中有数，合理确定商品价格，卖方需要掌握有关出口成本方面的必要数据，加强出口成本核算，掌握出口总成本和出口单位成本、出口销售外汇净收入和人民币净收入的数据，并计算和比较各种商品出口的盈亏情况。

1. 出口总成本与出口单位成本

出口总成本是指外贸企业为出口商品支付的国内总成本。其中包含进货成本和出口前的一切费用和税金。如需缴纳出口税的商品，则出口总成本中还应包括出口税。涉及出口退税的商品则需要从总成本中减去出口退税部分。

出口单位成本是外贸企业以出口总成本为基础计算出来的单位成本价格。它不涉及有关国外的任何费用。

2. 出口销售外汇净收入与出口销售人民币净收入

出口销售外汇净收入是指出口销售外汇总收入扣除劳务费用等非贸易外汇后所得的外汇净收入。如按FOB价格成交,成交价格就是外汇净收入。如按CIF价格成交,则扣除国外运费和保险费等劳务费用支出后,即为外汇净收入。如按含佣价成交,则还要扣除佣金。

出口销售人民币净收入是指出口销售外汇净收入按当时的外汇牌价折成人民币的数额。

3. 出口商品换汇成本

出口商品换汇成本是指某商品出口每取得一个单位的外汇净收入所需的人民币成本。即某商品的出口总成本(人民币)与出口销售该商品的外汇净收入(外币)之比。出口换汇成本是衡量外贸企业和进出口交易盈亏的重要指标。若换汇成本高于外汇牌价,出口则亏损;若换汇成本低于外汇牌价,出口则盈利。

$$出口商品换汇成本=出口总成本(人民币)\div 出口销售外汇净收入(外币)$$

4. 出口商品盈亏额与出口商品盈亏率

出口商品盈亏额是指出口销售人民币净收入与出口总成本的差额。出口商品盈亏率是出口商品盈亏额与出口总成本的比率。该指标正值为盈利,负值为亏损。

$$出口商品盈亏率=(出口商品盈亏额\div 出口总成本)\times 100\%$$
$$=[(出口销售人民币净收入-出口总成本)\div 出口总成本]\times 100\%$$

出口换汇成本与出口商品盈亏率的关系为

$$出口商品盈亏率=(汇率-出口换汇成本)/出口换汇成本。$$

5. 出口创汇率

出口创汇率也叫外汇增值率,原本是用以考核进料加工的经济效益,具体做法是以成品出口所得的外汇净收入减去进口原料所支出的外汇,算出成品出口外汇增值的数额,即创汇额,再将其与原料外汇成本相比,计算出创汇率。在采用国产原料的正常出口业务中,也可以计算创汇率,这就要以该原料的FOB出口价格作为原料外汇成本。

$$出口创汇率=[(成品出口外汇净收入-原料外汇成本)\div 原料外汇成本]\times 100\%$$

【例6-1】某商品出口总成本为36 000元人民币,出口外汇净收入为6 000美元,若中国银行当时外汇牌价为100美元折合人民币642元。试计算出口换汇成本和出口盈亏率并判断该商人的盈亏状况。

解: 出口换汇成本=36 000/6 000=6(元/美元)

出口盈亏率=[(6 000×6.42-36 000)/36 000]×100%=7%

因为出口换汇成本<汇率,该商人盈利。盈利比率为7%。

(四) 进出口商品的价格构成

在不同的贸易术语下,进出口商品的价格构成各有差异。

1. FOB、CFR和CIF术语的价格构成

(1) FOB=进货成本价+国内费用+净利润

(2) CFR=进货成本价+国内费用+运费+净利润

(3) CIF=进货成本价+国内费用+运费+保险费+净利润

2. FCA、CPT、CIP 术语的价格构成

(1) FCA＝进货成本价＋国内费用＋净利润

(2) CPT＝进货成本价＋国内费用＋运费＋净利润

(3) CIP＝进货成本价＋国内费用＋运费＋保险费＋净利润

3. 主要贸易术语的价格换算

在国际贸易业务中，买卖双方在洽商交易时，经常会出现一方当事人以某种贸易术语报价后，另一方当事人不同意而要求改用其他的贸易术语报价，这就涉及不同贸易术语之间的价格换算问题。因此，外贸从业人员不仅要了解主要贸易术语的价格构成，还应了解主要贸易术语之间的价格换算办法。

1) FOB 价换算成其他价

$$CFR＝FOB＋运费$$

$$CIF＝FOB＋运费＋保险费$$

$$＝FOB＋运费＋CIF×(1＋投保加成率)×保险费率$$

$$＝(FOB＋运费)÷[1－(1＋投保加成率)×保险费率]$$

2) CFR 价换算成其他价

$$FOB＝CFR－运费$$

$$CIF＝CFR＋保险费＝CFR÷[1－(1＋投保加成率)×保险费率]$$

3) CIF 价换算成其他价

$$FOB＝CIF－运费－保险费＝CIF×[1－(1＋投保加成率)×保险费率]－运费$$

$$CFR＝CIF－保险费＝CIF×[1－(1＋投保加成率)×保险费率]$$

此外，FCA、CPT 和 CIP 之间的价格换算类似于 FOB、CFR 和 CIF 之间的价格换算。

【例 6-2】我国商人原报价每箱 450 美元 FOB 天津新港，后国外要求改报 CIF 汉堡价，每箱运费 50 美元，保险费率 0.8%，加一成投保，请问改报后的 CIF 汉堡价应该是多少？

解：CIF 汉堡价 ＝(450 ＋ 50) ÷ (1 － 110% × 0.8%) ＝ 504.4(美元)

我国商人应改报每箱 504.4 美元 CIF 汉堡。

二、进出口商品的作价办法

(一) 固定价格

固定价格是指交易双方在协商一致的基础上，对合同价格予以明确、具体的规定。采用固定价格是国际贸易中比较常见的一种做法，我国进出口业务中一般都采用这种方法。根据各国法律规定，合同价格一经确定，就必须严格执行，任何一方都不得擅自更改。

固定价格具有明确、具体、肯定和便于核算的优点。但其缺点在于买卖双方都面临价格风险和信用风险。因为国际商品市场行情多变，价格涨跌不定，采用固定价格就意味着买卖双方要承担从订约到交货付款以至转售时价格变动的风险。如果市场行情变动过于剧烈，一些不守信用的商人很可能为逃避巨额损失而寻找各种不同借口拒绝履行合同，产生信用风险。因此，在采用固定价格时，首先要对影响商品供需的各种因素进行仔细研究，并在此基础上对价格的前景进行判断，以此作为决定合同价格的依据；其次，要对客户的资信状况进行调查，谨慎选择订约对象。

(二) 非固定价格

1. 只规定作价方式，具体价格待定

这种作价方法又可细分为两种。

(1) 在价格条款中明确规定定价时间和方法。例如："在装船月份前 45 天，参照当地及国际市场价格水平，协商议定正式价格"。

(2) 只规定作价时间。例如："由双方在×年×月×日协商确定价格"。

这两种方法未对作价方式进行规定，双方可能因为缺乏明确的作价标准而在商定价格时各执己见，相持不下，给合同的履行带来较大的不稳定性。因此，这种方式一般只适用于双方有长期交往并已形成比较固定的交易习惯的合同。

2. 暂定价格

暂定价格是指在合同中先暂时约定一个初步价格，作为开立信用证和初步付款的依据，待双方确定最后价格后，再进行最后清算，多退少补。例如，"单价暂定 CIF 利物浦，每公吨 1 000 英镑，作价方法：以××交易所 3 个月期货价格，按装船月份月平均价加 5 英镑计算"。

3. 部分固定价格、部分非固定价格

为了照顾双方的利益，解决双方在采用固定价格或非固定价格方面的分歧，也可以采用部分固定价格，部分非固定价格的做法，或是分批作价的办法。如：交货期近的价格，在订约时间固定下来，余者在交货前一定期限内定价。

【案例6-1】20 世纪 70 年代，美国西屋公司为了推销其生产的核反应堆，向客户保证：1975 至 1988 年，以每镑 8～10 美元的价格提供 60 000 公吨以上铀。西屋公司有 6 000～7 000 公吨存货，签订了 14 000 公吨的期货合同。1975 年 1 月铀的市场价格上升为每镑 30 美元，为履行其承诺，西屋公司要承担近 20 亿美元的损失，会导致其破产。西屋公司拒绝履行合同，其客户向法院起诉。后该案协商庭外解决。

【案例解析】我们从此案中可吸取的教训是：如果合同期较长，最好不要用固定作价，一定要采用时则需加强价格预测，同时采用增加存货或购买期货等方式进行保值。

采用非固定价格是一种变通做法，在行情变动剧烈或双方未能就价格取得一致意见时，采用这种做法的优点在于：一是有助于暂时解决双方在价格方面的分歧，先就其他条款达成协议，早日签约。二是有助于解除客户对价格风险的顾虑，使之敢于签订交货期长的合同。三是虽不能完全排除价格风险，但对出口人来说，可以不失时机地做成生意；对进口人来说，可以保证一定的转售利润。

采用非固定价格的缺点在于，这种做法是先订约后作价，价格是在订约之后由双方按一定的方式来确定的。这就不可避免地给合同带来较大的不稳定性，存在着双方在作价时不能取得一致意见，而使合同无法执行的可能；或由于合同作价条款规定不当，而使合同失去法律效力的危险。

为了避免产生争议以及保证合同的顺利履行，在合同的价格条款中规定非固定作价时，应尽可能对作价时间、地点、标准等内容做出明确具体的规定。

(三) 价格调整条款

在国际贸易中，对于周期比较长的合同，如大型机器设备的买卖合同，都普遍采用价格调整条款，在订约时只规定初步价格，同时规定如原料价格、工资等发生变化，卖方保留调整价格的权利。

在价格调整条款中，通常都使用下列公式来调整价格。

$$P=P_0(A+B\frac{M}{M_0}+C\frac{W}{W_0})$$

式中：P——调整后的商品价格；

P_0——签订合同时约定的初步价格；

M——计算最后价格时引用的有关原料的平均价格或指数；

M_0——签订合同时引用的有关原料的价格或指数；

W——计算最后价格时引用的有关工资的平均数或指数；

W_0——签订合同时引用的工资平均数或指数；

A——经营管理费用和利润在价格中所占的比重；

B——原料在价格中所占的比重；

C——工资在价格中所占的比重。

A、B、C都是常数，签合同时确定后固定不变。

由于这类条款是以工资和原料价格的变动作为调整价格的依据，因此，在使用这类条款时必须注意工资指数和原料价格指数的选择，并在合同价格条款中具体写明。

三、计价货币和支付货币的选择

(一) 选择计价货币和支付货币的意义

计价货币(Money of Account)是指合同中规定的用来计算价格的货币，支付货币(Money of Payment)是指合同规定用于支付货款的货币。合同中的计价货币和支付货币可以是同一种货币，也可以分别规定不同币种的计价货币和支付货币。

在一般的国际货物买卖合同中，价格都表现为一定量的特定货币(如每箱1 000美元)，通常不再规定支付货币。计价货币可以是出口国货币、进口国货币或双方同意的第三国货币，还可以是某一种记账单位，这由买卖双方协商确定。由于当今世界上多数国家普遍实行浮动汇率制，世界各国的货币价值并不是一成不变的，尤其是在国际贸易中通常被用来计价的各种主要货币的币值更是严重不稳定。而国际货物买卖通常交货期都比较长，从订约到履行合同，往往需要一个过程。在此期间，计价货币的币值是有可能发生变化的，有时候甚至会出现大幅度的起伏，其结果必然直接影响进出口双方的经济利益。因此，如何选择合同的计价货币就具有重大的经济意义，是买卖双方在确定价格时必须注意的问题。

(二) 选择计价货币应考虑的因素

1. 选择本币进行计价结算

在对方可以接受的情况下，选择本币作为计价货币从价值上来说是最为稳定的，因为不用考虑汇率波动风险，其实质是将汇率风险转嫁给对方承受。

2. 选择可自由兑换货币

可自由兑换货币可以根据需要在外汇市场上自由兑换成其他货币，在国际贸易中接受度也更高，对买卖双方来说都更加灵活。

3. 选择对自己有利的计价货币

从理论上来说，出口商采用硬币计价对其比较有利；而进口商使用软币计价比较合算。

4. 在计价货币对自己不利时，可以调整对外报价或订立保值条款

如果对方要求的计价货币对自己不利，卖方可以适当提高货价，买方可以适当压低货价，作为对汇率的补偿。此外，还可以订立货币保值条款，如在合同中约定计价货币和另一种货币的汇率，付款时如果汇率发生变动，则按比例调整合同价格。

在实际业务中，以什么货币作为计价货币，还应根据双方的交易习惯、企业的经营意图以及国际市场供求和价格水平，做全面分析。

四、佣金和折扣的运用

在进出口合同的价格条款中，有时会涉及佣金和折扣。价格条款中所规定的价格，可分为包含有佣金或折扣的价格和不包含这类因素的净价(Net Price)。包含有佣金的价格，在实际业务中通常称为"含佣价"。

(一) 佣金(Commission)

1. 佣金的含义及作用

在国际贸易中，有些交易是通过中间商或代理人进行的。佣金就是付给中间商或代理人作为其介绍生意或代买代卖的报酬。它具有劳务费的性质。

佣金直接关系到商品的价格，货价中是否包括佣金和佣金比例的大小，都影响商品的价格。显然，含佣价比净价要高。正确运用佣金，有利于调动中间商的积极性，便于开拓市场、扩大交易和顺利履约。

2. 佣金的表示方法

(1) 以文字说明。例如："每公吨 3 500 美元, CIF 纽约，包含 2%的佣金"(USD3 500 per metric ton CIF New York including 2% commission)。

(2) 采用缩写的形式，用英文字母"C"表示佣金，并注明佣金的百分比。例如上例可缩写为"每公吨 3 500 美元, CIFC2%，纽约" (USD3 500 per M/T CIFC2% New York)。

(3) 用绝对数表示。例如"每公吨佣金 7 美元"(Commission USD7 per M/T)。

凡在合同价格条款中，明确规定佣金的百分比，叫作"明佣"。如不标明佣金的百分比，甚至连"佣金"字样也不标示出来，有关佣金的问题由双方当事人另行约定，这种暗中约定佣金的做法，叫作"暗佣"。一些中间商为了赚取"双头佣"(即从买卖双方那里分别都获取佣金)，或为了达到逃税的目的等，往往要求采用"暗佣"的做法。

3. 佣金的计算方法

由于佣金的表示方法不同，计算佣金的办法也不一致，按成交金额或成交商品数量计算的都有。在按成交金额计算时，有的以发票总金额作为计算佣金的基数，有的以 FOB 总值为基数计算佣金。最常见的是以买卖双方的成交额或发票金额为基础计算佣金。

佣金的相关计算公式为

$$佣金 = 含佣价 \times 佣金率$$
$$净价 = 含佣价 - 佣金$$
$$含佣价 = 净价 \div (1 - 佣金率)$$

【例 6-3】如果某商品的净价是 CFR 香港 HK$154.00/打，那么 CFRC3%香港的价格应该是多少？
　　解: CFRC3%＝154÷(1－3%)＝158.8(港元)

4. 佣金的支付方法

佣金的支付方法一般有两种：一种是由中间代理商直接从货价中扣除佣金；另一种是在委托人收清货款之后，再按事先约定的期限和佣金比率，另行付给中间代理商。在支付佣金时，应防止错付、漏付和重付等事故发生。

(二) 折扣(Discount)

1. 折扣的含义和作用

折扣是指卖方在原价格的基础上给予买方一定的价格减让。即在价格上给予适当的优惠。

使用折扣方式减让价格，而不直接降低报价，使卖方既保持了商品的价位，又明确表明了给买方的某种优惠，是一种促销手段。国际贸易中使用的折扣的名目很多，除一般折扣外，还有为扩大销售而使用的数量折扣、为实现某种特殊目的而给予的特别折扣以及年终回扣等。折扣直接关系到商品的价格，货价中是否包括折扣和折扣率的大小，都会影响商品价格，折扣率越高，则价格越低。折扣如同佣金一样，都是市场经济的必然产物，正确运用折扣，有利于调动采购商的积极性和扩大销路，在国际贸易中，它是加强对外竞销的一种手段。

2. 折扣的规定办法

(1) 以文字说明。例如："每公吨 120 美元，CFR 厦门，减 4%折扣"(USD120 per M/T CFR Xiamen less 4% discount)。

(2) 采用缩写的形式，用英文字母"D"表示折扣，并注明折扣的百分比。如上例可缩写为"每公吨 120 美元，CFRD2%，纽约"(USD120 per M/T CFRD2% Xiamen)。

(3) 用绝对数表示。如"每公吨折扣 6 美元"(Discount USD6 per M/T)。

凡在价格条款中明确规定折扣率的，叫作"明扣"；凡交易双方就折扣问题已达成协议，而在价格条款中却不明示折扣率的，叫作"暗扣"。暗扣属于不公平竞争。公职人员或企业雇佣人员拿"暗扣"，属于贪污受贿行为。

3. 折扣的计算与支付办法

折扣通常是以实际成交额或发票金额为基础计算出来的。其计算方法如下：

$$单位货物折扣额＝原价(即含折扣价)\times折扣率$$
$$卖方实际净收入＝原价－单位货物折扣额$$

例如，CIF 纽约，每公吨 1 000 美元，折扣 3%。则卖方的实际净收入为每公吨 970 美元。

折扣一般是在买方支付货款时预先予以扣除。也有的折扣金额不直接从货价中扣除，而按暗中达成的协议另行支付给买方，这种做法通常在给"暗扣"或"回扣"时采用。

五、合同中的价格条款

(一) 价格条款的内容

合同中的价格条款，一般包括商品的单价和总值两项基本内容，至于确定单价的作价办法和与单价有关的佣金与折扣的运用，也属价格条款的内容。

价格条款中商品的单价通常由 4 个部分组成，即包括计量单位、单位价格金额、计价货币和贸易术语。例如："每公吨 400 美元，CIF 伦敦"(USD 400 per M/T CIF London)。

商品的总值是指单价与成交商品数量的乘积,即一笔交易的货款总金额。

(二) 规定价格条款时的注意事项

(1) 合理确定商品的单价、防止作价偏高或偏低。应在充分调查研究的基础上,根据国际市场供求状况和价格走势,并遵循我国进出口商品作价原则和每笔交易的经营意图,约定适当的成交价格,防止盲目定价。

(2) 根据经营意图和实际情况选用适当的贸易术语。一般以多创汇、少用汇为原则,结合考虑运输能力、运输费用和港口装卸条件、国际惯例等因素灵活选择。

(3) 争取有利的计价货币以避免汇率风险,如采用不利的计价货币应加订保值条款。

(4) 灵活运用不同的作价方法,以避免价格变动的风险。

(5) 参照国际贸易的习惯做法,注意佣金和折扣的合理运用。

(6) 如交货品质和数量约定有一定的机动幅度,则对其作价也应一并规定。

(7) 如包装材料和包装费另行计价时,对其作价方法也应一并规定。

(8) 单价的各个组成部分必须表达明确、具体,以利合同履行。如:计量单位应注意各国度量衡制度的不同,避免歧义,并要与数量条款的规定一致;价格术语中的地名应注意有无重名情况等。并注意 4 个部分在书写上的顺序,一般不能任意颠倒。

第二节 支付条款

支付条款是国际贸易合同中规定有关货款收付问题的条款,主要涉及在国际贸易中买方在什么地点什么时间通过什么支付工具和支付方式将货款交付给卖方。在进出口贸易中,货款的收付会对买卖双方的资金周转、风险和费用的负担等产生直接影响,它关系到买卖双方的切身利益。因此,买卖双方在洽商合同时,要努力争取对自己有利的支付条件。

一、支付工具

国际贸易货款的收付,采用现金结算的较少,大多使用非现金结算,或通过银行汇兑,或使用代替现金作为流通手段和支付手段的票据来进行结算。常用的票据有汇票、本票和支票,其中汇票是国际贸易结算中最常用的支付工具。

(一) 汇票(Draft, Bill of Exchange)

《中华人民共和国票据法》(以下简称《票据法》)规定:汇票是出票人签发的,委托付款人在见票时或者在指定日期无条件支付确定的金额给收款人或持票人的票据。其本质是债权人在提供信用时所开出的债权凭证。

1. 汇票的基本内容

汇票是一种要式证券,所以必须要式齐全,即必须具备法定的形式要件,必须载明必要的法定事项,才能成为完整的汇票,从而具有票据的效力。各国票据法对汇票内容的规定有所不同。根据我国《票据法》的规定,汇票必须记载下列事项。

(1) 载明"汇票"字样。这样做是为了方便使用者辨认,同时也是为了防止伪造汇票。

(2) 无条件的支付命令。这种无条件的支付是一次性的支付，不能分期支付。

(3) 确定的金额(Certain Money)。汇票的金额必须确定，如果不确定，则汇票无效；同时，汇票上记载金额的大小写数字应该是一致的。

(4) 付款期限及付款地点(Tenor，Place of Payment)。其是指付款人支付款项的时间(期限)及地点。

(5) 付款人(Payer)。又称受票人(Drawee)，即接受支付命令付款的人。在国际贸易中，通常是进口方或其指定的银行。

(6) 受款人(Payee)。又称收款人，即接受汇票所规定款项的人。在国际贸易中，通常是出口人或其指定的银行。

(7) 出票日期和地点(Place and date of issue)。即汇票签发的日期和地点。

(8) 出票人签章(Signature of the Drawer)。签章可以是签名、盖章或签名加盖章。

2. 汇票的种类

(1) 按出票人不同，汇票分为银行汇票和商业汇票。

银行汇票(Banker's Bill)的出票人和受票人都是银行。商业汇票(Commercial Draft)的出票人是企业或个人，受票人可以是银行、企业或个人。

(2) 按有无随附商业票据，汇票分为光票和跟单汇票。

光票(Clean Bill)是由出票人开立的不附任何单据的汇票，银行汇票多为光票，光票在国际贸易中常用于支付佣金、代垫费用以及收取货款尾数等情况。跟单汇票(Documentary Bill)是指附带有关商业单据的汇票，随附单据包括发票、提单、保险单、产地证明等。商业汇票多为跟单汇票。

(3) 按付款时间不同，汇票分为即期汇票和远期汇票。

即期汇票(Sight Draft)是指持票人向付款人提示后对方立即付款的汇票，又称"见票即付"汇票。远期汇票(Time Bill)是指在一定期限或特定日期付款的汇票。远期汇票多为商业汇票。远期汇票的付款时间可以是：见票以后若干天付款(At ××days after sight)、出票后若干天付款(At ××days after date)、提单签发后若干天付款(At ××days after date of B/L)、指定日期付款(Fixed date)等。

(4) 按承兑人的不同，汇票分为银行承兑汇票和商业承兑汇票。

远期商业汇票经银行承兑后，称为银行承兑汇票。银行成为该汇票的主债务人，所以银行承兑汇票是一种银行信用。远期商业汇票经企业或个人承兑后，称为商业承兑汇票。

3. 汇票的使用

汇票的使用，也称汇票的票据行为，是以行为人在汇票上进行必备事项的记载、完成签名并交付要件，以发生或转移票据权利、负担票据债务为目的的法律行为。汇票行为一般包括出票、提示、承兑、付款等。汇票如需转让，要经过背书。如果汇票遭到拒付，还要涉及做成拒绝证书和行使追索等法律权利。

1) 出票(Issue)

出票是指出票人在汇票上填写付款人、付款金额、付款日期和地点以及受款人等事项，签字后交给持票人的行为。出票后，出票人即承担保证汇票得到承兑和付款的责任。如汇票遭到拒付，出票人应接受持票人追索，清偿汇票金额、利息和有关费用。在出票时，对受款人通常有3种写法。

(1) 限制性抬头。如："仅付给A公司"(Pay A Co. only)或"付给A公司，不许流通转让"(Pay A Co. not negotiable)。这种抬头的汇票不能流通转让，只限指定的受款人收取票款。

(2) 指示性抬头。如："付给A公司或其指定人"(Pay A Co. or order 或 Pay to the order of A Co.)。这种抬头的汇票，A公司除可以收取票款外，也可以将收款的权利背书转让给其他人。

---

(3) 持票人或来人抬头。这种汇票在"受款人"栏内填写"付给来人"(Pay Bearer)。这种抬头的汇票无须持票人背书,仅凭交付汇票即可转让,风险较大。

汇票通常需要签发一式两份(银行汇票只签发一份),其中一份写明"正本"(Original)或"第一份汇票"(First of Exchange),另一份写明"副本"(Copy)或"第二份汇票"(Second of Exchange)。两份汇票具有同等法律效力,但付款人只对其中一份承兑或付款。为了防止重复承兑和付款,均需写明"付一不付二"(Second Unpaid)或"付二不付一"(First Unpaid)。

2) 提示(Presentation)

提示是指持票人将汇票提交付款人要求付款或承兑的行为,是持票人取得票据权利的必要程序。付款人见到汇票称为见票(Sight)。提示分为以下两种。

(1) 付款提示(Presentation of Payment)。其是指汇票的持票人向付款人或承兑人出示汇票要求付款的行为。

(2) 承兑提示(Presentation of Acceptance)。其是指远期汇票的持票人向付款人出示汇票,要求付款人承诺到期付款的行为。

3) 承兑(Acceptance)

承兑是指汇票的付款人对远期汇票表示承担到期付款责任的行为。付款人在汇票上写明"承兑"字样,注明承兑日期,并由付款人签字,然后交还持票人。付款人一旦对汇票做出承兑,即成为承兑人。承兑人在远期汇票到期时要承担付款的责任。

4) 付款(Payment)

付款是指付款人向持票人按汇票票面金额支付款项的行为。对即期汇票,在持票人提示时,付款人应立即付款;对远期汇票,付款人承兑后,在汇票到期日付款。付款后,汇票上的一切债务即告终止。

5) 背书(Endorsement)

汇票经过背书之后,即可在票据市场上流通转让。背书是转让汇票权利的一种法定手续,就是由汇票持有人在汇票背面记载背书文句,签上自己的名字,并把汇票交给受让人(被背书人)的行为。经背书后,汇票的收款权利便转移给受让人。汇票可以经过背书不断转让下去。对于受让人来说,所有在他以前的背书人(Endorser)以及原出票人都是他的"前手";而对出让人来说,所有在他让与以后的受让人都是他的"后手"。前手对后手负有担保汇票必然会被承兑或付款的责任。

背书有以下3种方式。

(1) 记名背书(Special Endorsement)。背书人在汇票背面明确写明被背书人的名字。如"付给B公司或其指定人"(Pay B Co. or order)。经过记名背书的汇票,被背书人可以再作背书转让给他人,这种再背书可以是记名背书,也可以是空白背书。

(2) 空白背书(Blank Endorsement)。背书人在汇票背面签字,但不记载被背书人的名称。经空白背书后,受让人可以不用背书,仅凭交付即可继续转让汇票。

(3) 限制性背书(Restrictive Endorsement)。背书人在背书时加注限制汇票继续流通的文字,如"仅付给C银行"(pay C Bank only)。在国际贸易结算中,限制性背书用得较少。

6) 拒付与追索(Dishonour and Recourse)

拒付与追索也称退票,其是指持票人提示汇票要求承兑或付款时,遭到拒绝承兑(Dishonour by Non-acceptance)或拒绝付款(Dishonour by Non-payment)。此外,付款人逃匿、死亡或宣告破产,以致持票人无法实现提示,这种情况也称拒付。

如汇票在合理时间内提示,遭到拒绝承兑;或在到期日提示,遭到拒绝付款,则持票人立即产生追索权,他有权向背书人和出票人追索票款。所谓追索权(Right of Recourse)是指汇票遭到拒付,持票人对其前手(背书人、出票人)有请求其偿还汇票金额及费用的权利。按照有些国家的法律,持票人为了行使追索权应及

159

时做出拒付证书(Protest)。拒付证书是由付款地的法定公证人(Notary Public)或其他依法有权做出证书的机构如法院、很行、公会、邮局等，做出证明拒付事实的文件，是持票人凭以向其"前手"进行追索的法律依据。如拒付的汇票已经承兑，出票人可凭经承兑的汇票向法院起诉，要求承兑汇票的承兑人付款。

(二) 本票(Promissory Note)

我国《票据法》规定：本票是出票人签发的，保证于见票时或于一定时期向收款人或持票人支付一定金额的无条件书面承诺。

1. 本票的主要内容

我国《票据法》规定，本票必须记载下列事项：

(1) 标明"本票"字样；

(2) 无条件的支付承诺；

(3) 确定的金额；

(4) 收款人的名称；

(5) 出票日期；

(6) 出票人签名。

本票上未记载上述规定事项之一者，本票无效。

2. 本票的种类

(1) 按出票人不同，分为商业本票和银行本票。由工商企业或个人签发的称为商业本票或一般本票。由银行签发的称为银行本票。

(2) 按付款时间不同，可以将商业本票分为即期本票和远期本票。银行本票都是即期的。在国际贸易结算中使用的本票，大都是银行本票。有的银行发行见票即付、不记载收款人的本票或是来人抬头的本票，它的流通性与纸币相似。由于银行本票建立在银行信用的基础上，因此在国际贸易结算业务中被广泛应用。

3. 本票和汇票的区别

(1) 本票有两个当事人，即出票人和收款人；而汇票则有 3 个当事人，即出票人、付款人(受票人)和受款人(持票人)。

(2) 本票的出票人即是付款人，远期本票无须办理承兑手续；而远期汇票则要办理承兑手续。

(3) 本票在任何情况下，出票人都是绝对的主债务人；而汇票的出票人在承兑前是主债务人。

(三) 支票(Check)

我国《票据法》规定：支票是出票人签发的，委托办理支票存款业务的银行或者其他金融机构在见票时无条件支付确定金额给收款人或持票人的票据。

支票有 3 个基本当事人：出票人、付款人(受票人)和受款人(持票人)。支票本质上就是以银行为付款人的见票即付的汇票。

出票人在签发支票后，应负票据上的责任和法律上的责任。前者是指出票人对收款人担保支票的付款；后者是指出票人签发支票时，应在付款银行存有不低于票面金额的存款。如存款不足，支票持有人在向付款银行提示支票要求付款时，就会遭到拒付。这种支票叫作空头支票。空头支票的出票人要负法律上的责任。

1. 支票的主要内容

我国《票据法》规定，支票必须记载下列事项：

(1) 标明"支票"字样；

(2) 无条件的支付委托；

(3) 确定的金额；

(4) 收款人的名称；

(5) 出票日期；

(6) 出票人签名。

支票上未记载上述规定事项之一者，支票无效。

2. 支票的种类

(1) 普通支票、现金支票和转账支票。普通支票既可以用于现金支取，又可用于转账；现金支票只能用于提取现金；转账支票只能用于银行转账。

(2) 划线支票和未划线支票。划线支票通常都在其左上角划上两道平行线。视需要，支票既可由出票人，也可由收款人或代收银行划线。对于未划线支票，收款人既可通过自己的往来银行代向付款银行收款，存入自己的账户，也可到付款银行提取现款。但如果是划线支票，或原来未划线支票，经自己加上划线后，收款人就只能通过往来银行代为收款入账。

(3) 保付支票。支票可由付款银行加"保付"(Certified to pay)字样并签字而成为保付支票。付款银行保付后就必须付款。支票经保付后身价提高，有利于流通。

3. 支票的有效期

我国《票据法》规定：支票的持票人应当自出票日起 10 日内提示付款；异地使用的支票，其提示付款期限由中国人民银行另行规定。超过提示付款期限的，付款人可以不予付款；付款人不予付款的，出票人仍应当对持票人承担票据责任。

二、支付方式

在国际贸易中常用的支付方式有汇付、托收和信用证。

(一) 汇付(Remittance)

汇付又称汇款，是付款人主动通过银行或其他途径将款项汇给收款人。在国际贸易中如果采用汇付，通常是由买方按合同规定的条件和时间，通过银行将货款汇交卖方。

1. 汇付的当事人

(1) 汇款人(Remitter)。即汇出款项的人，在国际贸易中通常是进口方。

(2) 汇出行(Remitting Bank)。即受汇款人的委托汇出款项的银行，通常是进口地的银行。

(3) 汇入行(Paying Bank)。即受汇出行委托向收款人解付汇款的银行，一般是出口地的银行。

(4) 收款人(Payee; Beneficiary)。即收取款项的人，在国际贸易中通常是出口方。

汇款人在委托汇出行办理汇款时，要出具汇款申请书。此项申请书是汇款人和汇出行之间的一种契约。汇出行一经接受申请，就有义务按照汇款申请书的指示通知汇入行。汇出行与汇入行之间，事先订有代理合同，在代理合同规定的范围内，汇入行对汇出行承担解付汇款的义务。

2. 汇付的种类

1) 信汇(Mail Transfer，M/T)

信汇是指汇出行应汇款人的申请，将信汇委托书寄给汇入行，授权解付一定金额给收款人的一种付款方式。其特点是费用较为低廉，但资金在途时间长，收款人收到汇款的时间较迟。

2) 电汇(Telegraphic Transfer，T/T)

电汇是指汇款人要求汇出行以加押电报、电传或 SWIFT 电文委托汇入行解付一定金额给收款人的一种付款方式。其特点是收款人收款迅速且安全系数高，但费用也较高。

信汇和电汇的流程基本一致，如图6-1所示。

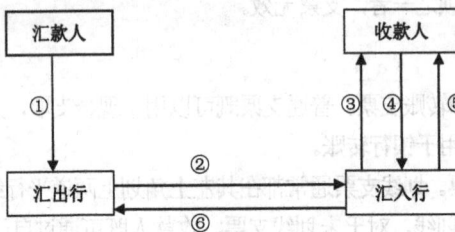

图6-1 信汇、电汇流程

(1) 汇款人填写信汇/电汇申请书并交款、付费。

(2) 汇出行以信函/电报方式向汇入行发出付款委托。

(3) 汇入行向收款人发出信汇/电汇通知书。

(4) 收款人凭通知书向汇入行取款，并在收据上签章。

(5) 汇入行向收款人解付汇款。

(6) 汇入行向汇出行寄送付讫借记通知并索偿。

3) 票汇(Remittance by Banker's Demand Draft，D/D)

票汇是指汇出行应汇款人的申请，代汇款人开立以其在进口地的分行或代理行为付款人的银行即期汇票，支付一定金额给收款人的付款方式。票汇中使用的汇票经收款人背书可以转让流通，而信汇、电汇的收款人则不能将收款权转让。因此，票汇比信汇和电汇更具灵活性。票汇的流程如图6-2所示。

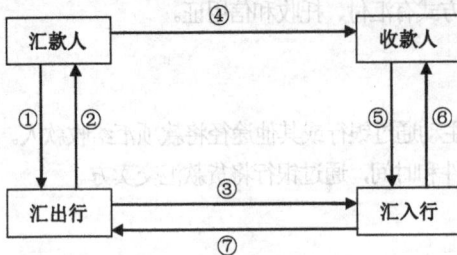

图6-2 票汇流程

(1) 汇款人填写票汇申请书并交款、付费。

(2) 汇出行开出即期汇票交给汇款人。

(3) 汇出行将汇票票根寄给汇入行。

(4) 汇款人将即期汇票寄给收款人。

(5) 收款人持即期汇票向汇入行取款。

(6) 汇入行核对汇票无误后付款给收款人。

(7) 汇入行向汇出行寄送付讫借记通知并索偿。

3. 汇付方式在国际贸易中的使用

在国际贸易中，汇付方式主要用于货到付款、赊销、预付货款及随订单付现等业务。

(1) 货到付款。其是指出口商先交出单据和货物，进口商收到单据或货物后再汇付货款的做法。在这种方式下，出口商发货后能否顺利收回货款，完全取决于进口商的资信状况。如果进口商拖延或拒绝支付货款，出口商就要遭受晚收款的利息损失甚至面临钱货两空的风险。因此，除非进口商的信誉可靠，出口商一般不宜采取此种方式。但这种方式对进口商比较有利。

(2) 预付货款。其是指进口商先将货款汇付给出口商，出口商收到货款后再发货的做法。多用于一些市场畅销而又稀缺的商品或根据客户要求进行了特殊加工的商品的进出口。在这种方式下，进口商要在取得货物所有权之前预先支付一笔资金出去，从而面临出口商延迟交货或不交货的风险。为了降低风险，进口商可以要求出口商提供银行保函或备用信用证等担保以便确保出口商履行合同义务。这种方式只在个别小额交易中采用。

4. 汇付的特点

(1) 汇付是一种商业信用。汇付虽然是以银行为媒介进行国际结算的，但银行在此过程中仅承担收付委托款项的责任，对买卖双方在履行合同中的义务并不提供任何担保，买卖双方能否收到货或收到款完全取决于对方的信用，因此，汇付是一种商业信用。

(2) 风险大。对于货到付款的卖方和预付货款的买方，一旦发货或付款后就失去了制约对方的手段，能否及时收款或收货完全取决于对方的信用，有很大的风险。

(3) 资金负担不平衡。对于货到付款的卖方和预付货款的买方来说，资金被大量占用，负担较重，而另一方则负担很轻。

(4) 手续简便、费用少。在几种常用的支付方式中，汇付的手续是最简单的，银行的手续费也最少。

5. 汇付条款实例

(1) "卖方应于×年×月×日前将全部货物运往×地，货到后 7 天内，买方应将全部货款用电汇方式汇付给卖方。"

(2) "合同签署后 15 天内，买方应以票汇方式付给卖方合同金额 30%的货款。"

(二) 托收(Collection)

托收即委托收款，是债权人(出口方)所在地银行受债权人委托，通过其国外联行或代理行，向国外债务人(进口方)收取有关款项的一种支付方式。因为托收方式一般都通过银行办理，所以又叫银行托收。

1. 托收的具体做法

出口商根据买卖合同先行发运货物，然后填写托收委托书，开出汇票连同有关货运单据，交给出口地银行(托收行)并委托其通过其在进口地的分行或代理银行(代收行)向进口商收取货款。

2. 托收的当事人

(1) 委托人(Principal)，即开出汇票委托银行代收货款的人，通常是出口商。

(2) 托收行(Remitting Bank)，即受委托人委托，转托国外银行代为收款的出口地银行。

(3) 代收行(Collecting Bank)，即受托收行委托向付款人收款的进口地银行。

(4) 提示行(Presenting Bank)，即向付款人提示汇票和单据的银行，通常就是代收行。

(5) 付款人(Drawee)，即汇票的受票人，在托收业务中通常是进口商。

3. 托收的种类

在托收业务中银行处理的单据有两类：一类是金融单据，另一类是商业单据。前者是指汇票等付款凭证；后者是指发票、装运单据、货物所有权凭证或其他类似单据。根据委托人签发的汇票是否附有商业单据，托收结算方式可以分为光票托收和跟单托收两类。

1) 光票托收(Clean Collection)。

光票托收是指卖方仅开立汇票交给银行托收，并不附带任何装运单据之类的商业票据。在国际贸易中，光票托收一般用于收取佣金、样品费、货款尾数及其他贸易从属费用等小额款项。光票托收中的汇票既可以是即期汇票，也可以是远期汇票。

2) 跟单托收(Documentary Collection)。

跟单托收是指卖方开出汇票，连同商业票据一起交给银行，委托银行代收货款。跟单托收所附带的商业单据主要有提单、保险单、装箱单等。国际贸易中托收方式下货款的收取大多采用跟单托收。

按照向进口商交单条件的不同，跟单托收又可分为付款交单和承兑交单。

(1) 付款交单(D/P，Documents against Payment)。

付款交单是指出口商发货后，取得货运单据等一系列商业单据，委托银行办理托收，并指示银行只有在付款人(进口商)付清货款时，才能将商业单据交给付款人。即以进口商付款作为向其交单的前提条件。

付款交单按付款时间的不同，又可分为即期付款交单和远期付款交单。

即期付款交单(D/P at Sight)是指出口商发货后开具即期汇票连同商业单据，通过银行向进口商提示，进口商见票后立即付款，在付清货款后向银行领取商业单据。

远期付款交单(D/P after Sight)是指出口商发货后开具远期汇票，连同商业单据通过银行向进口商提示，进口商审核无误后即在汇票上进行承兑，于汇票到期日付清货款后再领取商业单据。

(2) 承兑交单(D/A，Documents against Acceptance)。

承兑交单是指出口商发运货物后开具远期汇票，连同商业单据委托银行办理托收，并明确指示银行，只要进口人在汇票上承兑后即可领取全套商业单据，待汇票到期日再付清货款。

承兑交单和汇付中的货到付款一样，都是买方在未付款之前，即可取得货运单据，凭以提取货物。一旦买方到期不付款，出口方便可能钱货两空。因此，这两种方式对于出口商来说都必须从严掌握。

但承兑交单和货到付款的不同之处在于，一旦买方拒付，在货到付款方式下，卖方只能以买卖合同作为诉讼的法律文件；而在承兑交单方式下，卖方手中除合同之外还有买方承兑的汇票，这样卖方能在诉讼中取得更为有利的地位。

托收的基本流程如图6-3所示。

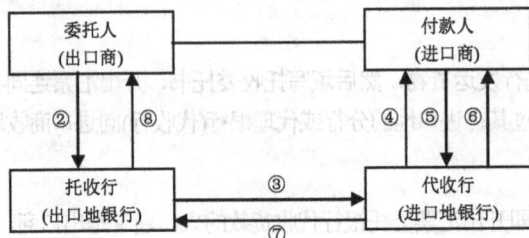

图6-3 托收的基本流程

(1) 出口商装船发货，取得全套货运单据。

(2) 委托人(出口商)填写托收申请，开出跟单汇票连同全套商业单据交给托收行委托其代为收回货款。

(3) 托收行缮制托收委托书，连同汇票、商业单据寄交代收行。

(4) 代收行提示付款人(进口商)付款/承兑。

(5) 即期和远期付款交单下进口商付款/承兑交单下进口商承兑。

(6) 代收行将商业单据交给进口商(如果是承兑交单，付款期限到后进口商再将款项交给代收行)。

(7) 代收行办理转账，将货款交给托收行。

(8) 代收行将货款转交委托人(出口商)。

4. 托收的性质与特点

(1) 托收是一种商业信用。托收虽然是通过银行办理，但是银行只是按照卖方的指示办事，不承担付款的责任，不过问单据的真伪，如无特殊约定，对已运到目的地的货物不负提货和看管责任。因此，卖方交货后，能否收回货款，完全取决于买方的信用。所以，托收的支付方式是建立在商业信用基础上的。

(2) 托收中的卖方要承担较大的信用风险。托收对卖方来说是先发货后付款。其中付款交单的情况下，如果在卖方发运货物后买方拒付货款，那么出口商不但不能收回货款，而且还要承担货到目的地后提货、存仓、保险的费用及货物变质、短缺的损失，或者承担因储存货物超过法定时间，进口地政府有关部门贱价拍卖进口货物的损失。如果进行转售，出口商还要承担转售货物可能发生的价格损失以及转售失败时将货物转运他地或运回本国的运费等。承兑交单对卖方来说风险更大，买方承兑后即可凭借卖方提交的货运单据将货物提走，此时如果买方倒闭、丧失付款能力，或是故意拒付货款，卖方则要承担钱货两空的风险。

(3) 托收对买方来说也有一定的货物与信用风险。由于付款交单中强调了货物单据化的重要性，有可能买方在付款赎单提货后发现货物与合同不符，或者卖方伪造单据骗取买方的钱财，从而使买方钱货两空。

但相对而言，托收对卖方风险更大，对买方较为有利。因为，在付款交单条件下，买方不需要垫付资金或仅需垫付较短时间的资金。若采用承兑交单，买方仅凭自身信用进行交易，可以利用卖方的资金。所以，在国际贸易中采用托收方式，有利于调动买方的积极性，有利于促进成交和扩大出口，因此，许多出口商都把采用托收方式作为推销库存和加强对外竞争的有效手段。

5. 托收条款实例

(1) 即期付款交单。例如："买方对卖方开具的即期跟单汇票，于第一次见票时立即付款，付款后交单。"

(2) 远期付款交单。例如："买方对卖方开具的出票后 90 天付款的跟单汇票，于第一次提示时应给予承兑，并于汇票到期日立即予以付款，付款后交单。"

(3) 承兑交单。例如："买方对卖方开具的跟单汇票，于提示时承兑，并应于见票后 60 天付款，承兑后交单。

6. 托收的注意事项

(1) 认真考察进口人的资信情况和经营作风，根据进口人的实际情况合理掌握成交金额。

(2) 对于贸易管理和外汇管制较严的进口国或地区不宜使用托收方式，以免货到目的地后，由于不准进口或收不到外汇而遭受损失。

(3) 了解进口国的商业惯例，避免因当地的一些习惯做法增加出口方的风险，确保安全收汇。

(4) 出口方可以通过投保出口信用保险或卖方利益险避免托收方式下因买方毁约而造成的损失。

(5) 出口方要建立健全的内部管理制度,采用托收方式收款时注意定期检查,及时催收清理货款,及时发现问题并迅速采取解决措施以避免损失。

【案例6-1】我国某公司向日本商人以D/P即期付款方式推销某商品,对方答复,如我方接受D/P after 90 days付款,并通过他指定的A银行代收则可接受。日本商人为什么提出此要求?

【案例解析】日本商人提出将D/P即期改为90天远期,很显然旨在推迟付款时间,以利于其资金周转。同时日商指定A银行为该批货物托收业务的代收行,则是为了方便向该行借单,以便早日获得经济利益,进而达到利用我方资金的目的。

(三) 信用证

信用证(Letter of Credit, L/C)是开证行应进口方的请求向出口方开立的在一定条件下保证付款的书面凭证;是一种银行开立的有条件承诺付款的书面文件。

1. 信用证的特点

1) 信用证属银行信用,开证行负首要付款责任

信用证是银行应进口方的请求开立的,但信用证一经开立,开证行即取代进口方成为第一性付款人。只要信用证的受益人提交了符合信用证要求的全套单据,即使开证申请人在开证后失去偿付能力,开证行也必须对受益人付款。

2) 信用证是独立于买卖合同之外的一种自足的文件

信用证是依据开证申请人的开证申请书开立的,而开证申请书又是进口方根据买卖合同内容填写的,因此,信用证实际上是以买卖合同为基础开立的。但信用证一经开立,就成为独立于合同之外的另一份契约,不受买卖合同的约束。开证行只对信用证负责并受其约束,而与买卖合同无关。

3) 信用证是纯单据业务

在信用证项下,实行凭单付款原则。根据《跟单信用证统一惯例》规定:"在信用证业务中,有关各方处理的是单据,而不是与单据有关的货物、服务及(或)其他行为"。开证行只"根据表面上符合信用证条款的单据付款"。因此,"银行对任何单据的形式、完整性、准确性、真实性及伪造或法律效力,或单据上规定的或附加的一般和特殊条件,概不负责"。因此,在信用证业务中,只要受益人按信用证要求提交了表面上看起来是与信用证要求相符的有关单据,做到了"单证一致""单单一致",开证行就要承担付款责任。作为开证申请人的进口商也应接受单据,并向开证行付款赎单。进口商付款后,如发现货物有缺陷,即可凭单据向有关责任方提出索赔,而与银行无关。

【案例6-2】我国某出口公司对美成交女上衣1 000件,合同规定绿色和红色上衣按3:7搭配,即绿色300件,红色700件。后国外来证上改为红色30%,绿色70%,但该出口公司仍按原合同规定的花色比例装船出口,后信用证遭银行拒付。

问: (1) 为什么银行会拒付?

(2) 收到来证后,我方应如何处理?

【案例解析】

(1) 信用证项下要求单证必须相符,否则银行不予议付。本案中装运单与信用证不符,所以银行可以拒付。

(2) 卖方应于收证后立即通知开证人改证,绝不能置信用证于不顾而单凭合同规定行事。

2. 信用证所涉及的主要当事人

(1) 开证申请人(Applicant)。向银行申请开立信用证的一方。在国际贸易中通常为进口方。

(2) 开证行(Opening Bank; Issuing Bank)。接受开证申请人的委托,向出口方开立信用证并承担付款责任的银行。通常是进口方所在地银行。

(3) 通知行(Advising Bank; Notifying Bank)。受开证行委托,将信用证转交出口方的银行。它只证明信用证的真实性,并不承担其他义务。通常是出口方所在地银行。

(4) 受益人(Beneficiary)。信用证上所指定的有权开具汇票向开证行或其指定的付款行索取货款的人,在国际贸易中通常为出口方。

(5) 议付行(Negotiating Bank)。根据开证行的授权买入或贴现受益人跟单汇票的银行。信用证可以指定议付行,也可以不指定议付行。一般情况下,议付行由通知行兼任。

(6) 付款行(Paying Bank)。开证行在信用证中指定的授权其在单据相符时对受益人付款的银行。如果信用证未指定付款行,开证行即为付款行。

信用证支付的一般流程如图6-4所示。

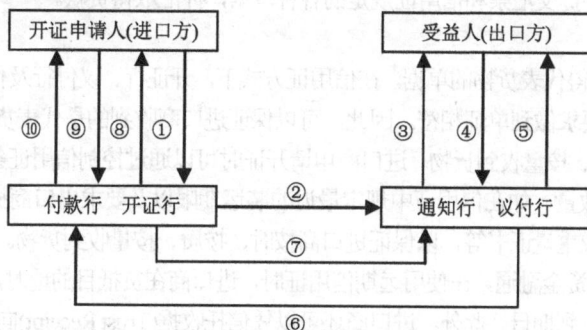

图6-4 信用证支付的一般流程

① 进口方按合同规定向银行提出开证申请,并缴纳一定的押金和手续费。

② 开证行接受开证申请,开出信用证交给通知行。

③ 通知行接到信用证经审查并核实无误后,转交受益人(出口方)。

④ 受益人审查信用证无误后,按规定的条件将货物出运。装运后缮制信用证要求的各项单据并开具跟单汇票,在信用证有效期内向议付行交单。

⑤ 议付行审核信用证与单据相符时,按汇票金额,扣除若干利息和手续费,将款项垫付给受益人。

⑥ 议付行将跟单汇票及各项单据寄给开证行或其指定的付款行后要求付款。

⑦ 开证行审核信用证和单据无误后,向议付行付款。

⑧ 开证行通知开证申请人付款赎单。

⑨ 开证申请人审单无误后向开证行付款。

⑩ 开证行将各项单据交给进口方,进口方凭此向承运人提货。

3. 信用证的主要内容

(1) 对信用证本身的说明,如:信用证的编号、开证日期、信用证的有效期和到期地点;信用证的当事人和关系人;有关汇票的条款;偿付方式;信用证的种类;信用证的金额和支付币别等。

(2) 与买卖合同有关的条款,如:货物的名称、数量、包装和价格等;装卸地点、装卸期限、运输方式等;保险金额和投保险别等;要求出口商提交的单据类型等。

(3) 其他事项，如：开证行对议付行的指示条款如限制由某银行议付、开证行保证付款的文句、根据《跟单信用证统一惯例》开立的文句以及其他根据具体交易的需要酌情增加的特殊条款。

4. 信用证的作用

1) 对出口商的作用

(1) 保证出口商凭单取得货款。信用证是银行信用，在信用证支付方式下，由银行承担付款责任，出口商交货后提交的单据，只要做到与信用证规定相符，"单证一致、单单一致"，银行就保证支付货款。出口商交货后不必担心进口商到时不付款。因此，信用证支付为出口商收取货款提供了较为安全的保障。

(2) 使出口商得到外汇保证。在进口管制和外汇管制严格的国家，进口商要向本国申请外汇得到批准后，方能向银行申请开证，出口商如能按时收到信用证，说明进口商已得到本国外汇管理当局使用外汇的批准，因而可以保证出口商履约交货后，按时收取外汇。

(3) 便于出口商获得资金融通。出口商在交货前，可凭进口商开来的信用证作抵押，向出口地银行借取打包贷款(Packing Credit)，用以收购、加工、生产出口货物和打包装船；或者出口商在收到信用证后，按规定办理货物出运，并提交汇票和信用证规定的各种单据，押汇取得货款。

2) 对进口商的作用

(1) 可保证进口商取得代表货物的单据。在信用证方式下，开证行、议付行及付款行都要对出口方交来的单据进行审核，都要求做到单证相符。因此，可以保证进口商收到的是代表货物的单据。

(2) 保证按时、按质、按量收到货物。进口商申请开证时可以通过控制信用证条款来约束出口商交货的时间、交货的品质和数量，如在信用证中规定最迟的装运期限以及要求出口商提交由信誉良好的公证机构出具的品质、数量或重量证书等，以保证进口商按时、按质、按量收到货物。

(3) 便于进口商获得资金融通。在使用远期信用证时，进口商在货抵目的地时，可立即提取货物，但货款的交付，可延至汇票到期日。此外，进口商还可以凭信托收据(Trust Receipt)向银行借单，先行提货、转售，到期再付款，这就为进口商提供了资金融通的便利。

3) 对银行的作用

开证行接受进口商的开证申请，即承担开立信用证和付款的责任，这是银行以自己的信用做出的保证，以银行信用代替了进口商的商业信用。所以，进口商在申请开证时要向银行交付一定的押金或担保品，为银行利用资金提供便利。此外，在信用证业务中，银行每做一项服务均可取得各种收益，如开证费、通知费、议付费、保兑费、修改费等各种费用。

5. 信用证的主要种类

1) 按是否随附单据，信用证分为跟单信用证和光票信用证

跟单信用证是指开证行凭跟单汇票或仅凭单据付款的信用证。国际贸易所使用的信用证，绝大部分是跟单信用证。

光票信用证是指开证行仅凭不附单据的汇票付款的信用证。在采用信用证方式预付货款时，通常是用光票信用证。

2) 按开证行付款保证的责任分，信用证分为不可撤销信用证和可撤销信用证

不可撤销信用证是指信用证一经开出，在有效期内，未经受益人及有关当事人的同意，开证行不得片面修改和撤销，只要受益人提供的单据符合信用证规定，开证行就必须履行付款义务。这种信用证对受益人较有保障，在国际贸易中，使用最为广泛。凡是不可撤销信用证，在信用证中应注明"不可撤销"。

可撤销信用证是指开证行对所开信用证不必征得受益人或有关当事人的同意，有权随时撤销的信用证。凡是可撤销信用证，应在信用证上注明"可撤销"字样，以资识别。这种信用证对出口人极为不利。

因此，出口人一般不接受这种信用证。《跟单信用证统一惯例》规定，如信用证中未标明可撤销或不可撤销，应视为不可撤销信用证。

3) 按是否加以保证兑付货款，信用证分为保兑信用证和不保兑信用证

保兑信用证是指开证行开出的信用证，由另一银行保证对符合信用证条款规定的单据履行付款义务。对信用证加以保兑的银行，称为保兑行。

不保兑信用证是指开证银行开出的信用证没有经另一家银行保兑。当开证银行资信好和成交金额不大时，一般都使用这种不保兑的信用证。

4) 按付款期限分，信用证分为即期付款信用证和延期付款信用证

即期付款信用证是指受益人根据开证行的指示开立即期汇票，或无须汇票仅凭运输单据即可向指定银行请求付款的信用证。

延期付款信用证是指不需要汇票，仅凭受益人交来单据，指定银行审核相符后即承担延期付款责任，但直至到期日才付款的信用证。

5) 按受益人对信用证权利可否转让分，信用证分为可转让信用证和不可转让信用证

可转让信用证是指信用证的受益人(第一受益人)可以要求相关转让银行，将信用证权益全部或部分转让给一个或数个受益人(第二受益人)使用的信用证。根据《跟单信用证统一惯例》的规定，只有开证行在信用证中明确注明"可转让"(Transferable)，信用证方可转让。可转让信用证只能转让一次，即只能由第一受益人转让给第二受益人，第二受益人不得要求将信用证转让给其后的第三受益人，但若再转让给第一受益人，不属被禁止转让的范畴。

不可转让信用证是指受益人不能将信用证的权利转让给他人的信用证。凡信用证中未注明"可转让"的，就是不可转让信用证。

6) 其他种类的信用证

对开信用证是指两张信用证的开证申请人互以对方为受益人而开立的信用证。

对背信用证又称转开信用证，是指受益人要求原证的通知行或其他银行以原证为基础，另开一张内容相似的新信用证。

循环信用证是指信用证被全部或部分使用后，其金额又恢复到原金额，可再次使用，直至达到规定的次数或规定的总金额为止。

预支信用证是指允许受益人在货物装运交单前预支货款的信用证，有全部预支和部分预支两种。

6. 信用证欺诈与防范

由于银行在信用证结算中只对有关单证做表面的审核，而对货物不予审查，只要做到"单证一致、单单一致"就对卖方付款，这就使得一些不法商人伪造单据，销售一些根本不存在的货物；或者有时提单所载货物与实际货物完全不一样。在这种情况下买方付了款，却提不到货，或者提到的货与提单不符。因此，在进行进出口贸易时，应当警惕信用证欺诈。

1) 常见的信用证欺诈行为

(1) 伪造、变造信用证或随附的单据和文件，或使用作废的信用证。

(2) 骗取信用证。该行为可以是申请人欺骗银行开证或骗取他人已开出的信用证。

(3) 利用"软条款"信用证进行欺诈。申请人在开立信用证时，故意设计一些隐蔽性强的条款，使受益人不易办到或即使办到也会被开证行借故拒付，以达到不付货款或少付货款的目的。

2) 信用证欺诈的防范措施

(1) 在订立合同时，必须进行深入的资信调查。

(2) 认真缮制买卖合同，不给对方可乘之机。

(3) 认真审核单证，及早发现"软条款"。

(4) 要与银行保持密切联系，制定一套完整的业务操作规则，杜绝欺诈行为发生的可能性。

(5) 尽量要求客户从一些大的、信誉较好的银行开证。

7. 合同中的信用证支付条款

合同中的信用证支付条款的主要内容有：开证时间、开证银行、信用证类型、金额、付款时间、装运期、议付有效期及地点等。例如："买方应通过卖方所接受的银行于装运月份前15天开立并送达卖方不可撤销即期信用证，有效期至装运月份后第15天在中国上海议付。"

【案例6-3】国外贸易公司从我国某进出口公司购买小麦500吨，合同规定，1月30日前开出信用证，2月5日前装船。1月28日买方来信用证，有效期至2月10日。后由于卖方不能按期装船，故电请买方将装船期延至2月17日并将信用证有效期延至2月20日，买方回电表示同意，但未通知开证行。2月17日货物装船后卖方到银行议付时，遭到拒绝。

问：(1) 银行是否有权拒绝付款，为什么？

(2) 作为卖方，应当如何处理此事？

【案例解析】

(1) 银行有权拒付。根据《跟单信用证统一惯例》规定，信用证虽是根据合同开出的，但一经开出就独立于买卖合同。银行只受信用证条款的约束。本案的合同条款虽改变，但信用证条款未改，故银行只按原信用证条款办事，2月17日超出了原信用证的有效期，故银行可以拒付。

(2) 作为卖方，当银行拒付时，可依据修改后的合同条款要求买方履行付款义务，卖方也可要求买方重新修改或开立信用证。

(四) 各种支付方式的选用

在进出口业务中，除采用单一的支付方式外，有时也可以将各种不同的支付方式结合起来采用，从而有利于促成交易，安全及时收汇。

1. 信用证与汇付相结合

进出口贸易中信用证与汇付结合使用，是指买卖合同总金额的一部分由信用证支付，另一部分通过汇付(一般采用电汇，即T/T)支付。这种形式常用于允许交货数量有一定机动幅度的某些初级产品的交易。如买卖散装粮食时，规定90%货款以信用证支付，其余10%在货物到达目的港后按实到数量确定余额以汇付方式支付。还有一些国家的商人因为当地进口关税税率比较高，在进口时要求卖方先用信用证支付一部分，剩下的用汇付支付以达到逃税的目的。

2. 信用证与托收相结合

信用证与托收相结合是指一笔交易中部分货款用信用证支付，余数用托收方式结算。如买卖双方在合同中规定买方签订合同后先以信用证方式预付30%的订金，剩余70%采用付款交单(D/P)方式。由于买方已支付30%的订金，一般不会拒付托收项下的货款，否则，订金将无法收回。这样，卖方在托收方式下的收汇风险将大大降低，即使买方拒付，卖方仍可以将货物运回国，订金将用于支付往返运费和抵偿损失。

3. 汇付、托收、信用证等多种方式结合

在成套设备、大型机械产品和交通工具的进出口交易中，由于成交金额巨大，交货期长，可以按工程进度和交货进度分若干期付清货款。此时，一般将多种结算方式结合起来使用。

第三节　合同中的一般交易条件

合同中的一般交易条件主要是关于合同履行中争议的预防和处理，包括：检验、索赔、不可抗力、仲裁等条款。一般交易条件在交易双方建立贸易关系之前就可以订立，对双方今后具体的每笔交易都适用，可以印制在标准合同格式上，以节约贸易磋商的时间和费用。

一、商品检验

进出口业务中的商品检验(Commodity Inspection)是指商品检验机构对卖方交付的货物的品质、数量、包装、残损、卫生、安全等事项进行检验和鉴定，以确定合同标的是否符合买卖合同的规定，明确责任归属的过程。

在国际货物买卖中，由于交易双方身处异地，相距遥远，货物在长途运输过程中难免会发生残损、短少甚至灭失，尤其是在凭单证交接货物的象征性交货条件下，买卖双方对所交货物的品质、数量等问题更易产生争议。因此，为了便于查明货损原因，确定责任归属，以利货物的交接和交易的顺利进行，就需要一个公正的第三者，即商品检验机构，对货物进行检验或鉴定。由此可见，商品检验是国际货物买卖中不可缺少的一个重要环节。

国际货物买卖合同中的检验条款，其内容因商品种类和特性的不同而有所差异，但通常都包括检验时间和地点、检验机构、检验证书以及货物与合同规定不符时买方索赔的时限等内容。

(一) 检验时间和地点

确定检验的时间和地点，实际上就是确定买卖双方中的哪一方行使对货物的检验权，也就是确定检验结果以哪一方提供的检验证书为准。所谓检验权，是指买方或卖方有权对所交易的货物进行检验，其检验结果即作为交付与接受货物的依据。谁享有对货物的检验权，谁就享有了对货物的品质、数量、包装等项内容进行最后评定的权利。由此可见，如何规定检验时间和地点是直接关系到买卖双方切身利益的重要问题，因而是交易双方商订检验条款时的核心所在。

根据国际贸易习惯做法和我国的业务实践，有关检验时间和地点的规定方法有如下几种。

1. 产地(工厂)检验

产地(工厂)检验是指货物在产地或工厂出运前，由产地或工厂的检验部门或买方的验收人员进行检验和验收，并由买卖合同中规定的检验机构出具检验证书，作为卖方所交货物的品质、数量等内容的最后依据。卖方只承担货物离开产地或工厂前的责任，货物在运输途中所发生的一切风险，由买方承担。这是国际贸易中的习惯做法之一。我国在进口重要的商品和大型成套设备时，收货人一般按合同约定，在出口装运前进行预检验、监造或者监装，商检机构根据需要派出检验人员参加。

2. 装运港(地)检验

装运港(地)检验又称"离岸品质、离岸重量"(Shipping Quality and Weight)。其是指货物在装运港(地)交货前，由买卖合同中规定的检验机构对货物的品质、重量(数量)等内容进行检验鉴定，并以该机构出具的检验证书作为最后依据。所谓最后依据是指卖方取得商检机构出具的检验证书时，就意味着所交货物的品质和数量与合同规定相符，此后买方无权对此提出任何异议，从而否定了买方对货物的复验权，这种做法对买方极为不利。

3. 目的港(地)检验

目的港(地)检验又称为"到岸品质、到岸重量"(Landed Quality and Weight)。其是指货到目的港(地)卸离运输工具后，由双方规定的目的港(地)商检机构验货并以其出具的检验证书作为卖方所交货物品质、重量(数量)的最后依据。如发现由卖方责任造成的货物品质、重量(数量)与合同规定不符，买方有权提出索赔或按双方事先的约定处理。这种方式对卖方很不利。

4. 出口国检验、进口国复验

出口国检验、进口国复验是指以装运港(地)商检机构出具的检验证书作为卖方向银行议付或托收货款的单据之一，而不作为最后依据。货物到目的港(地)后，买方有对货物的复验权，如合同约定的检验机构在规定的时间内发现货物的品质、重量(数量)与合同规定的不符，买方可以根据检验机构出具的复验证明，向卖方提出异议并作为索赔的依据。这种检验方法兼顾买卖双方利益，较为公平合理，符合国际贸易习惯和法律规则，因而在进出口业务中应用广泛。在我国国际贸易业务中也是最常用的一种。

5. 最终用户检验

对于精密包装的货物，或规格复杂、精密度高的货物，不能在使用之前拆开包装检验，或需要具备一定的检验条件和检验设备才能检验时，可将货物运至买方营业处所或最终用户所在地进行检验，由当地的检验机构出具的品质、重量(数量)证明作为最后依据。

在规定检验时间和地点时，要综合考虑合同使用的贸易术语、商品特性、检测手段、行业惯例以及进口国的法律法规等。一般检验应在货物交接时进行，但装运港交货应采用"出口国检验、进口国复验"。

(二) 检验机构

检验机构又称商检机构，是根据客户的委托或有关法律、法规的规定对进出境商品进行检验、鉴定和管理的机构。检验机构的选择，一般与检验的时间、地点联系在一起。在实际交易中，选用哪类检验机构，取决于各国的规章制度、商品性质和交易条件等。

1. 国际上商品检验机构的类型

(1) 官方检验机构。其是指由国家或地方政府设立的检验机构，依据有关法律法令对出入境商品实施强制性检验、检疫和监督管理的机构，如美国食品药物管理局(FDA)。

(2) 半官方检验机构。其是指有一定权威的、或由国家政府授权、代表政府行使某项商品检验或某一方面检验管理工作的民间机构，如美国担保人实验室(UL)。

(3) 非官方检验机构。其是指私人创办的具有专业检验、鉴定技术能力的公正行或检验公司，如瑞士日内瓦通用鉴定公司(SGS)。

2. 我国的商品检验检疫机构

在我国，主管全国出入境商品检验、鉴定和管理工作的机构是中华人民共和国质量监督检验检疫总局(简称国家质检总局)。国家质检总局设在各地的出入境检验检疫局及其分支机构负责管辖所在地区的进出口商品检验工作。国家质检总局及其设在各地的检验机构的职责有以下3项。

(1) 对进出口商品实施检验。凡属法定检验范围内的进出口商品，必须经过国家商检部门或其指定机构的检验，未经检验或检验不合格的商品，一律不准进出口。

(2) 对进出口商品的质量和检验工作实施监督管理。

(3) 办理进出口商品鉴定。鉴定范围包括：进出口商品的质量、数量、重量、包装、海损鉴定，集装箱及集装箱货物鉴定，进口商品的残损鉴定，出口商品的装运技术条件鉴定，货载衡量，产地证明、价值证明以及其他业务。

(三) 检验证书(Inspection Certificate)

检验证书是检验机构对进出口商品进行检验、鉴定后签发的书面证明文件。

1. 检验证书的种类

在国际货物买卖业务中，卖方应该提供哪种检验证书，要根据成交商品的种类、性质，贸易习惯以及政府的有关法令而定。在实际业务中，常见的检验证书有：品质检验证书、重量或数量检验证书、包装检验证书、价值检验证书、产地检验证书、兽医检验证书、卫生检验证书、消毒检验证书、熏蒸证书、温度检验证书、残损检验证书、船舱检验证书、货载衡量检验证书等。

2. 检验证书的作用

(1) 检验证书是证明卖方所交货物的品质、数量、包装以及卫生条件等方面是否符合合同规定的依据。如检验证书所列结果与合同或信用证规定不符，银行有权拒绝议付货款。

(2) 检验证书是海关验关放行的依据。凡属法定检验范围的商品，如不能提交商检机构签发的检验证书，海关不予放行。

(3) 检验证书是卖方办理货款结算的依据。合同中规定出口国检验、进口国复验的情况下，卖方在向银行办理货款结算时，所提交的单据中必须包含检验证书。

(4) 检验证书是明确责任归属，办理索赔和理赔的依据。当报验货物与合同或信用证规定不符时，商检机构签发的有关品质、数量、重量、残损证书是收货人向有关责任方提出索赔和有关责任方办理理赔的重要依据。

在我国，检验证书通常是由国家质检总局及其分支机构签发，也可由中国对外贸易促进委员会或中国进出口商品检验总公司出具。检验证书的名称和具体内容必须与合同及信用证的规定一致。

需要注意的是，出口商品经检验后，如果长期不出口，商品的质量等就可能发生变化，原来检验的结果可能就不能完全反映商品的实际情况。因此，各种重要的出口商品，尤其是出口预验的商品，必须规定适当的检验有效期。自验讫日期开始计算，凡超过检验有效期的，预验合格单证即告失效，不能据以办理出口换证，必须重新办理报验。

(四) 检验标准

国际货物买卖合同中的检验标准是商检机构对进出口商品实施检验的基本依据。同一商品，对其实施检验所依据的标准和方法不同，检验结果往往不一致。因此，在合同中应该明确检验标准。

1. 国际上对检验标准的分类

(1) 买卖双方自行商定的具有法律约束力的标准。这是国际贸易中普遍采用的检验标准，其中最常见的是买卖合同和信用证。

(2) 贸易有关国家所制定的强制执行的法规标准。其包括商品生产国、出口国、进口国、消费国或过境国所制定的各种法规标准，如货物原产地标准、安全法规标准、卫生法规标准、环保法规标准、动植物检疫法规标准等。

(3) 权威性标准。其是指在国际上具有权威性的检验标准，包括国际专业化组织标准、区域性标准化组织标准、国际商品行业协会标准以及某国权威性标准等。

2. 检验标准的确定

(1) 当有法定检验标准(强制性检验标准)时，按法定检验标准进行检验。

(2) 当合同要求高于法定检验标准时，按合同要求进行检验。

(3) 无法定检验标准时，按合同要求进行检验。

(4) 当合同没有规定、也无法定检验标准时：首先按出口国标准进行检验；没有出口国标准的，按进口国标准进行检验；既无出口国标准也无进口国标准的，按国际标准进行检验；无国际标准的，按国外通用标准进行检验。

(五) 国际货物买卖合同中的检验条款

1. 检验条款的基本内容

国际货物买卖合同中的检验条款一般包括：检验时间和地点、检验机构、检验项目、检验证书以及检验所依据的标准等。此外，有时还需明确买方对经检验与合同或信用证规定不符的货物向卖方索赔的具体期限。例如："买卖双方同意以装运港中国出入境检验检疫局签发的质量和数量检验证书作为信用证项下议付所提交的单据的一部分，买方有权对货物的质量和数量进行复验，复验费由买方负担。若发现质量和数量与合同规定不符时，买方有权向卖方索赔，并提供经卖方同意的公证机构出具的检验报告。索赔期限为货物到达目的港后××天内。"

2. 订立检验条款应注意的问题

(1) 检验条款中，规定检验时间和地点时，不能与使用的贸易术语、成交条件相矛盾。

(2) 检验条款的规定要切合实际，不能接受国外商人提出的不合理检验条件。

(3) 买方拥有复验权时，应对其复验的期限、地点和机构做出明确的规定。

(4) 在合同中明确规定检验标准和方法。

二、索赔条款

国际货物贸易业务环节多，履约时间长，情况复杂多变。在买卖合同的履约过程中，如果市场情况发生了对一方当事人不利的变化或某一环节出了问题，就有可能导致一方当事人违约或毁约，而给另一方当事人造成损害，受损害的守约方为了维护自身的权益，势必向违约方提出异议，并要求其赔偿损失。违约方对于守约方提出的异议与索赔，应该妥善处理，即为理赔。为了便于处理此类问题，在国际货物买卖合同中，通常都订立异议与索赔条款。约定此项条款，一方面有利于促进合同当事人认真履约，另一方面也便于依约处理合同争议。

(一) 违约、索赔和理赔的含义

违约(Default)是指合同的当事人全部或部分未履行合同所规定的义务，或拒不履行合同义务的行为。

索赔(Claim)是指买卖合同一方当事人因另一方当事人违约致使其遭受损失而向另一方当事人提出损害赔偿的行为。

理赔(Settle the Claim)是指一方当事人对于另一方提出的索赔进行处理。

一般来说，合同履行过程中的违约行为导致索赔和理赔的产生，而索赔和理赔是一个问题的两个方面。

(二) 违约的常见形式

交易过程中的违约行为大致可归纳为以下几种情况。

1. 卖方违约的常见形式

(1) 不交货，即不向买方交货。

(2) 不按合同规定交货，即卖方提交的货物的品质、数量、包装或其他约定事项与合同规定不符。

(3) 不按时交货，即卖方比合同规定的时间提前或推迟交货。

(4) 单证不符或单货不符，即卖方所提交的商业单据与信用证规定不符，或与实际货物不相符合。

(5) CIF 或 CIP 术语下，卖方不按规定办理运输或保险、不按时发出装运通知等。

2. 买方违约的常见形式

(1) 不开立或不按时开立信用证。

(2) 不付款，即买方不向卖方或其指定银行付款。

(3) 不按合同规定的付款方式、时间、地点、金额或币种等付款。

(4) 无正当理由拒收货物。

(5) FOB 或 FCA 术语下，买方不按合同规定按时派船或指定承运人等。

各国对违约行为的性质划分及补救措施规定不一样。我国《合同法》规定如果当事一方的行为使合同目的不能实现，那对方可以解除合同，如合同已开始履行，则要求赔偿损失。《联合国国际货物销售合同公约》认为一方违约剥夺另一方根据合同有权期待获得的东西，则视为根本违反合同，受害方可以解约并要求赔偿；如不是根本违反合同则只能要求赔偿。

(三) 索赔条款的内容

1. 异议与索赔条款(Discrepancy and Claim Clause)

异议与索赔条款主要是针对交货数量、质量或包装不符合合同而订立的，其主要内容如下。

1) 索赔依据

根据世界各国有关法律的规定，任何当事人在提出索赔时，必须要有充分的证据。若证据不全或不清，出证机构不符合要求，都可能遭到对方拒赔。索赔的证据包括法律依据、事实依据以及符合法律规定的出证机构出具的证明。

2) 索赔期限

索赔期限也称索赔有效期，是指守约方向违约方提出索赔的时限。超过索赔期限，受损害的一方即失去向违约一方要求损害赔偿或其他补救措施以及宣告合同无效的权利，对于超过有效期限的索赔违约方可以不予受理。索赔期限的长短应合理，通常由当事人双方根据货物的种类、性质、检验及港口条件和检验所需时间等因素进行协商，达成一致意见后在合同中加以规定。

3) 索赔金额

由于合同双方在订约时很难预计未来违约的具体情况及损失的具体程度，从而很难确定索赔金额，因此在合同中通常只作笼统规定。一般来说，索赔金额应相当于因违约所造成的损失，其中包括合同履行后可以获得的利益，但不得超过违约方订立合同时能预见到或应当预见到的因违约可能造成的损失。双方可以在合同中约定损害赔偿金额的计算办法。

4) 索赔的处理办法

对于不同性质的违约，守约一方可以向违约一方分别提出要求损害赔偿、减低价格、支付替代物、宣告合同无效等处理办法。

异议与索赔条款同商品检验条款有着密切的联系，所以约定索赔期限的时候，必须考虑检验条件和期限的长短等因素。为了使这两项条款互相衔接和更加合理，以免出现彼此脱节或相互矛盾的情况，在有些买卖合同中，便将这两项条款结合起来订立，并称为"检验与索赔条款"。

【案例6-4】我国内地某公司与香港地区一家公司签订了一个进口香烟生产线合同，设备是二手货，共18套，总值100多万美元。合同规定，出售商保证设备在拆卸之前均在正常运转，虽然未经翻修，但能符合正常运转的要求，否则更换或退货。合同同时规定，如有零件损坏，货到用货现场后14天内出具商检证明，可办理更换货退货。请运用所学对此合同规定进行评价。

【案例解析】本案例问题出在合同中检验索赔的有效期规定不合理上。合同条款订的再好，索赔有效期订得不合理，质量条款就成为一句空话。本案例索赔有效期订的太短。机器设备有效期应分为数量和质量两部分。数量问题，索赔有效期一般为货物到达目的地60天左右，质量问题索赔有效期应在1年或1年以上。

2. 罚金条款(Penalty Clause)

罚金条款也称违约金条款，是指合同的一方因未履行合同规定的义务而应向对方支付约定的罚金即违约金，以补偿给对方造成损失的条款。

罚金条款适用于卖方延期交货、买方延期接货、拖延开立信用证、拖欠货款等情况。其数额依据违约时间长短和所造成的损害程度不同由双方商定，并需规定最高限额，一般不超过货款总金额的5%。有时按天数规定罚金比例，同时规定最长延期时限(如10周)，超过则可撤销合同。

罚金的支付并不解除违约方应继续履行的义务，即交纳罚金后，还要继续履行合同。

我国在进出口贸易中一般只规定异议与索赔条款，只在订立分批交货的大宗货物买卖合同或机械设备一类商品的合同时才同时订立罚金条款。

(四) 索赔条款实例

1. 合同中的异议与索赔条款举例

例如："若买方不履行本合同规定的任何义务，卖方有权全部或部分终止执行本合同，或延缓装运，或停交在途货物。在任何类似情况下，买方均负有赔偿卖方因此而蒙受的一切损失和所支付的费用的责任。买方对于装运货物的任何索赔，必须于货到提单规定的目的地×天内提出，并须提供经卖方同意的公证机构出具的检验报告。"

2. 合同中的罚金条款举例

例如："如卖方不能按时交货，在卖方同意由付款银行在议付货款中扣除罚金或由买方于支付货款时直接扣除罚金的条件下，买方应同意延期交货。罚金率为每5天收取延期交货部分总值的0.3%，不足5天者按5天计算。但罚金不得超过延期交货部分总金额的5%。如卖方延期交货超过合同规定期限45天时，买方有权撤销合同，但卖方仍应不延迟地按上述规定向买方支付罚金。"

三、不可抗力条款

(一) 不可抗力的含义

不可抗力(Force Majeure)是指买卖合同签订后，不是由于合同当事人的过失或疏忽，而是由于发生了合同当事人无法预见、无法避免和无法控制的事件，以致不能履行或不能如期履行合同。发生意外事件的一方，可以免除履行合同的责任或推迟履行合同。

不可抗力既是合同中的一项条款，也是一项法律上的免责原则。这种免责，是指遭受意外事故的一方当事人免除承担损害赔偿之责。另一方当事人仍有除损害赔偿以外的其他任何权利，包括履约、减价和宣告合同无效等。

(二) 不可抗力事件的构成条件

按照一般的国际贸易惯例和法规，认为不可抗力事件应当具备以下4个构成条件：

(1) 事件是在订立合同后发生的；

(2) 事件在订立合同时是不可预见的；

(3) 事件的发生及其造成的后果是当事人不能控制而且不可避免的；

(4) 事件不是当事人的过失或故意造成的。

(三) 不可抗力条款的基本内容

国际上对不可抗力事件及其引起的法律后果并无统一规定，为防止合同当事人对不可抗力事件的性质、范围作随意解释，或提出不合理的要求，或无理拒绝对方的合理要求，因此有必要在买卖合同中订立不可抗力条款，明确约定不可抗力事件的性质和范围、处理原则和办法、通知对方的责任、事件证明文件和出具文件的机构等事项，以免引起不必要的争议，并有利于合同的履行。

1. 不可抗力事件的性质和范围

不可抗力事件有其特定的解释，并不是任何一种意外事件都可称为不可抗力事件。不可抗力事件的范围较广，它包括由自然力量引起的地震、海啸、水灾、飓风、大雪、雷电、暴风雨等和社会原因引起的战争、暴动、骚乱、政府禁令和封锁禁运等。交易双方在商定合同时应达成共识，并具体写明，以免事后发生争议。在合同中规定不可抗力事件性质和范围的方法有以下3种。

(1) 概括规定。即在合同中不具体规定哪些事故属于不可抗力，而只是笼统地规定。如："由于公认的不可抗力原因，致使卖方不能交货或延迟交货，卖方不负责任"。这种方法措辞模糊，解释伸缩性大，容易引起争议，不宜采用。

(2) 列举式规定。在合同中一一列举各种不可抗力事件。这种方式虽然明确具体，但文字烦琐，而且可能出现遗漏，因此也不是最好的办法。

(3) 综合规定。在合同中列明经常可能发生的不可抗力事件，再加上"以及双方同意的其他不可抗力事件"的文句。这种办法既明确具体，又有一定的灵活性。在我国进出口合同中，一般都采用这种规定方法。

2. 不可抗力事件的通知和证明

不可抗力事件发生后，不能按规定履约的一方当事人要取得免责的权利，必须及时通知另一方，并提供必要的证明文件，而且在通知中提出处理的意见。合同中可规定具体通知期限和通知方式。

不可抗力的证明文件，在我国一般由中国国际贸易促进委员会或其分会出具；在国外一般是由当地的商会或登记注册的公证机构出具。对于出证机构，也应在合同中做出具体规定。

当一方收到另一方关于不可抗力事件的通知或证明文件后，无论同意与否都应及时答复，否则，按有关国家的法律，将被视为默认。

3. 不可抗力事件的处理办法

不可抗力事件的处理办法有两种：一是解除合同，前提是不可抗力事故严重，使履行合同成为不可能；二是延期履行合同，前提是不可抗力事故影响不大，只在某种程度上阻碍了合同的履行。

什么情况下解除合同，什么情况下延期履行合同应由双方当事人依据发生事故的原因、性质及对合同所造成的影响而定，最好预先在合同中进行规定。

(四) 合同中的不可抗力条款举例

例如："如因战争、地震、火灾、水灾、暴风雨、雪灾或其他不可抗力的原因，致使卖方不能部分或全部装船或延迟装船，卖方对此均不负有责任。但卖方必须在事故发生时立即电告买方，并在事故发生后15天内航空邮寄给买方灾害发生地点之有关政府机构或商会所发给的证件证实灾害存在。人力不可抗拒事件存在60天及以上时，买方有权撤销合同或合同中未发运部分。"

【案例6-5】中国从阿根廷收购普通豆饼2万公吨，交货期为8月底，拟转售欧洲，然而，4月份阿商人原定的收购地点发生百年未见的洪水，收购计划落空，阿商要求按不可抗力处理，免除交货责任。试问：中方应如何处理，请说明理由。

【案例解析】我方不能同意。此例对合同双方来说不属不可抗力。因为中方所要求的是普通豆饼，并没有限定产地，而且4月份发生灾害，交货期为8月，原定收购地点发生灾害可以另换一个收购地点，所以阿方不能免除交货责任。

四、仲裁条款

仲裁(Arbitration)是指买卖双方在争议发生之前或之后，签订书面协议，自愿将争议提交双方所同意的仲裁机构予以裁决，以解决争议的一种方式。

(一) 仲裁是解决争议的一种重要的方式

1. 解决争议的方式

在国际贸易中，买卖双方签订合同后，经常由于种种原因没有如约履行，从而引发争议，而解决争议的方式主要有以下几种。

(1) 友好协商。它是指在争议发生后，由当事人双方直接进行磋商，自行解决纠纷。这种做法节省费用，而且气氛缓和，灵活性大，有利于双方贸易关系的发展。但这种方式也存在一定的局限性，如当争议涉及的金额数目巨大时，双方可能经反复协商相持不下，致使争议难以解决。

(2) 调解。它是指发生争议后，双方协商不成，则可邀请第三者(调解人)居间调解。这种方式在运用时，是以当事人自愿为前提的，最后的解决办法还须经双方当事人一致同意才能成立，一方当事人或调解人不得强迫另一方当事人接受调解。

(3) 诉讼。它是指发生争议后，一方当事人按照法律程序，向有管辖权的法院提起诉讼，要求法院依法予以审理，通过判决来解决双方的贸易争议。该方式的运用通常是由于争议通过协商或调解难以解决，以致诉诸法律。

(4) 仲裁(Arbitration)。仲裁也称为公断，是指当事人双方在发生争议时，按双方协议，由一定机构以第三方身份，对争议的事实或权利义务关系依法做出裁决，以解决争议的一种方式。

在各种解决国际贸易争议的方法中，仲裁是最符合国际贸易特点和要求的，因而也是最常见的。

2. 仲裁的特点

(1) 仲裁以争议双方自愿为前提。争议双方必须签订正式书面仲裁协议，才能通过仲裁解决争议。

(2) 受理争议的仲裁机构必须是仲裁协议指定的机构，仲裁必须按照一定的仲裁程序、规则进行。

(3) 仲裁机构的裁决是终局性的，对双方当事人均具有约束力。

(4) 仲裁比诉讼的程序简单，迅速及时，费用低廉。

(二) 仲裁协议的形式和作用

仲裁协议是双方当事人自愿将争议交付仲裁机构解决争议的书面表示，是申请仲裁的必备材料。

1. 仲裁协议的形式

仲裁协议有两种形式，一种是双方当事人在争议发生前订立的，表示同意把将来可能发生的争议提交仲裁解决的协议，这种协议一般都已包含在合同中，作为合同的一项条款，即仲裁条款。还有一种是双方当事人在争议发生后订立的，表示同意把已经发生的争议交付仲裁的协议。两种形式的仲裁协议法律效力是一样的。

2. 仲裁协议的作用

(1) 排除诉讼方式。约束双方当事人只能以仲裁方式解决争议，不得就争议事项向法院起诉。

(2) 排除法院对有关案件的管辖权。如果一方违反仲裁协议，自行向法院起诉，另一方可根据仲裁协议要求法院不予受理，并将争议案件退交仲裁庭裁决。

(3) 使仲裁机构取得对争议案件的管辖权。依据我国法律规定，有效的仲裁协议必须载有请求仲裁的意思表示、选定的仲裁委员会和约定仲裁事项；仲裁协议必须是书面的；当事人必须具有签订仲裁协议的行为能力；仲裁协议的形式和内容必须是合法的，否则仲裁协议是无效的。

(三) 仲裁条款的规定

仲裁条款确定了仲裁对合同项下的争议的适用范围，它是买卖双方选用仲裁解决争议的前提和依据。仲裁条款的主要内容包括：仲裁事项、仲裁地点、仲裁机构、仲裁规则、仲裁裁决的效力和仲裁费用等。

1. 仲裁地点

仲裁地点是指仲裁机构的所在地，与仲裁所适用的程序法以及合同所适用的实体法关系密切。各国一般都规定适用审判地法律，即在哪个国家仲裁，就适用哪个国家的仲裁法规。因此，交易双方在商定仲裁条款时，对仲裁地点的确定都极为关注。在我国进出口合同中，一般都尽量争取约定在中国仲裁，也可以约定在对方所在国仲裁，还可以约定在双方同意的第三国仲裁。

2. 仲裁机构

仲裁机构是指依据仲裁协议受理争议并做出裁决的机构。它可以是专门从事仲裁的常设机构，也可以是为解决某一特定争议而组成的临时仲裁庭。当事人双方选用哪个国家或地区的仲裁机构处理争议案件，应在仲裁条款中说明。

我国的涉外仲裁机构主要是中国国际经济贸易仲裁委员会和中国海事仲裁委员会。

3. 仲裁程序及仲裁规则

仲裁程序主要是规定进行仲裁的手续、步骤和做法，其中包括仲裁申请、仲裁员指定、仲裁庭组成、仲裁答辩与反诉、仲裁审理、仲裁裁决及仲裁费用等各方面的内容，同时为当事人和仲裁机构共同遵守。

各国仲裁机构一般都有自己的仲裁程序规则,如我国现行的仲裁程序规则是自2005年1月1日起施行的《中国国际经济贸易仲裁委员会仲裁规则》。根据该规则规定,凡当事人同意将其争议提交中国国际经济贸易仲裁委员会仲裁的,均视为同意按本规则进行仲裁。另外需要指出,如果当事人约定适用其他仲裁规则,并征得仲裁委员会同意的,原则上也可以适用其他仲裁规则。

4. 仲裁裁决的效力

仲裁裁决的效力是指由仲裁庭做出的裁决,对双方当事人是否有约束力,是否为终局性的,能否向法院起诉要求变更裁决。

为了强调和明确仲裁裁决的效力,以利执行裁决,在订立仲裁条款时,通常都规定仲裁裁决是终局性的,对当事人双方都有约束力。《中国国际经济贸易仲裁委员会仲裁规则》规定:仲裁裁决是终局的,对双方当事人具有约束力,任何一方当事人不得向法院起诉,也不得向其他任何机构提出变更裁决的请求。正是基于这一点,仲裁才被当事人广泛采纳为解决贸易争议的主要方式,它有利于迅速、及时地解决争议,避免因滥诉而耗费精力和时间。

仲裁裁决做出后,通常情况下,败诉方应当按照仲裁裁决书写明的期限自动履行裁决,但也有出于各种原因拒不履行的。当败诉方拒不履行仲裁裁决时,如仲裁机构或仲裁庭不具有强制执行的权力,胜诉方有权向法院提出申请,要求予以强制执行。若国外当事人拒不执行仲裁裁决,则可依据国际的双边协议或多边国际公约(如《1958年承认与执行外国仲裁裁决公约》)的规定来解决。

5. 仲裁费用的负担

仲裁费用是指向仲裁机构缴纳的费用,仲裁费用由谁负担,通常都在仲裁条款中予以约定,以明确责任。一般规定为败诉方承担,有时也约定由仲裁庭酌情裁决。

(四) 我国常用的仲裁条款格式

例如:凡因本合同引起的或与本合同有关的任何争议,双方应通过友好协商的办法解决;如果协商不能解决,均应提交中国国际经济贸易仲裁委员会,按照申请仲裁时该会现行有效的仲裁规则进行仲裁。仲裁是终局性的,对双方都有约束力。

【案例 6-6】我某公司向外商出口货物一批,合同规定一旦履约过程发生争议,如友好协商无法解决,即将争议提交中国国际经济贸易仲裁委员会在北京进行仲裁。后来,双方就商品品质发生争议,对方在其所在地法院起诉我方,法院发来传票。我方如何处理?

【案例解析】根据相关规定,仲裁协议可以排除法院对有关案件的管辖权。如果一方违反仲裁协议,自行向法院起诉,另一方可根据仲裁协议要求法院不予受理,并将争议案件退交仲裁庭裁决。本案中双方已在合同中约定了仲裁条款,所以我方可以依据所签合同条款,要求法院不予受理,将争议提交中国国际经济贸易仲裁委员会仲裁。

【课后拓展】

中国撤回对《联合国国际货物销售合同公约》第十一条的保留
国际货物销售合同可口头订立

中国政府于2012年初向联合国秘书长正式交存有关撤销其在《联合国国际货物销售合同公约》(以下

简称《公约》)项下"书面形式"声明的申请,目前已正式生效。至此,中国也与绝大多数《公约》缔约国一样不再要求国际货物销售合同必须采用书面形式,使我国《合同法》与《公约》对于合同形式的规定及适用趋于统一。

《公约》是调整和规范国际货物买卖合同关系最重要的国际公约之一,也是迄今最成功的国际贸易统一法之一。我国于1986年12月11日正式向联合国递交了对《公约》的核准书。《公约》对消除国际贸易法律障碍、促进我国改革开放发挥了积极的作用。

《公约》第十一条规定:销售合同无须以书面订立或书面证明,在形式方面也不受任何其他条件的限制,可以用包括人证在内的任何方法证明。根据该条,国际货物买卖合同可以用书面、口头或其他方式订立、证明,不受形式方面的限制。同时,《公约》也允许缔约国提出保留,即声明不受该条约束。鉴于当时我国适用于国际经济贸易的《涉外经济合同法》要求合同必须以书面形式订立,与《公约》第十一条不一致,因此我国在递交核准书时,声明不受《公约》第十一条及与第十一条内容有关的规定的约束。

1999年,我国公布了《中华人民共和国合同法》(以下简称《合同法》),同时废止了《涉外经济合同法》。《合同法》对合同形式不作要求,合同可以以各种方式成立,该规定已与《公约》第十一条的内容一致。国内学界和实务界多次建议撤回相关声明,《公约》也允许撤回声明。经认真研究并广泛征求意见,我国政府根据《缔结条约程序法》及《公约》的相关规定,撤回了对《公约》第十一条及与第十一条内容有关规定所作的声明。

本次撤回声明有效解决了国内法与《公约》之间的冲突,使两者对于合同形式的规定及适用趋于统一,可以避免外贸经营者和其他国家产生我国"合同形式的法律适用不平等"的误解,为我国进一步发展对外贸易减少了法律障碍,有利于我国积极融入国际社会,充分参与经济全球化进程。

当然,法律上规定订立合同不拘形式,不等于任何情况下都无须订立书面合同。其实国与国之间的绝大多数交易还是以书面形式订立的,特别是那些金额较大、货物复杂的交易或者交易涉及新客户、客户资信欠佳等情况,就更应坚持订立书面合同,而且要将合同条款订立齐全完备。

"这一撤回应引起中国公司的高度重视。"商务部条法司原司长张玉卿在接受《法制日报》记者采访时说,"中国公司已经习惯于订立书面合同。今后必须要注意,在国际贸易中如果需要订立书面合同,在谈判交易之前一定要事先向对方声明:只有当事方达成书面合同并经双方签字后,交易才属正式达成。否则,有可能被对方钻空子。"(资料来源:www.legaldaily.com.cn)

复习思考题

一、名词解释

1. 汇票　2. 背书　3. 托收　4. 信用证　5. 不可抗力　6. 仲裁

二、不定项选择题

1. 汇票根据(　)不同,可分为银行汇票和商业汇票。
   A. 出票人　　　　B. 付款人　　　　C. 受款人　　　　D. 承兑人
2. D/D是指(　)。
   A. 电汇　　　　B. 托收　　　　C. 信汇　　　　D. 票汇

3. 付款人对远期汇票表示承担到期付款责任的行为是(　　)。

    A. 出票　　　　　　B. 提示　　　　　　C. 承兑　　　　　　D. 背书

4. 下列收汇形式中,对于卖方来说,哪一种风险最大? (　　)

    A. D/P after sight　　　B. D/P at sight　　　C. D/A　　　　D. L/C

5. 对于支付方式中的汇付和托收, (　　)。

    A. 汇付属于商业信用而托收属于银行信用　　B. 两者都属于商业信用

    C. 汇付属于银行信用而托收属于商业信用　　D. 两者都属于银行信用

6. 关于信用证的说法,正确的有(　　)。

    A. 它是一种银行信用　　　　B. 它是一种独立的文件　　　　C. 它是一种商业信用

    D. 它是一种单据的买卖　　　E. 它是一种实物的买卖

7. 采用仲裁方式解决争议具有(　　)的特点。

    A. 如一方不服仲裁可以上诉

    B. 属友好协商解决争议,其结果不具有法律的强制性

    C. 可以多次交由不同的仲裁机构执行仲裁,直至双方达成满意结果为止

    D. 费用低廉、办案迅速,程序简便

三、计算题

1. 某公司对外报某商品每台 800 港元 CIF 新加坡,外商要求改报 CIFC5,问我方应报多少港元? (设投保加一成,保险费率为 1%。)

2. 某出口公司通过西欧某中间商与国外进口商达成一笔交易,合同规定我方出口某商品 25 000 公斤,我方报价每公斤 15 美元 CFRC2%汉堡。海运运费为每公斤 0.15 美元,出口后出口公司向国外中间商汇付佣金。计算: (1)该出口公司向中国银行购买交付佣金的美元共需多少人民币? (2)该出口公司的外汇净收入为多少美元(FOB 净价)? (按当时中行牌价: 100 美元＝619.99 人民币)

四、案例分析

1. 我国 3A 公司从日本远东株式会社进口一套荷兰豆食品生产线,总价 24 万美元,CIF 大连,合同约定,中方公司分两次付款,第一期付款 10 万美元,日方交货后 15 日内中方付清所有款项。日方交货后,中方没有按时付款。为此,日方向法院起诉要求赔偿损失。中方认为: 必须在对整套机器设备进行检验之后才能付款,按合同规定对机器设备检验的时间是两个月,因此中方不承担违约责任。请问: 中方是否违约? 法院应如何判决?

2. 某公司以 CFR 上海合同进口食品 1 000 箱,即期信用证付款。卖方装运货物后凭已装船清洁提单向银行收妥货款。买方投保水渍险。货到上海进口方复检时发现以下情况。(1)抽查发现 200 箱食品内含有的沙门氏细菌超过了我国标准,(2)只收到 998 箱,短少 2 箱,(3)有 15 箱货物外表状况良好,但箱内货物短少 60 公斤。对于以上情况,进口方应分别向谁索赔?

3. A 公司向 B 公司出口一批货物,B 公司通过 C 银行开给 A 公司一张不可撤销信用证,当 A 公司于货物装船后持全套货运单据向银行办理议付时,B 公司倒闭,C 银行拒绝付款,请问 A 公司该如何处理?

第七章

外汇与汇率

【课前导读】

货币是交易的一般媒介，在各种经济交易中，通过货币结算可以节省大量的交易时间和交易成本。但在国际经济交往中，由于世界上大多数国家都有本国独立的货币，而一国货币一般情况下不能在另一国内部流通，因此，在从事国际经济交易结算时，所要面临的首要问题就是要了解不同国家使用的货币、不同国家之间的货币兑换以及货币价格变动，也就是外汇和汇率的有关问题。

【要点提示】

1. 外汇的概念、汇率的标价方法
2. 货币升贬值幅度的计算，买入汇率和卖出汇率、套算汇率的计算
3. 金本位制度下汇率的决定和调整、购买力平价说
4. 影响汇率变动的因素、汇率变动的经济影响
5. 固定汇率制度与浮动汇率制度的比较
6. 现行人民币汇率制度的内容

第一节 外汇与汇率概述

一、外汇概述

(一) 外汇(Foreign Exchange)的概念和特征

1. 外汇的概念

外汇的概念有动态和静态之分。

动态的外汇即国际汇兑。其中"汇"是指货币资金在地域之间的移动，"兑"是指将一个国家的货币兑换成另一个国家的货币。因此，国际汇兑就是将一国货币兑换成另一国货币，用以清偿国家之间债权债务关系的一种专门性的经营活动。

静态的外汇又有广义和狭义之分。各国外汇管制法中所称的外汇都是指广义的外汇。根据《中华人民共和国外汇管理条例》第3条的规定，外汇是指以外币表示的可以用作国际清偿的支付手段和资产。它的表现形式有：

(1) 外币现钞，包括纸币、铸币；

(2) 外币支付凭证，包括票据、银行存款凭证、邮政储蓄凭证等；

(3) 外币有价证券，包括债券、股票等。

(4) 特别提款权；

(5) 其他外汇资产。

狭义的外汇即我们通常所说的外汇，是以外币表示的用于国际结算的支付手段。根据狭义外汇的定义，外币现钞、外币有价证券和黄金不能视为外汇，因为它们不能直接用于国际结算。只有在外汇银行的外币活期存款，以及索取这些存款的外币票据和外币凭证(如汇票、本票、支票、电汇凭证、外币信用卡等)才能称为狭义的外汇。在国际结算中所说的外汇通常是指狭义的外汇。

2. 外汇的特征

通过上面对外汇概念的分析，我们可以归纳出外汇的 4 个特征。

(1) 国际性。即外汇必须是以外币表示的金融资产，而以本币表示的同类金融资产不属于外汇。如以美元表示的支付凭证在中国属于外汇，但在美国则不属于外汇。

(2) 可自由兑换性。可自由兑换性是指外汇必须是以可自由兑换货币表示的。

(3) 普遍接受性。其是指外汇必须是在国际经济交往中能为各国普遍接受和使用的资产。

(4) 可偿性。其是指外汇必须是在国外能够得到偿付的货币债权(空头支票、拒付的汇票不能视为外汇)，否则国际汇兑将无法进行。

(二) 外汇的分类

1. 外汇按外汇管制程度可分为自由外汇和记账外汇

自由外汇(Free Foreign Exchange)也称自由兑换外汇，是指不需要经过货币发行国货币管理当局批准，就可以在国际金融市场自由地兑换成其他国家货币，并可随时向第三国支付的外汇。作为自由外汇的货币的一个主要特征是可自由兑换性。这里的可自由兑换性是指货币发行国对该国经常账户和资本与金融账户下的收支都不进行管制或限制。自由外汇在国际结算中被广泛运用，同时也是各国可以选择的国际储备资产。目前，在世界范围内被广泛接受并用于国际结算的自由外汇只有十多种，如美元、欧元、英镑、日元、瑞士法郎等。

记账外汇(Clearing Foreign Exchange)又称协定外汇或清算外汇，是指依据两国政府之间签订的支付协定来使用的适合于双边清算的外汇。记账外汇只能根据两国政府之间的清算协定，在双方银行开立专门账户记载使用。未经货币发行国货币管理当局批准，记账外汇不能兑换成其他国家货币或对第三国支付。例如我国对一些发展中国家的进出口贸易，为了节省双方的自由外汇，可以签订双边支付协定，采用记账外汇办理清算。

2. 外汇按外汇的来源和用途可分为贸易外汇和非贸易外汇

贸易外汇(Trade Exchange)里的"贸易"主要是指商品贸易，即贸易外汇是指由商品进出口所引起的外汇收支，包括对外贸易中因收付贸易货款、交易佣金、运输费用和保险费等发生的那一部分外汇收支。贸易外汇是一国外汇收支的主要来源，在国际收支平衡表中占有极其重要的地位。

非贸易外汇(Non-trade Foreign Exchange)是指由于非商品贸易业务而引起的外汇收支。其包括旅游外汇、劳务外汇、侨汇、私人外汇、驻外机构经费以及交通、邮电、银行、保险等服务部门的外汇收支。

3. 外汇按持有者不同可分为官方外汇和私人外汇

官方外汇(Official Foreign Exchange Holdings)是指一国政府或国际组织持有的外汇。它是各国国际储备的重要组成部分。在西方国家，官方外汇主要是用于平衡国际收支和贯彻汇率政策。在外汇管制较严的国家，官方外汇还用于计划进口和重点项目引进。

私人外汇(Private Foreign Exchange Holdings)是指企业或家庭持有的外汇。在国际收支不平衡时，对私人外汇进行管制是政府可选择的一种解决手段。

4. 外汇按外汇的交割期限可分为即期外汇和远期外汇

即期外汇(Spot Exchange)又称现汇或外汇现货，是指在即期外汇交易中所使用的外汇，即成交以后在两个营业日内办理交割的外汇。

远期外汇(Forward Exchange)又称期汇，是指在远期外汇交易中所使用的外汇，即成交以后在未来某个约定日期(两个营业日之后)办理交割的外汇。

(三) 外汇的作用

(1) 外汇是国际购买手段。持有外汇可以进行国与国之间的货物、服务等产出的买卖。

(2) 外汇是国际支付手段。持有外汇可以进行国际债权债务的清偿。

(3) 外汇是国际储备资产，可用于弥补国际收支逆差，维持本币汇率稳定，是政府干预经济活动的重要工具。

(4) 外汇是调节国与国之间资金余缺的手段，可以促进货币信用的国际化。

世界上常用货币的名称及其 ISO 标准货币代码如表 7-1 所示。

表 7-1 常用货币名称及其 ISO 标准货币代码

货 币 名 称	ISO 标准货币代码
美元	USD
欧元	EUR
英镑	GBP
加拿大元	CAD
澳大利亚元	AUD
港币	HKD
日元	JPY
瑞士法郎	CHF
新加坡元	SGD

二、汇率的标价与种类

汇率(Foreign Exchange Rate)又称汇价、外汇牌价或外汇行市，是指两国货币之间的兑换比率。即一国货币以另一国货币表示出来的价格。

(一) 汇率的标价方法

在本币和外币之间进行折算，首先要确定哪个国家的货币是基准货币，哪个国家的货币是标价货币。基准货币是指在汇率比价中以 1 或 100 等整数形态出现的货币；标价货币则是指在汇率比价中用来表示基准货币价格的货币。标价货币的数额会随着基准货币价格的变化发生改变。根据一国(地区)是以外国货币还是以本币作为基准货币，相应存在着两种不同的标价方法：直接标价法和间接标价法。

1. 直接标价法(Direct Quotation)

直接标价法是以一定单位(1 个单位或 100 个单位)的外国货币为标准，折成若干单位的本国货币来表示汇率的方法。在直接标价方法下，外国货币是基准货币，本国货币是标价货币。世界上大部分国家都采用这种标价方法，我国目前实行的就是直接标价法。例如，某日上海一家中国银行公布汇价：USD100＝CNY627.69，这是采用直接标价法。

2. 间接标价法(Indirect Quotation)

间接标价法是以一定单位的本国货币为标准，折成若干单位的外国货币来表示汇率的方法。在间接标价方法下，本国货币是基准货币，外国货币是标价货币。例如，某日纽约一家花旗银行公布汇价：USD100＝CHF1.3250，这是采用间接标价法。

目前，只有英镑、欧元、澳大利亚元、美元等少数几个国家和地区的货币实行间接标价法。当这几种货币之间进行交易时，它们之间的关系已经形成了如下国际惯例：当英镑与其他货币交易时，英镑为基准货币；当欧元与英镑之外的货币交易时，欧元为基准货币；当澳元与英镑、欧元之外的货币进行交易时，澳元为基准货币；当美元与英镑、欧元、澳元、爱尔兰元、新西兰元等之外的货币进行交易时，美元为基准货币。

3. 有关直接标价法和间接标价法的几点说明

(1) 直接标价法和间接标价法都是有地理区域的概念。要确定标价方法，首先要确定哪种货币是本币，哪种货币是外币。例如：GBP1＝USD1.5545，如果这一汇率是英国外汇银行公布的外汇牌价，则这是间接标价法；如果这一汇率是美国的外汇银行公布的外汇牌价，则这是直接标价法。

(2) 标价货币的数额变化与本币价值之间的关系。

在直接标价方法下，标价货币数额上升，本币贬值；标价货币数额下降，本币升值。

在间接标价方法下，标价货币数额上升，本币升值；标价货币数额下降，本币贬值。

(3) 如何计算外汇升(贬)值率。

$$在直接标价方法下，外汇升(贬)值率＝\frac{变化后的汇率－变化前的汇率}{变化前的汇率}×100\%$$

$$在间接标价方法下，外汇升(贬)值率＝\frac{变化前的汇率－变化后的汇率}{变化后的汇率}×100\%$$

计算出来的结果如果为正，则表明外汇升值；结果为负，则表明外汇贬值。本币升(贬)值率的计算则与此相反。

【例7-1】假设 2005 年 7 月 17 日，美元兑人民币的外汇牌价为：USD1＝CNY8.2919；到 2013 年 5 月 9 日，变为 USD1＝CNY6.1212，试分别计算美元和人民币的升(贬)值率。

解：假设以美元为外汇，则这是直接标价法，因此，

$$美元的升(贬)值率＝\frac{6.1212－8.2919}{8.2919}×100\%＝-26.18\%$$

以人民币为外汇，则这是间接标价法，因此，

$$人民币的升(贬)值率 = \frac{8.2919 - 6.1212}{6.1212} \times 100\% = 35.46\%$$

结论为美元贬值 26.18%，人民币升值 35.46%。

4. 美元标价法和非美元标价法

直接标价法和间接标价法都是针对本国货币与外国货币之间的关系而言的。对于某个国家或某个外汇市场来说，本币以外其他各种货币之间的比价无法用直接或间接标价法来判断。如果任由各国自己决定两种外汇之间的标价方法，就会因为交易各方标价方法不同而导致报价混乱的状况。因此，全球化的外汇交易需要一种统一的汇率表示方式，于是国际外汇市场上逐渐形成了除英镑、欧元、澳大利亚元、新西兰元等几种货币外，其余货币都以美元作为基准货币进行标价的惯例；而英镑、欧元、澳大利亚元、新西兰元等几种货币仍沿袭习惯上的标价方法，即以本币作为基准货币，以美元作为标价货币。

因此，美元标价法就是以 1 个单位或 100 个单位的美元为基准货币，折算成一定数额的其他国家货币来表示汇率的方法。例如，某日国际外汇市场上的汇价公布为"1 美元＝81.81 日元，1 美元＝0.8779 瑞士法郎"。非美元标价法则是以 1 个单位或 100 个单位的非美元货币为基准货币，折算成一定数额的美元来表示汇率的方法。例如，某日国际外汇市场上的汇价公布为"1 英镑＝1.6110 美元，1 欧元＝1.2505 美元"。这一惯例已被全世界的外汇市场参与者所接受。

(二) 汇率的种类

1. 按银行买卖外汇的情况，汇率分为买入汇率、卖出汇率、中间汇率和现钞汇率

(1) 买入汇率(Buying Rate)又称买入价，是指报价银行买入某种外汇时所使用的汇率。

(2) 卖出汇率(Selling Rate)又称卖出价，是指报价银行卖出某种外汇时所使用的汇率。

报价银行是指接受客户询问报出货币汇价的银行。银行在进行外汇交易时会同时报出买入价和卖出价，两者之间的差价就是银行的利润，因此，银行买卖外汇的原则是"低买高卖"，无论是在直接标价法还是在间接标价法下，某种货币的卖出汇率一定会高于买入汇率。买入汇率和卖出汇率的差额大小会因为买卖货币的种类、成交金额的大小、外汇行市的变化、买卖对象的不同而有所区别，一般为1‰~5‰，人民币的买卖价差一般为5‰。

银行同时报出的两个汇率中，前面的那个汇率一定会小于后面的汇率，但在不同的标价法下，外汇的买入汇率和卖出汇率的位置是不一样的。

在直接标价法下，银行的报价是外汇买入汇率在前，卖出汇率在后(即直接标价法下前买后卖)。例如：某日中国外汇市场上，中国银行报出的美元和人民币之间的兑换比率为 USD1＝CNY6.2717/6.2737(两个汇率之间的斜线是分隔符)。上式中，前面是美元的买入价，后面是美元的卖出价。即中国银行每买入 1 美元付出 6.2717 元人民币；中国银行每卖出 1 美元收入 6.2737 元人民币。

在间接标价法下，银行的报价是外汇卖出汇率在前，买入汇率在后(即间接标价法下前卖后买)。例如：某日美国外汇市场上，花旗银行所报出的美元和加元之间的兑换比率为USD1＝CAD1.3210/1.3245。上式中，前者是加元的卖出价，后者是加元的买入价。即花旗银行每卖出 1.3210 加元收入 1 美元；花旗银行每买入 1.3245 加元付出 1 美元。

需要注意的是，无论是报价银行和普通工商客户之间的交易，还是报价银行和询价银行之间的交易，对于普通客户和询价银行来说，报价银行的买入价就是普通客户和询价银行的卖出价，报价银行的卖出价就是普通客户和询价银行的买入价。

(3) 中间汇率(Middle Rate)又称中间价,是买入汇率和卖出汇率的算术平均数。一般来说,中间汇率不能用作实际交易,它只是一个汇率行情的显示。国际货币基金组织所公布的各国汇率表中,均采用中间汇率。报纸、新闻、网站公布汇率时,也常采用中间汇率。中间汇率主要是用作经济参考指标。

中间汇率=(买入汇率+卖出汇率)÷2

(4) 现钞汇率(Bank Note Rate)是指银行买卖外汇现钞时使用的汇率。前述的买入汇率、卖出汇率是指银行购买或出售外币支付凭证等现汇的价格。在银行公布的外汇牌价表中,除列有现汇买入与卖出汇率外,一般还会公布现钞买入汇率与卖出汇率。我国规定,外币现钞买入汇率要低于现汇买入汇率,这是因为银行购入外币现汇以后,通过航邮划账,可很快存入外国银行,开始生息,并可以随时调拨使用;而外币现钞一般不能在本国市场上流通,所以银行买入外币现钞后要对其进行保管,积累到一定金额后,才能将其运送并存入外国银行调拨使用。在这个过程中,银行要支付保管费、运送过程中的运费和保险费,同时还要承担利息损失。银行要将这些损失和费用开支转嫁给出售现钞的顾客。所以现钞买入价要低于现汇买入价。基于类似的原因,对于一些交易中不常用的外币,现钞卖出汇率要高于现汇卖出汇率,而主要外币现钞卖出汇率则与现汇卖出汇率一致(见表7-2)。

表7-2 中国银行公布的其他货币兑人民币的汇率

单位: 人民币/100 外币 日期: 2016-05-24

货 币 名 称	现汇买入价	现钞买入价	现汇卖出价	现钞卖出价
美元	654.04	648.79	656.66	656.66
英镑	946.65	917.43	953.29	953.29
欧元	731.99	709.4	737.13	737.13
日元	5.9681	5.784	6.0101	6.0101
加元	496.4	481.07	500.38	500.38
瑞士法郎	659.11	638.77	663.73	663.73
新加坡元	472.84	458.25	476.16	476.16
澳大利亚元	471.29	456.75	474.61	474.61
港币	84.19	83.52	84.51	84.51
韩元	0.5492	0.5293	0.5536	0.5743
澳门元	81.98	79.23	82.29	84.93

(注: 数据来源为 www.boc.cn)

2. 按汇率的计算方法,汇率分为基本汇率和套算汇率

(1) 基本汇率(Basic Rate)。基本汇率是本币和关键货币之间的汇率。关键货币是指在本国的对外交往中使用最多的可自由兑换货币。由于美元是世界上使用最为广泛的货币,所以现在多数国家都把美元作为关键货币,制定出美元兑本币的汇率,以其作为基本汇率。

(2) 套算汇率(Cross Rate)。也叫交叉汇率,是指以各国公布的基础汇率为基础套算得来其他两种货币之间的汇率。

套算汇率的计算,有 3 种情况。

① 基准货币相同,标价货币不同,求标价货币之间的比价。这时要使用交叉相除法(小数÷大数/大数÷小数)。

【例7-2】设 USD1 = CAD1.1040/1.1050，USD1 = JPY98.80/98.90，求加元兑日元的买入汇率和卖出汇率。

解：加元兑日元的买入汇率 $=\dfrac{\text{美元兑日元的买入汇率}}{\text{美元兑加元的卖出汇率}}=\dfrac{98.8}{1.1050}=89.4118$

加元兑日元的卖出汇率 $=\dfrac{\text{美元兑日元的卖出汇率}}{\text{美元兑加元的买入汇率}}=\dfrac{98.9}{1.1040}=89.5833$

即加元兑日元的汇率为 CAD1＝JPY89.4118/89.5883。

② 基准货币不同，标价货币相同，求基准货币之间的比价。此时要使用交叉相除法(小数÷大数/大数÷小数)。

【例7-3】设 EUR1＝USD1.5545/1.5555，AUD1＝USD1.1124/1.1134，求欧元兑澳元的买入汇率和卖出汇率。

解：欧元兑澳元的买入汇率 $=\dfrac{1.5545}{1.1134}=1.3962$

欧元兑澳元的卖出汇率 $=\dfrac{1.5555}{1.1124}=1.3983$

即欧元兑澳元的汇率为 EUR1＝AUD1.3962/1.3983。

③ 非美元标价与美元标价之间，求某一基准货币与另一标价货币的比价。此时要使用同边相乘法(小数乘小数/大数乘大数)。

【例7-4】设 USD1 = CHF0.9360/0.9370，GBP1 = USD1.5545/1.5555，求英镑兑瑞士法郎的比价。

解：英镑兑瑞士法郎的买入汇率＝0.9360×1.5545＝1.4550

英镑兑瑞士法郎的卖出汇率＝0.9370×1.5555＝1.4575

即英镑兑瑞士法郎的汇率为 GBP1＝CHF1.4550/1.4575

3. 按外汇买卖交割期限不同，汇率分为即期汇率和远期汇率

(1) 即期汇率(Spot Rate)也称现汇汇率，是指外汇买卖成交以后在两个营业日内实行交割的汇率。

(2) 远期汇率(Forward Rate)也称期汇汇率，是指外汇买卖成交以后在未来某个约定日期(两个营业日之后)办理交割所使用的汇率。远期汇率的变化主要受市场利率变化和外汇市场供求状况变化的影响。

所谓"成交"就是买卖双方签订交易合同，达成交易。所谓"交割"，是指买卖双方履行交易合约，进行钱货两清的授受行为。在即期外汇交易中，则是完成两种货币的交换。

远期汇率是在即期汇率的基础上产生的，但两者之间总会存在一个差额，远期汇率和即期汇率之间的差额称为远期差价(Forward Margin)，也叫远期差额或远期汇水。远期差价有升水、贴水和平价3种情况。升水表示外汇的远期汇率高于即期汇率，即远期外汇比即期外汇贵。贴水表示外汇的远期汇率低于即期汇率，即远期外汇比即期外汇便宜。平价表示远期汇率等于即期汇率。

4. 按汇付方式不同，汇率可分为电汇汇率、信汇汇率和票汇汇率

(1) 电汇汇率(T/T Rate)是指经营外汇业务的银行，在卖出外汇后，以电报电传的方式委托其国外分支机构或代理行付款给收款人所使用的一种汇率。

(2) 信汇汇率(M/T Rate)是指银行卖出外汇收进本币时，以信函方式通知国外分行或代理行，委托其向收款人付款时所采用的汇率。

(3) 票汇汇率(D/D Rate)是指银行卖出外汇收进本币时，开立以其国外分行或代理行为付款人的银行汇票，交给汇款人，由汇款人自行寄给或交给国外受款人，受款人凭该银行汇票向汇入行提取款项，这种方式下使用的汇率即为票汇汇率。

由于电信费用较高，而且电汇付款较快，银行不能占用客户资金，所以电汇汇率高于信汇汇率和票汇汇率。但目前国际支付大多使用电信传递，所以电汇汇率一般被看作基本汇率，其他汇率都是以电汇汇率为基础来计算确定。各国公布的外汇牌价，如无特别说明，均指电汇汇率。在国际金融市场上，由于汇率很不稳定，各国的进出口商为了避免外汇风险，一般都会在贸易合同中规定交易采用电汇汇率。

5. 按外汇管制情况，汇率可分为官方汇率和市场汇率

(1) 官方汇率(Official Rate)又称法定汇率，是指一国外汇管理当局所规定并予以公布的汇率。在外汇管制严格的国家，由于没有自由的外汇市场，因此汇率无法根据外汇市场供求状况形成，一般由金融当局制定和公布。凡规定官方汇率的国家，一切外汇交易均须按官方汇率进行，一切外汇收入必须按官方汇率结售给指定银行，所需外汇也必须向国家指定的银行购买。实行计划经济的国家一般都指定官方汇率。

(2) 市场汇率(Market Rate)又称自由汇率，是指自由外汇市场上人们进行外汇买卖所采用的汇率。它随市场供求关系的变化而上下自由波动。市场汇率存在的前提是货币能自由兑换或外汇管制较松。外汇管制严格的国家一般不允许市场汇率存在，市场汇率常常以黑市价的形式表现出来。

6. 按外汇收付的来源与用途，汇率可分为单一汇率和多种汇率

(1) 单一汇率(Single Rate)是指一国对外仅有一种汇率，在该国所有的对外经济活动中均使用这种汇率。

(2) 多种汇率(Multiple Rate)是指一国货币当局对本币与某一外国货币的汇价因用途及交易种类的不同而规定有两种或两种以上的汇率，也称复汇率。

7. 按买卖对象不同，汇率可分为同业汇率和商业汇率

(1) 同业汇率(Inter-Bank Rate)即银行同业汇率，是指外汇银行相互之间买卖外汇时所采用的汇率。

(2) 商业汇率(Commercial Rate)是指外汇银行对企业和个人等一般客户进行外汇买卖时所采用的汇率。商业汇率的买卖差价要大于同业汇率的买卖差价。外汇市场上银行的报价通常都是同业汇率。

8. 名义汇率、实际汇率和有效汇率

(1) 名义汇率(Nominal Rate)是指各种媒体所公布出来的汇率。人们平时所看到的汇率都是名义汇率。

(2) 实际汇率(Real Rate)是以不变价格计算出来的某国货币的汇率，它考虑到了通货膨胀这一因素对汇率的影响，因此可以比名义汇率更真实地反映出一国国际竞争力的变化。

(3) 有效汇率(Effective Rate)是用来衡量一国货币汇率总体变化情况的一个指标，它是根据一国货币对其他各国货币变动的幅度，以贸易比重为权数所计算出的一个加权平均数。

【例7-5】假定英镑对各种货币汇率在一年中的变化及各国对英贸易在英国对外贸易中的比重分别如下表所示。

货 币 名 称	上年末汇率	本年末汇率	贸 易 比 重
美元	1.7240	1.6530	20%
欧元(法国)	1.8100	1.6500	40%
瑞士法郎	1.5500	1.6200	30%
日元	110	130	10%

试分别计算英镑对各种货币的升贬值幅度及英镑总的变化幅度。

解：英镑对各种货币汇率的变动幅度如下。

对美元：(1.6530−1.7240)/1.7240×100%＝-4.12%

对欧元：(1.65−1.81)/1.81×100%＝-8.84%

对瑞士法郎：(1.62−1.55)/1.55×100%＝4.52%

对日元：(130−110)/110×100%＝18.18%

则英镑总的变化幅度为：

(-4.12%×20%)+(-8.84%×40%)+4.52%×30%+18.18%×10%=-1.19%

即和上年末相比，英镑相对于美元贬值 4.12%，相对于欧元贬值 8.84%，相对于瑞士法郎升值 4.52%，相对于日元升值 18.18%。总的来说英镑贬值 1.19%。

第二节 不同国际货币体系下汇率的决定与调整

国际货币体系又称国际货币制度，是指各国政府为了解决国际经济交往中对于国际货币的需要，对涉及国际货币流通的各个方面在国际范围内做出的制度性安排。国际货币体系其中一个很重要的内容就是各国货币汇率的确定和调整方式。国际货币体系的发展大致经历了国际金本位制、布雷顿森林体系、牙买加体系 3 个阶段，在不同的国际货币制度下，汇率的决定和调整机制是不同的。

一、国际金本位制度下汇率的决定与调整

(一) 国际金本位制的概念及特征

1. 金本位制的概念

金本位制是以一定成色的黄金作为各国本位货币，并建立起流通中各种纸币与黄金间固定兑换关系的一种货币制度。即以货币含金量来衡量货币的价值。

国际金本位制是世界上首次出现的国际货币制度，是在 19 世纪 70 年代至 1914 年第一次世界大战前各主要资本主义国家普遍实行金本位制的情况下自发形成的。1816 年英国颁布了《金本位制度法案》，最先采用了金本位制。随后，其他资本主义国家也纷纷效仿，相继实施了金本位制，标志着国际金本位制的诞生。金本位制度包括金币本位制、金块本位制和金汇兑本位制 3 种不同的类型，其中，金币本位制是最典型的金本位制。我们就以金币本位制为例，说明在金本位制下汇率是如何决定和调整的。

2. 金币本位制的基本特征

(1) 政府将具有一定含金量的金币作为本位货币。

(2) 允许银行券流通，但只是作为黄金的符号，必须保持固定比价与黄金自由兑换。

(3) 金币可以自由铸造和自由融化。

(4) 黄金可以自由输出入国境。

(二) 国际金本位制下汇率的决定基础

在国际金本位制度下，各国都规定单位货币含有的黄金成色和重量，被称为含金量。由于银行券可

以自由兑换成金币，因而在国际结算中，不论是通过银行券还是通过黄金来进行结算，两个实行金币本位制度国家货币之间的汇率就是两国货币含金量之比，我们称之为铸币平价(Mint Par)。铸币平价是金本位制下决定一国汇率的基础。

$$铸币平价 = \frac{A\ 货币含金量}{B\ 货币含金量}$$

【例7-6】金本位制期间，1英镑含金量为113.0016格令(7.32238克)纯金，1美元的含金量为23.22格令(1.50463克)纯金，则：

$$铸币平价 = \frac{英镑含金量}{美元含金量} = \frac{113.00016}{23.22} = 4.8665$$

即英美两国货币之间的汇率为1英镑=4.8665美元

需要注意的是，铸币平价只是汇率的决定基础，但它所决定的汇率不一定是市场上实际的汇率。市场上的实际外汇行市还要受到外汇市场供求状况的影响，市场对某种货币供大于求，则该货币的汇率要下浮；市场对某种货币供小于求，则该货币的汇率要上浮。

(三) 国际金本位制下汇率的调整

在金本位制下，汇率的波动不会没有边际，它总是围绕着铸币平价上下波动，并以黄金输送点(Gold Transport Point)为上下波动界限。这是因为金本位制下黄金的价格是稳定的，并且可以自由铸造和自由输出入国境，当汇率对一国不利时，它就不用外汇而改用输出入黄金来完成国际结算。因此各国汇率波动幅度很小，成为自发的固定汇率制度。

所谓黄金输送点，是指汇率的上涨或下跌超过一定的界限时，将会引起黄金在本国和外国之间输出或输入，从而起到自动调节汇率的作用。黄金输送点的构成为

黄金输出点=铸币平价+1单位黄金运送费用

黄金输入点=铸币平价−1单位黄金运送费用

黄金输送点是如何限制货币汇率波动范围的呢？我们可以举例说明。

【例7-7】英美铸币平价为4.8665，当时在英美两国间运送一英镑黄金的各项费用(运输、包装、保险、检验等)为0.03美元，则黄金输送点为4.8965和4.8365。即在外汇市场上，英镑兑美元的汇率将在4.8665±0.03之间波动，不会超过4.8965和4.8365的上下限。

(1) 当英镑市场汇率上涨，超过4.8965，假设达到4.9065，对美国进口商而言，使用外汇结算不如使用黄金结算。如果美国进口商直接使用外汇结算，则每个英镑他要支付4.9065美元；而由于货币和黄金之间的价格是固定不变的，货币和黄金之间可以自由兑换，黄金可以自由输出入国境，对于美国进口商来说，他可以选择先用4.8665美元兑换价值1英镑的黄金，然后将黄金运送到英国去偿付债务，这样，加上运送费用，他每个英镑只用支付4.8965美元。当美国进口商都选择用黄金而不是外汇进行结算时，市场上对英镑的需求就会减少，英镑汇率就会下跌，直至跌到4.8665美元以下，美国进口商才会重新选用外汇结算。由此可见，在金本位制下，外汇价格波动的上限不会超过黄金输出点。

(2) 当英镑汇率下跌到4.8365 即黄金输入点以下时，美国出口商就不愿意按此低汇率将英镑兑为美元，而宁愿用英镑在英国购入黄金，再运回国内。这时，外汇市场上对于美元的需求就会下跌，对英镑的供应也就会相应减少，英镑汇率就会上升，直至4.8365以上，美国出口商才会重新选用外汇结算。

由于黄金运送费用相对于汇率来说数额很小，如上例中只占到0.6%左右，所以在金本位制下汇率的波动幅度实际上是很小的，可以看成是固定的，而且在整个汇率调整过程中，货币管理当局并未采取任何调整措施，因此我们把金本位制下的固定汇率称为自发的固定汇率。

虽然国际金本位制具有相当的稳定性，把各国之间的经济往来纳入了稳定发展的轨道，但这种货币制度仍然存在着一些内在矛盾，其中最核心的问题就是由于世界商品贸易活动的日益扩大，黄金多用途的开发，有限的黄金储备和开采技术落后造成的浪费等造成的黄金供应和需求之间的严重不平衡。造成这一问题的原因是多方面的：首先，第一次世界大战之前，资本主义国家为了备战开始大肆搜刮黄金，大量发行银行券；其次，"一战"爆发以后，欧洲各国为了应付战争的巨大开支而大量发行纸币，黄金流通量普遍不足。因此，各国都纷纷停止黄金和银行券之间的自由兑换，禁止黄金出口，这使得金本位制存在的基础遭到了严重破坏。1929—1933年的资本主义经济大危机后，金本位制彻底崩溃，西方各国先后实行纸币流通制度。

二、纸币流通制度下汇率的决定和调整

(一) 布雷顿森林体系下汇率的决定和调整

国际金本位制崩溃后，各国货币比价失去了稳定的基础，汇率急剧波动，许多国家的国际收支出现了严重失衡。为缓解失业和国际收支失衡，各国货币当局纷纷实行外汇管制和竞争性货币贬值，结果造成国际货币秩序的极度混乱。这些问题严重阻碍了国际贸易的发展和国际金融活动的开展，创建新的国际货币体系已迫在眉睫。而"二战"结束后，各国的政治、经济力量发生了重大变化，美国取代英国在世界经济体系中占据中心地位。1944年7月，在美国新罕布什尔州的布雷顿森林小镇召开了有44个国家参加的国际金融会议，这次会议确立了了新的国际货币体系——布雷顿森林体系。布雷顿森林体系的基本内容包括：建立一个永久性的国际金融机构——国际货币基金组织(IMF)；实行以"美元—黄金本位制"为基础的可调整的固定汇率制度；取消外汇管制等。

1. 布雷顿森林体系下汇率的决定

纸币本身是没有价值的，仅是流通中的货币符号。在这个体系下，纸币之所以能够流通，是由一国政府通过法令规定纸币作为金属货币的代表而实现的。各国政府参照过去流通的金属货币的含金量，用法律规定纸币的含金量，称为纸币的法定含金量。两种货币法定含金量之比，称之为"黄金平价"。例如，在布雷顿森林体系下，首先规定了美元与黄金的固定比价为1盎司黄金兑换35美元，即1美元的含金量是0.888671克，而1英镑的法定含金量为3.58134克，则英镑和美元之间的基础汇率为1英镑=4.03美元。从形式上看，"黄金平价"构成各国货币汇率的决定基础。

在布雷顿森林体系下，各成员国政府必须协助美国维持黄金官价，美国政府则承担各国政府随时用美元向美国政府按官价兑换黄金的义务。其他各国货币是不能兑换黄金的，但能通过兑换美元间接与黄金挂钩，这一内容被称为"双挂钩"，即美元与黄金挂钩，其他国家货币与美元挂钩。这样，使得美元在国际货币体系中处于中心地位，其他国家货币都依附于美元，使美元等同黄金，成为世界上最主要的清算货币和储备货币。各国中央银行均持有美元储备，彼此以美元划账结算，从而使美元成为名副其实的国际中心货币，形成以美元为中心的国际货币体系。

2. 调整

各国政府将本国货币与美元含金量的对比形成的金平价作为中心汇率，汇率一旦确定以后，并不是

固定不变的。随着外汇市场供求的变化，两国货币之间的汇率必然发生变化，但在布雷顿森林体系下，国际货币基金组织规定，各国货币的法定含金量及其与美元之间的汇率一经确定，不得随意变动。该组织规定：两国货币汇率的波动幅度不能超过金平价的±1%。如果汇率波动超过±1%，则各国政府有义务在外汇市场上进行干预，以保持汇率体系的相对稳定。如果一国国际收支出现了根本性不平衡，则该国政府可以向国际货币基金组织申请调整本币的法定含金量，变更平价，即

(1) 汇率波动幅度在±1%以内由市场自由调节；

(2) 汇率波动幅度超过±1%则由官方干预；

(3) 当一国出现国际收支根本性不平衡时，经核准可以变更平价。

布雷顿森林体系的建立使美国产生两个基本责任：首先，要保证美元按固定比价兑换黄金，维持各国对美元的信心；其次，要提供足够的国际清偿能力，也就是美元。然而，这两个责任之间是有矛盾的。为了满足世界各国经济发展的需要，美元供应必须不断增长，而美元供应的不断增长，使美元和黄金之间的兑换性日益难以维持；而减少美元的供应，就会产生国际清偿力不足的问题。美元的这种两难处境，是美国耶鲁大学教授罗伯特·特里芬于20世纪50年代首先提出的，故又被称为"特里芬难题"。

布雷顿森林体系的实质是以美元为中心的国际货币体系，因此，美元在国际金融中地位的变化必然影响到整个体系的发展方向。在布雷顿森林体系的早期，各国都需要恢复经济，迫切需要美元，世界上面临美元荒的局面。而后随着美国经济的衰退、国际收支的持续逆差，各国持有的美元数量激增，"美元荒"变成了"美元灾"，人们对美元的信心日益丧失。当人们对美元与黄金之间的可兑换性产生怀疑时，就会抛售美元，抢购美国的黄金和经济处于上升时期的国家的货币，这便爆发了美元危机。大规模的美元危机在1960年、1968年、1971年多次爆发，每次危机爆发后美国与其他国家也都采取了互相提供贷款、限制黄金兑换、美元贬值等一系列协调措施，1971年尼克松政府甚至实行了新经济政策，停止美元兑换黄金，使得美元与黄金挂钩这一布雷顿森林体系的两大支柱之一倒塌，但这都不能从根本上改变特里芬难题所揭示的布雷顿森林体系制度安排上的内在缺陷，因此只能起到暂时的效果。1973年2月外汇市场再度爆发美元危机时，各主要工业国家的货币开始实行浮动汇率制，从而使布雷顿森林体系的另一根支柱——固定汇率制度垮台，布雷顿森林体系就此彻底崩溃。

三、牙买加体系的浮动汇率制度下汇率的决定与调整

布雷顿森林体系崩溃后，国际金融形势动荡不安，世界各国为建立一个新的国际货币体系进行了长期的讨论和协商。1976年1月，国际货币基金组织在牙买加首都金斯敦召开会议，签署了牙买加协议，从此国际货币体系进入了一个新阶段——牙买加体系时期。牙买加体系放弃了布雷顿森林体系下的双挂钩制度，宣布浮动汇率合法化，允许成员国自由选择汇率制度；同时实行黄金非货币化，废除黄金条款，取消黄金官价，使黄金与货币完全脱离关系。

1. 浮动汇率制度下汇率的决定

在浮动汇率制度下，各国货币当局不再规定其货币的含金量。在这种情况下，决定汇率的基础又是什么呢？一般认为，汇率作为两国货币间的比价，是由两国货币在外汇市场上的供求状况决定的。货币供求关系的基础是货币的购买力，我们就以购买力平价说为例说明浮动汇率制度下汇率是如何被决定和发生变化的。

购买力平价说的基本思想是：人们之所以需要外国货币是因为它在该国国内具有对一般商品的购买力；同样，外国人之所以需要本国货币也是因为它在本国具有购买力。因此，本币和外币的平价主要取决于两国货币购买力的比较。

购买力平价有两种形式，一种是绝对购买力平价，另一种是相对购买力平价。

绝对购买力平价是用来说明在某一时点上汇率是如何被决定的。这一学说认为，在某一时点上，两国货币之间的兑换比率取决于两国货币购买力之比，而购买力是一般物价水平的倒数。所以绝对购买力平价可以表达为

$$e=\frac{P_a}{P_b}$$

式中：e——1 单位 B 国货币以 A 国货币表示的价格；

p_a——A 国的一般物价水平；

p_b——B 国的一般物价水平。

绝对购买力平价说依据的是"一价律"(The Law of One Price)：在自由贸易的条件下，同一种商品在世界各地以同一货币表示的价格是一样的。如果不一样，则在两地之间会出现商品套购行为，直至它达到一样的价格。

【例 7-8】同一商品在英国卖 5 英镑，在美国卖 10 美元，则绝对购买力平价就是 1 英镑＝2 美元。

假定现实汇率是 1 英镑兑换 2.5 美元，即英镑定值过高，美元定值过低，则会出现将商品从美国套购到英国的行为。即商人可以在美国以 10 美元买入这种商品，运到英国出售，获得 5 英镑，再将 5 英镑在外汇市场上兑换成 12.5 美元，这样可以净赚 2.5 美元。而商人不断卖出英镑买入美元的行为会使外汇市场上英镑贬值、美元升值，直至绝对购买力平价成立，套购行为才会终止。

相对购买力平价则将汇率在一段时间内的变化归因于两个国家在这段时间内物价水平或货币购买力的变化。相对购买力平价可以表达为

$$\frac{e_1}{e_0}=\frac{P_{a1}/P_{a0}}{P_{b1}/P_{b0}}$$

式中：e_1——当期汇率；

e_0——基期汇率；

p_{a1}——A 国当期的一般物价水平；

p_{a0}——A 国基期的一般物价水平；

p_{b1}——B 国当期的一般物价水平；

p_{b0}——B 国基期的一般物价水平。

上接例 7-8，一年后同一商品在英国价格变为 6 英镑，在美国变为 15 美元，则汇率为

$$e_1=\frac{15/10}{6/5}\times2=2.5$$

$$(\frac{e_1}{e_0}-1)\times100\%=25\%$$

即相对购买力平价为 1 英镑＝2.5 美元。也就是说，由于商品价格在英国上升了 20%，在美国上升了 50%，因此，英镑兑美元的汇率上升了 25%。

购买力平价说以国内外物价对比作为决定汇率的依据，说明货币的对内贬值必然导致货币的对外贬值，揭示了汇率变动的长期原因，有其合理性，但它也存在着假设条件脱离现实、以偏概全、忽视汇率与物价变动的相互影响等缺陷。

2. 浮动汇率制度下汇率的调整

在浮动汇率制度下汇率的变动直接产生于外汇供给和需求的变动，而外汇的供需状况会受到各国政治、经济等各方面条件的影响，同时，对汇率的调整可以通过调节国际收支、通胀率、利率、宏观政策等来进行。这一点可以参考本章第三节的内容。

第三节 汇率变动

汇率既然是货币的一种价格，在浮动汇率制度下，它就会随着外汇供求关系的变化而不断发生上下变动。在一定时期内，是哪些主要因素引起了汇率变动？汇率一旦发生变动，又会对经济产生什么样的影响呢？这是我们需要仔细研究的问题。

一、影响汇率变动的因素

从纸币流通制度特别是浮动汇率制度实行以来汇率变动的实际情况来看，影响各国货币汇率变动的主要因素有以下几类。

(一) 主要经济因素

1. 国际收支状况

一国国际收支状况是影响该国货币汇率最直接也是最根本的因素。国际收支状况直接影响外汇市场的供求关系，在很大程度上决定了汇率的基本走势和实际水平。当一国国际收支出现顺差或顺差数额较前期加大，即说明该国在这段时期内外汇收入大于外汇支出，反映在外汇市场上则表现为对外币的供应增加，对本币的需求旺盛，结果是外汇汇率下降，本币币值上升。反之，如果一国国际收支出现逆差或逆差数额较前期加大，则意味着外汇供不应求，本币供过于求，结果是外汇汇率上升，本币币值下降。

2. 通货膨胀率差异

在纸币流通的条件下，两国货币之间的比率，从根本上来说是由各自代表的价值量决定的。物价是一国货币价值在商品市场的体现，通货膨胀就意味着该国货币代表的价值量的下降。因此，国内外通货膨胀率的差异就是决定汇率长期趋势中的主导因素。在国内外商品市场相互密切联系的情况下，一国较高的通货膨胀率就必然通过国际收支的各个账户反映出来。首先，从经常账户来说，高通货膨胀率会造成出口商品以外币表示的价格上升，从而削弱本国商品在国际市场上的竞争力，引起出口减少；同时会提高外国商品在本国市场上的竞争力，引起进口增加。这会恶化该国国际收支状况，造成本币汇率在外汇市场上的下跌。其次，从资本和金融账户来说，当一国发生较高通货膨胀时，该国实际利息率下降，会引起资本流出增加，资本流入减少，使该国货币在外汇市场供大于求；而且，通货膨胀率差异还会影响人们对汇率的预期。如果一国通货膨胀率较高，人们就会预期该国货币汇率将趋于疲软，会把手中持有的该国货币转换为其他货币，使该国货币在外汇市场上供大于求，造成该国货币在外汇市场上的现实下跌。总而言之，如果一国通货膨胀率高于他国，该国货币在外汇市场上就会趋于贬值；反之，则会趋于升值。

3. 经济增长率差异

国内外经济增长率的差异也会影响到汇率变动，但它对汇率变动的影响是多方面的。首先，在其他条件不变的情况下，当一国经济增长率较高时，意味着该国国民收入上升，这会促使本国国民需求上升，由此可能导致进口支出的大幅度增长，从而推动外汇汇率上升。其次，高经济增长率通常伴随着劳动生产率的提高和生产成本的降低，由此提高本国产品的国际竞争力，增加出口，增加外汇供给，使本币汇率有上升的可能。再次，高经济增长率还意味着投资利润高，由此会吸引大量外国资本流入，改善本国资本和金融账户收支，增加外汇供给。经济增长率对汇率的影响主要取决于这几个方面因素的比较。总体来说，高经济增长率在短期内不利于本国货币在外汇市场的汇率，但从长期来看，会对本国币值的稳定和升值产生强有力的支撑作用。

4. 资本流动

资本在不同国家间大量流动会使汇率发生重大变动。资本的大量流入，会增加对流入国货币的需求，使流入国的外汇供应增加，外汇供应的相对充足和对流入国本币需求的增长，会使外汇汇率下降，本币币值上升；反之，如果一国资本大量流出，会使流出国出现外汇短缺，对本币需求下降的情况，进而使外汇汇率上升，本币币值下降。

(二) 主要政策因素

1. 利率政策

利率政策是指一国采取的变动本国利率水平对本国经济加以调整的经济政策。利率也是货币资产的一种"特殊价格"，它是借贷资本的成本和利润。在开放经济和市场经济条件下，利率水平变化与汇率变化息息相关。主要表现在当一国提高利率水平或本国利率高于外国利率时，就会刺激外国资本流入增加，本国资本流出减少，由此改善资本和金融账户收支，使对本币的需求增加，本币币值上升，外币币值下降。反之，当一国降低利率水平或本国利率低于外国利率时，会使资本流出增加，资本流入减少，使对外汇的需求增加，外币币值上升，本币币值下降。

2. 财政政策

财政政策对汇率走势的影响是通过财政支出的增减和税率调整来影响外汇的供求关系的。紧缩性的财政政策主要表现为政府减少财政支出和提高税率，这会抑制总需求与物价上涨，有利于改善一国的贸易收支，从而引起一国货币汇率的上升。反之，当一国财政赤字不断增加时，意味着该国过度支出，容易扩大总需求，导致通货膨胀，进一步导致本币币值降低。

3. 汇率政策

汇率政策是指一国货币当局为达到一定的目的，通过金融法令的颁布、政策的规定或措施的推行，把本国货币与外国货币的比价确定或控制在适度水平而采取的政策措施。一国必须随时留意本币汇率是否适当，以便及时做出调整，适应商品进出口、资本流出流入、国民经济发展及结构调整的需要。汇率政策的实施手段包括选择相应的汇率制度，通过法定升值或法定贬值等方法控制汇率变动，通过本币高估、低估或钉住政策等确定汇率的适度水平，以及直接或间接地干预外汇市场等。

汇率政策是影响汇率的一个重大因素，它可以直接作用于汇率。例如，有的国家为了扩大出口，限制进口，往往将本币对外定值偏低(低估)；而有的国家为了有利于进口，鼓励资本输出，提高本币在国际上的地位，会将本币对外定值偏高(高估)。"二战"后西方各国政府纷纷放松了对本国的外汇管制，但政府的市场干预仍是影响市场供求关系和汇率水平的重要因素。外汇干预是指一国政府或货币当局利用外汇平准基金介入外汇市场，直接进行外汇买卖来调节外汇供求，使汇率朝着有利于本国经济发展的方向变动。当外汇市场汇率波动对一国经济产生不良影响或政府需要通过汇率调节来达到一定政策目标时，货币当局便可以参与外汇买卖，在市场上大量买进或抛出本币或外汇，以改变外汇供求关系，促使汇率发生有利的变化。为进行外汇市场干预，一国需要有充足的外汇储备，或者建立专门的基金，如外汇平准基金、外汇稳定基金等，随时用于外汇市场的干预。政府干预汇率往往是在特殊情况下(如市场汇率剧烈波动、本币大幅度升值或贬值等)，或者为了特定的目标(如促进出口、改善贸易状况等)而进行的。这种外汇干预政策虽然无法从根本上改变汇率的长期走势，但对汇率的短期走向会有一定的影响。

(三) 其他因素

1. 重大国际国内政治事件

重大国际国内政治事件也是影响汇率变化的因素，因为政治事件对经济因素会发生直接或间接影响，而汇率变化对政治事件尤为敏感。政治事件一般来得很突然，很难事先预测，它主要包括政权更迭，发生政变或爆发战争，出现政府官员丑闻，以及国际上的一些军事行动等。当一个国家或地区出现上述情况的时候，该国货币就会呈现不稳定或下跌的态势。如 2001 年 9 月 11 日恐怖分子对纽约世贸中心的突然袭击、2003 年 3 月 21 日美英联军发动对伊拉克的战争，均对美元汇率产生了重大影响。1991 年 8 月 19 日在苏联发生的对当时总统戈尔巴乔夫的非常事件，曾使美元对当时马克的汇率在两天内上升 1 500 点，为"二战"后造成汇率波动最大的一次国际政治事件。此外，一国首脑人物的政治丑闻、错误言论以及主管金融外汇官员的调离、任免都会对短期汇率走势产生不同影响。

2. 市场预期行为

外汇市场的参与者会根据各种基本因素变化对汇率走势进行预测，他们根据各自的预期会在外汇市场采取相应的买卖行动，进一步推动汇率走势的起伏变化，这就是市场预期行为，其中包括市场参与者的心理因素。例如，某年美国公布数据显示失业增加，先导指数连续下降，反映该国经济停滞。市场参与者纷纷认为美国政府为了刺激经济增长，降低失业率，将会采用扩张性的货币政策，调低利率。基于这一预期，大量的市场参与者马上在外汇市场上抛售美元，吸纳其他货币，从而使美元在市场上的汇率现实下跌。而美联储此时实际上尚未采取任何调低贴现率和联邦基金利率的行为，影响汇率发生变化的直接原因就是市场预期行为。可以说，市场预期行为是短期内影响汇率变动的主要因素之一，也是在影响外汇汇率走势的各种因素之中最难把握的，有时据以形成市场预期的甚至不需要是真实的政治、经济形势和政策动向。

3. 外汇投机活动

随着浮动汇率制度的产生以及西方各国对外汇管制和国际资本流动管制的放松，外汇市场上各种投机活动已经十分普遍，因此，投机活动对市场供求关系和外汇行市的影响也就不容忽视。在国际外汇市场上，有上万亿的所谓"热钱"(Hot Money)也就是短期性资金被用来进行外汇投机交易。这些巨额资金对世界各国的政治、经济、军事等因素保持高度的敏感性，并受到市场预期因素的支配。一旦出现风吹草动，就会出于保值或攫取高额投机利润等目的而到处流窜，常常给外汇市场带来巨大冲击，成为各国货币汇率频繁起伏的重要根源。只要投机者预期某种货币将升值，就会大量购进该种货币，从而造成该种货币汇率的现实上升；反之，投机者如果预期某种货币将贬值，就会大量抛售该种货币，从而造成该种货币汇率立刻下降。可以说，外汇投机活动是造成外汇市场汇率短期波动的重要力量。由国际金融炒家索罗斯诱发、加剧的"英镑危机"和东南亚金融危机就是最突出的例子。索罗斯发现英国、泰国经济上的弱点和金融上的缺陷后，敢冒投机家之大忌而与一国或地区的中央银行相对抗。当索罗斯从1992年狙击英镑的投机活动中赚取近10亿美元后，他的话成了国际上金融投机分子的金科玉律，即使是谣言，也会在全世界不胫而走。1997年6月下旬他预言泰铢将贬值超过20%时，全世界的投机家认为，这是索罗斯向他们发出的攻击令，于是纷纷抛售泰铢和泰国股票。泰国政府由于本身经济存在的内在问题，再加上外汇储备不足，以致无力对抗巨额投机资本的攻击，最终于1997年7月2日放开泰铢与美元挂钩的汇率，任由其币值自由涨落，以致泰铢在很短的时间内贬值了1/3。随后，这场投机风暴席卷了整个东南亚地区，所到之处各国货币纷纷贬值，给东南亚经济造成了严重打击。

需要注意的是，投机活动对汇率的作用是复杂多样的。有时，投机风潮会使外汇汇率跌宕起伏，失去稳定；有时投机交易则会抑制外汇行市的剧烈波动。例如，当国际金融市场上利率预期、汇率预期发生变化时，必然会吸引大批国际游资涌入外汇市场，这时会增大外汇交易规模，加剧汇率波动；而当外汇市场汇率高涨或暴跌时，投机性的卖空、买空交易则会抑制原有的涨跌势头，起到平抑行市的作用。

上述各种影响汇率变动的因素之间的关系错综复杂。有时各种因素会同时发生作用，有时各因素的作用又相互抵消；有时个别因素起作用，有时某一因素起主导作用，突然又被另一因素所代替。但是，在一定时期内(如1年)，国际收支状况是决定汇率基本走势的主导因素；通货膨胀与财政政策、利率政策、汇率政策等主要是对国际收支的影响起着助长或削弱的作用；市场预期和投机活动不仅是上述各项因素的综合反映，而且在国际收支状况所决定的汇率走势的基础上，起推波助澜的作用，加剧汇率的波动幅度。另外，上述汇率变动的影响因素，主要是对实现了货币可自由兑换的国家的货币而言，对未实现货币完全可自由兑换的国家的货币，有些因素作用力较小，而有些因素如利率差异等可能根本不起作用。

总之，对汇率实际变动进行分析的时候，必须注意对有关因素进行综合分析和总体考察，以期得出较为切实的结论。

二、汇率变动对经济的影响

汇率的变动受制于一系列经济因素，反过来，当汇率发生变动后，它又会对各种经济因素产生广泛的影响。了解汇率变动的经济影响，不论是对一国当局制定相应政策，还是对金融机构或企业进行汇率风险管理都是极其重要的。

(一) 汇率变动对一国国际收支的影响

1. 汇率变动对一国贸易收支的影响

一般认为，一国货币汇率下跌将有利于扩大出口，限制进口，促进贸易收支的改善。因为本币汇率下跌后，以外币表示的该国出口商品价格会下跌，从而诱使国外消费者增加对本国出口商品的需求，增强本国出口商品的国际竞争力，扩大出口数量；若出口商在国际市场上继续以过去的外币价格出售商品，所得外汇就能兑换更多的本国货币，从而增加出口收入。同时，本币贬值会使进口商品以本币表示的价格上涨，迫使本国居民减少对外国商品的需求，因而有抑制进口的趋势。反之，如果一国货币汇率上升，出口商品以外币表示的价格上升，进口商品以本币表示的价格下降，这会起到抑制出口、鼓励进口的作用，即本币升值会恶化本国贸易收支。

一国货币汇率变动对该国贸易收支的影响还要看弹性值的大小。若一国出口商品富有需求弹性，则汇率下降会刺激出口额增加，因为出口实物量的增加幅度大于外币价格的下降幅度。若一国进口商品富有需求弹性，则汇率下降会刺激进口额减少，因为进口实物量减少幅度大于本币价格上升幅度。而缺乏弹性会引起相反的结果。所以一国要想通过本币贬值改善贸易收支必须满足马歇尔-勒纳条件(Marshall-Lerner Condition)："在进出口商品供给弹性无穷大的情况下，若进出口需求弹性之和的绝对值大于1，则该国货币汇率下降可引起贸易顺差或减少未来存在的贸易逆差。"

2. 汇率变动对一国非贸易收支的影响

1) 汇率变动对无形贸易收支的影响

一国货币汇率下跌，则同样单位的外国货币兑换本国货币的数量增加，外币的购买力提高，本国商品、劳务、交通及住宿等费用对外国居民来说价格变得相对低廉，增加了对外国游客和外国雇佣者的吸引力。与此同时，由于本币兑换外币的数量减少，本币购买力下降，对本国居民来说国外的商品和劳务等价格变得昂贵了。这有利于该国涉外旅游与其他非贸易收支状况的改善。反之，如果一国货币汇率上升，则会对该国非贸易收支产生负面影响。当然，汇率变动的这一作用，须以货币贬值国国内物价不变或上涨幅度相对于汇率变化幅度要小为前提。

2) 汇率变动对单方面转移收支的影响

一国货币汇率下跌，如果国内物价不变或上涨幅度相对缓慢，一般会对该国的单方面转移收支产生不利影响。以国外侨民赡养家庭的汇款收入为例，本币贬值后，一单位外币兑换的本币增加，对侨民来说，一定的以本币表示的赡养家庭的费用就只需要更少的外币来支付，从而使该国侨汇收入减少。一国货币汇率如果上升，则结果相反。

3. 汇率变动对一国资本流动的影响

资本在国家之间进行流动，主要目的是追求利润和避免损失，因而汇率变动会影响一国资本流出流入，进而影响一国资本和金融账户收支状况。汇率变动对资本流动的影响，主要取决于投资者对该货币今后变动趋势的预期。在其他条件不变的情况下，一国货币汇率下跌后，如果人们认为下跌的幅度还不够，汇率的进一步下跌将不可避免，则投资者就会将资本从本国转移到其他国家，以避免再遭受损失，从而使资本流出增加，资本流入减少，恶化资本和金融账户。如果投资者认为贬值已使该国货币汇率处于均衡水平，在具备投资环境的条件下，投资者不再担心贬值受损，外逃的资本就会抽回国内。如果投资者认为贬值已经过头，本币价格已经低于正常的均衡水平，其后必然出现反弹，则投资者就会将资金从其他国家调拨到该国，以牟取汇率上升的好处，从而使资本流入增加、资本流出减少，改善资本和金融账户。一国货币汇率如果上升，则结果相反。

另外，汇率变动对长短期资本流动的影响可能不一样。通常认为，一国汇率下跌有利于吸引长期资本流入。因为汇率下跌可使同等数额的外币投资折合本币资本的数额增加，就可能吸引更多的国外资本内流。但是，汇率下跌也会使外商汇回国内的利润减少，因而外商也有不追加投资或抽回投资的可能。由此可见，在其他条件不变的情况下，一国汇率下跌最终是否有利于吸引长期资本流入，主要取决于汇率下跌前后外商获利大小的比较。从对短期资本流动的影响看，本币汇率下跌使以本币表示的各种金融资产相对价格下降，为了避免损失，短期资本会纷纷逃往国外。但这种情况大多发生在发达国家，而对发展中国家影响较小，这是因为发展中国家一般都有严格的外汇管制，而且没有完善的金融市场。

4. 汇率变动对官方储备的影响

官方储备是国际收支平衡表的账户之一。汇率变动直接影响一国储备项目中的外汇储备。首先，一国货币汇率稳定或趋于上升，有利于该国吸收外资，从而促进该国外汇储备增加；反之，会引起资本外流，使得外汇储备减少。汇率变动对经常账户和资本与金融账户的影响也会最终影响到储备项目。其次，如果储备货币的汇率下跌，持有该储备货币的国家的外汇储备的实际价值将遭受损失，而储备货币发行国则会因该货币的贬值而减少债务负担，从中获利。一国货币汇率如果上升，则结果相反。再次，从长期来看，储备货币汇率的变动可以改变外汇储备资产的结构。汇率不断上升的外汇在外汇储备中的比重不断提高，汇率逐步下降的外汇在外汇储备中的比重有所下降。

(二) 汇率变动对一国国内经济的影响

1. 汇率变动对国内物价的影响

影响物价是一国货币汇率变动对国内经济最为直接的作用。从出口角度来看，一国货币汇率下降会使本国出口商品以外币表示的价格下降，扩大出口需求，在国内生产能力已经得到比较充分的利用的情况下，这会加剧国内的供需矛盾，使出口商品的国内价格上升。从进口角度来看，一国货币汇率下降会使本国进口商品以本币表示的价格上升，它会带动国内同类商品的价格上升。若进口商品属于生产资料，其价格上升还会通过生产成本上升最终推动最终产品的价格上涨。反之，如果一国货币汇率上升，则有利于抑制通货膨胀。

2. 汇率变动对国民收入和就业的影响

汇率的变化会影响到进出口贸易，而贸易的变化又会因为乘数作用对国民收入和就业造成影响。一国货币汇率下降会使出口需求增加，进口需求减少，如果国内存在各种人、财、物等闲置资源，那么，本国的产量就会扩大，贸易收支得到改善。贸易收支的改善将会通过乘数效应扩大总需求，带动国民收入增长，就业上升。一国货币汇率上升，其结果相反。

3. 汇率变动对产业结构和资源配置的影响

一国货币汇率下跌，会增加出口行业的利润，推动出口行业的发展，而进口商品价格的上升会使一部分进口需求转向国内生产部门，进口替代行业也由此获得发展的机会，这会诱使生产资源从非贸易品部门转向贸易品部门，一国的产业结构就导向贸易品部门，整个经济体系中贸易品部门所占的比重就会扩大，从而提高本国的对外开放程度，使更多的产品同外国产品相竞争。在发展中国家，贬值还会有助于资源配置效率的提高。首先，贬值后，一国就可以相应取缔原先因本币定值过高而设置的进口关税、进口配额等超保护措施，有利于进口替代行业的生产效率提高。其次，贬值后，原先因本币定值过高而受到歧视性伤害的农业部门(往往是发展中国家的出口部门)获得正常发展。再次，与国外相竞争的贸易品部门扩大，也有助于其效率的提高。

(三) 汇率变动对世界经济的影响

汇率变动对世界经济的影响主要表现在主要发达国家货币汇率变化方面，而一般国家汇率的变动只会对贸易伙伴国的经济产生一定的影响而不会对整个世界经济造成冲击。

1. 发达国家汇率不稳定会加深西方国家争夺销售市场的斗争，影响国际贸易的正常发展

某些发达国家经常利用本币汇率下跌来扩大出口、争夺市场，容易引起其他国家采取报复性措施，或竞相实行货币对外贬值，或纷纷采取保护性贸易措施，从而引发贸易战和货币战，破坏国际贸易的正常发展，影响世界经济的繁荣。

2. 某些储备货币汇率不稳定促进了国际储备货币多元化的形成

由于某些储备货币发行国的国际收支恶化，国内通货膨胀，致使其货币汇率不断下跌，影响它作为储备货币的地位和作用。而与此同时，有些国家由于经济状况良好，其货币在国际结算领域中的地位和

作用日益加强，成为新的储备货币，这促进了国际储备货币多元化的发展。历史上，英镑、美元的不断贬值使其原有的国际货币地位严重降低，继而出现了日元、德国马克等货币与其共同充当国际计价、支付和储备手段的局面。

3. 汇率的不稳定加剧了投机行为和国际金融市场动荡，同时又促进了国际金融业务的不断创新

浮动汇率制度下发达国家货币汇率的不稳定，促使外汇投机行为盛行，造成国际金融市场的动荡与混乱，如 1993 年夏天发生的欧洲汇率机制危机就是由于外汇投机造成的。与此同时，由于汇率不稳定加剧了国际贸易和国际金融中的汇率风险，又进一步促进期权、货币互换和欧洲债票等业务的出现，使国际金融业务形式及市场机制不断创新。

三、制约汇率变动对经济影响程度的因素

同样幅度的汇率变动发生在不同的国家或不同的时期对于一国经济的影响程度是不同的，这是因为汇率变动对各国经济的影响要受到许多因素的制约。其中比较重要的因素有如下 4 点。

(1) 通货的兑换性。若一国货币可自由兑换，则汇率变动对该国经济特别是资本流动的影响较大。若一国货币缺乏可兑换性，则汇率变动对其经济影响较小。

(2) 该国金融市场的发育程度。金融市场发育程度越高，汇率变动对该国经济的影响越大。反之则影响较小。

(3) 一国对外开放程度。对外开放程度高的国家，对外贸易和国际金融部门在国民经济中所占的比例较高，则汇率变动对该国经济影响越大。反之则影响较小。

(4) 政府对经济运行的干预程度。政府对经济运行的干预会改变市场机制的运行过程，使汇率变动对经济运行的影响复杂化。

第四节　汇率制度

汇率制度(Exchange Rate System)又称汇率安排，是指一国货币当局对本币汇率变动的基本方式所做的一系列安排和规定。汇率制度的主要内容包括：①确定汇率的原则和依据；②维持和调整汇率的办法；③管理汇率的法令、规章和政策等；④制定、维持与管理汇率的机构。

一、固定汇率制度

汇率的变动受制于一系列经济因素，反过来，当汇率发生变动后，它又会对各种经济因素产生广泛的影响。了解汇率变动的经济影响，不论对于一国当局制定相应政策，还是对于金融机构或企业进行汇率风险管理都是极其重要的。

(一) 固定汇率制度的概念

固定汇率制度(Fixed Exchange Rate System)是指汇率受平价制约，只能围绕平价在较小范围内上下波动的一种汇率制度。

(二) 金本位制下的固定汇率制度与布雷顿森林体系下固定汇率制度的异同点

从历史上看，固定汇率制度包括金本位制下的固定汇率制度和纸币流通条件下的固定汇率制度。两者既具有一些共同之处，也存在着一些不同点。

1. 两者的共同之处

(1) 各国对本国货币都规定有金平价，中心汇率是按两国货币各自的金平价之比来确定的。

(2) 外汇市场上的汇率水平相对稳定，其围绕中心汇率在很小的幅度内波动。

2. 两者的区别

(1) 金本位制下的固定汇率是自发形成的，两国货币之间的中心汇率由两国本位货币含金量之比决定的，并且黄金自由兑换、自由铸造和熔化、自由输出入国境的原则能自动保证现实汇率的波动不超过黄金输送点的上下限；而纸币流通条件下的固定汇率是通过国际协议(布雷顿森林协议)人为建立起来的，各国货币当局通过规定虚设的金平价来制定中心汇率，现实汇率也是通过外汇干预、外汇管制或国内经济政策等措施被维持在人为规定的狭小范围内波动。

(2) 在金本位制下，各国货币的金平价是不会变动的，因此各国之间的汇率能够保持真正的稳定；而在纸币流通条件下，各国货币的金平价是可以调整的，当一国国际收支出现根本性不平衡时，金平价可以经由国际货币基金组织的核准而予以变更。因此，金本位制下的固定汇率制度是典型的固定汇率制度，而纸币流通条件下的固定汇率制度，严格地来说只是可调整的钉住汇率制度(Adjustable Pegging System)。

(三) 固定汇率制度的优点和缺点

1. 固定汇率制度的优点

(1) 固定汇率减少了汇率风险，提供了较为稳定的环境，便于进出口成本核算和国际投资项目的利润评估，有利于国际贸易和国际投资的发展。

(2) 固定汇率下的"物价纪律"可以避免政府采取扩张性货币政策，有利于国内物价稳定。在固定汇率制度下，一国若采取扩张性货币政策，增加货币供给，就会使该国物价水平提高，导致国际收支逆差，为避免逆差导致本币贬值，一国必须以外汇储备干预外汇市场，这意味着国际储备的流失，而储备的流失不可能长久持续下去，所以该国必然对通货膨胀政策十分小心，因此通货膨胀不易发生。

2. 固定汇率制度的缺点

(1) 在固定汇率制度下，一国很难执行独立的国内经济政策。由于一国有维持固定汇率的义务，因此，当其他国家的经济出现各种问题而导致汇率波动时，该国就需要进行干预，从而也受到相应的影响。如有些学者曾指出，在布雷顿森林体系下，世界各国的货币政策都是由美国制定的。当美国实行扩张性或紧缩性的货币政策时，美国的国际收支就会出现赤字或盈余，并带来世界其他国家货币兑美元的汇率上升或下跌的压力，而为了维持固定汇率，世界各国就必须购进或售出美元，由此导致国外货币供给的增加或减少。

(2) 在固定汇率制度下，很容易发生通货膨胀的国际传播。例如当国外发生通货膨胀时，会使得该外国货币汇率下降，为维持固定汇率，本国货币当局会抛出本币购买该贬值外币，这会使本国货币供给增加，诱发本国的通货膨胀。

二、浮动汇率制度

1973 年，布雷顿森林体系瓦解以后，西方各主要工业国家先后都实行了浮动汇率制度，国际汇率制度也进入了浮动汇率制度时代。

(一) 浮动汇率制度的概念

浮动汇率制度(Floating Exchange Rate System)是指汇率不受平价制约，主要随外汇市场供求状况而变动的汇率制度。浮动汇率制度的特点是一国货币对外国货币不再规定两者间的黄金平价，不再规定现实汇率的波动幅度，货币当局也不再承担维持汇率波动界限的义务。

(二) 浮动汇率制度的类型

1. 按政府是否干预外汇市场，可以分为自由浮动和管理浮动

自由浮动(Free Float)又称为清洁浮动(Clean Float)，是指货币当局对外汇市场不加任何干预，完全听任汇率随市场供求状况的变动而自由涨落的一种汇率制度。但绝对的自由浮动只是一种理论假设，现实生活中并不存在。

管理浮动(Managed Float)又称为肮脏浮动(Dirty Float)，是指货币当局为了使市场汇率朝有利于本国的方向发展，而对外汇市场进行直接或间接的干预的一种汇率制度。目前实行浮动汇率制度的国家都是这种类型。

2. 按汇率浮动的方式，可以分为单独浮动和联合浮动

单独浮动(Independent Float)是指一国货币不与任何其他国家货币发生固定联系，其汇率只能根据外汇市场的供求状况而单独浮动的一种汇率制度。美国、日本、加拿大、瑞士等国均采用单独浮动。

联合浮动(Joint Float)是指某些国家出于经济发展的需要，组成某种形式的经济联合体，在联合体成员国之间实行固定汇率制度，而对非成员国的货币则实行共同浮动的一种汇率制度。如 1973 年 3 月欧共体六国(德、法、比、荷、卢、丹)决定实行联合浮动，在联合浮动制度下，六个成员国之间的货币保持固定汇率，波动幅度不得超过各自货币比价的 ±1.125%，当某成员国的货币受到冲击时，其他五国采取一致行动干预市场，以维持六国之间的固定汇率，但对美元和其他货币的汇率则实行共同浮动，同升同降。

在主要工业国家实行浮动汇率制度以后，发展中国家如何选择本国的汇率制度就成为一个重大的现实问题。目前约有三分之二的发展中国家仍然继续实行与某种货币或货币篮保持钉住汇率的制度。然而，在世界主要国家货币实行浮动汇率制度的背景下，这种钉住汇率的安排已有别于布雷顿森林体系下的钉住汇率制度。一国货币绝不可能同时与所有相互之间存在汇率波动的主要货币都保持固定的比价，选择钉住其中任何一种主要货币，就意味着本币的汇率将对其他主要货币浮动。从这个意义上来说，将 1973 年以后的国际汇率制度称为浮动汇率制度，是有一定依据的。

(三) 浮动汇率制度的优点和缺点

1. 浮动汇率制度的优点

(1) 汇率随外汇市场的供求变化自由浮动，在一定程度上可以自行调节国际收支，使之趋向平衡，无须以牺牲国内经济为代价。例如，当一国国际收支持续顺差时，在浮动汇率制度下，该国货币对外币的汇率会上升，这就会抑制出口，刺激进口，从而使国际收支顺差减少乃至消失。

(2) 增强本国货币政策的自主性。在浮动汇率制度下，当外国采取扩张性或紧缩性货币政策时，一国可以听任本币汇率在外汇市场上上升或下跌，而不必通过外汇储备和货币供给的增减来适应主要贸易伙伴国的货币政策。

(3) 避免国际性的通货膨胀传播。在浮动汇率制度下，国外通货膨胀不会影响本国的外汇储备，只能带来本币升值，从而抵消国外通货膨胀通过进出口对国内物价产生的直接影响。

(4) 不需要太多外汇储备，可使更多的外汇资金用于经济发展。在浮动汇率制度下，一国无义务维持汇率的稳定，也就不需要像在固定汇率制度下持有那么多的外汇储备，这部分资金可用于进口更多的国外资本品，增加投资，促进经济增长。

(5) 可以提高国际货币制度的稳定性。在浮动汇率制度下，各国的国际收支能够自动地迅速获得调整，不至于出现累积性的长期国际收支逆差或顺差，因而可以避免巨大的国际金融恐慌。从这个意义上来说，浮动汇率制度确保着各国外汇市场和国际货币制度的稳定。

2. 浮动汇率制度的主要缺点

(1) 给国际贸易和投资带来很大的不确定性。浮动汇率制度使出口商无法确定未来汇率的变化，在汇率剧烈波动的情况下，商品的报价、计价货币的选择、成本的核算都会变得十分困难，出口商会更倾向于固守国内市场，这对国际贸易的发展是不利的。同样，汇率的变动也会使投资者发生资本损失，抵消投资收益。因此不稳定的汇率将妨碍国际贸易和国际投资的顺利进行。

(2) 助长了外汇市场上的投机活动。在浮动汇率制度下，汇率波动频繁，波动幅度大，使得外汇投机者更加有机可乘。

三、对汇率制度的选择

1978 年国际货币基金组织协定第二次修正案就已经对会员国自由选择汇率制度的合法性进行了认可，汇率制度的选择已经成为世界各国的重大政策问题。根据美国经济学家罗伯特·赫勒的"经济论"，影响一国汇率制度选择的因素主要有以下几点：

(1) 经济规模；
(2) 经济开放程度；
(3) 进出口贸易的商品结构和地理分布；
(4) 国内金融市场的发达程度以及同国际金融市场一体化联系的程度；
(5) 相对通货膨胀率；
不同国家选择汇率制度的标准可以参考表 7-3。

表 7-3　汇率制度选择的标准

选择固定汇率制度的国家	选择浮动汇率制度的国家
经济规模较小	经济规模较大
对外开放程度较高	对外开放程度较低
与他国通货膨胀一致	与他国通货膨胀悬殊
贸易品种单一且地区集中	贸易品种多样且地区分散
金融市场封闭	金融市场开放

　　总体来说，每种汇率制度的产生及其维持，并不完全取决于它本身的优劣，而是主要取决于它运行的根本基础，也就是一国经济发展状况。首先，对于经济发展水平不高，经济规模较小，经济开放程度高，或进出口集中在某几种商品或某一地区的国家而言，汇率变动对它的影响较大，则倾向于采取固定汇率制或钉住制，反之则选择浮动汇率制度。其次，纸币流通条件下，现行汇率制度的维持都离不开中央银行的参与。而国内完善、成熟的金融市场体系和可供选择的多种货币政策工具，是中央银行成功干预金融市场，控制国际资本转移的重要基础，如果一国国内金融市场比较封闭，与国际金融市场联系不够密切，中央银行调控手段不够健全，则适合采取固定汇率制或钉住制，否则可选择浮动汇率制度。此外，外汇管制状况、通货膨胀等也会影响到汇率制度的选择，一般来讲外汇管制较松的国家，或者国内通货膨胀与其他主要国家不一致的国家，采取浮动汇率制度或软钉住制度能较好地抵制国际资本对本国货币的冲击，减轻中央银行维持汇率稳定的压力。反之则可以采取固定汇率制度。

四、汇率制度的新类型

　　亚洲金融危机后，国际货币基金组织加强了对成员国汇率制度的安排、监督和指导。为了准确反映汇率制度的内容，1999 年国际货币基金组织对汇率制度进行了重新分类，2008 年金融危机爆发后，2009年 IMF 又再次进行了修订，主要包括以下几类。

(一) 硬钉住(两类)

1. 无独立法定货币的汇率安排(Arrangements with No Separate Legal Tender)

　　无独立法定货币的汇率安排是指一国以另一国的货币作为唯一的法定货币流通，或者该国属于成员国使用同一种货币的货币联盟。采用这类体制意味着该国放弃货币当局对国内货币政策的独立控制。使用该种汇率制度的国家和地区包括欧元区和厄瓜多尔、多米尼加、贝宁、科索沃、津巴布韦等。

2. 货币局制度(Currency Board)

　　这是一种基于明确的法律承诺的货币体制，即保证本币可以按固定汇率兑换成特定外币，发行本币必须以外汇作为保障，并完全以国外资产作为后盾。货币局制度通常要求货币发行必须以一定(通常是100%)外国货币作为准备金，并且要求在货币流通中始终满足这一要求。我国香港特别行政区实行这一汇率制度。

　　使用硬钉住的国家在 2010 年达到 25 个。

(二) 软钉住(五类)

1. 传统钉住安排(Conventional Pegged Arrangement)

　　传统钉住安排是指一个国家正式地或名义上以一个固定的汇率将其货币钉住另一种货币或一个货币篮子，国家当局通过直接干预或间接干预随时准备维持固定平价。

2. 稳定化安排(Stabilized Arrangement)

　　稳定化安排又称为类似钉住(Pegged Like)，该制度要求无论是对单一货币还是货币篮子，即期市场汇率的波动幅度要能够保持在一个 2%的范围内(除了特定数量的异常值或步骤调整)至少 6 个月，并且不是浮动汇率。稳定化安排要求汇率保持稳定是官方行动的结果。

3. 爬行钉住制(Crawling Peg)

一些国家将汇率钉住某种平价，但根据一组选定的指标(与主要贸易伙伴国的通货膨胀差异等)频繁地、小幅度地调整所钉住的平价。在爬行钉住制度下，货币当局每隔一段时间就对本国货币的汇率进行一次小幅度的贬值或升值。

4. 类似爬行安排(Crawling-like Arrangement)

该制度要求汇率必须保持在一个 2%的狭窄范围内(除了特定数量的异常值)至少 6 个月，并且该汇率制度不能被认为是浮动汇率。通常要求最小的变化率大于一个稳定化安排所允许的变化率。如果年度变化率至少为 1%，只要汇率是以一个充分单调和持续的方式升值或贬值，该制度就被认为是类似爬行。

5. 水平带钉住制(Pegged Rate in Horizontal Band)

该汇率制度要求围绕一个固定的中心汇率将货币的价值维持在至少±1%的某个波动范围内，或汇率最大值和最小值之间的区间范围超过 2%，中心汇率或带宽是公开的或报知 IMF。

使用软钉住的国家在 2010 年有 74 个。

(三) 浮动安排(两类)

1. 浮动(Floating)

浮动是指汇率在很大程度上由市场决定，没有一个确定的或可预测的市场路径。外汇市场干预可以是直接或间接的，旨在缓和变化率和防止汇率的过度波动，但是以一个特定的汇率水平为目标的政策与浮动制度是不相容的。需要指出的是：一个满足类似钉住或类似爬行的统计标准的汇率要被归类于浮动制度，除非它明确汇率的稳定不是官方行动的结果。

2. 自由浮动(Free Floating)

在浮动制度下如果干预只是偶尔发生，旨在处理无序的市场状况，并且当局已经提供数据和信息证明在以前的 6 个月中至多有 3 例干预，每例持续不超过 3 个工作日，则可定义为自由浮动。如果 IMF 不能得到所要求的信息和数据，该制度将被归类为浮动制度。

使用浮动安排的国家在 2010 年降至 46 个。

(四) 剩余类别(一类)——其他有管理的安排(Other Managed Arrangement)

当一国汇率制度不属于上述任何一种时即归入此类。此类国家在 2010 年为 20 个。

使用软钉住、浮动安排和其他汇率安排的国家的汇率制度经常发生变动，规律性不强，说明新兴和发展中经济体受金融危机的影响较大。

第五节 人民币汇率制度及其演变

人民币汇率是我国货币人民币对外币的比价，是其对外价值的体现，长期以来由政府授权的国家外汇管理局负责制定、调整和管理。人民币汇率采用直接标价法，多数情况下以 100 单位外币为标准折合成人民币若干元。人民币汇率每天通过中国经营外汇业务的银行挂牌公布，具体分为买入价、卖出价和中间价，买卖差价约为 0.5%。此外，还公布人民币对外汇现钞价，主要用于外币现钞的兑换。

新中国成立以来，我国对人民币与外币比价做出的安排和规定随经济发展阶段的不同而发生变更，根据人民币汇率制度的形成与特点大体可以将其划分为 4 个不同时期。

(一) 计划经济体制下的人民币汇率制度(1949—1980 年)

1948 年 12 月 1 日，中国人民银行在河北省石家庄宣告成立，随即发行人民币作为全国统一货币。人民币对西方国家的汇率于 1949 年 1 月 18 日首先在天津产生，全国各地区以天津口岸的汇率为标准，由中国人民银行统一公布。

1. 国民经济恢复时期的人民币汇率制度(1949—1952 年)

这一阶段的人民币汇率是由中国人民银行参照物价对比法，并按照国家政策要求加以规定的。从 1949 年到 1950 年 3 月，实行"奖出限入，照顾侨汇"的政策，人民币汇率频繁下调。1949 年 1 月 18 日，1 美元=80 元人民币(旧币)；1950 年 3 月 13 日，1 美元=42 000 元人民币(旧币)。期间共调整 52 次，下调为 49 次。主要原因是当时我国通货膨胀比较严重，物价不断上涨，外汇收入短缺，外汇的主要来源是私营业主和侨民汇款。从 1950 年 3 月到 1952 年底，我国实行"鼓励出口，兼顾进口，照顾侨汇"的政策，人民币汇率逐步调高，经过多次调整，1952 年 12 月 1 日，1 美元=26 170 元人民币(旧币)。

2. 人民币汇率稳定不变时期(1953—1972 年)

1953 年起，我国开始进入社会主义建设时期，这一时期正好是国际上布雷顿森林体系统治时期，人民币汇率保持稳定不变的方针。此时我国国内物价全面稳定，完成对私营经济的改造后，国有经济成分一度在外贸领域占统治地位，人民币汇率不再起调节进出口作用，对外贸易通过指令性计划进行垄断性经营。由于编制计划和内部核算的需要，我国在这一时期采用刚性人民币汇率制度。当时因美国对中国实行经济封锁，政府实行了人民币钉住英镑的汇率制度。对美元的汇率多年来一直稳定在 1 美元折合 2.4618 元人民币，只是在 1971 年 12 月 18 日美元贬值 7.89% 后，人民币汇率相应上调为 1 美元折合 2.2673 元人民币。

3. 人民币汇率按"一篮子货币"计算时期(1973—1980 年)

1973 年 3 月西方国家普遍实行浮动汇率制度，汇率随市场供求关系而决定，国际金融局势动荡不安。但这一时期我国仍实行计划经济体制，为了维持人民币币值的稳定，也为了避免西方国家转嫁经济危机的影响，人民币汇率改为钉住"一篮子货币"，即按照各种外币的重要程度规定其在特定"篮子"中的权数，使用加权平均数计算人民币对美元的汇率，以此作为基本汇率，然后套算出人民币对其他外币的汇率。

(二) 经济体制改革时期的人民币汇率制度(1981—2005 年)

1. 人民币复汇率制度的形成(1981—1984 年)

从 1979 年起，我国进行了全面经济改革，为了适应外贸体制改革和发展出口的需要，从 1981 年 1 月 1 日起，人民币实行了复汇率制度，在官方公布的汇率之外，还实行了贸易内部结算价。当时的官方汇率为 1 美元兑换 1.5 元人民币，贸易内部结算汇率为 1 美元兑换 2.8 元人民币。

复汇率制度明显调动了我国出口企业的积极性，我国外汇储备也有所增加。但是，这种汇率制度也存在着明显的问题。例如，银行结算界限混乱不清，一些非贸易业务与外商投资者争相按贸易内部结算价进行结算，造成外汇管理混乱。另外，双重汇率也遭到一些国家和国际货币基金组织的批评。因此，1985 年 1 月 1 日我国取消了贸易内部结算价，人民币由双重汇率恢复到单一汇率，这一年里，人民币贬值 15% 左右。

2. 人民币汇率下调和官方汇率与外汇调剂市场汇率并存(1985—1993 年)

这一时期中国的外汇管理制度实行了改革，政府允许企业的外汇收入可以按比例留成，多余的外汇可以在官方的外汇调剂市场交易，因而在官方公布的汇率之外，又产生了人民币调剂汇率，这实际上也是复汇率制度。1988 年，全国各省建立外汇调剂市场中心，标志着我国外汇调剂市场的正式形成，外汇调剂价格在一定程度上反映了外汇供求，可作为官方汇率的参考依据。同时，为了消除人民币价值的高估，使人民币汇率同国内物价水平相适应，官方牌价和调剂汇率在此期间都曾多次下调。

(三) 市场化改革后的人民币汇率制度(1994—2005 年)

1994 年 1 月 1 日开始，中国对外汇管理体制进行了一次影响深远的改革。人民币官方汇率和外汇调剂市场汇率并轨，开始实行以市场供求关系为基础的单一的、钉住美元的、有管理的浮动汇率制度。人民币兑美元的汇率从 1993 年 12 月 31 日的 1 美元兑换 5.8 元人民币下调至 1994 年 1 月 1 日的 1 美元兑换 8.7 元人民币。此外，我国还实行结汇制，取消外汇留成制，实现了银行售汇制，至 1996 年 12 月 1 日，中国实现了经常账户下人民币的完全可兑换。

与此同时，我国还对资本与金融账户实行严格的管制，基本原则是"管理从紧"，严格审批和登记一切资本输出及输入，鼓励外商直接投资，严格控制外债规模、结构、目的和流向，对资本输出实行严格管理。

新汇率制度实行以后，受市场供求关系影响，人民币汇率一直保持稳中有升的态势。1997 年亚洲金融危机爆发后，周边国家和地区货币纷纷贬值，为保持人民币汇率对外稳定，我国主动收窄人民币汇率浮动区间，以维护亚洲金融稳定和世界经济的发展。

(四) 现行人民币汇率制度(2005 年至今)

1. 人民币汇率形成机制改革(2005—2015 年)

2001 年加入世界贸易组织(WTO)后，中国的对外贸易发展势头强劲，同时大量外商被吸引到国内参与投资，产生了巨大的经常账户、资本金融账户顺差，外汇储备也持续增加。据统计，2005 年中国的经常账户顺差加上资本金融账户顺差达到 2 200 亿美元，外汇储备更是高达 8 188 亿美元，以美国和日本为首的发达国家在国际社会上多次提出对人民币升值的要求。

2005 年 7 月 21 日央行发布《关于完善人民币汇率形成机制改革的公告》，正式开启了汇率改革的新篇章。此次改革的主要内容如下。第一，人民币汇率不再单一钉住美元，而是实行以市场供求为基础、参考一篮子货币进行调节、有管理的浮动汇率制度。参考的一篮子货币是按照国内外发展实际情况，选择若干种中国主要贸易伙伴国的货币，并赋予相应权重组成的货币篮子，人民币参照这个货币篮子进行汇率调节。第二，从 2005 年 7 月 21 日起，人民币兑美元的汇率由 8.27 元一次性升值 2.1%到 8.11 元作为次日银行间市场的中间价。第三，从 2006 年 1 月开始央行在市场中引入做市商，并且将询价交易的方式纳入外汇汇率定价当中，基本的流程为央行参考做市商报价，在每天闭市后确定中国主要贸易对象货币与人民币汇率的收盘价作为隔天工作日的汇率中间价，同时规定隔日汇率中间价的波动幅度为3%。

2005 年汇率制度改革之后，在 3 年时间内，1 美元兑人民币的汇率由 8.11 元大幅升值 19%至 2008 年的 6.82 元。同时随着市场经济的不断深入，中国的经济发展也取得了卓越成就。2005—2008 年，中国国内生产总值由 187 318.8 亿元以年平均 14.5%的增长速度上涨至 3 215 006 亿元，外汇储备由 8 188.72 亿美元以年平均 24%的增长速度上涨至 19 460.43 亿美元，进出口总额由 116 921.80 亿元以年平均 11%的增长速度上涨至 179 921.47 亿元，直到 2008 年美国次贷危机到来这一情况发生改变。

由于美国是中国最重要的贸易合作伙伴，所以中国的进出口贸易总额受到危机影响在2009年纷纷出现下滑，经常账户受到的冲击更是巨大，在2008—2009年下降幅度达到42%。央行为了应对危机所带来的全方位的影响，主动收窄了汇率浮动的区间，在2008—2010年，美元兑人民币的汇率一直稳定在6.82左右。2010年后人民币继续小幅升值，2012年后人民币进入了双向波动的轨道。

2005年的"721汇改"翻开了中国由钉住汇率制转为浮动汇率制的新篇章。制度的改革并非一朝一夕就能完成，中国虽然迈出了汇率改革的第一步，但仍需进一步推进。比如说，新的汇率制度虽然允许人民币汇率在一定的区间内浮动，但是波动的范围较小。这一方面是因为美元在货币篮子中还是占据较大的权重，另外出于谨慎的考虑，中国政府和央行还具有相当的监管权力，这在一定程度上限制了市场化的进程。总之从各个方面看，"721汇改"所实行的浮动汇率制仍需不断完善。

2. 汇率弹性不断加大(2015年8月至今)

到了2015年，尽管距离"721汇改"已经过去了10年，但是央行对于外汇中间价调控仍有着很大的干预权力，这也是外汇中间价和交易价格偏离过多的主要原因。中国已经基本跨过经济高速增长时期，更需要的是提高经济发展质量。随着经济体制改革的不断深化，不确定性在逐步提高，之前的一些潜在问题也不断浮出水面，例如企业过度举债、房地产市场泡沫等。与此同时，从2004年开始在中国香港地区开办的人民币离岸业务经过十多年的成长与发展，2015年中国香港地区的离岸人民币市场存款接近10 000亿，并且外汇交易种类多样，但是受到在岸市场干预过多的影响，导致在岸汇率与离岸汇率长期存在差异，这让投机性国际资本有机可乘。更重要的是，2009年开始人民币国际化之路铺开，影响力不断提升。让人民币成为一种国际货币，扩大人民币的影响力和使用范围，这成为推动"811汇改"的强大内因。

2015年8月11日，中国又掀开了新一轮汇改的大幕，央行正式宣布做市商在银行间外汇市场每个工作日开盘前参考前一工作日银行间外汇市场收盘汇率，综合考虑外汇市场供求情况以及主要贸易对象汇率变化报出外汇中间价，同时，人民币汇率参考以市场供求为基础、一篮子货币计算出的汇率。这意味着央行将对外汇中间价干预的权力正式移交给市场，中国在汇率市场化的道路上又推进了一步，同时这也是人民币汇率机制改革重要的一步。自"811汇改"实施以来，解决人民币在岸和离岸市场汇率报价差异的问题取得了立竿见影的效果，人民币汇率报价的市场化机制越来越完善，浮动性处于不断提高中，这也大大降低了"热钱"对于中国国际收支平衡的冲击；同时，释放了自2008年金融危机和世界各国加息以来国际社会对于人民币贬值的压力。2015年8月11日汇改实施当日，人民币汇率便应声贬值2%，外汇储备也相应地减少。更有意义的是，2015年11月30日，国际货币基金组织(IMF)宣布将在10个月后将人民币纳入特别提款权(SDR)。这是人民币国际化的重要一步，也是中国经济融入世界体系中的一个里程碑事件，更是对中国这些年来经济建设和经济体制改革成果的重要肯定，人民币国际化的脚步进一步加快。

尽管"811汇改"极大地完善了人民币汇率形成机制，但是，由于此时中国正在进行供给侧结构性改革，经济发展放缓，再加上美国的加息政策，所以市场普遍存在对人民币的贬值预期。为了防止汇率大幅波动增加经济中的不确定性，央行不得不入市进行干预，外汇储备一度大幅减少，从2014年6月的3.99万亿美元，下降到2016年12月的3万亿美元。此时外汇市场人民币空头力量蓄势待发，等待人民币贬值后大赚一笔。2016年年底，1美元兑换人民币达到6.94，完善后的人民币汇率形成机制并没有改变人民币的贬值预期。为了实行独立的货币政策，同时降低外汇储备的损耗，央行暂时加强了外汇管制。然而，外汇管制会降低中国对外贸易和资本流动的活跃性，对于人民币国际化进程也可能造成不利的影响。从某种程度上说，参考"汇率收盘价和一篮子货币"是两种汇率制度的结合。汇率收盘价是国内经济形势的体现，而一篮子货币，则是参考世界各国经济形势确定。这种制度使得中国的汇率生成机制更加国际化，有利于人民币国际化的推进。但是，在国内经济形势与篮子货币发行国的经济不统一的情况下，这种定价机制势必会脱离中国的经济现实，从而影响央行实行独立的货币政策。所以，汇率生成机制的市场化国际化必然伴随着更大的市场风险，需要中国经济具有更强的抗风险能力和货币当局更高的金融监管水平。

【课后拓展】

人民币距离国际化还有多远

中国走过了 30 年的发展历程，到今天已经成为世界舞台上举足轻重的一员，可是却没有与其显赫地位相称的本国货币。中国已经在 2010 年第二季度取代日本，成为世界第二大经济体；在 2009 年取代德国，成为世界最大的出口国。中国还是全球第二大 FDI(外来直接投资)吸收国，仅 2009 年一年就吸引了 950 亿美元的外来资金。此外，中国还拥有全球最多的外汇储备(截至 2016 年 6 月末中国外汇储备余额约为 3.2 万亿美元)。然而，人民币所发挥的国际作用却微乎其微：由于不可自由兑换，人民币无法发挥一个国际货币所应当具备的基本功能，如在国际交易中的换汇、结算和储备价值等。

这种反差越发显得反常。国际贸易大国倾向于使用本国货币进行计价和结算。比如 1860 年至 1914 年间的全球贸易有 60%是使用英镑结算的，这反映出当时的英国吸收了全球 30%以上的出口这一事实。今天，美国大约 95%的出口和 85%的进口是用美元结算的，这同样反映出美国是国际市场上的重要消费者和生产者这一事实。美元的广泛使用极大地推动了以美元计价的金融产品境内境外市场的发展。

由于缺乏国际货币，中国无法享受在国际贸易中使用本国货币所带来的效率提高这一好处。同时，这也导致了中国国际收支平衡的货币错配问题，即负债以人民币计价而对外应收账款却以国际主要货币(主要是美元)计价。再者，中国受累于对美元的过度依赖，因此过度暴露在世界经济流动性短缺以及贸易融资随之减少的风险之下。这是 2007 年至 2008 年金融危机给世人留下的教训。2008 年 9 月底，"美元短缺"几乎使世界贸易趋于停滞，并且迫使不止一家的新兴市场国家的央行为本国银行提供美元资金，从而支持本国出口的融资需求。推广人民币在国际交易支付中的使用可以减少对美元的过度依赖，并规避流动性风险。

也许人民币国际化最大的困难在于中国没有可供参考的经验和路线图。中国是第一个尝试把本国货币发展成真正意义上的国际货币的新兴市场国家。绝大部分的国家在实行本国货币国际化之前都已经成了发达国家，发达的德国和日本甚至都没有完成本国货币国际化的进程。此外，过去的经验显示，实现货币自由兑换和开放资本账户总是先行于货币国际化，而非反其道而行之。但是，没有历史经验或是经济理论的支持，并不意味着中国的尝试注定会失败。(资料来源：www.cnfol.com)

人民币国际化进程

2007 年 6 月，首只人民币债券登陆中国香港地区，此后内地多家银行先后多次在中国香港地区发行两年或三年期的人民币债券，总额超过 200 亿元人民币。

2008 年 7 月 10 日，国务院批准中国人民银行新设立汇率司，其职能包括"根据人民币国际化的进程发展人民币离岸市场"。

2008 年 12 月 4 日，中国与俄罗斯就加快两国在贸易中改用本国货币结算进行了磋商；12 日，中国人民银行和韩国银行签署了双边货币互换协议。此外，中国已与包括蒙古、越南、缅甸等在内的周边八国签订了自主选择双边货币结算协议，人民币区域化的进程大幅加快。

2009年3月9日，央行行长助理郭庆平介绍，国务院已经确认，人民币跨境结算中心将在中国香港地区进行试点。

2009年中国人民银行先后与马来西亚国家银行、白俄罗斯共和国国家银行、印度尼西亚银行及阿根廷中央银行宣布签署双边货币互换协议，目的是通过推动双边贸易及投资促进两国经济增长。

2009年7月，六部门发布跨境贸易人民币结算试点管理办法，我国跨境贸易人民币结算试点正式启动。2010年6月，六部门发布《关于扩大跨境贸易人民币结算试点有关问题的通知》，跨境贸易人民币结算试点地区范围将扩大至20个省市自治区，境外结算地扩至所有国家和地区。2011年8月，人民银行明确表示，河北、山西等11个省的企业可以开展跨境贸易人民币结算。至此，跨境贸易人民币结算境内地域范围扩大至全国。

2012年6月，人民币对日元直接交易在上海和东京两地正式开始，这是推动人民币战略进程的重大跨越。

2013年6月，英国央行成为第20个与中国签署货币互换协议的央行，也是首个与中国签订货币互换协议的七国集团(G7)国家央行。

2015年8月11日，中国人民银行宣布完善人民币汇率中间价形成机制。

2015年10月8日，人民币跨境支付系统(CIPS)(一期)成功上线运行，为境内外金融机构人民币跨境和离岸业务提供资金清算和结算服务。

2015年11月30日，国际货币基金组织(IMF)宣布将人民币纳入特别提款权(SDR)货币篮子，2016年10月1日正式生效。人民币成为继美元、欧元、日元、英镑之后第5种加入SDR的货币。人民币在SDR的比重为10.92%，超过日元和英镑位列第三，美元比重为41.73%，欧元为30.93%，日元为8.33%，英镑为8.09%。

2015年12月11日，中国外汇交易中心正式发布CFETS人民币汇率指数。

2015年12月14日，中国人民银行与阿联酋中央银行续签了双边本币互换协议，互换规模维持350亿元人民币/200亿阿联酋迪拉姆不变。同月，经国务院批准，人民币合格境外机构投资者(RQFII)试点地区扩大至阿联酋和泰国，投资额度均为500亿元人民币。

2016年6月，经中国人民银行授权，中国外汇交易中心宣布在银行间外汇市场开展人民币对南非兰特和韩元直接交易。

2016年9月27日，中国人民银行与欧洲中央银行签署补充协议，决定将双边本币互换协议有效期延长3年至2019年10月8日，互换规模仍为3500亿元人民币/450亿欧元。

2016年10月1日，国际货币基金组织(IMF)宣布纳入人民币的特别提款权(SDR)新货币篮子正式生效，这是人民币国际化的重要"里程碑"。

2016年12月，中国人民银行在银行间外汇市场推出人民币对匈牙利福林、波兰兹罗提、丹麦克朗、瑞典克朗、挪威克朗、土耳其里拉和墨西哥比索直接交易。

2017年中国人民银行与阿根廷央行、韩国央行、加拿大央行、俄罗斯央行分别续签双边本币互换协议。

2017年12月27日，人民银行办公厅批复同意中国外汇交易中心引入境外银行参与银行间外汇市场区域交易。

2018年1月5日，中国人民银行发布了《关于进一步完善人民币跨境业务政策促进贸易投资便利化的通知》。明确凡依法可使用外汇结算的跨境交易，企业都可以使用人民币结算。

2018年5月2日，人民币跨境支付系统(二期)全面投产，符合要求的直接参与者同步上线。

2018年5月4日，以人民币计价的大连商品交易所铁矿石期货正式引入境外投资者。

2018年5月9日，人民币合格境外机构投资者(RQFII)试点地区扩大至日本，投资额度为2 000亿元。

2018年中国人民银行先后与澳大利亚储备银行、马来西亚国家银行、英格兰银行及印度尼西亚中央银行续签双边本币互换协议。

2018年10月26日，中国人民银行与日本银行签署规模为2 000亿元人民币/34 000亿日元的双边本币互换协议。　(资料来源：www.pbc.gov.cn)

复习思考题

一、名词解释

1. 国际汇兑　2. 汇率　3. 金本位制　4. 黄金输送点　5. 汇率制度

二、不定项选择题

1. 德意志银行悉尼分行向花旗银行中国香港分行报出汇价：1欧元＝0.7915－0.7965英镑，该汇率表示(　　)。

　　A. 德意志银行悉尼分行支付0.7965英镑买入1欧元

　　B. 花旗银行中国香港分行支付0.7965英镑买入1欧元

　　C. 德意志银行悉尼分行卖出1欧元收入0.7915英镑

　　D. 花旗银行中国香港分行卖出1欧元收入0.7965英镑

2. 下面关于间接标价法描述正确的是(　　)。

　　A. 用外币表示本币价格　　　　B. 用本币表示外币价格

　　C. 外汇卖出汇率在后　　　　　D. 外汇买入汇率在前

3. 影响汇率变动的重要因素有(　　)。

　　A. 国际收支状况　　　　B. 通货膨胀程度　　　　C. 利率水平的高低

　　D. 市场预期心理　　　　E. 外汇市场上的投机力量

4. 固定汇率的含义是(　　)。

　　A. 货币汇率绝对固定　　　　B. 货币汇率相对固定

　　C. 汇率的变动幅度相对固定　　D. 汇率的变动幅度绝对固定

　　E. 汇率波动幅度以黄金输送点为限度

5. 在(　　)等国际货币体系下，实行固定汇率制度。

　　A. 金币本位制　　　　B. 金块本位制　　　　C. 国际金本位制

　　D. 布雷顿森林体系　　E. 牙买加体系

6. 汇率采取直接标价法的国家或地区有(　　)。

　　A. 美国和英国　　　　B. 美国和中国香港

　　C. 英国和日本　　　　D. 中国香港和日本

7. 目前，我国实施的人民币汇率制度是(　　)。

　　A. 固定汇率制　　　　B. 弹性汇率制

　　C. 有管理的浮动汇率制　　D. 钉住汇率制

8. 一国货币升值对其进出口收支会产生何种影响( )。

    A. 出口增加，进口减少　　　　　　　B. 出口减少，进口增加

    C. 出口增加，进口增加　　　　　　　D. 出口减少，进口减少

9. 我国负责外汇管理的机构是( )。

    A. 财政部　　　　B. 商务部　　　　C. 中国进出口银行　　　　D. 国家外汇管理局

10. 在布雷顿森林体系下，主要的国际储备货币是( )。

    A. 日元　　　　B. 英镑　　　　C. 欧元　　　　D. 美元

三、简答题

1. 影响汇率变动的主要因素有哪些？

2. 固定汇率制度的优点和缺点是什么？

3. 浮动汇率制度有哪些优点和缺点？

4. 现行人民币汇率制度的主要内容是什么？

四、计算题

1. 假设 2015 年 9 月，英镑和美元间的兑换比率为 1 英镑＝1.5025 美元，到 2018 年 10 月其兑换比率为 1 英镑＝1.2097 美元，试计算英镑和美元的升(贬)值率。

2. (1) 设 USD1＝CAD1.2040/1.2050，USD1＝JPY100.80/100.90，求加元兑日元的买入汇率和卖出汇率。

    (2) 设 USD1＝CHF0.8860/0.8870，GBP1＝USD1.3545/1.3555，求英镑兑瑞士法郎的比价。

3. 假定欧元对各种货币汇率在一年中的变化及各国对欧元区贸易在欧元区对外贸易中的比重分别如下表所示：

货 币 名 称	上 年 末	本 年 末	贸 易 比 重
美元	2	1.8	20%
瑞士法郎	4	3.7	40%
人民币元	10	11	30%
日元	280	280	10%

试分别计算欧元对各种货币的升贬值幅度及欧元总的变化幅度。

4. 假定同一时间某一商品在法国国内价格为 4 欧元，在美国国内价格为 6 美元，试用绝对购买力平价说明两国货币的兑换比例。假定 1 个月后同一商品在法国价格变为 7 欧元，在美国价格变成 9 美元，试用相对购买力平价说明两国货币汇率变化幅度有多大？最终汇率为多少？

第八章

外汇市场与外汇交易

【课前导读】

外汇市场是国际金融市场的重要组成部分，外汇市场的存在为国际经济交易的结算和国际资金融通提供了必要的条件，同时也为套期保值和外汇投机提供了活动场所。在外汇市场上，存在着各种各样的外汇交易方式，其中，既包括传统的即期外汇交易、远期外汇交易、掉期交易、套汇和套利交易，又包括作为衍生外汇产品的外汇期货交易、外汇期权交易等。它们有的被用于进出口贸易和资本输出输入所引起的国际结算；有的被作为防范外汇风险，进行套期保值的工具；也有的被用于外汇投机活动。选择有利的外汇交易方式，掌握各种外汇交易的具体操作方法，是国际金融实务要研究的重要问题之一，也是从事对外贸易和金融方面工作必备的基本技能。

【要点提示】

1. 外汇市场的概念和参与者、即期外汇交易的概念和交易规则
2. 远期汇率的报价和计算、远期汇率和利率之间的关系、远期外汇交易的概念和应用
3. 套汇、套利的概念及其具体操作方法和应用
4. 外汇期货交易的概念、交易制度、具体操作方式和应用；外汇期货交易与远期外汇交易的异同
5. 外汇期权交易的概念、特点、种类和应用

第一节　外汇市场

一、外汇市场概述

外汇市场(Foreign Exchange Market)是经营外汇业务的银行、各种金融机构、公司企业以及个人进行外汇交易的场所或网络。外汇市场的存在为国际经济交易的结算和国际资金融通提供了必要的条件，同时也为套期保值和外汇投机提供了活动场所。

理解外汇市场的含义需要注意以下3点。

(1) 外汇市场是进行货币兑换等活动的场所。在外汇市场上，外汇的买卖有两种类型：一是本币与外币之间的相互买卖，即外汇需求者按汇率用本币购买外汇或外汇持有者按汇率卖出外汇换回本币。二是不同币种的外汇之间的相互买卖，如一个美国人卖出欧元，买入英镑等。不是所有存在外汇的交易都是

外汇市场的交易。例如：一个中国人，在美国市场上借入 5 年期的 100 万美元，然后在当地投资设厂，这属国际资本市场的范畴，不属于外汇市场。外汇市场必须存在货币兑换关系。

(2) 外汇市场的交易对象主要是各种可自由兑换货币。其中美元占交易的绝大部分，欧元、日元、英镑等发达国家和地区的货币也是主要的交易对象。外汇市场的交易规模比其他所有市场的交易总量还大，全球商品市场一年的交易总量仅相当于外汇市场几天的交易量。

(3) 外汇市场包括有形市场和无形市场两种组织形式。有形的外汇市场是指从事交易的当事人必须在固定的交易场所和规定的营业时间内进行外汇买卖，在自由竞争时期，西方各国的外汇买卖主要集中在外汇交易所。无形的外汇市场是通过电话、传真、电子网络系统等进行外汇交易的市场，目前，国际外汇市场基本上都是无形外汇市场。

二、外汇市场的参与者

(一) 外汇银行

这类银行通常包括专营或兼营外汇业务的本国商业银行、在本国的外国银行分行或其他金融机构。当一国的金融机构只有在获得中央银行的批准后才可经营外汇业务时，又可称其为外汇指定银行。外汇银行除了担当外汇买卖、资金调拨及融通的媒介外，也会自行对客户买卖外汇。外汇银行是整个外汇市场的核心，外汇市场上所有的外汇交易都是同外汇银行进行的。外汇银行集中外汇市场上所有的供求关系，通过银行之间竞价的方式，确定银行同业买卖外汇的汇率，在此基础上进一步确定整个外汇市场的汇率水平。而汇率的形成是外汇交易的前提条件。

外汇银行的主要业务包括汇兑业务、外汇存放款业务、押汇业务以及其他外汇业务。

(二) 外汇经纪人

外汇经纪人(Foreign Exchange Broker)是指在外汇市场上，以赚取佣金为目的，专门从事以介绍并促成银行与客户之间或外汇银行之间达成外汇交易的中介机构或中间商。由于外汇银行之间的交易金额较大，交易频繁，但交易信息的沟通并不充分，因此，外汇经纪人依靠它们同外汇银行间的密切联系和对外汇供求情况的充分了解，来沟通外汇银行买卖双方之间的信息，促成交易，获得佣金收益。但是，由于计算机网络的出现，现代外汇市场的信息透明度不断增强，同时一些大的商业银行为了节省手续费，越来越趋向于彼此直接成交，使得外汇经纪人在市场中的地位受到了极大的威胁。然而，某些大客户或大银行，为了隐藏自己的身份，以争取比较有利的交易条件，仍然通过外汇经纪人进行外汇交易。

(三) 一般工商客户

一般工商客户是指外汇市场上因从事各种国际经济交易活动，而取得了外汇收入或产生了对外汇的需求的工商企业或个人，也被称为零售客户。根据他们参与外汇市场的目的，一般工商客户可以分为 3 类：(1)交易性外汇买卖者。这一类顾客主要是为了满足国际贸易、国际投资等实际交易的需要而买卖外汇，通常是在外汇市场上将通过各种渠道获得的外汇收入卖给外汇银行以换取本币，或者在外汇市场上将本币兑换成外币进行对外支付。交易性外汇买卖者主要包括进出口商、国际投资者、旅游者等。(2)保值性外汇买卖者。他们主要是为了避免或降低汇率波动对外汇资产或负债造成的损失而买卖外汇。(3)投机性外汇买卖者。他们向外汇银行买卖外汇，是为了获取汇率波动可能带来的差价利润。

(四) 中央银行

中央银行是一国行使金融管理和监督职能的机构，是一国外汇市场的管理者。中央银行一方面通过制定和颁布有关法令，防止外汇市场上的违法行为，维护外汇市场秩序；另一方面在某些时候也会直接买卖某种货币干预外汇市场，以稳定或改善本币汇率。例如：对于已经取消了本国经常账户和资本与金融账户外汇管制的国家来说，当国际短期资本的大量流动对本国外汇市场造成猛烈冲击时，中央银行常常会对外汇市场加以干预，其采取的最简单的手段就是在外汇短缺时大量抛售外汇，在外汇过多时大量吸纳外汇，从而使本国货币汇率维持在较为理想的目标水平上。此外，中央银行出于管理外汇储备的需要，也常常要通过外汇银行进行外汇买卖，以调整储备货币的结构。中央银行参与外汇市场的目的不在于谋取利润，而在于管理和监督外汇市场的运行。

在不同的外汇市场参与者之间，形成了 3 个层次的外汇交易：外汇银行与一般工商客户之间的外汇交易；外汇银行同业之间的外汇交易；外汇银行与中央银行之间的外汇交易。

三、外汇市场的分类

(一) 零售市场和批发市场

根据市场参与者不同，外汇市场可以分为零售市场(Retail Market)和批发市场(Wholesale Market)。

零售市场是指外汇银行与公司企业或个人之间买卖外汇构成的市场，其交易规模较小，但每天的交易总量也是很大的。

批发市场是指银行同业之间买卖外汇的市场，每天成交金额巨大，绝大部分外汇交易都发生在银行同业间的外汇市场上(据统计，整个外汇市场上银行之间的外汇交易占95%)。

外汇银行买卖外汇所持有的各种外币账户余额的状况，被称为外汇头寸(Exchange Position)。当某种外币买入超过卖出或债权超过债务，则称为持有该种货币的"多头"，也叫"长余头寸"(Long Position)或者"超买"(Over Bought)；当某种外币卖出超过买入或债务超过债权，则称为持有该种货币的"空头"，也叫"短缺头寸"(Short Position)或者"超卖"(Over Sold)；当某种外币买卖持平时，称为"轧平头寸"(Square Position)。多头和空头统称为"敞口头寸"(Open Position)或"头寸暴露"(Position Exposure)。敞口头寸是银行的受险部分，银行在存在多头和空头时都面临外汇风险，即当银行处于多头地位时，面临该种货币汇率下跌的风险，而当银行处于空头地位时，则面临该种货币汇率上升的风险，只有当银行处于轧平头寸地位时，才没有外汇风险。银行为了防范外汇风险，就要主动轧平各种外汇的头寸，即抛出多头，补进空头，使敞口头寸重新平衡，这种掩护性的外汇买卖称为抛补(Cover)。

(二) 柜台市场和交易所市场

按市场组织形式不同，外汇市场可以分为柜台市场和交易所市场。柜台市场没有固定场所，买卖双方无须面对面进行交易，而是通过计算机、信息网络与经营外汇的机构进行联系，以达成外汇交易。如纽约外汇市场、苏黎世外汇市场、伦敦外汇市场都采用这种形式。交易所市场是指有具体、固定的交易场所进行外汇交易的市场。巴黎、阿姆斯特丹、米兰等地都有此类市场。在具有固定外汇交易所的欧洲大陆国家，当地大部分的外汇交易和全部国际性外汇交易也都是通过柜台市场进行，交易所市场只办理小部分当地的现货交易。

(三) 官方外汇市场和自由外汇市场

按政府对市场交易的干预程度不同，外汇市场分为官方外汇市场和自由外汇市场。官方外汇市场是指受所在国政府控制，按中央银行或外汇管理机构规定的官方汇率进行外汇买卖的外汇市场。自由外汇市场是指不受所在国政府控制，基本按照市场供求规律形成的汇率进行交易的外汇市场。在这个市场上，一般来讲，任何银行和金融机构或个人均可从事外汇交易，交易金额、比重、汇率均由市场供求决定，外汇资金输出入国境不受任何限制。如纽约、伦敦、东京、新加坡等外汇市场都是国际上主要的自由外汇市场。

(四) 地区性外汇市场和国际性外汇市场

按外汇市场的经营范围不同，外汇市场可分为地区性外汇市场和国际性外汇市场。地区性外汇市场的参与者主要限于当地居民，市场交易的货币币种也限于当地货币与少数几种其他货币。国际性的外汇市场，其参与者除了当地居民以外，境外的居民也可借助于各种通信手段参与当地的外汇买卖，买卖的币种比较广泛。

目前，交易量大且具有国际影响的外汇市场主要有：纽约、伦敦、巴黎、法兰克福、苏黎世、东京、米兰、蒙特利尔、阿姆斯特丹和中国香港等。在这些外汇市场买卖的外汇主要有美元、英镑、欧元、瑞士法郎、日元、加拿大元等10多种货币。其他货币也有买卖，但为数不多。由于上述各个外汇市场都分布在不同的时区，位于各个时区的外汇银行此关彼开，再加上各个外汇市场都利用现代化的电子通信设备来进行交易，因此，在营业日的一天24小时内，位于世界各地的外汇交易者可以连续不断地在世界各个外汇市场进行交易。所以，当前国际外汇市场已经成为一天24小时连续运转的市场。世界主要外汇市场营业时间表如表8-1所示。

表8-1　世界主要外汇市场营业时间表

地　区	城　市	营业时间 (北京时间、非夏令时时段)
大洋洲	惠灵顿	5:00—13:00
	悉尼	7:00—15:00
亚洲	东京	8:00—14:30
	中国香港	9:00—16:00
	新加坡	9:30—16:30
欧洲	法兰克福	16:00—23:00
	苏黎世	16:00—23:00
	巴黎	16:00—23:00
	伦敦	17:30—00:30
北美洲	纽约	21:00—4:00
	芝加哥	22:00—5:00

四、外汇市场的功能

外汇市场的存在和营运，促进了经济国际化的进一步发展，加速了世界经济一体化的形成，在当前国际经济金融领域中起着重大作用。

1. 实现购买力的国际转移

国际贸易和国际资金融通至少涉及两种货币，而每一种货币一般都只在发行国具有对商品和服务的购买力，因此，要想在他国的购买行为得以实现，交易者就要将其所持有的货币兑换成他国货币，而这种兑换就是在外汇市场上进行的。外汇市场所提供的就是这种购买力国际转移机制，它的存在使各种潜在的外汇出售者和外汇购买者的意愿能联系起来。同时，由于发达的通信工具已将外汇市场在世界范围内联成一个整体，使得货币兑换和资金汇付能够在极短时间内完成，购买力的这种转移变得迅速和方便。

2. 有利于国际资金融通

外汇市场为各国的交易者提供了资金融通的便利。外汇的存贷款业务集中了各国的社会闲置资金，从而能够调剂余缺，加快资金周转。外汇市场为国际贸易的顺利进行提供了保证。当进口商没有足够的现款提货时，出口商可以向进口商开出汇票，允许延期付款，同时以贴现票据的方式将汇票出售，拿回货款。外汇市场便利的资金融通功能也促进了国际借贷和国际投资活动的顺利进行。美国发行的国库券和政府债券中很大一部分是由外国官方机构和企业购买并持有的，这种证券投资在脱离外汇市场的情况下是不可想象的。

3. 提供外汇保值和投机的场所

在以外汇计价成交的国际经济交易中，交易双方都面临着外汇风险。市场参与者对外汇风险的判断和偏好各不相同，有的参与者宁可花费一定的成本来转移风险，而有的参与者则愿意承担风险以实现预期利润。由此产生了外汇保值和外汇投机两种不同的行为。在固定汇率制度下，外汇汇率基本上是平稳的，因而就不会形成外汇保值和投机的需要及可能。而浮动汇率制度下，外汇市场的功能得到了进一步的发展，外汇市场的存在既为套期保值者提供了规避外汇风险的场所，又为投机者提供了承担风险、获取利润的机会。

第二节 即期和远期外汇交易

外汇交易是指在外汇市场上，市场参与者之间发生的将一种货币按照既定的汇率兑换成另一种货币的买卖行为和过程。从交易的本质和实现的类型来看，外汇交易分为两大类：一类是为满足客户真实的贸易、资本交易需求而进行的基础外汇交易；另一类是在基础外汇交易之上，为规避和防范汇率风险或出于外汇投资、投机需求进行的外汇交易。从这个角度出发，目前外汇市场上主要的外汇交易类型有即期外汇交易、远期外汇交易、掉期交易、套汇、套利、外汇期货交易和外汇期权交易等。本节主要介绍即期和远期外汇交易以及在其基础上发展而来的掉期交易、套汇、套利。

一、即期外汇交易

即期外汇交易(Spot Transaction)又称现汇交易，是指买卖外汇的双方按当天外汇市场上的汇率成交后，在当天或两个营业日内办理交割的一种外汇交易。即期外汇交易是外汇市场上最常见、最主要的交易形式，其基本作用是满足客户临时性的资金需要，调整各种货币头寸，进行外汇投机等。

(一) 交割日期

根据交易银行和交易货币所在国银行所处时区的不同，即期外汇交易中形成了 3 种确定交割日的惯例。

(1) 标准交割日(Value Spot，VAL SP)，即以外汇银行成交日后的第二个营业日为交割日，其原因是在大多数情况下，外汇交易要借助于某种结算工具来清算，而这些有关的信用工具通过银行系统进行偿还或清算一般需要两天时间。

(2) 当日交割(Value Today，VAL TOD)，即以外汇银行成交日当日为交割日。

(3) 明日交割(Value Tomorrow，VAL TOM)，也称为次日交割，即以外汇银行成交日后第一个营业日为交割日。

在小型而封闭的市场里，或者当交易的货币在同一时区时，如美元与加元、美元与墨西哥比索，即期交易是在交易的次日清算的。而在中国香港外汇市场，港元兑美元的即期交易是在当天交割的，港元兑日元、澳元、新元等则在次日交割，还有一些货币则在第三天交割。交割日的确定对即期交易来说非常重要，因为外汇交易遵循"价值抵偿原则"，交易双方都必须在同一时间进行交割，这样才能避免某一方因交割时间的差异出现早付迟收而遭受损失。外汇市场之所以多采用标准日交割，就是因为要保证双方在同一时间收付资金。所以，在不同的地区进行即期外汇交易，要关注当地外汇市场的有关细则，把握实际交割日。

(二) 即期外汇交易的交易规则

在外汇市场上，外汇交易都是根据基本交易规则、惯例及程序进行的，交易人员要遵守一些约定俗成的交易规则。即期外汇交易中主要的交易规则有如下几点。

1. 外汇交易报价采用双价制

即外汇银行对同一种货币同时报出买入价和卖出价。在世界外汇市场上，通常都使用以美元为中心的报价方法，即以美元为基准货币或标价货币来进行报价。

2. 根据外汇市场的报价惯例，银行报价的完整形式应是五位数

例如，某日中国香港外汇市场上美元的报价为USD1＝HKD7.7875/7.7885。而各银行的外汇交易员在进行同业外汇买卖业务时，通常只报出汇率的最后两位数，例如可将上述汇率报为75/85。这是因为外汇交易员熟悉市场行情，同时市场汇价频繁波动的主要是最后两位数，因此不必进行完整形式的报价。报价的最小单位即小数点后最后一位数，称一个基点(Basis)或一点，通常情况下万分之一为一点(以点数标示日元时，100 个点为 1 日元)。人们一般用点数的变化来考虑货币汇率的变动。

3. 交易额通常以 100 万美元为单位

如 One Dollar 代表 100 万美元，Three Dollars 代表 300 万美元。如果交易额小于 100 万美元，则应预先说明是小额交易，然后报出具体金额。

4. 交易双方必须恪守信用

交易一经成交不得反悔、变更或要求注销。

5. 交易术语规范化

外汇市场上汇率转瞬即变，这要求交易双方要以最短的时间达成一项交易。因此，外汇交易员为了节省时间，通常使用简语或行话。

【案例8-1】

A——客户　B——银行

A: USD/JPY, PLS .(A: 请报出美元对日元的汇价。)

B: MP, 108.40/50.(B: 稍等，1美元＝108.40/50日元。)

A: Taking USD 10.(A: 我买1 000万美元。)

B: OK, Done. I sell USD 10MIO Against JPY At 108.40/50 Value OCT 15, JPY PLS To ABC BANK TOKYO For A/C No.123456.(B: 好，成交。我卖给你1 000万美元，价格1美元＝108.40/50日元，交割日期10月15日，日元请汇至东京ABC银行，账户号码123456。)

A: OK, All Agree. USD To JKL Bank N.Y. For our A/C 654321. CHIPS UID 06738.(A: 好，同意。美元请汇至纽约JKL银行，账户号码654321。清算系统会员编号06738。)

二、远期外汇交易

远期外汇交易(Forward Transaction)又称期汇交易，是指买卖双方成交以后，不是立即办理交割，而是按合同规定，在未来某个约定日期办理交割的外汇交易。

远期外汇交易的交割期限主要有1个月、3个月、6个月、9个月和1年，也有的长达1年以上，其中以3个月最为普遍，而1年以上的交易很少。这是因为，交割期限越长，交易的不确定性就越大，银行所面临的风险就越大。交割日一般按日历月来确定，不管每个月实际天数差异，遇节假日顺延。

(一) 远期汇率的报价和计算

远期外汇交易中所使用的汇率即为远期汇率(也称为期汇汇率)，根据国际惯例，远期汇率的报价方式主要有两种。

1. 直接报价

即外汇银行直接将各种不同交割期限的外汇买入价和卖出价表示出来。这种报价方式一目了然，通常用于银行对一般工商客户的远期外汇报价。瑞士、日本等国采用这种方法。

【例8-1】某日美元对日元的比价，现汇汇率为USD1＝JPY110.20/30，1个月远期汇率为USD1＝JPY110.40/60，3个月远期汇率为USD1＝JPY110.70/90。

2. 报出远期差价(掉期率)

在这种方式下，银行只报出即期汇率和远期差价(远期汇率与即期汇率之间的差价点数，也叫掉期率)，不报出远期汇率的实际数额。用远期差价报价的好处是简明扼要，银行间的远期外汇报价通常采用这种方式。英国、美国、法国、德国等采用这种方法。

在外汇市场上以升水(Premium)、贴水(Discount)和平价(Par)来表示远期汇率和即期汇率的差额。升水表示远期汇率高于即期汇率，即远期外汇比即期外汇贵。贴水表示远期汇率低于即期汇率，即远期外汇比即期外汇便宜。平价表示远期汇率等于即期汇率。当一种货币对另一种货币的远期汇率升水，也就意味着另一种货币对该货币的远期汇率贴水。

3. 银行报出远期差价时远期汇率的计算方法

在不同的标价方法下，远期汇率的计算方法也不同。

直接标价法：期汇汇率＝现汇汇率＋升水额

期汇汇率＝现汇汇率－贴水额

间接标价法：期汇汇率＝现汇汇率－升水额

期汇汇率＝现汇汇率＋贴水额

【例8-2】 某日纽约外汇市场上，英镑兑美元的汇率，现汇汇率为GBP1＝USD1.2215/25，3个月英镑贴水70/60，请计算英镑兑美元的3个月远期汇率。

解：

	即期汇率	3个月远期差价
GBP/USD	1.2215/1.2225	70/60

纽约外汇市场上，以外币(英镑)为标准单位，则这是直接标价法，直接标价法下贴水用减法，于是，英镑兑美元的3个月远期汇率为

1.2215	1.2225
－0.0070	－0.0060
1.2145	1.2165

所以英镑兑美元的3个月远期汇率为GBP1＝USD1.2145/65。

如果银行未说明升贴水情况，根据远期差价的两个点数也可以做出判断。

直接标价法：前点低于后点，升水；

前点高于后点，贴水；

间接标价法：前点高于后点，升水；

前点低于后点，贴水。

前点低于后点在直接标价法下是升水，而直接标价法下升水用加法，前点低于后点在间接标价法下是贴水，而间接标价法下贴水也是用加法；前点高于后点在直接标价法下是贴水，而直接标价法下贴水用减法，前点高于后点在间接标价法下是升水，而间接标价法下升水也是用减法。

综合以上几组公式可以观察出一个计算远期汇率的规律：即远期差价前点低于后点，用加法；远期差价前点高于后点，用减法。

【例8-3】 苏黎世外汇市场上，美元兑瑞士法郎的即期汇率为USD1＝CHF1.1230/40，6个月远期差价50/60，请计算6个月远期汇率。

解：

	即期汇率	3个月远期差价
USD/CHF	1.1230/1.1240	50/60

远期差价的点数为50/60，前面的点小于后面的点，前点低于后点用加法，于是，美元对瑞士法郎的6个月远期汇率为

1.1230	1.1240
＋0.0050	＋0.0060
1.1280	1.1300

所以美元兑瑞士法郎的6个月远期汇率为USD1＝CHF1.1280/00。

(二) 远期汇率与利率的关系

在其他条件不变的情况下，一种货币对另一种货币是升水还是贴水，升(贴)水额以及升(贴)水的年率，会受到两种货币之间的利率差异与即期汇率的直接影响。

1. 远期外汇是升水还是贴水，受利息率水平的制约

在其他条件不变的情况下，高利率国货币远期汇率贴水，低利率国货币远期汇率升水。

这是因为，在一般情况下，银行在经营业务时必须遵循买卖平衡的原则，即银行卖出多少数额的某种外汇，就必须同时补进同等数额的该种外汇，否则银行就要承担敞口头寸的风险。假设英国某银行卖出远期美元较多，买进远期美元外汇较少，该银行存在美元的空头，为了防止到期美元汇率上升造成损失，该银行必须拿出一定的英镑现汇，购买相当于空头数额的美元外汇，将其存放于美国银行，以备为已卖出的美元远期外汇到期办理交割。如果美元的利率低于英镑，那么该英国银行就会在利息上遭到损失，而银行不会自己将这种损失承担下来，它会将经营该项远期外汇业务所引起的利息损失转嫁给购买远期外汇的顾客，此时，客户购买远期美元的汇率就会高于即期美元的汇率，即远期美元升水。

【例8-4】假设伦敦市场利率为10%(年率)，纽约市场利率为7%(年率)，伦敦市场即期汇率为1英镑＝1.34美元。伦敦银行每卖出即期美元外汇13 400美元，就要向顾客索要10 000英镑；如果它卖出3个月期的美元远期外汇，应该向顾客索要多少英镑呢? 假设该行未能补进3个月期远期美元外汇，它就存在着13 400美元的空头，为了避免3个月后交割时美元即期汇率上升的风险，该银行就必须动用自己的资金10 000英镑，即期买入13 400美元外汇，存放在纽约银行，以备3个月后向顾客交割。这样，该伦敦银行要有一定的利息损失。具体利息损失金额是

$$10\ 000 \times (10\% - 7\%) \times \frac{3}{12} = 75(英镑)$$

此时，该行会将75英镑的利息损失转嫁给购买3个月远期美元的顾客，即要求顾客要支付10 075英镑才能买到3个月远期美元。该行最终向顾客卖出3个月远期美元的具体价格为

$$X = \frac{13\ 400}{10\ 075} = 1.3300$$

即在伦敦市场3个月英镑兑美元远期汇率应为1英镑＝1.3300美元，美元的远期汇率比即期汇率升水0.01美元。

2. 远期汇率升(贴)水额的计算

远期汇率和即期汇率之间的差额，取决于两种货币的利率差异，并大致和利率的差异保持平衡。

$$升(贴)水额 = 即期汇率 \times 两地利率差 \times \frac{月数}{12}$$

【例8-4】中，该伦敦银行3个月美元远期外汇升水的具体数字为

$$1.34 \times (10\% - 7\%) \times \frac{3}{12} = 0.01$$

则伦敦市场3个月远期美元外汇的实际价格应为

1英镑＝1.34美元－0.01美元＝1.33美元

3. 升贴水年率的推导

将升(贴)水额转化为年率，就便于与即期汇率相比较，以揭示其高于或低于即期汇率的幅度。

$$升(贴)水年率＝\frac{升(贴)水额}{即期汇率}÷\frac{月数}{12}×100\%$$

【例8-4】中，3个月远期美元外汇升水为0.01美元，代入公式则年率为

$$\frac{0.01}{1.34}÷\frac{3}{12}×100\%＝3\%$$

如果由于贸易和投资的关系，市场上对3个月远期英镑的需求增加，导致英镑远期汇率上升，变为1英镑=1.3316美元，即3个月美元升水额为0.0084，其升水数字折年率为2.5%，而伦敦、纽约两地利率差为3%，即升水年率和两地利率差不一致，则国际投机者会在即期市场上以美元买英镑，将英镑在英国存放3个月，以求获取较高的利息收入，同时，为了防止英镑存款到期后遭遇即期市场上英镑贬值的外汇风险，他们在购买英镑存入银行的同时，在远期外汇市场上再卖出3个月远期英镑，买入3个月远期美元，如此，会引起对远期美元的需求增加，远期美元价格上升，对英镑升水加大，最后升水年率会自动地与两地的利率差趋向平衡。

由此可见，在其他条件不变的情况下，升(贴)水年率与两地的利率差总是趋向一致的。

但是，现实生活中，除了两地利差以外，某些国家的汇率政策、国际投机活动、市场预期行为、某些重大的政治事件及国际形势的突发变化等也会对远期汇率的变动产生较大影响，使得升(贴)水年率常常与两地利率差存在一定的差异。

(三) 远期外汇交易的应用

远期外汇交易是为了避免外汇风险而产生的。在国际经贸活动中，人们之间债权债务关系的形成和偿付之间经常会出现一段时间间隔，例如进出口商从签订合同到收付货款之间一般要隔几个月甚至更长时间，这段时间中如果用于计价支付的货币的币值发生变化，就会给交易一方带来额外的损失；同样，在各国之间进行投融资活动的金融交易者的收益和成本也会受到投资期限中汇率变动的影响。远期外汇交易的存在使得这些国际经济交易者能够预先把在未来买卖某种外汇的汇率确定下来，从而避免到期偿付的债权债务因汇率变动带来的风险和损失。远期外汇交易产生以后，人们发现这种交易方式除了可以用于避险以外，也可以实现投机的目的。因此，在实际经济活动中，人们对远期外汇交易的应用主要有以下几种情况。

1. 商业性的远期外汇交易

商业性的远期外汇交易是指进出口商和资金借贷者为避免商业或金融交易遭受汇率变动的风险而进行的远期外汇交易，这是远期外汇交易最基本的应用方式。

进口商为避免外币升值使自己在付款时实际支付的本币较合同签订时增加，可以通过事先买入远期外汇来锁定未来支付的本币金额；而出口商为了避免外币贬值使自己在收款时实际换得的本币较合同签订时数量减少，也可以事先卖出远期外汇来锁定未来收入的本币金额。同理，国际借贷者也可以通过远期外汇交易实现保值避险。

【例8-5】某澳大利亚商人从日本进口商品，6个月后需要支付5亿日元货款，签约时，即期汇率为 AUD/JPY = 75.000/10，6个月远期差价为 500/400，那么，(1)该澳大利亚商人需要避免什么样的汇率

变动风险，如何避免？(2)如果不进行远期外汇交易保值，而是到期买入即期日元，假设付款日即期汇率为72.000/10，该商人将遭受多少损失？

解:(1)6个月远期差价为500/400，前高后低用减法，所以6个月远期汇率为：AUD/JPY＝74.500/610该澳大利亚商人需要避免6个月后日元升值的风险。可与外汇银行签订一个买进6个月远期日元的合同，则到期需支付AUD671.14万(即JPY50 000万÷74.5＝AUD671.14万)购进5亿日元。

即到期无论汇率如何变动，该澳商的支付成本始终固定在AUD671.14万。

(2) 如该商人未进行远期外汇交易保值，在6个月后买入即期日元，需支付AUD694.44万(即JPY50 000万÷72＝AUD694.44万)才能购进5亿日元。

AUD694.44－AUD671.14＝AUD23.3万

该商人不进行远期外汇交易保值，与进行远期外汇交易保值相比将损失AUD23.3万元。

2. 金融性的远期外汇交易

金融性的远期外汇交易是指外汇银行为了平衡其远期外汇头寸而进行的远期外汇交易。

进出口商和资金借贷者进行远期外汇交易，实际上是将汇率变动的风险转嫁给外汇银行。外汇银行在对顾客进行期汇交易时，同一种货币、同一种交割期限的外贸买卖金额很难完全一致。一些货币的远期头寸会出现多头，另一些货币的远期头寸可能出现空头，一旦到期汇率发生变动，银行就可能遭受损失。银行为了避免这种损失，就需要轧平各种货币、各种交割期限的期汇头寸。银行这种为轧平头寸而从事的外汇买卖操作称为外汇头寸调整交易。

【例8-6】纽约某外汇银行存在外汇敞口头寸，3个月期瑞士法郎超买1 000万，6个月期英镑超卖500万，合约规定的远期汇率分别为 USD1＝CHF1.5，GBP1＝USD1.2，若3个月期瑞士法郎交割日的即期汇率为 USD1＝CHF1.6，6个月期英镑交割日的即期汇率 GBP1＝USD1.3，那么，假如该行听任敞口头寸存在，其盈亏状况如何？

解: (1) 若该银行未做远期外汇交易保值，则3个月期瑞士法郎合约到期时，该行按合约价买入1 000万瑞士法郎需要支付666.67万美元(1 000万÷1.5＝666.67万美元)；然后在即期市场上卖出1 000万瑞士法郎，得到625万美元(1 000万÷1.6＝625万美元)，该行亏损41.67万美元。

(2) 若该银行未做远期外汇交易保值，则6个月期英镑合约到期时，该行首先应该在即期市场上买入500万英镑用于完成到期的合约，需要支付650万美元(500万×1.3＝650万美元)；然后按合约价卖出500万英镑，得到600万美元(500万英镑×1.2＝600万美元)，该行亏损50万美元。

由此可见，顾客与银行间的外汇交易使外汇风险转移到银行身上，银行为了躲避这种外汇风险，可以将超买部分的远期外汇卖出，超卖部分的远期外汇买进以规避汇率风险。如上例中，银行应该在买进3个月远期瑞士法郎1 000万的同时再卖出3个月期瑞士法郎1 000万；在卖出6个月远期英镑500万的同时再买入6个月远期英镑500万。这样，银行就规避了汇率风险，赚取的是其中的价差。

3. 投机性的远期外汇交易

某种货币汇率上升会使持有该货币多头的人获利，某种货币汇率下跌会使持有该货币空头的人受益，这就给外汇投机创造了条件。

投机性的远期外汇交易是指外汇市场上的投机者为了获取投机利润，在某种预期的基础上，有意保持某种远期外汇的多头或空头，以期从汇率变动中赚取利润的行为。

1) 买空

买空是指投机者在预期外汇汇率会上升的基础上所进行的单纯买进远期外汇的交易。

【例8-7】假设美元兑日元6个月远期汇率为USD/JPY＝100.00/10，某美国商人预期半年后即期汇率为USD/JPY＝95.000/10，若该预测准确，在不考虑其他费用的前提下，该投机者买入6个月远期1亿日元，可获利多少？

解：美国商人买入6个月期1亿日元，半年后履行合约要支付100万美元(JPY1亿÷100＝USD100万)买入1亿日元，而半年后在即期市场上卖掉1亿日元，可获105.25万美元(JPY1亿÷95.010＝USD105.25万)，即该美国商人最终可获利润5.25万美元。

2) 卖空

卖空是指投机者在预期外汇汇率会下降的基础上所进行的单纯卖出远期外汇的交易。

【例8-8】假设英镑兑美元3个月远期汇率GBP/USD＝1.6000/10，某美国商人预期3个月后英镑即期汇率为GBP/USD＝1.5500/10，并进行100万英镑的卖空交易(即卖出3个月远期英镑100万)，在不考虑其他费用的前提下，预期准确可获利多少？

解：美国商人卖出3个月远期英镑100万，他需要于交割日在即期市场上付出155.1万美元(100×1.5510＝155.1万美元)买入100万英镑，然后按远期合约价卖出100万英镑，得到160万美元(100×1.6＝160万美元)，最终获利4.9万美元。

需要注意的是投机获利的前提条件是预测准确，如果预测与结果相反，则投机商会遭受亏损。

三、掉期交易

(一) 掉期交易的概念和特点

掉期交易(Swap Transaction)是指外汇交易者在买进(卖出)某种期限的外汇的同时卖出(买进)数额相同的另一种期限的同种外汇的一种外汇交易方式。

在掉期交易中，一种货币的买和卖是同时进行的，而且在这一过程中，买和卖的货币金额完全相同，不同的只是买和卖的货币交割期限不同。即一项掉期交易是由两笔同时进行的货币买卖交易构成的，这两笔交易方向相反、金额相同、货币种类相同、期限不同。

(二) 掉期交易的基本形式

1. 即期对远期的掉期交易(Spot-Forward Swap)

即期对远期的掉期交易是指在一项掉期交易的两笔交易中，一笔为即期外汇交易，而另一笔为远期外汇交易。

【例8-9】美国某公司打算在英国进行一项价值为100万英镑的直接投资，预计1年后可收回，为避免1年后英镑价格下跌的风险，该公司便在纽约外汇市场进行一项英镑外汇的掉期交易。假定当时纽约外汇市场上即期汇率为GBP1＝USD1.3540，一年期英镑贴水20点，即1年期英镑远期汇率为GBP1＝USD1.3520，于是该公司用135.4万美元买进100万英镑即期用于投资，同时卖出100万英镑的一年远期，这样，该公司在一年后至少可保证收回135.20万美元的本金，避免了汇率风险对投资收益的影响。

2. 即期对即期的掉期交易(Spot-Spot Swap)

即期对即期的掉期交易又称为一日掉期(One-Day Swap)，是指由两笔货币种类相同、数额相同、交割期限相差一天、方向相反的外汇交易构成的掉期交易。这一类掉期交易又分为隔夜交易和隔日交易。隔夜交易是指今日对明日的掉期(Today-Tomorrow Swap)，即将第一笔交易日安排在成交的当日，另一笔反向交割安排在第二天的掉期交易；隔日交易是指明日对后日的掉期(Tomorrow-Next Swap)，即将第一笔交易日安排在成交的第二天，另一笔反向交割安排在第三天的掉期交易。一日掉期仅适用于银行同业间在进行隔夜资金拆借时规避汇率风险，因此只存在于银行间外汇市场。

3. 远期对远期的掉期交易(Forward-Forward Swap)

远期对远期的掉期交易是指买进(卖出)一种货币期限较短的远期的同时，卖出(买进)相同金额的该货币较长的远期。

【例8-10】德国某银行9月份预计11月份有一笔闲置资金EUR100万，计划到美国投资，投资期限4个月，由于担心11月份欧元贬值及第二年3月欧元升值，该银行就做了一项2个月对6个月的远期，即在9月份卖出2个月远期欧元100万，再买入6个月远期欧元100万。这样就可以避免11月份欧元对美元贬值和次年3月欧元对美元升值的风险。

四、套汇交易

套汇交易(Exchange Arbitrage Transaction)是指交易者利用同一时间不同外汇市场上的汇率差异，在低价市场买进，高价市场卖出，以获取汇率差价收益的外汇交易。

全球有若干个不同的外汇市场，目前这些外汇市场并没有实现完全一体化，每个外汇市场上的汇率都是由本市场上的外汇供求关系所决定的，不同外汇市场上的汇率信息交流和资金流动的情况往往不一致，这就有可能导致同样两种货币之间的汇率在不同的外汇市场上出现差异。当同一时间不同外汇市场上汇率的差异达到一定程度时，外汇交易者将一种货币在汇价较低的市场买进，在汇价较高的市场卖出，就可以获得价差收益，这种行为就叫作套汇。套汇可以分为直接套汇和间接套汇两种形式。

(一) 直接套汇(Direct Arbitrage)

直接套汇又称为两点套汇(Two-Point Arbitrage)，它是利用同一时间两个外汇市场上两种货币之间的汇率差异而进行的套汇活动。

【例8-11】已知某一时刻存在如下外汇行市。

伦敦外汇市场：£1＝$1.4200—1.4300

纽约外汇市场：£1＝$1.3900—1.4000

假设某外汇银行以100万英镑套汇，可以获得多少套汇利润？

解：从题中可以看出伦敦市场英镑价格较高，纽约市场英镑价格较低，该银行以100万英镑套汇，首先可以在伦敦市场卖出100万英镑，买入142万美元；同时在纽约市场卖出142万美元，买入101.4286万英镑(142÷1.40)。

套汇获利：101.4286—100＝1.4286(万英镑)

所以该银行的套汇利润为1.4286万英镑。

(二) 间接套汇(Indirect Arbitrage)

间接套汇也称为三点套汇(Three-Point Arbitrage)，它是同时在三个外汇市场上利用差价转移资金，获得利润的行为。

判断两个市场之间是否存在直接套汇的机会较为容易，但对三个市场或三种货币之间是否存在套汇机会则需要通过下述原则进行判断。

在以某种货币为成本准备套汇的情况下：①将以该货币为成本进行套汇可能的循环都列举出来；②从中任选一循环，把自己放在询价行的地位上，将三个市场上的汇率按货币首尾相连的次序排列；③用右边三个数的乘积除以左边三个数的乘积，其结果大于1，就说明可以套汇，且循环正确；若结果小于1，也可以套汇，但应按另一循环来进行；若结果等于1，说明三个市场平衡，不可套汇。

下面举例说明。

【例8-12】已知某一时间点不同外汇市场有如下行市。

纽约市场：　　USD1＝CHF1.5100—1.5110
苏黎世市场：　GBP1＝CHF1.8790—1.8800
伦敦市场：　　GBP1＝USD1.3040—1.3050

问：上述条件下可不可以进行三点套汇？如果可以，那么在不考虑其他费用的情况下，套汇者以100万美元为成本可以获利多少？

解：(1) 以美元为成本套汇有两种可能的循环：

①USD→CHF→GBP→USD

②USD→GBP→CHF→USD

(2) 我们先选择第一种循环将三个汇率上下排列，并注意首尾货币相同：

USD1＝CHF1.5100　　(即在纽约市场上1美元可以兑换成1.51瑞士法郎)

CHF1.8800＝GBP1　　(即在苏黎世市场上1.88瑞士法郎可以兑换成1英镑)

GBP1＝USD1.3040　　(即在伦敦市场上1英镑可以兑换成1.3040美元)

(3) 用右边三个数的乘积除以左边三个数的乘积(这个结果实际上就是套汇者按这种方法每投入一美元进行套汇能够获得的美元数额)：

其结果为(1.51×1.3040)÷1.88＝1.047361＞1。

所以可以进行套汇，而且选择这一循环是正确的，基本步骤如下：

① 在纽约市场上卖出 USD100 万，买入 CHF151 万；

② 在苏黎世市场卖出 CHF151 万，买入 GBP80.3191 万；

③ 在伦敦市场卖出 GBP80.3191 万，买入 USD104.7361 万。

该套汇者最终获得套汇净利润：104.7361－100＝4.7361(万美元)。

(三) 套汇的注意事项

(1) 套汇的净利润取决于汇率差异和套汇成本。

(2) 套汇使不同外汇市场的汇率趋于一致，消除外汇市场间的隔阂，使外汇市场实现一体化。

(3) 成功的套汇要求套汇者能及时发现货币汇率的差异并能迅速采取行动。

(4) 只有比较营业时间处于重叠的外汇市场的报价才是有意义的。

五、套利交易

套利交易又称利息套汇(Interest Arbitrage Swap)，是指在既定的汇率预期基础上，投资者利用两个金融市场短期存放款利率的差异进行转移资金谋利而产生的外汇交易。

(一) 非抛补套利

非抛补套利(Uncovered Interest Arbitrage)是建立在对汇率的预期基础上的，成败取决于交易者对汇率预测的准确程度，交易者要承担汇率变动的风险。

非抛补套利的基本原则为：

(1) 如果预测即期汇率不变，应将资金从低利率国调往高利率国；

(2) 如果两国利率相等，应将资金从预期汇率下降的国家调往预期汇率上升的国家；

(3) 如果两国利差大于高利率国货币的预期贬值幅度，应将资金从低利率国调往高利率国；

(4) 如果两国利差小于高利率国货币的预期贬值幅度，应将资金从高利率国调往低利率国；

(5) 如果利差与高利率国货币预期贬值幅度相等，则不可进行套利。

【例8-13】已知某日英国金融市场上英镑 3 个月定期存款利率为年率 8%，美国金融市场上美元 3 个月定期存款利率为年率 6%，即期汇率 1 英镑＝2 美元，在汇率不变的情况下，某银行持有 100 万美元进行套利可获多少套利净利润？

解：如果不进行套利，以美元形式存放 3 个月本息和为 $100 \times (1+6\% \times 1/4) = 101.5$ 万美元，如进行套利，即换成英镑存放起来到期再换成美元可获 $50 \times (1+8\% \times 1/4) \times 2 = 102$ 万美元，则套利净利润为 5 000 美元。

非抛补套利获利的前提条件是汇率不变，如 3 个月后即期汇率变为 1 英镑＝1.95 美元，则换成英镑存放到期只能换回 $51 \times 1.95 = 99.45$ 万美元，反而要亏损 5 500 美元，因此在汇率不稳定的情况下，进行套利活动需要将其与远期外汇交易结合起来。

(二) 抛补套利

抛补套利(Covered Interest Arbitrage)是指交易者利用货币市场上短期利率差与外汇市场上远期升贴水幅度不一致而进行的有利的资金转移，从中赚取利率差或汇率差的行为。进行抛补套利的交易者将资金转移与远期交易结合起来，就可以在无风险的条件下获取收益。

抛补套利的基本原理如下。

假设 A、B 两种货币短期(M 个月)的存款年利率分别为 i_a 和 i_b，且 $i_a > i_b$，两种货币的即期和 M 个月远期汇率分别为 R_1 和 R_2，则 A、B 两种货币之间可否进行抛补套利就取决于利率差Δi 与升贴水年率ΔR 之间的关系。

$\Delta i = i_a - i_b$

$\Delta R = |R_1 - R_2| / R_1 \times 12/M$

(1) 如果，$\Delta i > \Delta R$ 即利率差大于汇率差，可将资金从低利率市场调往高利率市场，在远期保值的情况下赚取利率差收益。

(2) 如果$\Delta i < \Delta R$，即利率差小于汇率差，应反向套利，将资金从高利率市场调往低利率市场，进行远期保值可获取一定的汇率差收益。

(3) 如果$\Delta i = \Delta R$，说明利率差和汇率差相等，利率平价成立，外汇市场与货币市场处于均衡状态，因此不可进行抵补套利。

【例8-14】在【例 8-13】中，假设 3 个月远期汇率为 1 英镑＝1.995 美元，则如何进行抛补套利？

解：$\Delta i = 8\% - 6\% = 2\%$，$\Delta R = |1.995 - 2|/2 \times 4 = 1\%$

$\Delta i > \Delta R$，所以应将资金从低利率国调往高利率国存放。

(1) 将 100 万美元即期换成 50 万英镑，按 8%的利率在英国金融市场上存放 3 个月，到期可以获得本息和 50×(1＋8%×1/4)=51 万英镑；

(2) 将美元即期换成英镑的同时卖出 3 个月远期英镑 51 万，到期可收回 51×1.995=101.745 万英镑。

如果该银行没有做抛补套利，直接以美元形式存放 3 个月只能获得本息和 101.5 万美元，所以该银行做抛补套利的净利润是 2 450 美元。

(三) 进行套利交易的注意事项

(1) 套利活动以有关国家对货币的兑换和资金的转移不加任何限制为前提。

(2) 所谓有关国家货币市场上利率的高低不同，是就同一性质或同一类金融工具的名义利率而言，否则不具有可比性。

(3) 套利活动所涉及的投资是短期性质的，期限一般都不超过一年。

(4) 抛补套利能使投资者获取毫无风险的利润，它是市场不均衡的产物。

(5) 抛补套利的最终结果是使市场均衡关系得到恢复。不断进行抛补套利的结果是高利率国货币现汇汇率上升，期汇汇率下降，贴水额不断加大，利率差和升贴水年率越来越接近，套利收益逐渐减少。这种趋势继续到利差与贴水接近平衡时，套利活动就会停止。

(6) 抛补套利也涉及一些交易成本，因此不必等利差与升贴水年率完全一致，套利就会停止。

(7) 国内外的金融资产是不可能完全替代的。

第三节　外汇期货交易和外汇期权交易

衍生金融产品也叫衍生金融工具，是指以货币、债券、股票等传统金融商品为基础，以杠杆或信用交易为特征的一系列金融合约。比较常见的衍生金融产品有金融期货、金融期权、互换交易和远期利率协议等。衍生外汇产品也是其中的一种。

在浮动汇率制度下，市场汇率总是处于不断的变化之中，投资者预测汇率未来的变化趋势，通过支付少量保证金的方式签订远期合约，形成了不同种类的衍生外汇产品。衍生外汇产品同其他衍生金融产品一样，具有两大基本特征。

(1) 建立在传统金融商品的基础之上。无论衍生金融商品的形式多么复杂，它总是以某一种或某几种传统的金融商品作为基础。货币等传统金融商品的价格支配着衍生金融商品价格的变化。

(2) 高杠杆比例。即衍生金融合约的价值可以多倍于保证金价值。这使得人们可以用较低的成本进行更为灵活的风险管理，同时也为投机者提供了更大的冒险机会。

总之，衍生外汇产品有着高度的灵活性和杠杆性，同时也具有高风险和高回报性。它就像一把双刃剑，既可以用于规避风险，也可能产生更大的风险。衍生外汇工具的复杂性和巨大的交易规模，已成为对国际金融机构风险管理的重要挑战。本节主要介绍外汇期货交易和外汇期权交易这两种衍生外汇产品。

一、外汇期货交易

期货交易产生于 19 世纪中叶，在相当长的时期内，期货交易主要是指实物期货，以谷物、咖啡、矿产、有色金属等大宗同质、易于保存而价格经常变动的商品为交割对象。进入 20 世纪上叶，随着现代经济和现代通信、计算机技术的不断发展，股票价格指数、利率和外汇等金融产品逐步进入期货交易领域，其被统称为金融期货。尤其是 20 世纪 70 年代中期，布雷顿森林体系崩溃以后，美元大幅度贬值，货币汇率的变动频繁而剧烈，给国际贸易、国际投资和国际经济的发展带来了极大的风险，为了防范和规避外汇汇率风险，美国首先将期货交易方式应用到外汇买卖中，建立了外汇期货市场。1972 年 5 月 16 日，美国芝加哥商品交易所的国际货币市场(International Monetary Market，IMM)成立，并首次开始经营外汇期货业务。随后，欧洲、亚洲等地的金融中心也纷纷成立了金融期货交易所来开展此项业务。创造外汇期货交易的目的是为了对外汇现货市场进行保值，但其产生的同时也给投机者提供了新的投机场所。保值者和投机者共同维持着期货市场的流动性。

(一) 外汇期货交易的概念

外汇期货交易(Foreign Exchange Future Transaction)也叫货币期货交易，是指在有组织的交易市场以公开竞价的方式成交，按当前所约定的汇率在未来某一标准交割期相互交割若干标准单位数量的货币合约的交易。

(二) 外汇期货交易的交易机制

(1) 外汇期货交易是在固定的期货交易所内进行的。期货交易所不仅为期货交易提供交易场所，同时也是期货交易的组织者。首先，期货交易所要规定期货交易的买卖双方缴纳保证金的数量，调整的方式，并根据外汇期货价格的波动情况调整交易者保证金的数额。同时，它还要具体规定各种货币期货合约价格的每日最高和最低波动幅度等。期货交易所对货币期货合约中的交易货币、单位合约的数量、交割期、交割地点等做出了标准化的统一规定。

(2) 买卖双方通过期货交易所内的经纪人，对期货交易所的某项期货合约，以公开竞价的方式，做多的一方报出买价，做空的一方报出卖价，经过充分竞争，并且最高买价和最低卖价配对成交以后，买卖双方分别和期货交易所签订交易合约。

(3) 绝大多数期货交易者会在合约到期日之前通过对冲交易完成其在手合约。只有在最后交易日仍然在手的合约，才会在规定的交割日进行实际交割。

(4) 期货交易者要向经纪人和期货交易所缴纳佣金和手续费。

(三) 外汇期货交易制度

1. 会员制

外汇期货交易实行会员制，非会员要进行外汇期货交易必须通过经纪人，所以要向经纪人缴纳佣金。

2. 保证金制度

为了保证合同的履行，交易双方必须各自缴存一定数量的保证金，非会员向经纪公司开立保证金账户，会员必须向交易所的清算公司缴存保证金，不同的期货交易规定不同的保证金，一般为合同金额的5%～10%。保证金制是期货市场的重要制度。投资者在最初开仓交易时必须存入的资金数量称为初始保证金。

3. 每日结算制度

每天交易结束时，保证金账户要进行调整，以反映投资者的盈利和损失，这被称为"逐日盯市"。清算所每天清算盈亏，投资者获利可提取利润，亏损时如果保证金降到一定额度则要求其立即补充，否则将被强制平仓。

(四) 外汇期货合约的主要内容

外汇期货交易的对象是期货合约而非实际的外汇,外汇交易者对外汇期货合约的内容应该予以准确了解,在不同的外汇期货交易市场上,存在着不同的外汇期货合约,而每一个外汇期货合约的内容都是由交易所规定下来的,即外汇期货合约是标准化的。

1. 交易币种

外汇期货交易仅限于美元与另一种自由兑换货币的交易,每份期货合约规定的交易币种都是固定的。

2. 合约金额

每份期货合约的金额也是标准化的,期货交易者每次买卖的金额必须是每份合约金额的整数倍。如IMM规定每份英镑期货合约的金额是GBP6.25万、每份欧元期货合约的金额是EUR12.5万,每份加元期货合约的金额是CAD10万、每份瑞士法郎期货合约的金额是CHF12.5万,每份日元期货合约的金额是JPY1 250万。

3. 交割月份和交割日期

交割月份是指期货交易所规定的合约到期月份。大多数期货交易所一般都以3月、6月、9月、12月作为交割月份。交割日期是指进行期货合约实际交割的日期。IMM规定交割日为交割月的第三个星期三。如果在最后交易日(一般为交割日的前两个营业日),交易者都未做对冲交易,那么就必须在交割日进行实物交割。

4. 期货价格

外汇期货的价格通常以实际价格或基点数来表示,而且一般采用美元报价制度,即以另一种货币作为基准货币,以美元作为标价货币报出该种货币的价格,如:1瑞士法郎=0.835 4美元。

5. 最高限价和最小变动价位

各外汇期货交易市场对每一种外汇期货合约都会规定一个营业日内价格波动的最大幅度,称为最高限价。一旦期货合约价格波动达到或超过这一限额,交易会自动停止(涨停跌停制度),这样,交易者就不至于因价格的暴涨暴跌而蒙受过大的损失。最小变动价位是指交易者每一次报价比前一报价变动的最小幅度限制。

期货合约是制式合约,也就是说每份合约的基本内容是规定好的,客户只需决定在什么价位买卖多少份合约即可。IMM国际货币期货合约的一般规定如表8-2所示。

表8-2　IMM国际货币期货合约的一般规定

合 约 内 容	具 体 规 定
合约单位	62 500英镑
最小变动价位	5点/12.5美元
每日价格最大波动限制	500点/1 250美元
合约交割月份	3、6、9、12
交割日期	到期月的第三个星期三
交割地点	由结算所规定的货币发行国家银行

(五) 外汇期货交易与远期外汇交易的异同

1. 相似之处

(1) 都是通过合同形式，把未来买卖某种外汇的汇率固定下来。

(2) 都是在一定时期后交割。

(3) 交易目的相同，都是为了保值或投机。

(4) 交易市场相互依赖。两者都是基于某种外汇的汇率变动而进行的交易，一般情况下，同种外汇，其即期汇率、远期汇率和期货价格都应该是同方向变动，变动幅度也不会相差很远，否则在这几个市场之间就会出现套利行为，直到其达到一致。

2. 不同之处

(1) 交易市场不同。远期外汇交易一般是通过银行的柜台业务进行，通信网络是实现交易的主要方式；外汇期货交易一般都是在固定的期货交易所内进行。

(2) 市场参与者不同。远期外汇交易的参与者大多为专业化的证券交易商或与银行有良好往来关系的大公司，中小企业和个人投资者很难参与；而外汇期货市场上，任何投资者只要按规定缴存保证金，就可以通过期货经纪人来进行外汇期货交易。另外，远期外汇市场上最大的参与者是避险者，因而市场流动性较小，规模不易扩大；而外汇期货市场上有大量的投机者与套利者参与，市场流动性很大，比远期外汇市场更为活跃和有效率。

(3) 保证金的缴付不同。外汇期货交易的交易双方都要按一定比率缴纳保证金；而远期外汇交易中外汇银行一般会对交易者进行信誉评估，设定相应的信贷额度，对于信用度较差的客户，可能要求其提供一定的担保。

(4) 合同的标准与否不同。外汇期货交易中的期货合约都是标准化的制式合同；而远期外汇交易合同中的成交金额、交割期限、交割地点等均无统一规定，可以由买卖双方自由议定。

(5) 涉及的货币种类不同。外汇期货交易所涉及的货币种类必须是期货交易所所推出的合约中规定好的；而远期外汇交易所涉及的货币种类可以协商确定，只要外汇银行接受就可以。

(6) 交割义务不同。外汇期货交易一般都不实施现货交割，而是在到期日之前按照"以卖冲买"或"以买冲卖"的原则进行对冲交易，结束合同；而远期外汇交易要么进行实际交割，要么是在到期日根据汇率的涨跌，收付盈亏的金额，以结束远期外汇交易。

(7) 风险不同。外汇期货交易由于有保证金制度和每日结算制度作保障，交易者主要面临价格风险，而无信用风险；而远期外汇交易中如果以信誉担保，则银行会同时面临价格风险和信用风险。但期货交易采用"以小搏大"的原则，交少量的保证金就可以从事大量金额的买卖，它所面临的价格风险要比远期外汇交易更大。

(六) 外汇期货交易的应用

1. 套期保值 (Hedging)

外汇期货套期保值是利用外汇现货市场价格与期货市场价格同方向、同幅度变动的特点，在两个市场做方向相反、金额相等的两笔交易以避免现汇市场汇率波动所带来的风险，可分为卖方保值和买方保值。

1) 卖方保值(空头套期保值)

卖方保值的具体做法为：在现汇市场上处于多头地位的人(如出口商等债权人)在期货市场上先卖出某种外币期货，然后等到在现汇市场上收进现汇的同时再买进与先前卖出的期货合约相同数量和交割月份的另一张期货合约相对冲，平仓结束保值，以避免汇率波动的风险。

【例8-15】我国某出口公司8月2日装船发货，收到9月1日到期的100万远期英镑汇票，该公司由于担心汇票到期时英镑对美元汇价下跌，带来外汇风险，于8月2日在外汇期货市场进行保值交易(假定一份英镑期货合约的金额是6.25万)，具体操作情况见下表：

日　期	现汇市场的操作	期货市场的操作
8月2日	收入英镑汇票100万，当天在现汇市场上无任何操作。 即期汇率：GBP1＝USD1.4900	卖出9月到期的英镑期货合约16份。 GBP1＝USD1.4840
9月1日	收入英镑现汇并换成146万美元。 即期汇率：GBP1＝USD1.4600	买入9月到期的英镑期货合约16份。 GBP1＝USD1.4540
合计	相当于损失3万美元	实际盈利(1.4840－1.4540)×100万＝3万美元

由上表可知，如果该出口公司在期货市场做了保值，不考虑其他费用的问题，则其最终收入为146＋3＝149万美元；如果它没有在期货市场从事避险操作，则其最终收入为146万美元。即该公司通过期货交易保值避免了3万美元的损失。

需要注意的是，由于外汇期货保值必须履约，所以对于套期保值者来说与远期外汇交易一样，是一种固定成本的做法，即当市场汇率朝着不利于己的方向发展时，可以用来避免损失；但当市场汇率朝着有利于己的方向发展时，却不能放弃合约，享受市场给自己带来的好处。如【例8-15】中，如果英镑汇率上升，那么该出口商虽然在现汇市场上多收了一部分美元，但是期货市场上就会遭受损失，抵消这部分收入。

2) 买方保值(多头套期保值)

买方保值的具体做法为：在现汇市场上处于空头地位的人(如进口商等债务人)在期货市场上先买进某种外币期货，然后等到在现汇市场上付出现汇的同时再卖出与先前买进的期货合约相同数量和交割月份的另一张期货合约相对冲，平仓结束保值，以避免汇率波动的风险。

【例8-16】我国某进口公司于12月10日预计3月10日要以美元存款兑付200万瑞士法郎的进口货款，由于担心瑞士法郎升值带来外汇风险，于12月10日在外汇期货市场上进行保值交易(假定一份瑞士法郎期货合约的金额是12.5万)，具体操作情况见下表：

日　期	现汇市场的操作	期货市场的操作
12月10日	预知3个月后以美元兑付CHF200万，当天在现汇市场上并无任何操作。 即期汇率：USD1＝CHF1.8640	买进3月期瑞士法郎期货合约16份。 CHF1＝USD0.5340
3月10日	以美元买入CHF200万。 即期汇率：USD1＝CHF1.8462	卖出3月期瑞士法郎期货合约16份。 CHF1＝USD0.5386
合计	相当于损失1.0345万美元(200÷1.8462－200÷1.8640＝10345)	实际盈利(0.5386－0.5340)×200万＝0.92万美元

由上表可知，如果该出口公司在期货市场做了保值，不考虑其他费用的问题，则其购入200万瑞士

法郎最终需付出 200÷1.8462−0.92＝107.41 万美元；如果它没有在期货市场从事避险操作，则其最终需付出 108.33 万美元(200÷1.8462)。即该公司通过期货交易保值避免了 0.92 万美元的损失。

2. 外汇期货投机

外汇期货投机是指某些交易者在目前或将来并无现汇头寸的情况下所进行的期货交易，其目的是想从期货价格变动中获取利润。预期外汇期货价格上涨则先买后卖；预期外汇期货下跌则先卖后买。

【例 8-17】某外汇投机商 3 月 1 日预测日元对美元的汇率将上升，于是，他在当天买进 100 份 6 月交割的日元期货合约，到了 3 月 15 日，日元果然升值到他理想的价位，便迅速抛出日元期货合约(假设一份日元期货合约的金额为 JPY1 250 万)。

3 月 10 日　　买入 100 份 6 月交割的日元期货合约
　　　　　　　JPY100＝USD0.8333
3 月 15 日　　卖出 100 份 6 月期日元期货合约
　　　　　　　JPY100＝USD0.9091

该投机商从这次投机行为中总共获利 1 250×(0.9091−0.8333)＝94.75 万美元。

(七) 外汇期货交易的优点和缺点

1. 优点

(1) 交易者以小额资金即可参与相当数量的货币买卖，可以以小搏大。

(2) 外汇期货市场在市场准入方面限制较少，只要缴纳规定数量的保证金，均可进行外汇期货交易，对于中小企业而言，运用价值比限制严格的远期外汇交易大，有较强的竞争性。

2. 缺点

(1) 要求缴纳保证金，对大企业和大投资者而言，不如普通外汇市场，且交易手续复杂，每日结算增减保证金，业务麻烦。

(2) 固定了合同金额和到期日，对套期保值者不利。

二、外汇期权交易

(一) 外汇期权交易的概念和特点

期权(Option)所代表的是一种选择的权利，因此也被称为选择权。期权的概念最早可以追溯到古希腊时代，但真正意义上的期权交易则产生于 17 世纪初荷兰的郁金香球茎交易。而后在 18、19 世纪，欧美各种期权交易逐渐增多，但期权的载体仍以农产品为主，交易缺少规则和组织。直到 20 世纪 80 年代，因为金融期权交易的产生，期权交易才得到迅猛发展。1982 年美国费城股票交易所首次将期权引入外汇交易，形成了外汇期权交易。

1. 外汇期权交易的概念

外汇期权交易(Foreign Exchange Option Transaction)是指期权的买方支付给期权的卖方一笔期权费(保险费)，从而获得一种可以在合同到期日或期满前按预先确定的汇率(执行价、履约价)购买或出售某种货币的权利。

2. 外汇期权的主要特点

(1) 外汇期权交易是一种权利的买卖。外汇期权的交易对象并不是货币本身，而是一项将来可以买卖货币的权利。期权的买方取得这项权利后，可以根据市场情况判断届时是要求执行这项权利，还是放弃这项权利。对期权的卖方而言，他卖出的是一项权利，承担的则是一项义务。其需要根据买方的决定履行买卖货币的责任。

(2) 期权费(保险费)不能收回。为了取得买或卖的权利，期权的买方必须向期权的卖方支付一定的费用，即期权费或保险费。期权的买方获得了今后是否执行买卖的决定权，期权的卖方则承担了今后汇率变动可能带来的风险，而期权费就是为了补偿汇率风险可能对卖方造成的损失，它相当于投保中的保险费。期权费在合约成交第二个营业日一次付清，且不可追回。费率的高低，视期权有效期、市场汇率与协定汇率之间的差距、利率差、汇率变动的可能性等因素影响而定。

(3) 期权购买者所拥有的权利具有很强的时间性。买方所获得的买卖某种货币的权利是有期限的，买方必须在到期日之前做出决定，因为期限一过，这项权利便不复存在。

(4) 购买期权可以以小搏大，具有杠杆效应。期权的买方只要支付少量的期权费，就可以获得在将来买卖大量金额的某种货币的权利。

(5) 期权合约的购买者和出售者所拥有的权利和义务是不对称的。这种不对称首先表现在期权的购买者拥有履约的权利而不拥有履约的义务，而无论买方决定履约还是不履约，卖方只能被动接受买方的决定。其次，这种不对称还表现在风险与收益的不对称性上。就期权的买方而言，他所承担的最大风险是为购买期权所支付的期权费，当期权买方在市场价格有利的情况下行使期权时，则可能获得无限的收益；反过来，期权的卖方可能获得的最大收益就是期权费，而一旦期权买方在有利价时行使期权，那么期权的卖方就可能遭受无限的风险损失。所以购买期权具有风险有限而收益无限的特点，而出售期权具有收益有限风险无限的特点。

(二) 外汇期权的种类

1. 按标准与否分为交易所内期权和场外交易期权

在 20 世纪的整个 80 年代，期权交易发展相对迅速，由于市场对灵活多样的外汇期权的需求，以银行间交易为主体的场外交易很快地发展起来。因此现在的外汇期权交易可以分为两大类：一类是在各种交易所内进行的场内期权；另一类就是以银行为主体的场外期权。由于场外交易的飞速发展，到 20 世纪 90 年代初，场外交易占全部外汇期权交易额的比重已超过 80%。

2. 按行使期权的有效日分为欧式期权和美式期权

(1) 欧式期权的买方在到期日之前不能要求卖方履约，仅在到期日当天才能要求执行期权。

(2) 美式期权的买方可以在期权成交日至到期日之间的任何时间要求卖方履约。

在交易所内进行交易的期权多为美式期权，而在场外交易的期权多数是欧式期权。在其他内容相同的情况下，美式期权的价格高于欧式期权。

3. 按期权的内容分看涨期权和看跌期权

1) 看涨期权(Call Option)

看涨期权又称为买权，是指期权的买方与卖方约定在到期日或期满前买方有权按约定的汇率从卖方手中买入特定数量的某种货币。看涨期权的买方买入的是一个"买入的权利"，即当期权的买方预计未来一定时期自己必须购买的某种货币的汇率将要上涨，而现在就买进该货币又会占用资金，影响资金周转，于是他就支付一定数额的期权费，购买看涨期权。如：一项期权的内容是 USD CALL EUR PUT，称为美元的买权欧元的卖权，表明期权的买方在约定的时间内有权按事先约定的汇率从卖方手中买入美元，同时卖出欧元。

2) 看跌期权(Put Option)

看跌期权也称为卖权，是指期权的买方与卖方约定在到期日或期满前买方有权按约定的汇率向卖方出售特定数量的某种货币。看跌期权的买方买入的是一个"卖出的权利"，即当期权的买方预测未来某一时期自己必须出售的某种货币的汇率将要下跌，因而支付一定数额的期权费购买看跌期权。如：一项期权的内容是 USD PUT JPY CALL，称为美元的卖权日元的买权，表明期权的买方在约定的时间内有权按事先约定的汇率将美元卖给卖方，同时买入日元。

4. 按执行期权能否给买方带来收益分为价内期权、平价期权和价外期权

(1) 价内期权(In the Money)，是指执行期权能给买方带来盈利的期权。

(2) 平价期权(At the Money)，是指执行期权买方既不盈利也不亏损的期权。

(3) 价外期权(Out the Money)，是指执行期权买方会发生亏损的期权。

价内期权、平价期权、价外期权与看涨期权、看跌期权的对应关系如表 8-3 所示。

表 8-3　价内、平价、价外期权与看涨、看跌期权的对应关系

期权类型	看涨期权	看跌期权
价内期权	现行汇价＞期权协议价格	现行汇价＜期权协议价格
平价期权	现行汇价＝期权协议价格	现行汇价＝期权协议价格
价外期权	现行汇价＜期权协议价格	现行汇价＞期权协议价格

(三) 外汇期权合同的主要内容

(1) 为了便于交易，外汇期权合同中所有汇率均以美元表示。即都是以其他货币为基准货币，以美元为标价货币，用美元来表示其他货币的价格。

(2) 履约价格，又称为协议价或执行价。其是期权交易双方所约定的期权到期日或到期日之前买方要求履约时要采用的汇率。

(3) 到期月份和到期日。其是期权买方决定是否履约的最后期限，如果超过这一期限买方未通知卖方要求履约，即表明买方已放弃这一权利。

(4) 交易数量。每张期权合约的数量都是标准化的，如 IMM 每张合约的交易数量分别是 6.25 万英镑、10 万欧元、12.5 万瑞士法郎、1 250 万日元等。我国招商银行的个人外汇期权每份合约分别是 100 欧元、100 英镑、100 美元、100 澳元等。

(5) 保证金。在期权交易中因为卖方有很大的价格风险，为了防止卖方毁约，因此要求卖方按照合约数量缴纳一定的保证金。

(6) 期权费，又称保险费、权利金。其是由期权的买方支付给卖方作为获得选择权的一种代价。期权费的表示通常有两种，一种是按协议价的百分比；另一种是按协定价格换算的每单位某种货币的其他货币数量。例如：一协定价为每欧元 1.5 美元的看涨期权，其期权费可标为 5%，也可标为每欧元 0.075 美元。无论买方是否履约，期权费都不会返还给买方。

(四) 外汇期权交易的应用

1. 买入看涨期权

买入看涨期权是指买方也就是期权持有者获得了在到期日当天或到期日以前按协定价格购买合同规定的某种外汇的权利。购买这种期权合同者通常预计市场价格将上升,为了避免货币汇率上升给自己的外汇债务带来风险或期望从汇率变动中获得投机收益,可以采用买入看涨期权的办法保值或投机。

【例8-18】我国某外贸公司3月1日得知3个月后要用美元支付400万瑞士法郎的进口货款,预计瑞士法郎汇价到时会有大幅度波动,准备以外汇期权交易保值,已知的条件如下所示。

3月1日即期汇率: USD1=CHF2

协议价格: CHF1=USD0.5050

保险费: CHF1=USD0.0169

期权交易佣金: CHF1=USD0.0025

假设3个月后瑞士法郎市场汇价分别为 USD1=CHF1.7 和 USD1=CHF2.3 两种情况,该公司各需支付多少美元?

解: (1) 当市场汇价为 USD1=CHF1.7 时,即瑞士法郎升值,若该公司未做保值交易,只能按市场价兑付,需支付 $400 \div 1.7 = $ USD235.29 万。

因该公司做了期权交易保值,协定价低于市场价,可以要求履行合约,按协定价买入瑞士法郎,这样该公司实际需支付 $400 \times (0.5050 + 0.0169 + 0.0025) = $ USD209.76 万,比起未做保值少付了 25.53 万美元。

(2) 当市场价为 USD1=CHF2.3 时,即瑞士法郎贬值,按市场价兑付,只需支付 $400 \div 2.3 + 400 \times (0.0169 + 0.0025) = $ USD181.67 万,低于期权协定价,因此该公司应该放弃履行合约,从即期市场上买入瑞士法郎,这样比起履行合约可以少付28.09万美元。

2. 买入看跌期权

买入看跌期权是指买方也就是期权持有者获得了在到期日以前按协定价格出售合同规定的某种外汇的权利。购买这种期权合同者通常预计市场价格将下跌,为了避免货币汇率下跌给自己的外汇债权带来风险或期望从汇率变动中获得投机收益,可以采用买入看跌期权的办法保值或投机。

【例8-19】我国某外贸公司向英国出口商品,1月20日装船发货,收到价值100万英镑的3个月远期汇票,担心到期英镑对美元的汇价下跌,减少美元创汇收入,以外汇期权交易保值。已知的条件如下所示。

1月20日即期汇率: GBP1=USD1.4865

协议价格: GBP1=USD1.4950

保险费: GBP1=USD0.0212

期权交易佣金: GBP1=USD0.0074

假设3个月后英镑对美元的市场汇价分别为 GBP1=USD1.4 和 GBP1=USD1.6 时,该公司各收入多少美元?

解: (1) 当市场价为 GBP1=USD1.4 时,即英镑贬值,若该公司未做保值,只能按市场价兑付,该公司只能收入 USD140 万。

因该公司做了期权交易保值,协定价高于市场汇率,可以要求履行合约,按协定价卖出英镑,这样该公司可收入 $100 \times (1.4950 - 0.0212 - 0.0074) = $ USD146.64 万,比起未做保值多收入 6.64 万美元。

(2) 当市场价为 GBP1＝USD1.6 时，即英镑升值，协定价低于市场汇率，按市场价卖出英镑可收入更多，因此该公司放弃履约，得到 100×(1.6－0.0212－0.0074)＝USD157.14 万。比起履行合约可多收入10.5 万美元。

对于买方来说，外汇期权的好处主要在于可以将保值和盈利相结合，当市场汇率不利于自己的债权债务时，可以履行期权合约，享受合约给自己带来的好处；当市场汇率更有利于自己的债权债务时，可以选择放弃期权合约，享受市场给自己带来的好处。而远期外汇保值和外汇期货保值都是固定成本的做法，可以保值，但不能获得更多可能的盈利。

最后我们可以对外汇期权、外汇期货、远期外汇这 3 种保值交易进行比较，如表 8-4 所示。

表 8-4　外汇期权、外汇期货、远期外汇交易的比较

合同内容	外汇期权	外汇期货	远期外汇交易
履约日期	固定日期	固定日期	自由议定
履约义务	买方决定是否履约	双方都有履约义务,但可在合同到期前对冲了结	双方均有履约义务
单位合同金额	标准化	标准化	自由议定
保证金	买方付期权费、卖方付保证金	买卖双方均须缴纳保证金	是否缴保证金由银行决定
价格波动	无限制	有限制	无限制
交易方式	公开竞价	公开竞价	电信交易

【课后拓展】

2018 年我国外汇市场交易状况

2018 年，人民币外汇市场累计成交 29.07 万亿美元(日均 1196 亿美元)，较上年增长 20.7%。其中，银行对客户市场和银行间外汇市场分别成交 4.23 万亿和 24.85 万亿美元；即期和衍生产品分别成交 11.06 万亿和 18.01 万亿美元，衍生产品在外汇市场交易总量中的比重升至 61.9%，交易产品构成进一步接近全球外汇市场状况。

即期外汇交易平稳增长。2018 年，即期市场累计成交 11.06 万亿美元，较上年增长 16.6%。在市场分布上，银行对客户即期结售汇(含银行自身，不含远期履约)累计 3.43 万亿美元，较上年增长 11.0%；银行间即期外汇市场累计成交 7.63 万亿美元，较上年增长 19.3%，其中美元交易份额为 96.8%。

远期外汇交易继续增长。2018 年，远期市场累计成交 5 419 亿美元，较上年增长 27.2%。在市场分布上，银行对客户远期结售汇累计签约 4 543 亿美元，其中结汇和售汇分别为 2 130 亿和 2 413 亿美元，较上年分别增长 40.9%、43.7%和38.5%，6 个月以内的短期交易占 65.0%，较上年下降 2.0 个百分点；银行间远期外汇市场累计成交 875 亿美元，较上年下降 15.3%。

掉期交易持续增长。2018 年，外汇和货币掉期市场累计成交 16.62 万亿美元，较上年增长 22.6%。在市场分布上，银行对客户外汇和货币掉期累计签约 1 036 亿美元，较上年上升 0.4%，其中近端结汇/远端购汇和近端购汇/远端结汇的交易量分别为 919 亿和 117 亿美元，较上年分别增长 5.7%和下降 28.1%；银

行间外汇和货币掉期市场累计成交 16.51 万亿美元，较上年增长 22.6%，掉期交易是银行管理本外币流动性的一个重要工具。

外汇期权交易较快增长。 2018 年，期权市场累计成交 8 474 亿美元，较上年上升 40.7%。在市场分布上，银行对客户期权市场累计成交 2 363 亿美元，较上年增长 2.4%；银行间外汇期权市场累计成交 6 111 亿美元，较上年增长 64.6%。

外汇市场参与者结构基本稳定。 银行自营交易延续主导地位，2018 年银行间交易占整个外汇市场的比重从 2017 年的 83.9% 上升至 84.8%；非金融客户交易的比重从 15.3% 下降至 14.4%，跨境人民币结算业务发展产生的替代效应可能是一个重要原因；非银行金融机构交易的市场份额为 0.8%，与 2016 年和 2017 年基本一致，非银行金融机构在我国外汇市场的参与度仍有限。(资料来源：《2018 年中国国际收支报告》)

索罗斯量子基金做空日元

2013 年，日本首相安倍踌躇满志实施其货币刺激政策，殊不知索罗斯早已谋局布子，如同 20 年前做空英镑一样，82 岁的他再立全球金融的风口浪尖。

华尔街流传着一句话：没有人敢预测索罗斯的下一个目标。

在日本首相安倍晋三的货币刺激措施促进日本经济的效果显现之前，美国的一些大型对冲基金通过做空日元最先成为受益者，因此业内产生了一个新名词"安倍交易"。

而世界外汇投资大鳄，82 岁的乔治·索罗斯创建的索罗斯基金管理公司通过"安倍交易"净赚 10 亿美元。

"市场一直充满不确定性和变化，在市场变化明显时退出，在变化未被预期时投资，才能获得利润。"这是索罗斯奉行的投资理念。

索罗斯 1992 年成功做空英镑，制造了著名的"黑色星期三"，使英国央行损失了约 330 亿英镑并被迫退出欧洲汇率机制(ERM)。索罗斯因此一举成名，被称为"打败英格兰银行的人"。

和索罗斯一样，国际著名对冲基金绿光资本、卡克斯特联营公司、都铎投资公司、摩尔资本等全球宏观策略基金公司，都在 2012 年以衍生品的方式押注日元下跌。这些货币掠财者因看空日元，均在 2013 年赚得盆满钵满，回报率最低 3%，最高则达到 8%。

这一次索罗斯再次笑傲群雄。索罗斯基金管理公司的首席投资官司考特·本森特(Scott Bessent)功不可没。他在准确预计日元将会贬值的同时，还押注日本股市将会上涨。2012 年 9 月以来日本股市上涨了 28%，索罗斯基金管理公司因此获得了两亿美元以上的回报。

根据知情人透露，索罗斯近一年来都在纽约、伦敦和东京低调进行着减持黄金、稳步增持日元的步骤。此外，记者翻看美国证券交易委员会的文件也发现，在 2012 年四季度，索罗斯曾大规模减持 SPDR 黄金 EET 持仓，首次减持时间正好与年底黄金从 1 700 美元/盎司的历史高位突然下跌时符合。

截至 2013 年 2 月 25 日 18 时，美元/日元汇率逼近 93.80，过去 4 个月涨幅接近 20%。"大家都坚信日元走强因此看多日元，因此我觉得该对这种看法进行拨乱反正了。"在狙击日元成功后，索罗斯这样公开表示。

这和他一贯的投资哲学如出一辙。索罗斯最著名的几个观点"森林法则""弱点击破""羊群效应"解释了他做空的逻辑：猎物的表面上最迷惑对手、貌似最坚不可摧的那一点，必然是其弱点，需出其不意击破之，这理论在市场中同样适用。

与做空英镑不同的是，索罗斯和其他对冲基金对日元做空，不太可能对日本经济造成危害，原因之一是日元日常交易量更大，也更为成熟，做空仓位不足以造成巨大影响。

另外，狙击英镑是由于一些对冲基金看到当时英国的通胀率高于其他国家，英国的经济增长缺乏动力，英国央行也无力维持英镑汇率，可以说是和英国央行对着干，而对冲基金此次达到的效果正是日本央行所期望达到的目标。(资料来源：www.sohu.com)

复习思考题

一、名词解释

1. 即期外汇交易　　2. 远期外汇交易　　3. 掉期交易　　4. 套汇　　5. 抛补套利

6. 衍生金融工具　　7. 外汇期货交易　　8. 外汇期权交易

二、不定项选择题

1. 下列属于外汇零售市场交易的是(　　)。

    A. 外汇银行之间的交易　　　　　　　B. 外汇银行与一般工商客户之间的外汇交易

    C. 外汇银行与中央银行之间的交易　　D. 企业与企业之间的外汇交易

2. 预期将来汇率的变化，为赚取汇率涨落的利润而进行的外汇买卖，称为(　　)交易。

    A. 外汇投资　　　　　　　　　　　　B. 外汇投机

    C. 掉期业务　　　　　　　　　　　　D. 远期外汇

3. 当远期外汇比即期外汇贵时，两者之间的差额称为(　　)。

    A. 升水　　　　　　B. 贴水　　　　　　C. 平价　　　　　　D. 顺差

4. 假设美国外汇市场上即期汇率为 1 英镑＝1.4608－1.4668 美元，3 个月远期英镑升水为 0.5－0.7 美分，则远期外汇汇率为(　　)。

    A. 1.4658－1.4738　　　　　　　　　B. 1.4558－1.4598

    C. 1.9658－2.1668　　　　　　　　　D. 0.9608－0.7668

5. 只能在合同到期日当天选择履行或放弃合同执行的外汇业务是(　　)。

    A. 远期外汇业务　　　B. 欧式期权　　　C. 美式期权　　　　D. 期货

6. 进口商与银行订立远期外汇合同，是为了(　　)。

    A. 防止因外汇汇率上涨而造成的损失

    B. 防止因外汇汇率下跌而造成的损失

    C. 获得因外汇汇率上涨而带来的收益

    D. 获得因外汇汇率下跌而带来的收益

7. 下列哪一种金融工具不属于金融衍生工具(　　)。

    A. 货币互换　　　　　　　　　　　　B. 外汇期货交易

    C. 外汇期权交易　　　　　　　　　　D. 远期外汇交易

8. 远期汇率、即期汇率和利息率三者的关系是(　　)。

    A. 其他条件不变，利率较高的货币，其远期汇率为贴水

    B. 其他条件不变，利率较高的货币，其远期汇率为升水

    C. 其他条件不变，利率较低的货币，其远期汇率为贴水

    D. 其他条件不变，利率较低的货币，其远期汇率为升水

    E. 远期汇率与即期汇率的差异，决定于两种货币的利率差异

9. 在期权交易中( )。

    A. 买方的损失有限，收益无限   B. 买方的损失无限，收益有限

    C. 卖方的损失无限，收益无限   D. 卖方的损失有限，收益有限

三、分析计算题

1. 已知：货币市场 3 个月期定期存款美元的利率为 5.48%，日元的利率为 2.04%，USD/JPY 即期汇率为 97.60。问：

(1) 两种货币的升贴水情况；

(2) 3 个月期 USD/JPY 的远期汇率。

2. 设某港商向英国出口商品，3 个月后收入 100 万英镑，签约时，伦敦外汇市场即期汇率为 GBP/HKD =12.000/10，3 个月远期差价为 50/60，若付款日的即期汇率为 11.500/60，该港商不进行与进行远期外汇保值有什么区别？

3. 设中国香港外汇市场即期汇率为 USD/HKD=7.7500/800，纽约外汇市场 USD/GBP= 0.6400/10，伦敦外汇市场 GBP/HKD=12.200/50，如果不考虑其他费用，某商人以 1 000 万港币进行套汇，可获多少套汇利润？

4. 设美元年利率为 10%，英镑年利率为 8%，某投资者观察到某日英镑即期汇率为 GBP/USD= 1.5770/80。

(1) 他预期 1 年后英镑会上升 3%，达到 1.6243/53，如果他的预测十分准确，他将 100 万美元调往英国，进行 1 年期套利交易，可获多少套利利润？

(2) 假设 1 年期英镑远期汇率为 1.5920/40，该商人可否进行抛补套利？如可以，利润多少？

5. 10 月 16 日，美国出口商与国外签约出口一批货物，约定 2 个月后装船交货并取得货款 CHF50 万，签约时瑞士法郎兑美元的汇率为 USD1＝CHF1.8016，为防止汇率变动带来收入减少，准备以货币期货交易保值。

问：(1) 该美国出口商应采取何种期货交易保值？

    (2) 假定当天 12 月份交割的 1 份瑞士法郎期货合约价为 CHF1＝USD0.5598，12 月 16 日即期汇率为：USD1＝CHF1.84，到 12 月时瑞士法郎期货合约价为 CHF1＝USD0.5471，试说明该出口商的保值操作步骤并计算其最终收入。

6. 我国某进口公司预计 4 个月后要支付 USD50 万货款，现有外汇是加拿大元，即期汇价 USD1＝CAD1.3220，为防汇率变动带来成本增加，该公司准备以外汇期权交易保值。

问：(1) 应采取何种期权交易保值？预期汇价发生不同波动时该公司各应如何操作？

    (2) 假定 4 个月远期汇率为 USD1＝CAD1.3050；期权协定价为 USD1＝CAD1.3，期权费 USD1＝CAD0.02，试比较不同汇价下该公司未保值、采用远期外汇保值和采用期权保值 3 种方式购入美元的成本。(假设汇价分别为：1.3850、1.3450、1.3000、1.2550、1.2450)

第九章

外汇风险管理

【课前导读】

在国际经济交易过程中，从事对外贸易、国际投资及各种国际金融活动的公司、企业、外汇银行、政府或个人，常常需要在国际范围内大量收付外汇，或者保有外币债权债务，或者以外币标示其资产和负债的价值，而在浮动汇率制度下，各国货币汇率经常发生频繁剧烈的波动，这会给国际经济交易主体带来各种类型的外汇风险。为了避免外汇风险带来的损失，了解外汇风险，并针对不同类型的外汇风险进行管理就显得尤为重要。

【要点提示】

1. 外汇风险的含义、构成要素、类型
2. 外汇风险管理的含义、原则、策略及过程
3. 商业银行外汇风险管理的含义、类型及管理策略
4. 企业外汇风险管理的含义、类型及管理策略

第一节 外汇风险概述

一、外汇风险的概念

外汇风险(Foreign Exchange Risk)是指经济主体在持有或运用外汇的经济活动中，因汇率、利率变动等因素带来的获利或损失的可能性。

外汇风险有广义和狭义之分。广义的外汇风险包括利率风险、汇率风险，也包括信用风险、会计风险、国家风险等，获利与损失的可能性是并存的。狭义的外汇风险是指汇率风险和利率风险。主要是指汇率变动给经济实体或个人造成损失的可能。本章我们是从狭义的角度来讨论外汇风险。关于外汇风险，可以从两个方面来理解。

(1) 外汇风险是由外汇汇率、利率波动的可能性造成的。在开展国际经济交往过程中，要有货币与货币之间的兑换，才会产生外汇风险。

(2) 从国际外汇市场外汇买卖的角度来看，买卖盈亏未能抵消的那部分，就面临着汇率变动的风险。承担外汇风险的那部分外币金额称为"受险部分"或"外汇敞口"。

二、外汇风险的构成要素

在国际经济活动中，一方面经常要使用外币进行收付，因而会发生外币与本币(或两种外币)之间的实际兑换。由于从交易的达成到账款的实际收付以及借贷本息的最后偿付均有一段期限，兑换时如果汇率在这一期限内发生不利的变化，则企业将单位外币兑换成本币(或两种外币间兑换)的收入就会减少，或以本币兑换单位外币的成本就会增加，于是产生了交易风险和经济风险；另一方面由于本币是衡量企业经济效益的共同指标，因此即使企业的外币收付不与本币或另一外币发生实际兑换，也需要在账面上将外币折算成本币，以考核企业的经营成果，而随着时间的推移，汇率发生波动，单位外币折算成本币的账面余额也会发生变化，于是产生了折算风险。

由此可见，外汇风险包含 3 个要素：本币、外币和时间。只要企业在经营活动中以外币计价结算，且存在时间间隔，就会产生外汇风险。一般来说，未清偿的外币债权债务余额越大，间隔时间越长，外汇风险就越大。在浮动汇率制下，由于汇率的波动更加频繁及剧烈，又没有波动幅度的限制，因此企业面临的外汇风险比在固定汇率下更经常、更明显、更难以预测。

(一) 本币

一个涉外经济主体，在它的涉外活动中所发生的外汇收付，如应收应付账款的收入或支出、货币资本的借入或借出等，均需要与本币进行结算，并以本币考核经营成果。本币是衡量一个企业经济效果的价值尺度。

(二) 外币

一个国家的外汇资产、外汇储备、企业出口获得的收益、外国资本的借贷及还本付息等，均用外币表示，然后和本币发生结算进行支付，由此带来两种货币的兑换关系。外币是一个国家对外支付能力的体现。没有外币和本币的兑换关系，也就没有外汇的风险存在。

(三) 时间

有了本币和外币之间的因结算和支付带来的兑换关系还不一定构成外汇风险，还必须有时间差异。这就是在两国之间的交易达成以后，到应收账款的实际收进、应付账款的实际付出、借贷资本的本息的最后偿付等，都有一个时间的期限。在确定的时间内，外币与本币的折算比例可能发生变化，从而产生外汇风险。而时间的长短对风险的大小有直接的影响，时间越长，汇率波动的可能性和幅度就较大，外汇风险就越大；时间越短，汇率波动的可能性和幅度就较小，外汇风险相对就小。

三、外汇风险的类型

根据外汇风险的作用对象和表现形式，外汇交易者面临的外汇风险可划分为 3 类：交易风险、折算风险和经济风险。在经营活动中的风险为交易风险(Transaction Risk)，在经营活动结果中的风险为折算风险(Translation Risk)，预期经营收益的风险为经济风险(Economic Risk)。

(一) 交易风险(Transaction Risk)

交易风险，又称交易结算风险，是指在运用外币进行计价结算的交易中，经济主体因外汇汇率的变动而蒙受损失的可能性。

1. 贸易结算风险

在商品、劳务的进出口交易中，从合同的签订到货款结算的这一期间，外汇汇率变动使得出口商收入减少或进口商支付增加，这种风险构成了对外贸易的结算风险。

【例9-1】中国某企业与美国进口商签订了出口一批价值50万美元货物的合约，付款期限为60天。签订合约时，当天的即期汇率为1美元＝6.8387元人民币，按此汇率中国出口商收款时可得341.94万元人民币，但若60天后收款时的即期汇率变为1美元＝6.8213元人民币，那么中国出口商只能得到341.07万元人民币，损失8 700元人民币。

2. 国际信贷风险

国际信贷风险是指在以外币计价的国际信贷中，债权债务未清偿之前存在的风险。

【例9-2】法国某企业借入一笔总额为100万美元、期限为两年的国际商业贷款，当时的市场汇率为EUR1＝USD1.0255，该企业将100万美元兑换成97.51万欧元(100÷1.0255)用于投资法国国内某建设项目。两年期满后市场汇率变为EUR1＝USD0.9235，如果不考虑利息部分，国际借贷汇率风险的存在造成该企业两年后需要108.28(100÷0.9235)万欧元才能偿还100万美元的本金，相当于比之前借入的多付出了10.77万欧元。

3. 外汇买卖风险

外汇买卖者买入一种外币而需要在未来换成另一种外币使用，则外汇买卖者将承受买入货币与要使用的货币之间汇率变动的风险。

【例9-3】某日纽约外汇市场上，英镑对美元的收盘价为GBP1＝USD1.34－1.35，某银行外汇交易员当天买入500万英镑，卖出300万英镑，这样就出现了200万英镑的多头，如按当时收盘价卖出，则应收回268万美元，但该交易员因疏忽忘记进行抛补，结果第二天外汇市场开市时，汇率跌至GBP1＝USD1.32－1.33，则200万英镑的多头只能换回264万美元，损失4万美元。

(二) 折算风险(Translation Risk)

折算风险又称会计风险(Accounting Risk)，是指经济主体对资产负债表进行会计处理的过程中，在将功能货币转换为记账货币时，因汇率变动而呈现账面损失的可能性。它是一种存量风险。

【例9-4】我国某公司因业务需要在美国的银行中存放了1 000万美元，当时美元与人民币的汇率是USD1＝CNY6.8270，则在该公司的会计账目上，其存款值折算成人民币为6 827万元。一年后，美元与人民币的汇率变成USD1＝CNY6.7170，则在该公司的会计账目上，其存款值折算成人民币的数额就会变成6 717万元。同样数额的美元存款经过不同汇率的折算，最终账面价值减少了110万元人民币。

折算风险主要有3类表现方式：存量折算风险、固定资产折算风险和长期债务折算风险。风险的大小与折算方式也有一定的关系，历史上西方各国曾先后出现过4种折算方法。

(1) 流动/非流动折算法。该方法将经济实体中的各分支机构的资产负债划分为流动资产、流动负债和非流动资产、非流动负债。根据该方法，在编制资产负债表时，流动资产和流动负债按编表时的现行汇率折算，面临折算风险；非流动资产和非流动负债则按原始汇率折算，无折算风险。

(2) 货币/非货币折算法。该方法将经济实体中的各分支机构的资产负债划分为货币性资产负债和非货币性资产负债。其中，所有金融资产和负债均为货币性资产负债，按现行汇率来折算，面临折算风险，只有真实资产属于非货币资产负债，按照原始汇率来折算，没有折算风险。

(3) 时态法。该方法为货币/非货币折算法的变形，只是对真实资产做了更真实的处理：如果真实资产以现行市场价格表示，则按现行汇率计算，面临折算风险；如果真实资产按原始成本表示，则按原始汇率折算，没有折算风险。当全部真实资产均按原始成本表示时，时态法与货币/非货币法完全一致。

(4) 现行汇率法。该方法将跨国公司的海外分支机构的全部资产和全部负债均按现行汇率来折算，这样一来，海外分支机构的所有资产负债项目，都将面临折算风险。目前，该方法已成为美国公认的会计习惯做法，并逐渐为西方其他各国所采纳。

(三) 经济风险(Economic Risk)

经济风险又称为经营风险(Operating Risk)，是指意料之外的汇率变动通过影响企业生产销售数量、价格、成本等，引起企业未来一定期间收益或现金流量减少的一种潜在风险。在这里，收益是指税后利润，现金流量(Cash Flow)指收益加上折旧。经济风险可包括真实资产风险、金融资产风险和营业收入风险 3 方面，其大小主要取决于汇率变动对生产成本、销售价格以及产销数量的影响程度。

【例9-5】ABC 公司是我国一家利用国外原料进行加工生产的企业，产品部分内销，部分外销。假设 2015 年，人民币与美元汇率为 $1=¥6.2，ABC 公司的产品单位成本为 8 元，其中，单位原料耗费 6.2 元，工资支付 1.8 元，产品单位售价 12 元，销往国内外各半，销售总量为 200 万单位，假定企业年所得税税率为 50%，如果汇率在 2016 年不出现意外波动，预计 2016 年与 2015 年将保持同样业绩，如表 9-1 所示。

表9-1 预计 2016 年公司损益和现金流量表

单位: 万元

项　目	金　额
销售收入(200 万单位，国内外各半，单位售价 12 元)	2 400
销售成本(200 万单位，单位成本 8 元)	1 600
营业费用	100
折旧	60
税前利润	640
税后利润	320
年获现金流量	380

但假设 2016 年初，人民币意外贬值为 $1 = ¥6.6，这对公司的生产成本、销售价格、销售数量均会产生影响。

生产成本方面，进口原料本币价格上升，提高到 ¥6.6，致使生产成本也提高到 ¥8.4；

销售价格方面，国内售价不变，以美元表示的国外售价由原来的 $1.94 降为 $1.82；

销售数量方面，国内销售额不变，国外增加 10 万单位，其最终业绩状况如表 9-2 所示。

表9-2 2016 年公司损益和现金流量表

单位: 万元

项　目	金　额
销售收入(国外 110 万单位，国内 100 万单位，单位售价 12 元)	2 520

(续表)

项　目	金　额
销售成本(210万单位，单位成本8.4元)	1 764
营业费用	100
折旧	60
税前利润	596
税后利润	298
年获现金流量	358

与交易风险不同，经济风险侧重于经济实体的全局，从经济实体的整体预测将来一定时间内发生的现金流量变化。因此，经济风险来源不是会计程序，而是经济分析。经济风险的避免与否很大程度上取决于经济实体预测能力的高低。预测的准确程度直接影响经济实体在生产、销售和融资等方面的战略决策。此外，折算风险和交易风险的影响是一次性的，而经济风险的影响是长期的，它不仅影响经济实体在国内的经济行为与效益，而且直接影响经济实体在海外的经营效果和投资收益。因此，经济风险一般被认为是3种外汇风险中最重要的。但是由于经济风险跨度较长，对其测量存在着很大的主观性和不确定性，要准确计量经济实体的经济风险存在很大的难度，所以经济实体的经营者通常更重视对交易风险和折算风险的管理。

四、外汇风险管理概述

(一) 外汇风险管理的定义

外汇风险管理(Foreign Exchange Risk Management)是指外汇资产持有者通过风险识别、风险衡量、风险控制等方法，预防、规避、转移或消除外汇业务经营中的风险，从而减少或避免可能的经济损失，实现在风险一定条件下的收益最大化或收益一定条件下的风险最小化。

(二) 外汇风险管理的原则

1.兼顾宏观利益与微观利益原则

在处理企业、部门的微观经济利益与国家整体的宏观利益的问题上，企业部门通常是尽可能减少或避免外汇风险损失，而转嫁到银行、保险公司甚至是国家财政上去。在实际业务中，应把两者利益尽可能很好地结合起来，共同防范风险损失。

2. 分类防范原则

对于不同类型和不同传递机制的外汇汇率风险损失，应该采取不同适用方法来分类防范，以期奏效，但切忌生搬硬套。对于交易结算风险，应以选好计价结算货币为主要防范方法，辅以其他方法；对于债券投资的汇率风险，应采取各种保值为主的防范方法；对于外汇储备风险，应以储备结构多元化为主，又适时进行外汇抛补。

3. 稳妥防范原则

该原则从其实际运用来看，包括3个方面。

(1) 使风险消失。

(2) 转嫁风险。

(3) 趋利避害，即努力获取风险可能给自己带来的收益，避免风险可能给自己带来的损失。

最后一条是人们追求的理想目标。

(三) 外汇风险管理的过程

1. 识别风险

企业在对外交易中要了解究竟存在哪些外汇风险，是交易风险、会计风险还是经济风险。或者了解面临的外汇风险哪一种是主要的，哪一种是次要的；哪一种货币风险较大，哪一种货币风险较小。同时，还要了解外汇风险持续时间的长短。

2. 度量风险

综合分析所获得的数据和汇率情况，并将风险暴露头寸和风险损益值进行计算，把握这些汇率风险将达到多大程度，会造成多少损失。

汇率风险度量方法可以用直接风险度量方法和间接风险度量方法，根据风险的特点，从各个不同的角度去度量汇率风险，这样才能为规避风险提供更准确的依据。

3. 规避风险

规避风险即在识别和衡量的基础上采取措施控制外汇风险，避免产生较大损失。汇率风险规避方案的确定需要在企业国际贸易汇率风险规避战略的指导下选择具体的规避方法。企业应该在科学的风险识别和有效的风险度量的基础上，结合企业自身的性质，经营业务的规模、范围和企业的发展阶段等经营特色，采取全面规避战略、消极规避战略或是积极规避战略。各种规避战略只有适用条件不同，并没有优劣之分。

企业在确定其规避战略的基础上，进一步选择其避险方法。可供企业选择的避险方法归纳起来有两大类。

一类是采用贸易谈判结合经营策略来规避汇率风险；另一类是利用金融衍生工具来规避交易风险，主要有：远期外汇交易、外汇期货、外汇期权及其他金融衍生工具。不同的方法对应着不同的操作，但目的都是为了使"不确定性"得到确定，从而规避风险。

(四) 外汇风险管理的方法

外汇风险的管理需要将不同的外汇风险防范方法相互配合，才能达到风险的平衡效应。包括单一管理方法和综合管理方法两大类。单一方法将在企业外汇风险管理中具体介绍(见本章第三节)。这里主要介绍的是综合管理方法。常用的外汇风险的综合管理方法有3种：远期合同法、BSI法、LSI法。

1. 远期合同法

远期合同法(Forward Contract)是借助于远期合同，创造与外币流入相对应的外币流出以消除外汇风险的方法。具体来说，是指具有远期外汇债权的公司与银行签订卖出或购买远期外汇的合同，以消除外汇风险。企业若在远期预定时间有出口收汇，就应卖出手中相应的远期外汇；企业在远期预定的时间有进口付汇，则应买入相应的远期外汇。

【例9-6】一家英国公司向美国出口一笔价款为1 000万美元的商品，3个月后收款。为了防止美元贬值，该公司同银行做了一笔远期外汇交易，卖出远期美元。银行报出的英镑对美元的汇率如下：

即期汇率　　　　GBP1＝USD1.5234/41

3个月远期差价　　120/124

由于三个月远期差价点数是前低后高，故采取加法，即三个月远期汇率为1.5354/65。这笔交易对银行来说，就是用英镑买入美元，银行本着低价买进高价卖出的原则，所以使用的3个月远期汇率应是1英镑买进1.5365美元，而不是1英镑买进1.5354美元，

三个月后无论外汇市场即期汇率如何变动，该英国公司收进美元货款后履行远期外汇交易合同卖出1 000万美元可以保证换回1 000万美元÷1.5365＝650.83万英镑，这样就有效防止了3个月后因美元贬值可能给该公司带来的汇率风险。

2. BSI法

BSI法，即借款-即期合同-投资法(Borrow-Spot-Investment)，是一种规避汇率风险的综合性方法，主要用于企业存在远期应收(付)账款的情形。

1) BSI法在应收账款中的运用

具体操作步骤：当企业存在一笔远期(如3个月)外汇应收账款时，第一步可以向银行借入一笔外汇资金，偿还期与应收账款的到账期限一致(3个月)，借款金额与应收账款额度相等。这样，该企业在同期限(3个月)远期上的两笔外汇流动方向相反、金额相同，已无汇率风险存在。第二步将其所借入的外汇资金利用一个即期外汇交易合同卖出，兑换为本币。到这一步，企业即期的两笔外汇流动也是方向相反、金额相同，有没有汇率风险存在。第三步，企业将兑换的本币用于进行各种投资，以投资收益弥补借款利息和其他费用。这一步是以本币进行交易，也没有汇率风险。第四步，企业应收外汇账款到期，收回外汇，用以偿还从银行借入的外汇资金。

当然，若出口商进行本币投资的收益低于外币借款利息成本，出口商则付出了防范风险的代价，但这种代价的数额是极其有限的。

【例9-7】德国某公司向美国出口价值100万美元的电子零配件，合同规定收款期限为90天。签订合同时的即期汇率为EUR1＝USD1.3797，如果预测美元汇率下降，该德国公司应如何运用BSI法防范外汇风险？(假设美元贷款年利率为4%，3个月德国国债利率为2.5%，到期日即期汇率为EUR1＝USD1.4375)

解：(1) 德国某公司先从银行借入100万美元，到期需支付银行本利和100×(1＋4%×3/12)＝101万美元。　　　　　　　　　　　　　　　　　　　　　　　　　　　　　　　　　　　　　(B)

(2) 接下来将借入的100万美元即期兑换成欧元，得到100÷1.3797＝72.4795万欧元。　　(S)

(3) 再将兑换的72.4795万欧元投资于3个月期的德国国债，假设国债年利率为2.5%，则到期收到的本利和为：72.4795×(1＋2.5%×3/12)＝72.9325万欧元。　　　　　　　　　　　　　(I)

(4) 90天收款期限到后，德国公司收入100万美元货款，将其用于支付银行贷款的本金。利息1万美元按当时的即期汇率EUR1＝USD1.4375折算需0.6957万欧元。即不做BSI保值，该公司收入的100万美元只能兑换为100/1.4375＝69.5652万欧元；做了BSI保值，该公司的收入为72.9325－0.6957＝72.2368万欧元。做BSI保值比不做保值多收入2.6716万欧元。

2) BSI法在应付账款中的运用

具体操作步骤：当企业存在一笔远期(如3个月)外汇应付账款时，第一步可以向银行借入一笔本币，偿还期与应付账款的付款期限一致(3个月)，借款金额与应付账款按当时外汇市场上的即期汇率折算的本

币额度相等。第二步将其所借入的本币在即期外汇市场上兑换成外汇。第三步，企业将兑换的外汇用于进行各种投资，以投资收益弥补借款利息和其他费用。第四步，企业应付外汇账款到期，收回外汇投资，用以支付到期的应付账款。

当然，若进口商进行外币投资的收益低于本币借款利息成本，进口商则付出了防范风险的代价，但这种代价的数额也是极其有限的。

【例9-8】美国某公司从日本进口一批货物，合同规定付款期为6个月，金额为8 000万日元，即期汇率为USD1＝JPY89.75，如果预测日元升值，该公司应如何运用BSI法化解外汇风险？(假设美元贷款年利率为4%，6个月日元存款利率为1.5%，到期日即期汇率为USD1＝JPY75.69)

解：(1) 美国某公司可以先从银行借入6个月期限的价值8 000万日元的美元贷款89.14万美元(即8 000万日元÷89.75)，贷款年利率为4%，则6个月后应付银行本息和89.14×(1＋4%×6/12)＝90.92万美元。 (B)

(2) 接下来该公司在外汇市场以USD1＝JPY89.75的汇率将借来的89.14万美元卖出，换回8 000万日元。 (S)

(3) 紧接着将8 000万日元存入银行，存款年利率为1.5%，半年后获得本利和：8 000×(1＋1.5%×6/12)＝8 060万日元。 (I)

(4) 等6个月应付账款到期，到期日即期汇率为USD1＝JPY75.69，如果不用BSI法，该公司就要支付8 000÷75.69＝105.69万美元，而使用BSI法可以把投资获得的8 060万日元支付给进口商8 000万日元，还获利60万日元，即60÷75.69＝0.79万美元。最后，该公司只需将银行的本利和90.92万美元还上即可，与不做风险防范支付105.69万美元相比，减少损失105.69－90.92＝17.44万美元。如果再加上0.79万美元的存款获利，效果更好。

用BSI法消除外汇应付款和应收款的原理一样，但币种的操作顺序有别。前者借款是借本币，而后者借款是借外币；前者投资用外币，后者投资用本币。由两个举例可知，BSI法使流入和流出的外币基本抵消，消除了外汇风险。

3. LSI法

LSI法，全称为提前收付-即期合同-投资法(Lead-Spot-Invest)，也是一种转移汇率风险的综合性方法，用于规避企业远期账款带来的汇率风险，其基本思路同样是针对产生风险的外汇流动制造出一笔反方向的货币流动。

1) LSI法在应收账款中的运用

为了避免应收外汇账款贬值，债权方可以给债务方一定折扣请其提前付款，然后通过即期外汇交易将其换成本币进行投资，以投资所得收益抵充防范风险的费用。

【例9-9】英国某公司向美国出口一批价值10万美元的服装，合同规定收款期为6个月，即期汇率为GBP1＝USD1.5972，为防止美元贬值带来损失，该公司以2%的现金折扣请求进口商提前支付货款，实际得到10×(1－2%)＝9.8万美元，该公司将9.8万美元即期兑换成英镑：9.8÷1.5972＝6.14万英镑。紧接着用6.14万英镑购买半年期国债，假设年利率为3%，则6个月到期时，国债的本利和为6.14×(1＋3%×6/12)＝6.23万英镑。如果该公司不做风险防范，假设6个月后的实际汇率为GBP1＝USD1.6374，则收到10万美元货款即期只能兑换成英镑：10÷1.6374＝6.11万英镑。LSI法的应用，可以防止损失0.12万英镑。

2) LSI 法在应付账款中的运用

为了避免应付外汇账款的汇率上升,债务方可以先借入本币,通过即期外汇交易将其换成外汇,提前向债权方支付款项,可取得一定折扣。

【例9-10】美国某公司从日本进口货物,合同规定付款期为6个月,金额为8 000万日元,即期汇率为 USD1＝JPY89.75,为了防止日元升值带来的损失,该公司与出口商签订合同时商定提前付款,现金折扣率为2%,预计还款8 000×(1－2%)＝7 840万日元;于是美国某公司先从银行借入6个月期贷款87.35万美元(7 840÷89.75＝87.35万美元),假设贷款年利率4%,6个月后应付银行本利和为:87.35×(1＋4%×6/12)＝89.097万美元。该公司在外汇市场以即期汇率 USD1＝JPY89.75 将87.35万美元卖出,换回7 840万日元,然后用这7 840万日元支付出口商的贷款。若6个月后的实际汇率为USD1＝JPY75.69,如果不采用风险防范措施,该公司就要支付相当于8 000÷75.69＝105.69万美元的贷款,而使用 LSI 法,6个月后只需向银行支付本利和89.097万美元,与不提前付款要支付相当于105.69万美元的贷款相比,减少损失16.59万美元。

第二节　商业银行外汇风险管理

商业银行作为外汇业务的主要参与者,不仅要经营国内银行业务(本币业务),同时还要经营国际银行业务(外汇业务)。商业银行外汇业务包括外汇存贷款、外币兑换、国际结算、结汇售汇、外币有价证券的发行与买卖、外汇资信调查、外汇咨询等多项业务内容。在经营和管理的过程中,都承担着一定的外汇风险。

一、商业银行外汇风险概述

商业银行的外汇风险是指由于汇率的变动,使商业银行以外币表示的债权和债务的价值发生变化,从而使商业银行蒙受损失的可能性。商业银行的外汇风险又有狭义和广义之分,广义的商业银行外汇风险是指商业银行经营外汇业务时面临的风险,即商业银行在经营外汇业务的过程中可能发生的损失,通常将银行外汇业务的风险分为 5 类:国家风险、信用风险、利率风险、流动性风险和货币风险。狭义的商业银行外汇风险仅指由于汇率的波动,引起的本币价值发生变动,给商业银行的经营带来损失的可能性。本节研究的是狭义的商业银行外汇风险。

二、商业银行外汇风险分析

商业银行是外汇市场的主体,是外汇市场的直接参与者,因此商业银行在外汇交易中往往承担着更大的风险。事实上,有商业银行在外汇交易中由于汇率的不利变动,蒙受了巨大的经济损失。如:中国建设银行 2006 年半年报显示该行仅上半年汇兑损失就 达到 24 亿元。具体而言,商业银行的外汇风险按其表现形式不同也可以划分为3类:外汇交易风险、外汇折算风险和外汇经济风险。

(一) 商业银行外汇交易风险

商业银行在对客户进行外汇买卖业务或在以外币进行贷款、投资等业务活动中,其持有的敞口头寸都会因为汇率变动而可能遭受损失。比如:银行开展代客购汇业务,如果在得到客户订单与实际交割期间汇率发生异常变动,就可能给银行造成损失;银行在日常经营中需要保留一定量的未平盘头寸,也承担了外汇风险。另外，银行外汇资产和外汇负债不匹配时，也会产生外汇风险。比如：银行外汇存款和外汇贷款的币种头寸错配时，银行的外汇风险就会增加；外币存款期限与外币资金运用的期限不匹配时，也会导致银行的外汇风险上升。

(二) 商业银行外汇折算风险

商业银行外汇折算风险是指由于汇率变动而引起商业银行资产负债表中某些项目金额变动的风险，其产生是因为进行会计处理时将外币折算为本国货币计算，而不同时期使用的汇率不一致，所以可能出现会计核算上的损益。比如：具有国际经营业务的银行为了编制合并财务报表，需要将以外币表示的资产和负债换算成以本币表示的资产和负债，这时就会面临汇率换算风险，从而影响银行的财务报告结果；再比如，根据我国有关政策规定，中资银行国际业务形成的利润需要逐年办理结汇，如果在利润结汇前发生人民币汇率的变动，就会对银行当期收益产生影响。

(三) 商业银行外汇经济风险

商业银行外汇经济风险是指由于汇率非预期变动引起商业银行未来现金流量变化的可能性，它将直接影响商业银行整体价值的变动。汇率波动可能引起利率、价格、进出口、市场总需求等经济情况的变化，这些因素又将直接或间接地对商业银行的资产负债规模、结构、结售汇、国际结算业务量等产生影响。比如：本币汇率上升时，可能会出现国内出口下降，收汇减少；进口增长，对外付汇增加；来自国外的投资流入减少，对外投资则可能扩大，这些变化可能导致银行外汇存款减少，使银行的外汇负债规模缩减。因此，外汇经济风险对商业银行影响力度大，持续时间长，属于商业银行较难抵御和防范的风险之一。

三、商业银行外汇风险管理策略

商业银行面临的外汇风险性质不同，其管理策略也不相同。

(一) 商业银行外汇交易风险的管理

实际工作中，外汇交易风险报告一般只采取简单计量的方式，仅记录即期和远期市场上各种外币头寸。银行通常给交易员设定一个交易限额，根据实时汇率的变化或者仅根据每日收盘价对各种货币头寸进行监控。这种额度控制法是商业银行对外汇交易风险进行控制的主要方法。额度控制法主要是对以下头寸进行限额控制：①即期外汇头寸。银行通常根据交易货币汇率稳定性、交易难易程度和交易量大小设定即期外汇头寸限额。②掉期外汇头寸。由于掉期交易涉及两种货币，所以在设定掉期外汇头寸限额时通常要考虑两种货币同业拆借利率的影响，考虑利率的稳定性。同时，还应制定不匹配远期外汇的买卖限额。③敞口头寸。是指由于没有对货币进行及时抵补而形成的多头或空头。敞口头寸限额通常对时间和金额做出相应的限制。止损点限额是针对交易人员所建立起来的外汇头寸遭受损失的额度限制，反映了银行对损失的最大容忍度。止损点的高低与银行外汇业务的活跃程度、外汇业务期望收益以及其风险偏好程度有关。银行在外汇市场中越活跃，期望收益率越高，其愿意承担的风险就越大。在制定了上述各类交易限额之外，银行还应分别制定每类交易日亏损的最高限额以及各类交易合计亏损的最高限额。当实际亏损超过了这些限额以后，银行就会运用相应的金融市场工具，将多余头寸冲掉。

(二) 商业银行外汇折算风险的管理

商业银行外汇折算风险实际上是银行在资产负债表日将会计报表上外汇资产负债根据当天的汇率折算成本币时，由于汇率的不确定而产生的风险。会计折算损益只是一种账面上的损益，并不意味着银行真实的资产损失。然而，对会计报表的使用者如股东和债权人而言，会造成一定的影响，并且这种会计折算风险在一定程度上反映了银行面临的外汇风险，未来很可能转化成真正的损失。对这种风险的管理主要有以下两种方法。

(1) 尽可能使资产负债表"中性化"。具体而言是指商业银行尽量使以各种功能货币表示的资产和负债相等，从而使风险头寸尽可能小，进而减少由于汇率变动给风险头寸带来的影响。

(2) 风险对冲。商业银行可以在金融衍生品市场上进行相应的操作，利用外汇合约来冲销外汇会计折算损益。

(三) 商业银行外汇经济风险的管理

商业银行外汇经济风险主要是指汇率变化对未来现金流量造成的不利影响。因此我们管理此种风险的目标是隔离汇率变动对未来现金流的影响，主要从以下两个方面入手。

(1) 判断汇率变动的影响期间。如果预测到汇率变动将是暂时的，我们就没有必要对银行的经营管理进行大规模的调整，因为这样反而会使管理成本大于汇率变动给我们带来的损失；如果预测到汇率变动将是持久的，那么这种调整就是有必要的。

(2) 银行需要决定市场风险管理的政策。根据现金流及其变动的性质以及管理人员对风险的态度制定政策。如果预测到汇率变动的时间、幅度和方向使得现金流向我们有利的方向变动，管理人员大可不必采取行动。控制外汇风险必须从外汇头寸管理开始，对银行交易外汇风险暴露部分设定限额，避免汇率变动造成不可挽救的后果。同时，制定严密的外汇交易限额监控体系，密切关注外汇交易头寸限额的执行情况。对外汇交易员做好教育培训，使其形成良好的风险防范意识，严格按照止损点停止交易。另外还要密切关注国际政治经济形势的变化趋势，如债务危机、国际原油价格走势等，这些都会对一国汇率产生重大影响，应根据对这些国际政治经济形势的预测及信用情况，来确定不同国家的不同经济主体发生外汇交易借贷行为的限额。

第三节 企业外汇风险管理

在全球经济一体化的市场中，各国企业不仅在本国从事贸易、经营活动，有雄厚资金实力和优越运营能力的公司更是作为跨国企业，从事着对外经济、贸易和金融活动。这些企业组织在跨国经营过程中，通常在国际范围内收付大量外币，或持有外币债权债务，或以外币标示其资产、负债价值。由于各国都有在本国流通最广泛的当地货币，即本位币，且各国本位币之间的兑换汇率时时变化，因此，在国际贸易活动中，有经济往来的企业在国际收付结算时，都无法避免外汇风险的产生。

一、企业外汇风险概述

(一) 企业外汇风险的定义

简单来说，所谓风险就是指在一个特定的时间内和一定的环境条件下，人们所期望的目标与实际结果之间的差异程度。企业在实现其目标的经营活动中，会遇到各种不确定性事件，这些事件发生的概率及其影响程度是无法事先预知的，这些事件将对经营活动产生影响，从而影响企业目标实现的程度。这种在一定环境下和一定限期内客观存在的、影响企业目标实现的各种不确定性事件就是风险。

风险的经济效应，又称为风险效应，是由风险自身的不确定性及可能性所决定的，但又与外部环境以及人的观念、动机相联系才得以体现。风险效应的内容包括诱惑效应、约束效应和平衡效应。

1. 诱惑效应

诱惑效应的形式是风险利益作为一种外部刺激使人们萌发了某种动机，进而做出某种风险选择并导致风险行为发生。风险利益并不是现实的利益，而是一种可能的利益，只有在实现风险目标之后才能获得。

诱惑效应的大小并不仅仅取决于风险利益这一因素，而是取决于风险利益与风险代价及其组合方式。风险代价的大小又取决于风险对风险成本的损害能力和风险发生的概率。损害能力大并且发生概率高，则风险代价大。诱惑效应的程度不仅会影响人们对风险的选择及选择后的行为动力，同时也会对某一领域的市场竞争程度发生影响。一般来说，诱惑效应愈大，在与之相关的市场中，经营竞争就愈激烈。

2. 约束效应

风险约束是指当人们受到外界某种风险信号的刺激后，所做出的回避风险的选择以及进而采取的回避行为。风险约束所产生的威慑、抑制和阻碍作用就是风险的约束效应。

构成风险约束的障碍因素是多元的、多层次的。风险约束效应取决于风险障碍因素出现的概率、风险障碍的损害能力以及风险成本投入与变动的情况这三种因素的组合方式，同时也受到人们作风险选择时所处的社会经济条件及对风险障碍出现概率和损害程度的认识判断的影响。

3. 平衡效应

风险一方面具有诱惑效应，驱使人们做出某种风险选择；另一方面又具有约束效应，对人们的选择和行为产生某种威慑和抑制作用。每一种风险必然同时存在着这两种效应的相互冲突、相互抵消，其相互作用的结果是平衡效应。在平衡过程中，当风险诱惑力大于约束力，则会促使人们做出风险选择，开始冒险行为。当约束力大于诱惑力，人们则会放弃风险选择与冒险行为。如果两种作用力相等，人们就会处于犹豫不决、无所适从的状态，需要新的动力或影响才会做出选择。

由此可见，平衡效应实质上是人们对诱惑效应与约束效应进行认识、比较、权衡的过程，即是一个观念过程、思想过程、判断过程和选择过程。在现实生活中，平衡效应发生作用的过程就是人们对经济风险的利益与风险付出的代价进行识别、判断、比较和权衡的过程。

外汇风险是外汇市场中各种货币相互兑换的汇率的变动所引起的以外币计价的资产(负债)上涨或者下降的可能性。同时，体现了风险的经济效应，汇率变动带来的资产上涨或收益的增加，这是外汇风险的诱惑效应；汇率变动带来的资产下降或价值的损失是外汇风险的约束效应；经营者对经济发展的思考，企业发展方向的选择，汇率变动预测等因素的利弊思考，充分体现了平衡效应。

企业外汇风险是指从事金融行业的公司、企业组织、经济实体一定时期内在对外经济、贸易的管理与营运活动中，以外币表示的资产(债权、权益)与负债(债务、义务)因未预料的外汇汇率的变动而引起的企业价值的增加或减少的可能性。

【例9-11】一家美国公司向英国客户出口商品，三个月后将收到20 000英镑的外汇。目前即期汇率是1英镑=1.9美元，那么出口货款应为38 000美元。但是，除非该公司采取抵补措施，三个月后当英国客户支付货款时公司的实际美元收入将取决于当时英镑与美元的汇率。这意味着三个月后，美国公司这笔出口收入可能少于也可能多于38 000美元。

了解到未来收入的不确定性后，该公司对英镑三个月后汇率走势进行了预测。如果预测英镑将贬值，公司将20 000英镑在远期外汇市场卖出，以保证三个月后收到的美元数目是固定的。如果公司预测汇率低于目前三个月远期汇率，采取这一行动似乎更有利可图。

从这一简单例子可以看出一个公司如何评价和管理外汇风险，但在实际操作中，企业外汇风险管理过程非常复杂。

(二) 评估外汇风险的步骤

在对待外汇风险的态度上，有些人认为只要汇率的相对变化是由基本经济因素(如国际利率和购买力平价)决定的，就没有必要管理外汇风险。然而，在大多数货币市场上明显偏离这些平价条件的现象是存在的，而且造成偏离的一些因素很难预测。第一，政府对外汇市场及相关的金融市场的行政干预使我们很难确定汇率何时将偏离由基本经济因素决定的趋向。第二，即使市场是自由和有效率的，也很难预计汇率变化的确切时间和大小。在自由、有效率的市场上，汇率随着国内外政治经济等方面的不断变化而随意变动。在政府控制或干涉的货币市场上以及黑市货币市场上，汇率变动方式变幻莫测，因为在没有事先通知的情况下政府的干涉是非常有效的。

因此，管理外汇风险必须考虑汇率变动方向和幅度的这种不确定性。另外，由于企业不能精确预计未来的外汇现金流量的数量和时间，外汇风险管理变得更为复杂。

在管理外汇风险时，企业通常按照下列步骤来进行。

(1) 确定每个计划期间内的外汇敞口净量。真正的外汇损失取决于3个因素：受汇率变动影响的净外汇敞口；汇率变动对外币资产与负债的影响程度；汇率变动的时间与幅度。同时也应该权衡考虑3种外汇风险类型，因为旨在减少一种类型外汇风险的行动可能增加了另一种类型的外汇风险。

在确定外汇敞口时，企业还必须考虑到外币资产与负载自然抵补的性质及范围。因为一个国家的货币贬值经常伴随着较高的通货膨胀水平，那么设在该国的子公司资产与负债随着当地通货膨胀率的变动而变动，两种因素的影响效果也许全部或部分抵消。所以，外汇敞口净量取决于企业的资产与负债的性质，即当汇率变动时，它们的价值如何变动。

另外，在制订外汇风险策略时必须考虑国家政府对抵补措施的限制。例如，为防止货币贬值造成外汇损失而采取的许多金融交易，如为汇出利润而购买硬通货等经常受到政府的限制，以防止本国货币汇率的进一步下跌。

(2) 预计外汇汇率的变动。汇率变动的幅度与时间是确定外汇风险的关键。为管理外汇风险，企业必须建立定期预测汇率变动的程序。还必须注意政府对外汇市场进行干预的时间和规模。预测汇率的确非常困难，尽管这样，许多企业仍花费大量人力、物力对汇率进行预测。汇率预测不仅适用于外汇风险管理，也适用于其他领域，如预算和公司计划等。

(3) 评估外汇的风险程度。根据外汇净敞口量和汇率变动的幅度，我们就可以估算出外汇风险的大小。因为风险的大小等于这两者的乘积。然后对这一结果进行评估，考虑是否采用措施来抵补，或者不用去管它。

二、企业外汇风险类型

外汇风险对企业经营结果的影响具有两种结果，或是获利，或是遭受损失。在任何一个拥有对外贸易的跨国企业组织的经营活动、经营结果和预期经营收益中，都存在着由于外汇汇率变化而引起的外汇风险。在经营活动中的风险为交易风险，在经营结果中的风险为会计风险，在预期经营收益中的风险为经济风险。

(一) 企业外汇交易风险

企业交易风险是指汇率变动对未来现金流量的直接影响而引起外汇损失的可能性。也就是说，在达成外币交易时的货币数目与实际完成交易时的货币数目可能是不一致的。例如：某出口商持有外币应收账款就会因外币对本国货币贬值而遭受损失，而持有外币应付账款的进口商会因外币对本国货币升值而遭受损失。所以，交易风险是外币交易的净交易量，其结算结果受汇率变化影响。

以下经营活动能给企业造成交易风险：

(1) 依据商业信用购买或销售商品或服务，合同金额以外币计价；

(2) 借入或贷出外国货币资金；

(3) 成为还未交割的远期外汇合约的一方；

(4) 其他获得外币资产或带来外币债务的交易活动。

企业一般必须建立另外的财务报告制度以追踪掌握交易风险，因为许多交易风险并没有在公司财务报告中反映出来。比如意大利汽车制造商菲亚特(Fiat)对交易风险实施集中管理，监控55个国家的421家子公司的货币现金流量，然后测定所使用的每一种货币的净流入或流出头寸以决定是否及如何轧平。

(二) 企业外汇折算风险

折算风险是指跨国企业的海外子公司以外币表示的财务报表用母公司本国的货币来换算，并进行合并报表时，因汇率在记账期间发生变动而致使跨国企业蒙受账面资产损失的可能性。例如，英国一家跨国公司在美国设立一家子公司，那么该跨国公司就拥有美元资产。如果没有足够的美元债务来抵消美元资产，它就面临折算风险。美元对英镑贬值时，英国母公司在资产平衡表中对美国子公司的评价降低，因为母公司的财务报表是以英镑表达的。如果美元对英镑升值，则母公司的总资产会升值。

在进行会计报表折算时，主要使用两种汇率，一是海外子公司的资产与负债最初发生时的汇率，称之为历史汇率，二是对海外子公司报表的资产与负债进行折算时的汇率，称之为现汇汇率。目前跨国公司在子公司报表折算时有3种方法：现汇汇率方法、货币性/非货币性项目方法、经常性/非经常性项目方法(见表9-3)。有时这几种方法也混合使用。

表9-3 3种基本换算方法

资产负债表项目	换 算 方 法		
	现 汇 汇 率	货币性/非货币性项目	经常性/非经常性项目
资产			
现金	现行汇率	现行汇率	现行汇率
可流通证券	现行汇率	现行汇率	现行汇率
应收账款	现行汇率	现行汇率	现行汇率
存货	现行汇率	历史汇率	现行汇率
预付费用	现行汇率	历史汇率	现行汇率
固定资产	现行汇率	历史汇率	历史汇率
负债			
应付账款与票据	现行汇率	现行汇率	现行汇率
其他流动负债	现行汇率	现行汇率	现行汇率
长期负债	现行汇率	现行汇率	历史汇率
股东权益	现行汇率	历史汇率	历史汇率

折算风险实际上只是使跨国公司的账面价值受到影响，并没有带来实际的损失，但折算风险有时也会影响到跨国公司的股价，因此跨国公司还是相当重视折算风险的。比如，2006 年，IBM 的财务主管宣布，第二季度的每股收益减少 0.25 美元，这是由于国外利润在折算成美元来合并 IBM 的总利润时受到汇率的影响。若利润下降仅影响报告利润而不影响现金流量的话，那么投资者就不应对宣布做出反应。然而投资者的确做出了反应，抛售了他们所持的 IBM 的股票。由于许多投资者以利润评价企业的股票，所以折算风险能间接地影响企业的价值。

(三) 企业外汇经济风险

企业外汇经济风险主要是指外汇汇率变动造成公司价值的下降程度。公司的价值主要取决于它能带来的现金流量，而汇率的变动影响公司未来的销售量，价格及成本等。所以公司价值的下降可由汇率变动引起的公司未来现金流量的下降造成。

经济风险取决于公司投入产出市场的竞争结构以及这些市场如何受汇率变动的影响。而这种影响又取决于一系列经济因素，如产品的价格弹性、来自国外的竞争、汇率变动对市场的直接影响(通过价格)及间接影响(通过收入)。

应该指出，一个公司即使没有任何跨国经营活动也会面临经济风险。这是因为绝大多数国家的商品市场与金融市场是相互联系并相互影响的。例如，一个只在国内销售且生产成本也只由本国货币引起的公司会受到本国货币升值的不利影响，因为这时来自国外竞争对手的竞争加强了，同时那些从国外以外币采购原材料的国内竞争对手的地位也得到了加强。

三、企业外汇风险的管理策略

企业的风险管理的策略一般有 3 种：风险消除、风险转移和风险自留。对于由企业自身行为策略引起的风险，可以通过自我完善得以消除；对于企业外部客观存在的风险，企业无法通过自我改良来消除风险，在企业成本允许的前提下，可以通过一定的合约，将风险转移给对手；对于因成本过高而无法转移给对手的风险，或者对企业影响不大的风险，企业可以不做处理，风险自留。

企业在制定外汇风险管理策略时，可选择经营性套期保值和金融性套期保值。

(一) 企业外汇交易风险的管理策略

第一，经营性套期保值中对于交易风险的管理。

1. 货币市场套期保值

货币市场套期保值是指买卖双方在交易谈判时，经协商，在交易合同中订立适当的保值条款，以防止汇率变化的风险。常用的有黄金保值条款、硬货币保值条款和"一篮子"货币保值条款。

(1) 黄金保值条款。黄金保值条款是指订立贸易合同时，按当时的黄金市场价格将应支付货币的金额折合成若干黄金，到实际支付日，如果黄金价格变动，则支付的货币金额也相应增加或减少。这种保值方法在固定汇率时期经常被使用，现在很少使用。

(2) 硬货币保值条款。硬货币保值条款是指在交易合同中订明以硬货币计价，以软货币支付并标明两种货币当时的汇率。在合同执行过程中，如果支付货币汇率下浮，则合同金额要等比例地进行调整，按照支付的汇率计算，使实收的支付货币价值与签订交易合同时相同。

(3) "一篮子"货币保值条款。"一篮子"货币保值条款是指甲乙双方在合同中明确用支付货币与多种货币组成的"一篮子"货币的综合价值挂钩的保值条款，即订立合同时确定支付货币与"一篮子"货币中各种货币的汇率，并规定汇率变化的调整幅度。

【例9-12】瑞士某进口商从美国进口设备，价值1 000万美元，即期汇率USD1＝CHF2，一年后以瑞士法郎兑付货款，由于担心美元升值增加进口成本，决定以SDR(特别提款权)计价保值。签合同时SDR1＝USD1.3280，则合同应订明货价为USD1 000万÷1.3280＝SDR753万，如果1年后支付货款时USD1＝CHF2.5，即美元升值，那么SDR对美元也将按此幅度贬值为SDR1＝USD1.1，则此进口商需支付的进口货款为753×1.1×2.5＝CHF2 070.75万，比签合同时多付70.75万；但如果未保值，则进口商要支付2 500万瑞士法郎，即比保值多付429.25万瑞士法郎。

2. 选择有利的计价货币

1) 选择本币计价

选择本币作为计价货币，不涉及到货币的兑换，进出口商中的一方则完全没有外汇风险。在现实操作过程中，如果以出口国所在国货币作为计价货币，对于出口商来说完全不存在外汇风险，但对于进口商来说仍然存在外汇风险。反之，如果以进口国所在国货币作为计价货币，对于进口商来说也是完全不存在外汇风险的，而出口商的外汇风险是存在的。但采用这种办法时，买卖双方会因为计价货币的选择产生矛盾，因此要根据各国货币的国际地位及贸易双方的交易习惯来选择使用何种货币计价。

2) 选择自由兑换货币计价

选择自由兑换货币作为计价结算货币，便于外汇资金的调拨和运用，一旦出现外汇风险可以立即兑换成另一种有利的货币。

3) 选择有利的外币计价计算

在国际金融市场上，有软、硬货币之分。硬货币是指货币汇率比较稳定，并且有上浮趋势的货币；软货币是指汇率不稳定，且有下浮趋势的货币。企业在交易过程中，选择合适的计价货币，也是防范外汇风险的重要方法。

当然，计价货币的选择不是由一方说了算，必须经过进出口双方谈判协商。但是在谈判时，企业应尽量朝着对自己有利的方向进行。一般的基本原则是"收硬付软"，比如企业在出口时应尽量选择汇价趋于上升的硬货币计价，在进口时应尽量选择汇价趋于下降的软货币计价。在谈判中，由于选择的货币可能对一方利益有利，对另一方利益有害，所以协商是非常必要的。企业可以与对方协商采用一些比较灵活的手段，比如提出两种计价货币在货物总值中各占一半，使贸易双方利益风险共担，或者也可以协商商品价格，最终达到协调利益，规避汇率风险的目的。

【例9-13】日商向美国出口，货价为USD100万，美元当时为软币，日商担心美元贬值减少出口收入，决定以美元、日元各半来计价，如当时汇率为USD1＝JPY130，可在合同中订明，货款为USD50万＋JPY6 500万，支付货币为美元。如到期收汇时，汇价为USD1＝JPY120，则日商收汇为USD50万＋JPY6 500万÷120＝USD104.17万；假如到期汇价为USD1＝JPY140，则日商收入为USD50万＋JPY6500万÷140＝USD96.43万。这样可以兼顾双方利益。

4) 多种货币组合法

多种货币组合法是指在进出口合同中使用两种以上的货币计价以消除外汇汇率波动的风险。当公司进口或出口货物时，如果其中一种货币发生升值或贬值，而其他货币的价值不变，则该货币价值的改变不会给公司带来很大的外汇风险，或者说风险因分散而减轻；若计价货币中几种货币升值，另外几种货币贬值，则升值的货币带来的收益可以抵消贬值的货币所带来的损失，从而减轻外汇风险带来影响的程度或消除外汇风险。

3. 预测汇率的变动趋势

1) 提前或延后结汇法

适当提前或延后收付款项，也可以规避汇率风险。当预测计价货币将升值时，出口企业可以通过推迟交易、允许进口方延迟付款等方式获得汇率上升带来的收益；而进口企业应采用提前购买或预付货款的方式规避汇率上升增加的进口成本。当预测计价货币将贬值时，出口企业应尽早签订合同，并尽早以即期收汇的方式收回货款，避免汇率下跌带来损失；而进口企业则应尽量推迟购货行程或向出口方要求延期付款，以便在计价货币升值后，能用较少的本国货币兑换计价货币来支付货款。此外，在开立外汇信用证时也应当考虑计价货币的涨跌预测，有利的信用期也是进出口企业规避外汇风险的有效策略。如果计价货币看涨，延长支付信用期就会对出口企业有利，对进口企业不利。反之，如果计价货币看跌，进口企业就应尽量延长支付信用期。

2) 出口押汇

出口押汇是出口企业将外汇收入押汇到银行，银行在审核后，把与该货款等额的外汇押给出口企业，实际上等于把外汇及汇率风险全部转嫁给银行，是企业的一种"提前收汇"。出口企业押汇后，不必再担心国外进口商是否付汇、何时付汇等问题，此外，出口企业在获得押汇后，可以根据此种汇率的涨跌预测，选择将其留存或及时兑换为本位币，这就给企业外汇管理带来了许多主动权，也更容易规避汇率风险。

3) 贴现法

贴现法是指国际贸易中，使用汇款结算方式时，出口企业收到进口商远期承兑汇票后，可向银行贴现。贴现法也可以防范汇率风险，这是因为，虽然贴现也需要支付一定的贴现息，但是，贴现后外汇现金立即划入出口企业账户，从而给出口企业带来存款利息收入，实际的贴现成本其实只是贴现息减去存款利息收入的那一部分，企业用较小的代价获得了外汇现金，实现了其外汇管理的主动权，对企业来说是利大于弊。

第二，金融性套期保值中对于交易风险的管理。

1. 远期合同法

远期合同法是指具有外汇债权或债务的公司与银行签订卖出或买进远期外汇的合同，以消除外汇风险的方法。企业应有选择性地使用远期合同法来进行套期保值，已达到降低预期套期保值成本的目的。拥有多头外币头寸的公司卖出外币远期，拥有空头外币头寸的公司买入外币远期，之所以要有选择性使用远期套期保值，是因为在外币远期买卖的过程中，企业需要承担一个机会成本。该机会成本的公式是：外币的当期即期汇率＝(外币远期汇率－外币到期汇率)/外币远期汇率。从公式可以分析，如果是外币多头，若外币远期升水，则卖出远期进行套期保值，若外币远期贴水，则不进行套期保值；如果是外币空头，若外币远期贴水，则买入远期进行套期保值，若外币远期升水，则不进行套期保值。

2. 外汇期货交易

对于进出口企业的保值，外汇期货交易在某些方面与远期外汇买卖很像。外币期货交易是指协议双方同意在未来某一日期按照约定的汇率买卖一定数量外币的交易。虽然期货保值与远期保值相似，但是两种方法也有区别，主要表现在参与者、合同金额、交割日、清算方式、交易成本等方面。从参与者来看，只要按规定缴纳了保证金，任何投资者都可以在外汇期货市场上通过经纪人进行外汇期货交易，但在远期外汇买卖交易中，一般只鼓励与银行有良好业务关系的大企业进行投资；从合同金额来看，外汇期货交易的金额是标准化的，而远期外汇买卖金额是可以根据需要任意确定的；从交割日来看，外汇期货交易的交割日是标准化的，而远期外汇买卖交割日可以根据需要任意确定；从清算方式来看，外汇期货交易大多数被对冲，极少出现实物交割，而远期外汇买卖大多数实物交割，很少出现对冲；从交易成本来看，外汇期货交易的交易成本由交易双方协商而定，而远期外汇买卖的交易成本由银行的买卖价差决定。当币种、金额、期限等条件满足外汇期货交易要求时，进出口企业可以在外汇期货市场与经纪人签订外汇期货合同，从而规避汇率风险。

3. 外汇期权

外汇期权是赋予期权的买方在一段时间内或在到期日当日，以协定的执行汇率向期权的卖方买入或卖出某一特定货币的权利。目前国际外汇市场上最常见的是买方只在期权到期日才能执行期权。期权的买方购买了在到期日执行或不执行期权的权利，作为代价，买方要支付一定的期权费用；而期权的卖方则在卖出期权时，就承担了一旦期权买方要求执行期权，就必须履行的义务。当然，期权买方只有在市场汇率行情对自身有利时，才会执行期权，否则就放弃期权。例如，一进口企业贸易合同项下的货款支付在将来某天进行，为了规避汇率波动带来损失，又希望能够得到汇率波动带来的收益，此时，企业就可以考虑做外汇期权交易，即支付一定的期权费后，有权在到期日按约定的汇率向银行买入约定数额的一种货币，同时卖出另一种货币。不过，在实践中，进出口企业很少通过卖出外汇期权规避汇率风险，因为对于外汇期权卖方来说，其收益是有限的，潜在的损失是无限的，除非企业对汇率走势有强烈的准确预期，并想在外汇市场上赢取期权费，实际上此时的企业已不仅仅在规避汇率风险了，更多的是转向了博取赢利机会的投资方向。

(二) 企业外汇折算风险的管理策略

企业外汇折算风险管理的重要性在于：①与汇率变动相关的价值变动常常反映影响企业未来经营能力的实际经济变动；②只要企业有合同依赖于企业的账面价值，即使经过通货膨胀调整的现金流量不受汇率波动的影响，折算风险也是一个需考虑的因素。如企业贷款合同常规定企业的债务与账面价值比率保持在一定水平上，当汇率变动引起的国外子公司账面价值下降时，就会造成对贷款合同的违反。由于违反合同会导致实际成本增加，因此，企业此时会对折算风险进行套期保值。

第一，经营性套期保值中对于折算风险的管理。

首先是对资金的管理。对资金进行管理，需要调整母公司和子公司的币种来减少公司当地货币的会计风险。如果预测当地货币贬值，直接调整资金可以采取以硬通货标价出口、以当地货币标价进口、以当地货币贷款替代硬通货贷款等措施；间接调整可以采取提前支付费用、提前或延后公司之间账务的结汇、调整子公司间货物买卖转移价格等措施；还有一种方法是延迟收回子公司之间的应收账款和提前支付子公司之间的应付账款。当然，如果预测当地货币升值，则进行相反的操作。

其次是对风险进行规避。对风险规避可采用风险对冲的方式，所谓风险对冲，是用一种货币的风险抵消同种货币或另一种相关货币的风险。采用这种方式避险，关注的是整个货币风险组合的净收益或损失，而不是单个币种的收益或损失。这种方法适用于有着多种外币资产或在同一种货币上拥有可以互相抵消的头寸的跨国公司。

第二，金融性套期保值中对于折算风险的管理。

对于折算风险的规避，金融性套期保值采用远期合约来创造另一种货币的对冲资产或负债来减少公司的折算风险，折算风险上的任何损失或收益都将被远期合约上的相对收益或损失所抵消。例如，一家跨国企业的美国子公司有 1 亿美元的折算风险，该公司就可以出售 1 亿美元的远期合约来完全消除其会计折算风险。不过，远期合约的收益或损失是真实的现金流量，而折算风险产生的收益或损失只是账面数字，不存在真实现金流，这种套期保值的方法需要管理层更用心地权衡利弊。

(三) 企业外汇经济风险的管理策略

金融性套期保值通过金融衍生工具的使用来调整企业外汇风险暴露水平，即通过在金融市场上持有一个相反的头寸来抵消公司可能面临的交易风险。金融性套期保值主要用于管理企业短期的外汇交易风险和折算风险，由于经济风险是长期存在的，很难在短期用金融工具来规避，只能用经营性套期保值来管理。

首先，外汇风险影响的是企业长期的竞争力，设计有利于公司竞争的营销策略能很好地提高公司的竞争力。公司管理层在识别币值变动的可能影响后，应调整公司的定价策略和产品策略。定价策略的制定会影响到公司的利润或市场份额。如果人民币贬值，中国出口企业会获得世界市场上的相对价格优势，企业在制定定价策略时，就应当提高商品的人民币价格而保持外币价格不变，从而提高产品的利润率，或者企业也可以降低商品的外汇价格保持人民币价格不变，从而增加商品的市场份额。产品策略的制定包括新产品的推出、产品的革新和改变产品系列等，这些策略若得到恰当运用，也可以应对外汇风险。如果人民币贬值，公司可以扩大产品系列，赢得更多的国内外消费者，也可以很好利用价格竞争优势占领市场，获得消费者认可；如果人民币升值，公司就应该收缩产品系列，把目标市场定位在高收入、对价格敏感性小的消费群体，也可以通过加大研发投入进行产品创新，开发出新产品或高质量产品来尽量降低本位币升值带来的负面影响。

其次，在汇率变动比较剧烈的情况下，用生产管理来应对外汇风险也是很有必要的。例如当本币升值时，可以将生产基地转移到货币疲软的国家，这时生产成本会因为外币的贬值而变小，从而可以保持企业产品价格的竞争力。此种生产转移的策略适用于已在世界范围内建立各类生产基地、项目机构的跨国公司。同时，企业还应提高自身的劳动生产率来应对本币升值带来的竞争冲击。跨国企业可以关闭低效益的子公司，提高生产效率、产品质量，激励职工提高生产力，或者改变企业的产品组合和定位，以配合本币的汇率变化趋势。

可以说，有效防范和控制经济风险的最好方法，就是在全球范围内将企业的经营和融资多元化。经营和融资的多元化可以使得经济风险因相互抵消而趋于中和。

【课后拓展】

中行以"期权组合"助外贸企业规避风险

2013年4月以来，美元对人民币汇率中间价的直线上扬，将我国的进出口企业推向了风口浪尖。从人民币单边升值到汇率双向波动，扑朔迷离的汇率走势让外贸企业感觉像雾里看花。

在这种情况下，山东某服装针织公司财务经理王某收到公司下发的军令状："尽快找到保值增值工具，全力规避汇率波动风险，否则企业将遭受近400万的损失。"回想当时的情景和压力，王某至今心有余悸。"对于我们这样的进出口企业而言，在市场价格竞争加剧、利润空间越来越小的形势下，汇率市场上的任何风吹草动都会触动我们敏感的神经。为了企业的长远发展和职工利益，我们不能眼睁睁地看着利润流走。但一开始确实苦于没有合适的破局方案。"

王某说，当时他向当地多家银行咨询规避汇率风险的相关业务，均没有得到满意的答复。正当他一筹莫展时，烟台中行推出的人民币期权业务解了企业的燃眉之急。

据介绍，人民币期权业务是中行于2013年在传统远期结售汇基础上推出的一项创新性资金业务。通过做单一期权产品，企业可以通过付出一笔较小的期权费(通常是交易面值的千分之几或百分之几)，获得远期按协定汇率进行结售汇的权利，在付出较小成本的情况下规避汇率风险，锁定最差换汇成本，同时把握市场大幅双向波动的机会。与远期结售汇相比，企业在规避汇率风险的同时不丧失外汇率向有利方向变动时的获益机会。

人民币期权业务的好处在哪里？烟台中行资金业务部总经理举了这么一个例子：今年 3 月，烟台当地某食品企业 6 个月之后有 100 万美元外汇收入。中行产品经理向其推荐了美元对人民币的看跌期权，约定的执行价格为 6.2670，企业支付相应的期权费从而获取最优结汇价格的权利。到期日，如果美元即期结汇汇率为 6.2000(低于 6.2670)，该企业可以选择行权，以 6.2670 的执行价格结汇；如果美元即期结汇汇率为 6.2800(高于 6.2670)，这家企业可以选择不行权，以 6.2800 的即期汇率进行结汇。这就是单一期权既能规避汇率风险又不丧失有利价格的优势。

据介绍，随着国内外汇衍生交易的发展，中行还充分发挥在外汇交易市场上的专业优势，不断创新出越来越多的汇率保值避险产品。除了传统的结售汇业务外，今年，中行烟台分行又推出了人民币期权、远无忧、区间宝、平价远期、汇利宝等产品，从交易币种、灵活程度等方面，有效满足了汇率双向波动下企业保值增值的需求。(资料来源：www.xinhuanet.com)

复习思考题

一、名词解释

1. 外汇风险　　　2. 交易风险　　　3. 折算风险　　　4. 经济风险

5. 外汇风险管理　6. 出口押汇　　　7. 远期合同法

二、简答题

1. 什么是外汇风险？它的构成要素及类型有哪些？

2. 什么是外汇风险管理？它有哪些管理原则？

3. 何谓 BSI 法？试分析 BSI 法怎样消除应收账款和应付账款的外汇风险。

4. 何谓 LSI 法？试分析 LSI 法怎样消除应收账款和应付账款的外汇风险。

5. 简述怎样利用远期合同法进行外汇风险管理。

三、计算题

1. 强生公司有一笔为期 6 个月，金额为 100 万英镑的应付账款。为避免英镑升值。请用 BSI 法来防范外汇风险。

英镑借款利息 6%　　　　人民币借款利息　5%

英镑存款利息 3%　　　　购买英镑债券收益率 4%

现汇率 1∶15.00　　　　6 个月后汇率　1∶15.80

请问：

(1) 该企业不用 BSI 法的损失是多少？

(2) 该企业用 BSI 法的损失是多少？

2. 英国进口商有一笔 300 万美元的应付外汇账款，期限为 90 天。签约时 GBP1＝USD1.5，为避免 90 天后美元升值带来的风险，该进口商决定采用 LSI 法对 100 万美元的应付账款进行风险防范(英镑月利息率 0.4%，提前付款折扣 2%)，如何使用 LSI 法来防范外汇风险。

四、论述题

1. 企业在签订涉外经济合同时，应从哪些方面防范外汇风险？而在出口收汇时应贯彻什么原则？

2. 结合所学知识和自身认识，谈谈防范外汇风险的重要性。

第十章

国际收支与国际储备

【课前导读】

国际收支是一国对外经济关系的缩影,一国的国际收支记录了其与世界各国经济金融往来的全部情况,它反映了一国经济结构性质、经济活动的范围、经济发展的趋势及该国在世界经济中的地位与作用,是一国进行经济分析,制定对外政策的重要依据,也是国民经济管理的重要内容之一。因此,认真全面地分析国际收支平衡表,找出国际收支失衡的原因,对一国了解国内外经济状况、制定相应的政策措施具有相当重要的意义。

国际储备是一国货币当局持有的,用于国际支付、平衡国际收支和维持其货币汇率的可以接受的一切资产。一国政府或货币当局应该根据一定时期内本国的国际收支状况和经济发展的要求,对国际储备的规模、结构和储备资产的使用进行调整、控制,从而实现储备资产的规模适度化、结构最优化和使用高效化。

【要点提示】

1. 国际收支的概念及特征
2. 国际收支平衡表的基本内容
3. 国际收支失衡的原因及其对本国经济的影响
4. 国际收支失衡的自动调节及主动调节方式
5. 国际储备的概念、特征、构成要素、作用
6. 国际储备管理的原则及注意事项

第一节 国际收支概述

一、国际收支的概念

国际收支(Balance of Payments)能够比较全面地反映一国与世界其他国家的各项经济交往的状况。它不仅体现了一国的对外经济、金融关系,而且反映了该国在国际经济中的地位和实力变化情况。

(一) 狭义的国际收支

1. 贸易收支

早在 17 世纪初叶的重商主义时代就有了国际收支概念。当时的葡萄牙、法国、英国等一些国家的经

济学家在提倡"贸易差额论"即通过扩大出口限制进口的方式积累金银货币的同时，就提出了国际收支的概念，并把它作为分析国家财富积累、制定贸易政策的重要依据。但在国际经济关系发展的初级阶段，各国的经济往来主要是贸易往来，因而此时的国际收支主要以反映贸易外汇收支为主，国际收支被解释为贸易收支。

2. 外汇收支

随着国家经济的交往不断扩大，国际收支的含义也不断发展和丰富。在国际金本位制度崩溃后，国际收支的含义逐渐被扩展为反映一国外汇收支。凡是涉及一国外汇收支的各种国际经济交易都被归入国际收支的范畴，并把外汇收支作为国际收支的全部内容，这就是人们所称的狭义国际收支的概念。这一定义以现金支付为基础，即只有以现金支付的国际经济交易才能计入国际收支，对未到期的债权债务则不予理会。但是，一国在对外交易中，并非所有的交易都涉及货币的支付，如补偿贸易、易货贸易等，这些不涉及货币支付的贸易形式在国际交易中的比重不断增加；同时，以跨国公司为载体的国际资本流动日益频繁。在这种情况下，国际收支的概念又有了新的发展，由狭义的概念逐步发展为现在各个国家使用的广义概念，即国际货币基金组织制定的概念。

(二) 广义的国际收支

国际货币基金组织(IMF)在其所编制的《国际收支和国际投资头寸手册》(第六版)中对国际收支的定义为：国际收支是某个时期内居民与非居民之间的交易汇总统计表，组成部分有：货物和服务账户、初次收入账户、二次收入账户、资本账户和金融账户。

根据《国际收支和国际投资头寸手册》(第六版)给出的上述定义和内涵，可以将广义的国际收支概括为：国际收支是指一国或地区居民与非居民在一定时期内全部经济交易的总和。它以经济交易为基础，既包括已实现外汇收支的交易，也包括尚未实现外汇收支的交易，包括：贸易收支，易货贸易，补偿贸易，非贸易收支，无偿援助中的实物援助，资本的输出输入，以设备、原材料和知识产权等进行的国际直接投资等。

二、国际收支的特征

(一) 国际收支是一个流量概念

国际收支是一个流量概念，它反映的是一定时期内某国(地区)的对外经济交易的情况。当人们提及国际收支时，总是需要指明是属于哪一特定的时期，即报告期。报告期可以是 1 年，也可以是 1 个季度或半年，具体的期限根据分析的需要和资料来源的情况来确定。各国(地区)通常以 1 年为报告期。从这一点来说，国际收支与国际借贷不同，国际借贷是一个存量概念，它表示一个国家在一定日期对外债权债务的综合情况，是个静态的概念。在某些情况下国际借贷与国际收支之间是一对因果关系。国际借贷是因，国际收支是果。一般来说，国与国之间债权债务关系发生后，必然会在其国际收支平衡表上有所反映。但有时，国际收支又会反作用于国际借贷，即国际收支的某些变化会引起国际借贷活动的展开。日后在分析一国的对外经济交往活动时，应该将二者结合起来考虑。

(二) 国际收支所反映的内容是国际经济交易

国际收支所反映的内容是以货币记录的经济交易。它不是以支付为基础，而是以经济交易为基础的。经济交易是指经济价值从一个单位向另一个单位的转移。经济交易包括 5 种类型：商品、劳务和金融资产之间的交换；商品、劳务和商品、劳务之间的交换；金融资产和金融资产之间的交换；无偿的单向的商品、劳务的转移；无偿的单向的金融资产的转移。在这 5 种经济交易中，既包括有外汇收支的经济交易，也包括没有外汇收支的经济交易，无论哪一种经济交易都要折算成货币加以记录。而记录的时间，按照国际货币基金组织的规定，在国际收支的统计中，以商品、劳务和金融资产所有权变更的日期为准。

(三) 国际收支所记载的是居民与非居民之间的经济交易

国际收支记录的经济交易必须是本国居民与非居民之间发生的。判定一项交易是否属于国际收支范围的依据是以居住地为标准进行的。居民(Resident)是指在一国(地区)居住时间在一年或一年以上的自然人或法人。非居民(Non-resident)是指在一国(地区)居住时间在一年以下的自然人或法人。总体来说，居民和非居民包括政府、个人、非营利团体和企业 4 类，但一国的外交使节、驻外军事人员、不论在国外时间长短都属于派出国的居民；联合国、国际货币基金组织、世界银行集团等国际机构不是任何国家的居民，而是所有国家的非居民。

国际货币基金组织(IMF)对居民的规定如下。

(1) 自然人居民，指那些在本国居住时间长达一年以上的个人，但官方外交使节、驻外军事人员等一律是所在国的非居民。

(2) 出国留学、出境旅游者、出国就医者，均为派出国居民、居住国非居民。

(3) 法人居民，指在本国从事经济活动的各级政府机构、非营利团体和企业。

(4) 跨国公司的母公司和子公司分别是所在国居民。

(5) 国际性机构如联合国、国际货币基金组织等是任何国家的非居民。

第二节　国际收支平衡表

一、国际收支平衡表的概念

国际收支平衡表又称为国际收支账户，是指系统记录一个国家(地区)在某一特定时期内，对外发生的全部经济交易的统计报表。国际收支平衡表是反映一定时期一国同外国的全部经济往来的收支流量表。国际收支平衡表是对一个国家与其他国家进行经济交流过程中所发生的贸易、非贸易、资本往来以及储备资产的实际动态所做的系统记录，是国际收支核算的重要工具。通过国际收支平衡表，可综合反映一国的国际收支平衡状况、收支结构及储备资产的增减变动情况，为制定对外经济政策，分析影响国际收支平衡的基本经济因素，采取相应的调控措施提供依据，并为其他核算表中有关国外部分提供基础性资料。国际货币基金组织(IMF)规定各会员国必须定期报送其国际收支平衡表，并汇总后定期发表在《国际金融统计》上。

二、国际收支平衡表的编制原则

(一) 居民原则

国际收支平衡表主要记载的是居民与非居民之间的交易。国际收支统计与国民账户体系使用同样的居民的概念。居民是指在该国经济领土内的一处，从事或计划继续(长期地或在一定时期内)从事相当规模的经济活动和交易的机构或个人。

以我国为例，中国居民是指：(1)在中国境内居留1年以上的自然人，外国及香港地区、澳门地区、台湾地区在境内的留学生、就医人员，外国驻华使领馆外籍工作人员及其家属除外；(2)中国短期(在境外居留时间不满1年)出国人员、在境外留学人员、就医人员及中国驻外使领馆中方工作人员及其家属；(3)在中国境内依法成立的企业事业法人(含外商投资企业及外资金融机构)及境外法人的驻华机构(不含国际组织驻华机构、外国驻华使领馆)；(4)中国国家机关(含中国驻外使领馆)、团体、部队等。

(二) 计价原则

原则上，国际收支平衡表使用成交的实际市场价格作为计价基础。这有助于各国国际收支账户实现统一计价。交易记录的时间采用所有权转移原则。一旦经济价值产生、改变、交换、转移和消失，就需要进行有关记录。

我国国际收支平衡表根据基金组织《国际收支和国际投资头寸手册》的编制原则和要求编制。从1982年至今，随着基金组织《国际收支手册》的调整，我国国际收支统计也相应调整。1995年以前，我国国际收支平衡表根据基金组织1977年出版的《国际收支手册》(第四版)的原则和要求编制；1996年，我国部分根据基金组织1993年出版的《国际收支手册》(第五版)概念编制国际收支平衡表；从1997年起，我国正式采用基金组织《国际收支手册》(第五版)规定的概念、原则和方法及分类编制国际收支平衡表；2006年5月我国首次对外公布中国国际投资头寸表。我国国际收支平衡表和国际投资头寸表记账单位为美元。2009年8月首次公布中国国际收支平衡(初步数)，并于2009年10月发布相关修订数，正式引进国际收支发布数据修正机制。2010年5月首次发布2010年1季度平衡表(初步数)。

(三) 权责发生制原则

在国际经济交易中，签订买卖合同、货物装运、交货和付款等一般都是在不同日期进行的。IMF明确规定，国际收支平衡表的记录日期以所有权变更日期为准。实际上就是以债权债务的发生时间为准。

例如，在以延期付款方式进口货物后，由于欠了他国的款项，应借记进口并贷记短期资本。

再如，某种劳务虽已提供，但在编表时期内尚未获得收入，则也应按劳务提供日期记录，把尚未获得的收入作为债权记录。

又如，在编表时期内，由以前对外债务引起的到期应予支付但实际上并未支付的利息，应该在其到期日将未付的利息作为新增的负债记录。

(四) 复式记账原则

国际收支平衡表是按照"有借必有贷，借贷必相等"的复式记账原则来系统记录每笔国际经济交易。这一记账原则要求，对每一笔交易要同时进行借方记录和贷方记录，贷方记录资产的减少、负债的增加；借方记录资产的增加、负债的减少。具体表现为：

(1) 凡引起本国外汇收入的项目，记入贷方，记为"＋"；

(2) 凡引起本国外汇支出的项目，记入借方，记为"－"。

① 贸易往来。即各种物质商品的输出入，出口列为贷方金额，进口列为借方金额。

② 非贸易往来。其主要包括劳务收支、投资所得等。收入列为贷方金额，支出列为借方金额。

③ 无偿转让。从外国转入本国列为贷方金额，从本国转向外国列为借方金额。

④ 资本往来。其分为长期和短期。从外国流入本国的资本列为贷方金额，从本国流向外国的资本列为借方金额。

⑤ 储备。其包括本国作为国际货币基金组织的成员国分配得到的特别提款权以及作为国际储备的黄金和外汇等。储备本身是存量，其增减额是流量。本年度储备增加额列为借方金额，其减少额列为贷方金额，二者相抵得出储备净增额或净减额。

国际收支平衡总表虽然平衡，但各类项目却经常是不平衡的。贸易项目中商品输出大于输入，则贷方金额大于借方金额，形成贸易顺差；相反，则形成贸易逆差，或称贸易赤字。资本项目中流入大于流出，则贷方金额大于借方金额，形成资本净流入；相反，则形成资本净流出。储备项目中本年度增加额大于减少额，则借方金额大于贷方金额形成借方净增金额，即本国的国际储备增加；相反，则形成借方净减金额，即本国的国际储备减少。

三、国际收支平衡表的主要内容

国际货币基金组织(IMF)2009年编制的《国际收支手册》第六版，制订了国际收支平衡表的标准格式。按国际货币基金组织(IMF)统一规定的格式编制的国际收支平衡表有四个一级账户：经常账户、资本账户、金融账户、误差与遗漏账户。

(一) 经常账户

经常账户(Current Account)又称为"经常项目"，是指对实际资源在国家间的流动行为进行记录的账户，是国际收支平衡表中最基本和最主要的项目。在整个国际收支总额中占有很大的份额。经常账户包括货物、服务、初次收入以及二次收入四个明细账户。

1. 货物

货物(Goods)通常包括了居民和非居民之间所有权发生变更的大部分交易。它包括一般商品的进出口、用于加工的货物的进出口、与进出口贸易有关的设备或货物修理、各种运输工具停靠口岸期间的商品采购(如燃料、给养、储备和物资)、运输工具的维修和非货币性黄金的进出口。货物出口列为贷方金额，货物进口列为借方金额。它是经常项目交易中最重要的一个项目。按照国际货币基金组织规定，进出口商品均应按离岸价格(FOB)计算，但各国执行并不一致。在各国海关统计中，习惯以离岸价格计算出口商品价格，而以到岸价格(CIF)计算进口价格。因此，在国际收支平衡表中记录进口商品的支出时，应该将到岸价格的运费、保险等一切抵岸之前的费用予以扣除，换算成离岸价格，并把运费、保险费等国外发生的费用分别列入劳务收支项目中。

2. 服务

服务(Services)是经常账户中的第二大内容，记录各国之间相互提供服务所发生的收入和支出。服务输出计入贷方，服务输入计入借方。近年来，随着国际服务贸易的不断发展，服务贸易在国际贸易交往中的地位越来越重要。服务贸易包含的项目较为复杂，主要包括商品的运输费、保险费和其他附属费用，如港口费用、客运的车、船票及车、船上的其他劳务费用等；旅游，即旅游者在该国停留期间为本人或他人购买的商品和劳务；以及其他商品和劳务收支，即上述各项以外的官方交易、私人交易和私人财产收入等。商品进出口以外的商业销售、专业服务和技术服务，如通信和计算机服务，金融服务如贷款的利息，版权及许可证费，乘客保险等非商品保险等，也包括在服务项目中。

3. 初次收入

初次收入(Primary Income)是《国际收支和国际投资头寸手册》(第六版)首次在国际收支平衡表编制中

推行的概念，反映的是居民因其对生产过程所做的贡献或向其他非居民提供金融资产和出租自然资源而获得的回报。它包括雇员报酬(Compensation of Employees)和投资收入(Investment Income)两类收入。

(1) 雇员报酬。在国际收支平衡表中，本国居民个人在国外工作(一年以内)所得及本国驻外国使领馆工作人员的工资等开支，记入贷方。本国雇佣外国工人工作(一年以内)所得现金或实物形式报酬以及外国驻本国使领馆工作人员所得工资，记入借方。

(2) 投资收入。投资收入是居民与非居民之间的投资与借贷所引起的报酬的收入与支出。居民购买和持有的国外资产而获得的利润、股利、利息等收益，记入贷方。非居民购买和持有的本国资产而获得的利润、股利、利息等收益，记入借方。

投资收入还可以细分为直接投资收入、证券投资收入和其他投资收入(如借贷产生的利息)。值得注意的是，购买股票或债券的资本损益不能记在收入账户，而要记在资本与金融账户。

4. 二次收入

二次收入(Secondary Income)表示居民与非居民之间的经常转移，是指货物、服务和金融资产在居民与非居民之间转移之后，并未得到补偿与回报的项目，主要包括移民转移款项、侨民汇款，政府无偿援助、赠款，政府向国际组织缴纳的行政费用等。

从《国际收支手册》第五版开始，单方面转移被划分为经常转移与资本转移。经常转移计入经常账户中，资本转移计入资本与金融账户中。使国际收支统计口径与国民经济核算体系保持一致。经常转移包括下面 3 项以外的所有权转移：①固定资产所有权的资产转移；②同固定资产收买或放弃相联系的资产转移或以其为条件的资产转移；③债权人不索取任何回报而取消的债务(即债务注销)。这 3 项是资本转移。第六版仍然沿用了经常转移和资本转移这一区分。

(二) 资本账户

资本和金融账户是对资产所有权在国家间流动的行为进行记载的账户，反映国际资本流动。由资本账户和金融账户两大部分组成。在《国际收支和国际投资头寸手册》(第六版)中，这两个账户被分设为一级账户，但我国在采用第六版版式编制国际收支平衡表时，资本和金融账户仍然按照第五版规定的方式处理。

资本账户(Capital Account)包括两个项目。

(1) 资本转移(Capital Transfer)。资本转移项目主要记载投资捐赠和债务注销的外汇收支状况。投资捐赠可以以现金形式，也可以以实物形式来进行(如道路、桥梁、意愿、机器设备等)。债务注销即债权国放弃债权，而不要求债务国给予回报。资本账户下的资本转移和经常账户下的经常转移相比，前者不经常发生，规模较大；而后者除政府无偿转移外，一般经常发生，而且规模相对较小。

(2) 非生产、非金融资产的收买或放弃(Acquisition/Disposal of Non-product, Non-financial Assets)。该项目主要记载购买或出售那些不经生产就已经存在的资产(如土地、矿山等)和某些无形资产(专利权、商标权、经销权等)而发生的收支情况。非生产、非金融资产包括自然资源，契约、租约和许可，营销资产(和商誉)等。注意，本项目记载的是无形资产所有权转让或出卖而发生的收支，而经常账户下服务项目所记载的是对无形资产使用而发生的收支。

(三) 金融账户

金融账户(Financial Account)记录居民与非居民之间的对外资产和负债所有权变更的交易。反映的是居民与非居民之间投资与借贷的增减变化。在记入国际收支平衡表时，该账户中的每个项目不是按借贷方总额来记录，而是按净额来记入相应的借方或贷方。它由直接投资、证券投资和其他投资3部分构成。

(1) 直接投资(Direct Investment)。直接投资的主要特征是投资者对在国外投资的企业的经营管理拥有有效的控制权，投资者和企业之间存在长期的合作关系。投资者直接投资可以采取在国外直接投资兴建企业的形式，或采取购买非居民企业一定比例股票的形式。《国际收支手册》(第五版)中规定：投资者只有拥有某企业不低于 10%的普通股或投票权，才能对该企业的经营管理施加有效影响。《国际收支和国际投资头寸手册》(第六版)对直接投资的内容、形式做了更加细致的规定。

(2) 证券投资(Portfolio Investment)。证券投资是指没有被列入直接投资或储备资产的有关债务或股本证券的跨境交易和头寸。证券投资的主要对象是股本证券和债务证券。

(3) 金融衍生产品(储备除外)和雇员认股权(Financial Derivatives(other than reserves) and Employee Stock Options) 。

(4) 其他投资(Other Investment)。其他投资是指所有直接投资、证券投资、金融衍生产品(储备除外)和雇员认股权以及储备资产未包括的金融交易，包括贷款(贸易贷款和其他贷款)、预付款、金融租赁项下的货物和存款等。居民对非居民的投资和提供的信贷的净增加记入借方，反之记入贷方。

(四) 储备资产

储备资产(Reserve Assets)又称之为官方储备或国际储备，是指一国货币当局为了平衡国际收支、干预外汇市场以影响汇率水平或其他目的而拥有控制并被各国所普遍接受的各种金融资产。它是平衡国际收支的项目，当一国国际收支的经常项目与资本项目发生顺差或逆差时，可以用这一项目来加以平衡。它反映在国际收支平衡表中的储备资产是增减额而不是持有额。因此，储备资产增加记入借方，储备资产减少记入贷方。储备资产主要包括外汇、货币性黄金、在国际货币基金组织的储备头寸和其他储备资产。

(五) 误差与遗漏账户

误差与遗漏账户(Errors and Omissions Account)是指由于统计技术和其他原因使得国际收支平衡表中借贷双方总额无法平衡而人为设置的以轧平借贷差额的账户。这一账户主要反映的是国际收支平衡表记载过程中出现的误差。

按照国际收支平衡表的复式记账原则，国际收支账户的借方总额和贷方总额应该相等，借贷双方的净差额应为零，但在实际中并非如此。由于不同账户的统计资料来源不一、记录时间不同以及一些人为因素(如虚报出口)等原因，会造成国际收支账户出现净的借方或贷方余额，这就需要人为设立一个平衡账户——误差和遗漏账户，在数量上与该余额相等而方向相反，才能与之相抵消。当经常账户、资本和金融账户总计贷方总额大于借方总额，从而出现贷方余额时，则在误差和遗漏项下的借方记入与该余额相同的数额；反之，当出现借方余额时，则在误差和遗漏项下的贷方记入相同数额。

虽然误差与遗漏账户可以使账面保持平衡，但这是人为的平衡，它无法反映国际收支平衡表的准确数据。对于数额大、持续时间长的差额，会妨碍对国际收支统计值的使用。

第三节 国际收支平衡表的解读

国际收支是经济分析的主要工具，一国的国际收支记录了其与世界各国的经济金融往来的全部情况，反映了该国对外经济特点及变动对国际金融的影响。因此，认真全面分析国际收支平衡表，对了解国内外经济状况、制定相应的政策措施具有相当重要的意义。

一、分析国际收支平衡表的目的

(一) 识别一国国际收支状况

国际收支差额与国际收支平衡表差额是两个不同的概念。国际收支平衡表是根据复式簿记原理编制的，其借方总额和贷方总额是相等的。它的最终差额恒等于零的。但这只是账面的、会计意义上的平衡，不具有经济学意义。国际收支差额则是判断该国国际收支真实状况的有效指标，国际收支差额为零时，称之为"国际收支平衡"。国际收支差额为正时，称之为"国际收支顺差"；该差额为负时，称之为"国际收支逆差"；顺差和逆差统称为"国际收支不平衡"；我们可以根据对国际收支平衡表的分析，了解该国国际收支状况，确定该国实际的国际收支差额，从而制定相应的政策措施。

(二) 分析国际收支失衡原因

国际收支平衡表反映了一国一定时期对外资金流向和流量的变化。变化的原因可能受到该国政治、经济、文化等因素的影响，也可能是受到国际经济变量的影响。通过对该国国际收支平衡表中经常账户和资本与金融账户的分析，进行有效的综合判断，可以找到国际收支不平衡的原因，为国家制定切实可行的外经贸政策提供经济依据。

(三) 预测经济指标的走向

通过分析本国或本地区的国际收支平衡表，可以掌握其国际资产增减变动的情况，以此来判断本国或本地区所拥有国际资产储备的合理水平；同时，也可以通过分析他国或其他地区的国际收支平衡表，得知它们的国际资产的储备状况。最终确定对未来经济政策的发展方向，以及汇率变动的趋势。

二、分析方法

国际收支平衡表是世界各国非常重要的经济分析工具，也是各国彼此了解的重要渠道。国际收支平衡表的分析方法主要包括纵向分析法、横向分析法、综合分析法、差额分析法。其中差额分析法是较为常用的方法。

(一) 纵向分析法

纵向分析法是对某一个国家若干连续时期的国际收支平衡表进行的动态分析。通过对一个国家的国际收支进行动态分析可以看出该国的国际收支是否达到动态平衡。动态平衡是一国宏观调控的目标之一，它是指在较长的计划期内，经过努力，实现期末国际收支的大体平衡。一国某一时期的国际收支往往同以前的发展过程密切相关，因此在分析一国的国际收支时，需要将动态分析与静态分析结合起来。动态平衡模式较好地体现了按经济规律办事的原则，越来越备受关注。

(二) 横向分析法

横向分析法是对不同的国家在相同时期的国际收支平衡表进行的比较分析。这种分析较为困难，由于不同的国家编制的国际收支平衡表在项目分类和局部差额的统计上不尽相同，可比性较差。国际货币基金组织公布的主要指标是通过重新整理后编制的，统计口径一致，具有一定的可比性，可以应用该组织公布的主要指标进行分析。

(三) 综合分析法

综合分析法是对国际收支平衡表进行的整体性分析。国际收支平衡表由几十个项目组成，其中某一个或某几个项目的平衡，并不能代表全部项目都是平衡的。同样，某个大项目的平衡也并不意味着它下面的各个子项目和小项目都是平衡的，因此需要整合以后进行全面分析，目的是分析局部差额和总差额的关系。

(四) 差额分析法

国际收支平衡表的每个具体账户和科目的借方额和贷方额往往是不相等的，这种差额被称为局部差额，如贸易差额、经常账户差额等。我们要注重某几个科目的交易加总在一起所形成的局部差额。

国际收支分析是对国际收支状况的分析。国际收支状况的衡量方法为，在国际收支平衡表的一个账户与下一个账户之间划一水平直线，水平线之上账户的贷方和借方的净差额就是一国的国际收支状况。净差额为零，表示国际收支平衡，否则表示国际收支失衡。净差额为正数，即贷方总额大于借方总额，称盈余或顺差；如为负数，即贷方总额小于借方总额，则称赤字或逆差。线的不同划法得到不同的局部差额，线划得越靠下，线上差额的概括性就越全面。

1. 贸易收支差额

贸易收支差额即商品进出口收支差额。线上项目为商品。贸易账户仅仅是国际收支的一个组成部分，可作为国际收支的部分代表，但绝不能代表国际收支的整体。但对于一些国家来说，贸易收支在全部国际收支中所占的比重比较大，出于简便，人们常常将贸易收支作为国际收支的近似代表。贸易收支在国际收支中有着特殊重要性。一般来说，贸易收支可综合反映一个国家的产业结构、产品质量和劳动生产率状况，反映该国产业在国际上的竞争能力。

2. 经常账户收支差额

经常账户收支差额的线上项目包括货物、服务、初次收入和二次收入项目收支，前两项构成经常账户的主体。它反映了实际资源在一国与他国之间的转让净额，是国际收支平衡表中最重要的收支差额。经常账户收支顺差，意味着该国的国外资产净额增加；反之，逆差意味着该国利用了其他国家的货物和服务，这对加快经济成长是有利的。国际货币基金组织(IMF)特别重视全球各国经常账户收支，它综合了一国的进出口状况，可以反映一国的国际竞争能力，被作为制定国际收支政策和产业政策的重要依据。

3. 资本和金融账户差额

通过资本和金融账户差额，可以了解一个国家资本市场的开放程度和金融市场的发达程度，对一国货币政策和汇率政策的调整提供有益的借鉴。资本和金融账户与经常账户之间具有一定关系，从资本和金融账户的差额可以折射出一国经常账户的状况和融资能力。分析中为了简便，假定资本转移为0，则资本和金融账户差额是金融账户下直接投资、证券投资、其他投资及储备资产交易的差额。它记录了世界其他地方对本国的投资或贷款/借款净额。

4. 综合账户差额

综合账户差额的线上项目包括经常账户与资本和金融账户中的资本转移、直接投资、证券投资、其他投资、误差和遗漏，也就是说综合账户差额是将国际收支账户中的官方储备账户剔除后的余额。综合账户差额必然导致官方储备的反方向变动，因此可以用它来衡量国际收支对一国储备造成的压力。通常人们所说的国际收支盈余或赤字就是指综合账户差额的盈余或赤字。

第四节　国际收支的失衡与调节

一、国际收支失衡的判定

国际收支的失衡与平衡也有多种含义，可以从多种角度分析国际收支状况。在国际收支的利润研究中，按照交易发生的动机不同，将国际收支平衡表中的国际经济交易划分为自主性交易和补偿性交易。

(一) 自主性交易

自主性交易(Autonomous Transaction)也称为事前交易，是指经济实体或个人出于某种经济动机和目的而自主地进行的交易。经常账户中的各项交易和长期资本账户中的交易属于自主性交易。主要包括经常项目和资本与金融项目中的交易，如货物和服务的输出入、直接投资、长期资本流出入、侨民汇款、赠予等。通常判断一国国际收支是否平衡，主要看其自主性交易是否平衡。自主性交易体现的是各经济主体或居民个人的意志，具有自发性和分散性，因此交易的结果必然是不平衡的，一国往往会为弥补自主性交易出现的差额而进行另一种交易即补偿性交易。

(二) 补偿性交易

补偿性交易(Accommodating Transaction)也称为事后交易，是指在自主性交易出现缺口或差额时进行的弥补性交易(Compensation Transaction)。一国的进口商取得出口商或外国银行延期付款的权利，逆差国得到顺差国或国际货币基金组织等国际金融机构的短期资金融通，或动用本国的黄金，外汇储备以弥补国际收支逆差等，均属补偿性交易。补偿性交易实际上是对国际收支不平衡所采取的平衡措施。对国际收支不平衡的事后交易有自动性调节和政策性调节两种。自动性调节是指在国际金本位制下，一国的国际收支通过物价——现金流量机制的作用，依靠价格和汇率变动，引起黄金输出入的增减而自动达到平衡。政策性调节指一国政府采取各项财政、金融、外贸、外汇等政策来平衡本国的国际收支。

判断一国的国际收支是否平衡，关键是看自主性交易所产生的借贷金额是否相等。自主性交易余额等于0，称之为国际收支平衡；自主性交易的余额大于0，称之为国际收支顺差；自主性交易的余额小于0，称之为国际收支逆差。国际收支顺差或国际收支逆差统称为国际收支失衡，即国际收支不平衡。自主性交易与补偿性交易在理论上的区别一般是比较清楚的，但在统计上和概念上却很难精确区别自主性交易与补偿性交易。因此，该观点仅仅提供了一种思维方式，很难将其付诸实践。

总体来说，国际收支失衡(Disequilibrium)是指一国经常账户、资本与金融账户的余额不等于0，也可以表示为国际收支平衡表中借方余额不等于贷方余额，这说明一国外部经济出现了需要调整的情况。国际收支失衡会造成一国汇率、资源配置、福利提高等方面的问题；还会造成经济增长与经济发展的困难，即一国对外的失衡会影响到国内经济的均衡发展，因此，当出现国际收支失衡时，我们需要分析其不平衡的原因并对其进行相应的调整，使国际收支趋向平衡。

二、国际收支失衡的原因

(一) 周期性失衡

周期性失衡是指由于经济周期的交替而引起的国际收支不平衡。在经济发展过程中，各国经济不同程度地处于繁荣、衰退、萧条、复苏的周期性波动之中，周期的不同阶段对国际收支有不同的影响。从国际收支平衡表的账户中可以反映出当前由于经济周期的交替而引起的国际收支不平衡。

从经常账户来看，当一国的经济处在繁荣和扩张阶段时，政府投资加大、国内就业机会增加、国民收入提高，社会总需求旺盛，进口增加，国际收支可能出现逆差；当一国经济处于衰退和萧条期时，社会总需求下降，进口需求也相应下降，国际收支可能出现顺差。从资本账户反映，经济繁荣时期，投资前景看好，资本流入增加，国际收支可能出现顺差；萧条时期，投资前景暗淡，资本流出增加，国际收支可能出现逆差。

此外，由于生产和资本国际化的发展，主要发达国家经济周期阶段的更替会影响其他国家经济，致使各国发生国际收支不平衡。当发达国家经济处在衰退阶段时，从发展中国家的商品进口将会减少，因此会使发展中国家的出口减少，其国际收支则可能出现逆差。

(二) 结构性失衡

结构性失衡有两层含义：一是一国国内经济和产业结构的调节滞后和困难所导致的国际收支失衡；二是一国的产业结构单一、生产的产品出口需求的收入弹性较低或者出口商品的价格弹性高而进口弹性较低所导致的国际收支失衡。

结构性失衡时，一国的国际收支的不平衡往往表现为贸易收支不平衡。如果世界市场的需求发生变化，本国输出商品的结构也能随之调整，该国的贸易收支将不会受到影响；相反，如果该国不能适应世界市场的需求变化而调整商品的输出结构，将使贸易收支和国际收支发生不平衡。此外，由于一国国内生产结构及相应要素配置未能及时调整或更新换代，导致不能适应国际市场的变化，也会引起本国国际收支不平衡。

由于一国经济、产业结构的调整需要逐步去实现，因此，结构性失衡是长期的。

(三) 货币性失衡

货币性失衡是指货币供应量的相对变动所引起的国际收支不平衡。一国货币供应量增长过快，会使该国出现较高的通货膨胀，在汇率变动滞后的情况下，出口商品以外币表示的价格上升，进口商品以本币表示的价格相对于本国产品来说变得便宜，这样会导致出口减少，进口增加，从而出现国际收支逆差。货币性不平衡可以是短期的，也可以是中长期的。

(四) 收入性失衡

收入性失衡是由于国民收入的变化所引起的国际收支不平衡。一国国民收入发生变化可能是由于经济周期阶段的更替，也可能是由于经济增长率的变化所引起的。一国国民收入的增减，会对其国际收支产生影响。国民收入增加，贸易支出和非贸易支出都会增加；国民收入减少，则贸易支出和非贸易支出也会减少。例如一国的经济增长率高于其他国家，在其国民收入增长的同时，其货物、服务的输入及其旅游等非贸易收支也可能会随之增加，从而可能会导致国际收支逆差，但是，一国的经济增长率相对较高又可能吸引外资的流入，如果资本项目盈余弥补了经常项目的赤字，则国际收支就会趋于平衡。

(五) 偶发性失衡

偶发性失衡是除以上各种经济因素之外，政局动荡或自然灾害等偶发性因素引起的国际收支不平衡。这种性质的国际收支失衡程度较浅，持续时间不长。在固定汇率制下，仅仅需要动用官方储备就可以克服。在浮动汇率制下，这种性质的国际收支失衡，根本不需要政府调节，通过市场汇率的波动就可以纠正。

上述这 5 种国际收支失衡的类型，结构性失衡和经济增长率变化所引起的收入性失衡具有长期性、持久性，称之为持久性失衡或根本性失衡。而周期性失衡、货币性失衡、偶发性失衡持续时间较短，称之为暂时性失衡。

三、国际收支失衡的影响

在经济发展的过程中，国际收支的不平衡是无法避免的。国际收支不平衡在一定情况下具有积极意义，如适度的顺差可以使一国外汇储备增加，增强对外支付能力；适度的逆差可使一国有效利用外资，引进急需的技术和设备，加快本国经济的发展，但巨额、持续的国际收支逆差或顺差如果得不到及时改善，不仅会影响一国对外经济的发展，而且会通过各种传递机制对国内经济的稳定和发展产生影响。

(一) 持续性、巨额逆差对经济的不利影响

如果一国长期存在着严重的国际收支逆差，其不利影响表现为以下 3 个方面。

(1) 持续性、巨额逆差会阻碍本国经济的发展。一国的国际收支出现逆差，则需要动用国际储备进行弥补，这样做会导致外汇储备减少，生产资料的进口受到限制，进而影响生产经营，出口企业规模缩小，使得国内失业增加，国民收入下降，最终影响本国经济的发展。

(2) 持续性、巨额逆差会影响对外经济交往，损害国际声誉。一国长期巨额的国际收支逆差会促使本国对外汇的需求增加，导致外汇汇率上升，本币对外贬值，从而使本币的国际地位逐渐下降，最终对该国的对外经济交往产生消极影响。国际收支逆差会造成国际储备减少，金融实力减弱，本币汇率下降，进而损害该国在国际上的信誉和地位。

(二) 持续性、巨额顺差对经济的不利影响

国际收支顺差虽然可以使一国的国际储备增加，增强其对外支付能力，但是长期、巨额顺差也会对一国经济产生消极影响，主要表现如下。

(1) 持续性、巨额顺差会使一国所持有的外国货币资金增加，这就必然产生对本国货币需求量的增加，使得本国货币对外国货币的汇价上涨，而本币升值不利于本国商品的出口，加重国内失业状况，对本国经济的增长产生不良影响。

(2) 持续性、巨额顺差会导致一国通货膨胀压力加大。因为贸易收支出现持续性、巨额顺差一方面意味着国内大量商品被用于出口，可能导致国内市场商品供应短缺；另一方面，出口公司将会出售大量外汇兑换本币用于收购出口产品从而增加了国内市场货币投放量，这两种情况都会给顺差国带来通货膨胀压力。此外，如果资本项目出现顺差，大量的资本流入造成对本币的需求旺盛，一国政府为了维持本币汇率稳定就必须投放大量本国货币来购买这些外汇，从而也会增加该国的货币流通量，带来通货膨胀压力。

(3) 一国国际收支持续性、巨额顺差容易引起国际摩擦，不利于良好国际关系的发展，因为一国国际收支出现顺差也就意味着其贸易伙伴国际收支出现逆差，从而影响这些国家的经济发展，他们会要求顺差国调整国内政策，以调节过大的顺差，这就必然导致国际摩擦。例如 20 世纪 80 年代以来越演越烈的欧、美、日贸易摩擦就是因为欧共体国家、美国、日本之间国际收支状况不对称之故。

可见，一国国际收支持续不平衡时，无论是顺差还是逆差，都会给该国经济带来危害，政府必须采取适当的调节措施，使该国的经济得到健康的发展。

四、国际收支失衡的调节

(一) 国际收支失衡的市场调节

国际收支失衡的市场调节机制是指在不考虑政府干预的情况下，市场经济体内的经济变量与国际收支相互制约和相互作用的过程，即国际收支的自动调节过程，也就是国际收支失衡引起的国内经济变量变动对国际收支的反作用过程。

典型的国际收支调节机制应具有以下特征：①产权关系明晰；②经济主体力图最大限度地追求私利；③存在健全的保护市场体系运行的法律制度；④资源和要素能够自由流动；⑤政府在经济系统中扮演被动的"守夜人"的角色。

1. 国际金本位制下的国际收支自动调节机制

在国际金币本位制度中，由于黄金作为本位货币可以自由流动、自由兑换、自由铸造、自由输出入国境等，即国际收支差额会引起黄金的国际流动，导致该国货币供应量相应变动；这会改变各国的物价水平和商品国际竞争能力，并最终使国际收支趋于平衡。在金本位制度下，一国国际收支出现逆差，就意味着本国黄金的净输出。由于黄金外流，国内黄金存量下降，货币供给就会减少，从而引起国内物价水平下降。物价下跌后，本国商品在国外市场上的竞争力就会提高，外国商品在本国市场上的竞争力就会下降，于是出口增加，进口减少，使国际收支赤字减少或消除。同样，国际收支盈余也是不能持久的，因为其造成的黄金内流趋向于扩大国内的货币供给，造成物价上涨。物价上涨不利于出口，有利于进口，这样会使国际收支盈余较少或消除。国际金本位制下的国际收支自动调节机制如图 10-1 所示。

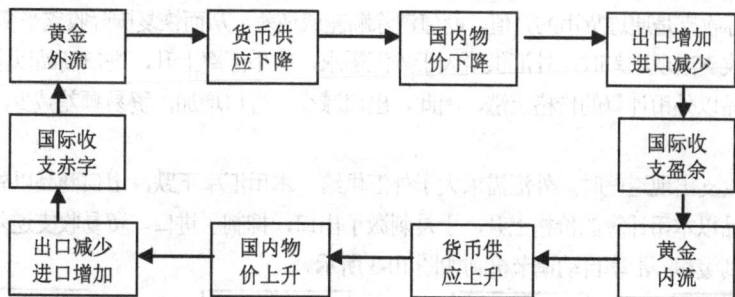

图 10-1　国际金本位制下的国际收支自动调节机制

2.布雷顿森林体系下的自动调节机制

在布雷顿森林体系时期，国际收支市场调节机制主要反映在两个方面：第一，国际收支收入调节机制，即国际收支差额会影响国民收入，并通过进口的变化促使国际收支恢复平衡。第二，国际收支货币调节机制，即国际收支差额会影响货币供应量，引起利率和价格的变化，从而促使国际收支恢复平衡。纸币流通制度下的自动调节机制如图 10-2 所示。

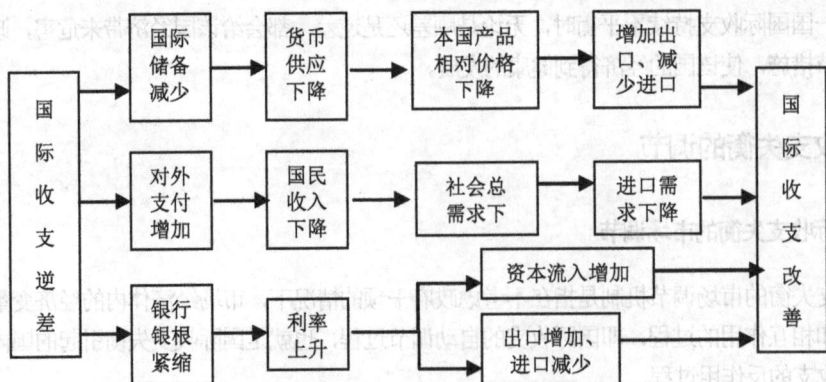

图 10-2　纸币流通制度下的自动调节机制

3.浮动汇率制度下的自动调节机制

在浮动汇率纸币流通条件下，黄金流动虽已不复存在，然而，价格、汇率、利率、国民收入等经济变量对于国际收支自动恢复平衡仍发挥着一定的作用。

1) 价格的自动调节机制

当一国的国际收支出现顺差时，由于外汇支付手段的增多，容易导致国内信用膨胀、利率下降、投资与消费相应上升、国内需求量扩大，从而对货币形成一种膨胀性压力，使国内物价与出口商品价格随之上升，从而削弱了出口商品的国际竞争能力，导致出口减少而进口增加，使原来的国际收支顺差逐渐消除。

当一国的国际收支出现逆差时，由于外汇支付手段的减少会导致国内信用紧缩、利率上升、国内总需求量减少、物价下跌，使出口商品成本降低，从而增强了其在国际市场上的竞争能力，与此同时，进口商品在国内相对显得昂贵而影响其进口，于是，国际收支的逆差逐渐减少，恢复平衡。

2) 汇率的自动调节机制

汇率调节国际收支是通过货币的升值、贬值消除顺差或逆差，从而恢复国际收支平衡的。

当一国国际收支出现顺差时，外汇供给大于外汇需求，本币汇率上升，进口商品以本币计算的价格下跌，而出口商品以外币计算的价格上涨，因此，出口减少，进口增加，贸易顺差减少，国际收支不平衡得到缓和。

当一国国际收支出现逆差时，外汇需求大于外汇供给，本币汇率下跌，出口商品以外币计算的价格下跌，而进口商品以本币计算的价格上升，于是刺激了出口，抑制了进口，贸易收支逆差逐渐减少，国际收支不平衡得到缓和。汇率自动调节机制如图 10-3 所示。

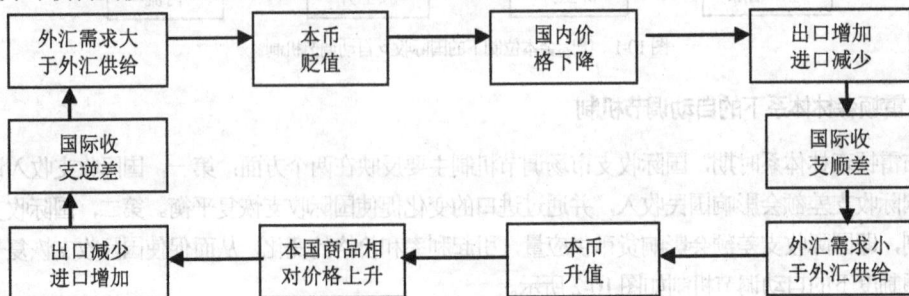

图 10-3　汇率自动调节机制

3) 国民收入的自动调节机制

国民收入的自动调节机制是指在一国国际收支不平衡时，该国的国民收入、社会总需求会发生变动，而这些变动反过来又会减弱国际收支的不平衡。

当一国国际收支出现顺差时，会使其外汇收入增加，从而产生信用膨胀、利率下降，总需求上升，国民收入也随之增加，国民收入的增加必然使进口需求上升，贸易顺差减少，国际收支恢复平衡。

当一国国际收支出现逆差时，会使其外汇支出增加，引起国内信用紧缩、利率上升，总需求下降，国民收入也随之减少，国民收入的减少必然使进口需求下降，贸易逆差逐渐缩小，国际收支不平衡也会得到缓和。

4) 利率的自动调节机制

利率的自动调节机制是指一国国际收支不平衡会影响利率的水平，而利率水平的变动反过来又会对国际收支不平衡起到一定的调节作用。

一国国际收支出现顺差时，即表明该国银行所持有的外国货币存款或其他外国资产增多，负债减少，因此产生了银行信用膨胀，使国内金融市场的银根趋于松动，利率水平逐渐下降。而利率的下降表明本国金融资产的收益率下降，从而对本国金融资产的需求相对减少，对外国金融资产的需求相对上升，资本外流增加、内流减少，资本项目顺差逐渐减少，甚至出现逆差。另一方面，利率下降使国内投资成本下降，消费机会成本下降，因而国内总需求上升，国外商品的进口需求也随之增加，出口减少，这样，贸易顺差也会减少，整个国际收支趋于平衡。

反之，当一国国际收支出现逆差时，即表明该国银行所持有的外国货币或其他外国资产减少，负债增加，于是就会发生信用紧缩，银根相应趋紧，利率随市场供求关系的变化而上升，利率上升必然导致本国资本不再外流，同时外国资本也纷纷流入本国以谋求高利。因此，国际收支中的资本项目逆差就可以减少而向顺差方面转化；另外，利率提高会减少社会的总需求，进口减少，出口增加，贸易逆差也逐渐改善，国际收支逆差减少。

(二) 国际收支失衡的政策调节

国际收支失衡的政策调节是指国际收支不平衡的国家通过改变其宏观经济政策和加强国与国之间的经济合作，主动地对本国的国际收支进行调节，以使其恢复平衡。人为的政策调节相对来说比较有力，但也容易产生反作用(如考虑了外部平衡而忽视了内部平衡)，有时还会因为时滞效应达不到预期的目的。

1. 外汇缓冲政策

外汇缓冲政策是指一国运用所持有的一定数量的国际储备，主要是黄金和外汇，作为外汇稳定或平准基金(Exchange Stabilization Fund)，来抵消市场超额外汇供给或需求，从而改善其国际收支状况。它是解决一次性、季节性或偶发性国际收支不平衡简便而有利的政策措施。

当一国国际收支发生逆差或顺差时，中央银行可利用外汇平准基金，在外汇市场上买卖外汇，调节外汇供求，使国际收支不平衡产生的消极影响止于国际储备，避免汇率上下剧烈动荡，以保持国内经济和金融的稳定。但是动用国际储备，实施外汇缓冲政策不能用于解决持续性的长期国际收支逆差，因为一国储备毕竟有限，长期性逆差势必会耗竭一国所拥有的国际储备而难以达到缓冲的最终目的，特别是当一国货币币值不稳定，人们对该国货币的信心动摇，因而引起大规模资金外逃时，外汇缓冲政策更难达到预期效果。

2. 财政政策

财政政策主要是采取缩减或扩大财政开支和调整税率的方式，以调节国际收支的顺差或逆差。如果国际收支发生逆差,第一,可削减政府财政预算、压缩财政支出,由于支出乘数的作用,国民收入减少,国内社会总需求下降,物价下跌,增强出口商品的国际竞争力,进口需求减少,从而改善国际收支逆差;第二,提高税率,国内投资利润下降,个人可支配收入减少,导致国内投资和消费需求降低,在税赋乘数作用下,国民收入减少,迫使国内物价下降,扩大商品出口,减少进口,从而缩小逆差。

可见,通过财政政策来调节国际收支不平衡主要是通过调节社会总需求、国民收入的水平来起作用的,这一过程的最中心环节是社会企业和个人的"需求伸缩",它在不同的体制背景下作用的机制和反应的快捷程度是不一致的,这取决于其产权制约关系的状况。国际收支失衡的财政政策调节方法如图10-4所示。

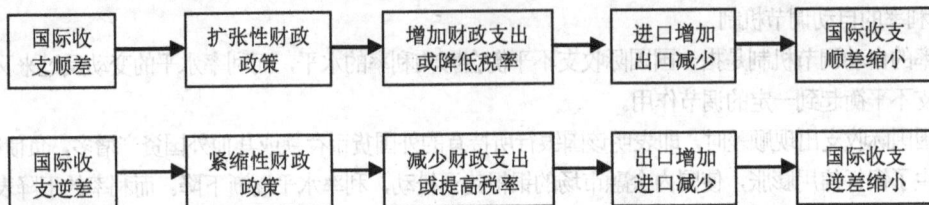

图10-4 国际收支失衡的财政政策调节方法

3. 货币政策

货币政策主要是通过调整利率来达到政策实施目标的。调整利率是指调整中央银行再贴现率,进而影响市场利率,以抑制或刺激需求,影响本国的商品进出口,达到国际收支平衡的目的。当国际收支产生逆差时,政府可实行紧缩的货币政策,即提高中央银行再贴现率,使市场利率上升,以抑制社会总需求,迫使物价下跌,出口增加,进口减少,资本也大量流入本国,从而逆差逐渐消除,国际收支恢复平衡。相反,国际收支产生顺差,则可实行扩张的货币政策,即通过降低中央银行贴现率来刺激社会总需求,迫使物价上升,出口减少,进口增加,资本外流,从而顺差逐渐减少,国际收支恢复平衡。

但是,利率政策对国际收支不平衡的调节存在着一些局限性。其一,利率的高低只是影响国际资本流向的因素之一,国际资本流向很大程度上还要受国际投资环境等政治因素的影响,如一国政治经济局势较为稳定,地理位置受国际政治动荡事件的影响小,则在这里投资较安全,可能成为国际游资的避难所。反之,如果一国金融市场动荡,即使利率较高也难以吸引资本流入;其二,国内投资、消费要对利率升降有敏感反应,而且进口商品的需求弹性、国外供给弹性足够大,利率的调整才能起到调节国际收支不平衡的效果。反之,若国内投资、消费对利率反应迟钝,利率提高时,国内投资、消费不能因此减少,则进口需求也不会减少,出口也难以提高。国际收支逆差也难以改善;其三,提高利率短期内有可能吸引资本流入本国,起到暂时改善国际收支的作用,但从国内经济角度看,由于利率上升,经济紧缩,势必削弱本国的出口竞争力,从而不利于从根本上改善国际收支。相反,为了促进出口而活跃经济必须降低利率,这又会导致资本外流,势必加剧国际收支不平衡,因此利率政策调节国际收支不平衡容易产生内外均衡之间的矛盾。

4. 汇率政策

汇率政策是指政府通过调整汇率来调节国际收支的不平衡。这里所谓的"调整汇率"是指一国货币金融当局公开宣布的货币法定升值与法定贬值,而不包括金融市场上一般性的汇率变动。

汇率调整政策是通过改变外汇的供需关系,并经由进出口商品的价格变化,融资的实际收益(或成本)的变化等渠道来实现对国际收支不平衡的调节。当国际收支出现逆差时实行货币贬值,当国际收支出现顺差时实行货币升值。

汇率调整政策同上述财政政策、货币政策相比较而言，对国际收支的调节无论是表现在经常项目、资本项目或是储备项目上都更为直接、更为迅速。因为，汇率是各国间货币交换和经济贸易的尺度，与国际收支的贸易往来、资本往来之间的"敏感系数"较大；同时，汇率调整对一国经济发展也会带来多方面的副作用。比如说，贬值容易给一国带来通货膨胀压力，从而陷入"贬值→通货膨胀→贬值"的恶性循环。它还可能导致其他国家采取报复性措施，从而不利于国际关系的发展等。

因此，一般只有当其他政策措施不能调节国际收支不平衡时，才使用汇率手段。

同时，汇率调整政策有时对国际收支不平衡的调节不一定能起到立竿见影的效果，因为其调节效果还取决于现实的经济和非经济因素。第一，汇率变动对贸易收支的调节受进出口商品价格弹性和时间滞后的影响，前面已经分析过，这里不再重复；第二，汇率变动对资本收支的影响不一定有效，其影响要看外汇市场情况而定。如果一国汇率下跌后，投资者预测汇率还会继续下跌，则国内资金将会外逃，资本收支将会恶化，并且资本输出入主要还是受一国的利率政策、融资环境等因素影响，而这些都无法随汇率的变化而变化；第三，汇率变动对国际收支的调节还受制于各国对国际经济的管制和干预程度。这些管制和干预包括贸易壁垒的设置、外汇管制政策的松紧等。

5. 直接管制政策

财政、货币和汇率政策的实施有两个特点，一是这些政策发生的效应要通过市场机制方能实现，二是这些政策的实施不能立即收到效果，其发挥效应的过程较长。因此，在某种情况下，各国还必须采取直接的管制政策来干预国际收支。

直接管制政策包括外汇管制和贸易管制两个方面。

外汇管制方面主要是通过对外汇的买卖直接加以管制以控制外汇市场的供求，维持本国货币汇率的稳定。如对外汇实行统购统销，保证外汇统一使用和管理，从而影响本国商品及劳务的进出口和资本流动，调节国际收支不平衡。

贸易管制方面的主要内容是奖出限入。在奖出方面常见的措施有：出口信贷、出口信贷国家担保制、出口补贴等，而在限入方面，主要是实行提高关税、进口配额制和进口许可证制，此外，还有许多非关税壁垒的限制措施。

实施直接管制措施调节国际收支不平衡见效快，同时选择性强，对局部性的国际收支不平衡可以采取有针对性的措施直接加以调节，不必涉及整体经济。例如，国际收支不平衡是由于出口减少造成的，就可直接施以鼓励出口的各种措施加以调节。但直接管制会导致一系列行政弊端，如行政费用过大，官僚、贿赂之风盛行等，同时它往往会激起相应国家的报复，以致使其效果大大减弱，甚至起反作用，所以，在实施直接管制以调节国际收支不平衡时，各国一般都比较谨慎。

6. 国际借贷

国际借贷就是通过国际金融市场、国际金融机构和政府间贷款的方式，弥补国际收支不平衡。国际收支逆差严重而又发生支付危机的国家，常常采取国际借贷的方式暂缓国际收支危机。但在这种情况下的借贷条件一般比较苛刻，这又势必增加将来还本付息的负担，使国际收支状况进一步恶化，因此运用国际借贷方法调节国际收支不平衡仅仅是一种权宜之计。

7. 国际经济与金融合作

如前所述，当国际收支不平衡时，各国根据本国的利益采取的调节政策和管制政策措施，有可能引起国家之间的利益冲突和矛盾。因此，除了实施上述调节措施以外，有关国家还试图通过加强国际经济、金融合作的方式，从根本上解决国际收支不平衡的问题。其主要形式有如下3种。

(1) 国家间债权债务清算自由化。第二次世界大战后成立的国际货币基金组织(IMF)和欧洲支付同盟(European Payment Union, EPU)的主要任务是促使各国放松外汇管制，使国家间的债权债务关系在这些组织内顺利的得到清算，从而达到国际收支平衡。

(2) 国际贸易自由化。为了调节国际收支，必须使商品在国家间自由流动，排除任何人为的阻碍，使国际贸易得以顺利进行，为此或订立一些国际协定，或推行经济一体化，如欧洲共同市场(European Common Market)、拉丁美洲自由贸易区(Latin American Free Trade Association)、石油输出国组织(Organization Of Petroleum Exporting Countries, OPEC)等。

(3) 协调经济关系。随着20世纪80年代以来全球性国际收支不平衡的加剧，西方主要工业国日益感到开展国际磋商对话、协调彼此经济政策以减少摩擦，共同调节国际收支不平衡的必要性和重要性。如1985年起一年一次的西方七国财长会议，就是协调各国经济政策的途径之一。西方七国财长会议的协调，近几年来，在纠正全球性国际收支不平衡方面已取得了一些积极成果。

第五节　国际储备

一国政府或货币当局应该根据一定时期内本国的国际收支状况和经济发展的要求，对国际储备的规模、结构和储备资产的使用进行调整、控制，从而实现储备资产的规模适度化、结构最优化和使用高效化。

一、国际储备概述

(一) 国际储备的概念

国际储备(International Reserve)也称"官方储备"，是一国货币当局持有的，用于国际支付、平衡国际收支和维持其货币汇率的可以接受的一切资产。国际储备是战后国际货币制度改革的重要问题之一，它不仅关系各国调节国际收支和稳定汇率的能力，而且会影响世界物价水平和国际贸易的发展。

(二) 国际储备的特征

1. 官方持有性

作为国际储备的资产必须是一国货币当局直接掌握并予以使用的，这种直接"掌握"与"使用"可以看成是各国货币当局的一种"特权"。非官方金融机构、企业和私人持有的黄金、外汇等资产，不能算作国际储备。该特点使国际储备被称为官方储备，也使国际储备与国际清偿力区分开来。

2. 自由兑换性

作为国际储备的资产必须可以自由地与其他金融资产相交换，充分体现了储备资产的国际性。缺乏自由兑换性，储备资产的价值就无法实现，这种储备资产在各国就不能被普遍接受，也就无法用于弥补国际收支逆差及发挥其他作用。

3. 充分流动性

作为国际储备的资产必须是随时都能够动用的资产，如存放在银行里的活期外汇存款、有价证券等。当一国国际收支失衡或汇率波动过大时，就可以动用这些资产来平衡国际收支或干预外汇市场来维持本国货币汇率的稳定。

4. 普遍接受性

作为国际储备的资产，其必须能够为世界各国普遍认同与接受、使用。如果一种金融资产仅在小范围或区域内被接受、使用，尽管它也具备可兑换性和充分流动性，仍不能称为国际储备资产。

(三) 国际储备与国际清偿能力

国际清偿能力是指一个国家的对外支付能力。它是与国际储备有密切联系的概念。国际清偿能力包括 L1、L2 和 L3 三个组成部分。L1 为一国货币当局自有的国际储备，主要指国际储备中的黄金和外汇储备。L2 为一国货币当局的借款能力。L3 指一国商业银行所持有的外汇资产。

国际储备与国际清偿能力的联系与区别在于：国际清偿能力的内容要广于国际储备，一国的国际清偿能力，除包括该国货币当局持有的各种形式的国际储备之外，还包括该国在国外筹借资金的能力，即向外国政府或中央银行、国际金融组织和商业银行借款的能力。因此，国际储备仅是一国具有的、现实的对外清偿能力，而国际清偿能力则是该国具有的、现实的对外清偿能力和可能有的对外清偿能力的总和。

二、国际储备的构成

国际货币基金组织(IMF)规定，一国国际储备包括黄金、外汇储备、在国际货币基金组织中的储备头寸(普通提款权)和特别提款权 4 个部分。

1. 黄金储备

黄金储备(Gold Reserve)，指一国货币当局持有的，用以平衡国际收支，维持或影响汇率水平，作为金融资产持有的黄金。它在稳定国民经济、抑制通货膨胀、提高国际资信等方面有着特殊作用。黄金储备的管理意义在于实现黄金储备最大可能的流动性和收益性。作为国际储备的主要形式之一，黄金储备在流动性上有其自身的局限性，因此应考虑其适度规模的问题。

黄金储备量作为国际储备的一个部分，其只是衡量国家财富的一个方面，黄金储备量高则抵御国际投资基金冲击的能力强，有助于弥补国际收支赤字，有助于维持一国的经济稳定，不过过高的黄金储备量会导致央行的持有成本增加，因为黄金储备的收益率从长期来看基本为零，而且在金本位制度解体以后黄金储备的重要性已大大降低。

各国为什么要储备黄金呢？首先是由黄金的货币属性决定的。由于黄金的优良特性，历史上黄金曾经长期充当货币，具有货币的职能，如价值尺度，流通手段，储藏手段，支付手段和世界货币。随着社会经济的发展，黄金已退出流通领域。1976 年，牙买加体系宣布黄金非货币化，但在西方主要国家国际储备中，黄金仍占有相当重要的地位。其次，黄金是最可靠的保值手段，本身具有价值，故购买力相对稳定，在通货膨胀的环境下，金价会同步上涨。另一方面，在通货紧缩时，金价不会下跌。而且历史上每逢政治和金融局势的动荡就出现抢购黄金的浪潮。再次，黄金储备完全属于国家自主的权力之内，一国货币当局对于拥有的黄金可以自主控制，不受外来干预。最后，黄金相对于纸币，具有内在稳定性。纸币会受到发行国家或金融机构的信用和偿付能力的影响，债权处于被动地位，不如黄金可靠。

目前，黄金储备仍然是一国国际储备中最坚实的部分。虽然在世界各国国际储备中黄金所占的比重越来越小，但各国仍然保持一定量的黄金储备，以备不时之需。截至 2019 年 3 月末我国黄金储备为 6 062 万盎司(约合 1 885.5 吨)，现为世界第六大黄金储备持有国。

2. 外汇储备

外汇储备(Foreign Exchange Reserves)是一个国家货币当局持有并可以随时兑换外国货币的资产。并非所有国家的货币都能充当国际储备资产，只有那些在国际货币体系中占有重要地位，且能自由兑换其他储备资产的货币才能充当国际储备资产。外汇储备是一个国家国际清偿力的重要组成部分，同时对于平衡国际收支、稳定汇率有重要的影响。

一定的外汇储备是一国进行经济调节、实现内外平衡的重要手段。当国际收支出现逆差时，动用外汇储备可以促进国际收支的平衡，中央银行在市场上卖出外汇买入本币，增加对国内的投资和商品需求，以资金流入的方式来弥补逆差；当国内宏观经济不平衡，出现总需求大于总供给时，可以动用外汇组织进口，从而调节总供给与总需求的关系，促进宏观经济的平衡。同时当汇率出现波动时，可以利用外汇储备干预汇率，使之趋于稳定。比如汇率降低时，中央银行可以卖出外汇买入本币，增加本币的需求量，使汇率不至于进一步下跌。因此，外汇储备是实现经济均衡稳定的一个必不可少的手段，特别是在经济全球化不断发展，一国经济更易于受到其他国家经济影响的情况下，更是如此。

一般说来，外汇储备的增加不仅可以增强宏观调控的能力，而且有利于维护国家和企业在国际上的信誉，有助于拓展国际贸易、吸引外国投资、降低国内企业融资成本、防范和化解国际金融风险。当然这并不是说外汇储备越多越好，因为持有外汇储备是要付出代价的。

第一，外汇储备表现为持有一种以外币表示的金融债权，并非投入国内生产使用。这就产生了机会成本问题，就是如果货币当局不持有储备，就可以把这些储备资产用来进口商品和劳务，增加生产的实际资源，从而增加就业和国民收入，而持有储备则放弃了这种利益。因此，持有外汇储备，要考虑机会成本问题。

第二，外汇储备的增加要相应扩大货币供应量，如果外汇储备过大，就会增加通货膨胀的压力，增加货币政策的难度。此外，持有过多外汇储备，还可能因外币汇率贬值而遭受损失。因此，外汇储备应保持在适度水平上。

适度外汇储备水平取决于多种因素，如进出口状况、外债规模、实际利用外资等。一国应根据持有外汇储备的收益、成本比较和这些方面的状况把外汇储备保持在适度的水平上。

3. 一国在国际货币基金组织中的储备头寸(普通提款权)

在国际货币基金组织的储备头寸(Reserve Position in the IMF，Reserve Position in the Fund)又称普通提款权(General Drawing Rights)。它包括3个构成部分。

(1) 会员国向国际货币基金组织认缴份额中25%的黄金或可兑换货币部分。这部分以前用黄金缴纳，现在必须用可兑换货币缴纳。按照国际货币基金组织的规定，会员国可自由提用这部分资金，无须特殊批准，因此，它可以作为会员国的国际储备资产。

(2) 国际货币基金组织为满足会员国借款需要而使用掉的本国货币。按照国际货币基金组织的规定，该会员国向国际货币基金组织缴纳份额的75%以本币缴纳，记入国际货币基金组织账户。国际货币基金组织向其他会员国提供某种货币的贷款，会产生该货币发行国对国际货币基金组织的债权。对这部分债权，该会员国可以无条件地从国际货币基金组织提取并用于国际支付。

(3) 国际货币基金组织向该国借款的净额，也构成为该会员国对国际货币基金组织的债权。本国货币因为被国际货币基金组织使用，且已经用于国际支付，这部分本国货币就具备了一定程度的国际性，它被"激活"成为国际可流通兑换货币，从而会员国也就自然拥有了这一部分增加的用于国际支付的手段。所以本国货币中被国际货币基金组织使用的部分可以作为本国的国际储备的一部分。

4. 特别提款权

特别提款权(Special Drawing Right，SDR)是国际货币基金组织创设的一种储备资产和记账单位，是基金组织分配给会员国的一种使用资金的权利。会员国在发生国际收支逆差时，可用它向基金组织指定的其他会员国换取外汇，以偿付国际收支逆差或偿还基金组织的贷款，还可与黄金、自由兑换货币一样充当国际储备。但由于其只是一种记账单位，不是真正货币，使用时必须先换成其他货币，不能直接用于贸易或非贸易的支付。它是国际货币基金组织原有的普通提款权以外的一种补充。

与其他储备资产相比，特别提款权有以下特点。

(1) 它是国际货币基金组织人为创造的账面资产，是一种凭信用发行的资产，其本身不具备内在价值。

(2) 只能在国际货币基金组织及会员国政府之间发挥作用，可同黄金、外汇一同作为国际储备，并可用于会员国向其他会员国换取可兑换货币、支付国际收支差额、偿还国际货币基金组织的贷款，但任何私人企业不得持有和运用，不能直接用于贸易或非贸易支付。

(3) 它是国际货币基金组织按份额无偿分配给各会员国的。既不像黄金储备和外汇储备那样是通过贸易和非贸易往来取得的，也不像普通提款权那样以所缴纳的份额为基础。

三、国际储备的作用

国际储备的作用，可以从两个层次来理解。第一个层次，是从世界的范围来考察国际储备的作用。随着世界经济和国际贸易的发展，国际储备也相应增加，它起着媒介国际商品流动和世界经济发展的作用。第二个层次则是具体到每一个国家来考察。

(一) 清算国际收支差额，维持对外支付能力

当一国发生国际收支困难时，政府需采取措施加以纠正。如果国际收支困难是暂时性的，则可通过使用国际储备予以解决，而不必采取影响整个宏观经济的财政货币政策来调节。如果国际收支困难是长期的、巨额的，或根本性的，则国际储备可以起到一种缓冲作用，它使政府有时间渐进地推进其财政货币调节政策，避免因猛烈的调节措施可能带来的社会震荡。

一国的国际储备是有限的，因此其调节国际收支的能力也是有限的，要从根本上解决一国的国际收支失衡问题，需要调整其国内经济政策，动用国际储备只是一种辅助措施。

(二) 干预外汇市场，调节本国货币的汇率

当本国货币汇率在外汇市场上发生变动或波动时，尤其是因非稳定性投机因素引起本国货币汇率波动时、政府可动用储备来缓和汇率的波动，甚至改变其波动的方向。通过出售储备购入本币，可使本国货币汇率上升；反之，通过购入储备抛出本币，可增加市场上本币的供应，从而使本国货币汇率下浮。由于各国货币金融当局持有的国际储备总是有限的，因而外汇市场干预只能对汇率产生短期的影响。但是，汇率的波动在很多情况下是由短期因素引起的，故外汇市场干预能对稳定汇率乃至稳定整个宏观金融和经济秩序，起到积极作用。

(三) 信用保证

国际储备的信用保证作用，包含两层意思。一是可以作为政府向外借款的保证；二是可以用来支持对本国货币价值稳定性的信心。比较充足的国际储备有助于提高一国的国际信誉和对其货币稳定性的信心。

(四) 赢得竞争利益

一国持有比较充分的国际储备，政府就有力量使其货币高估或低估，争取国际竞争的优势。如果是储备货币发行国家，这对于支持其关键货币的国际地位，是至关重要的。

从上面4点作用来看，国际储备不仅是一种支付手段，而且是平衡资产和干预资产。

四、国际储备管理

国际储备管理是一国政府或货币当局根据一定时期内本国的国际收支状况和经济发展的要求，对国际储备的规模、结构和储备资产的使用进行调整、控制，从而实现储备资产的规模适度化、结构最优化和使用高效化的整个过程。

一个国家的国际储备管理包括两个方面：一是国际储备规模的管理，以求得适度的储备水平；二是国际储备结构的管理，使储备资产的结构得以优化。通过国际储备管理，一方面可以维持一国国际收支的正常进行，另一方面可以提高一国国际储备的使用效率。

(一) 国际储备的规模管理

国际储备规模管理，又称为总量管理或水平管理，就是对国际储备的规模大小进行有效的选择和确定，以便把国际储备规模维持在一个相对合理的水平上。所以，国际储备规模管理的实质，就是确定和保持国际储备的适度规模水平。而一个国家如何实现国际储备的适度规模，主要取决于该国国际储备资产的供求状况。研究国际储备的规模，应该从国际储备的需求和供给两个方面入手。

1. 国际储备需求

决定一国对国际储备需求量的因素主要有如下几个方面。

1) 持有国际储备成本

国际储备实际是一国对国外实际资源的购买力。这种实际资源若得到利用，就可以增加国内投资和加快经济的发展。因此，一国持有国际储备，实际是将这些实际资源储备起来，牺牲和放弃利用他们来加快本国经济发展的机会。这是一种经济效益的损失，是持有国际储备的机会成本，也就是使用国外实际资源的投资收益率的损失。它表明一国持有国际储备所付出的代价。

但是，一国持有的国际储备中生息的储备资产(在国外的银行存款和外国政府债券)还会有一定的利息收益。这样，一国持有国际储备的成本便等于投资收益率与利息收益率之差。这个差额大，表明持有国际储备的成本高；差额小，则表明持有国际储备的成本低。受经济利益的制约，一国需求国际储备的数量会同其持有国际储备的成本成相反方变化。持有国际储备的成本越高，对国际储备的需求量就越少；反之亦然。

2) 对外贸易状况

对外贸易状况包括一国的对外贸易在其国民经济中的地位与作用、贸易条件和出口商品在国际市场中的竞争能力等。如果一个国家的对外贸易在其国民经济中处于重要地位，并且对外依赖程度比较高，它需要的国际储备就比较多；反之，则需要较少的国际储备。一个在贸易条件上处于不利地位，其出口商品又缺乏竞争力的国家，则需要较多的国际储备；相反则需要较少的国际储备。对外贸易状况之所以是决定一国需要国际储备多寡的重要因素，在于贸易收支往往是决定其国际收支状况的重要因素，而国际储备的最基本作用也是弥补国际收支逆差。

美国经济学家特里芬教授在其1960年出版的《黄金与美元危机》一书中总结了几十个国家的历史经验，并得出结论：一国的国际储备额应同其进口额保持一定的比例关系，这个比例关系应以40%为最高限，20%为最低限。一般认为，一国持有的国际储备应能满足其3个月的进口需要。照此计算，储备额对进口的比率为25%。这便是所谓的储备进口比率法。

3) 借用外国资金的能力

一国借用国外资金的能力较强，其国际储备水平可低些，因为该国的国际清偿能力，不致因其储备水平较低而降低；相反，则需要较高水平的国际储备。但是，应该指出，一国如果国际储备水平过低，就不具有较高的国际信誉，因而借用国外资金的能力也会降低。

4) 应付各种因素对国际收支冲击的需要

一国在考虑其对国际储备的需求量时，必须注意到各种可能出现的因素对本国未来国际收支的冲击；否则，必将陷入困境。为了不至于陷于困境，一国应该对这些冲击的类型和程度有正确的预测。关于冲击的类型，如系短期性冲击，即发生暂时性国际收支逆差，则只能依靠经济调整，即实施开支变更政策和开支转换政策，来实现国际收支的平衡。关于冲击的程度，各种因素对一国国际收支冲击的概率和程度，影响着该国国际收支的稳定性，从而决定其对国际储备的需求量：各种因素对国际收支冲击的概率的程度越大，国际收支越不稳定，从而需要的储备就越多；相反，则需要较少的储备。

5) 经济调整的强度和速度

一国实施经济调整来解决长期性国际收支逆差，会引发国内经济的震荡。这种震荡的剧烈程度，同经济调整的强度与速度成正比关系，即：经济调整的强度与速度越高，经济震荡就越剧烈；反之亦然。但是，一国如在进行经济调整时也运用国际储备，则可降低经济调整的强度与速度，从而能减轻经济震荡。这样，一国需要国际储备的数量，便同其进行经济调整的强度和速度之间存有一定的替代关系：经济调整的强度与速度越低，需要的国际储备越多；反之，则需要较少的国际储备。

6) 对外贸和外汇的管制程度

当一国发生国际收支逆差时，既不靠外汇资金来融通，也不靠实施经济调整来扭转，而是通过对外贸和外汇的直接管制来扩大外汇收入和限制外汇支出，从而实现国际收支的平衡。这些管制越严格，需要的储备就越少；管制越松，需要的储备就越多。当然，一国实行的管制越严格，就越反映该国国际储备的短缺。

7) 汇率制度与外汇政策

在实行固定汇率制度和稳定汇率的外汇政策条件下，为干预外汇市场平抑汇率，对国际储备需要的数量较大；反之，则对国际储备需要的数量较小。

8) 货币的国际地位

一国货币如果处于储备货币的地位，它可以通过增加本国货币的对外负债来弥补国际收支逆差，而不需要较多的储备；反之，则需要较多的储备。

前面所述说明，影响一国对国际储备的需求量的因素是很复杂的，应将上述各种因素综合起来考虑，仅从某个因素来考虑是片面的。

鉴于确定一国国际储备需求量的复杂性，国际货币基金组织曾采用几项客观标志来反映一国国际储备不足和对国际储备需求量增加的情况。第一，一国持续实行高利率政策。这表明该国抑制资本外流和吸引外资内流，以增加储备和满足对储备的需要。第二，对国际经济交易加强限制。这主要是由于储备不足，而加强对国际贸易与资本国际流动的限制。第三，实施以增加储备为目标的经济政策，如奖励出口和限制进口、紧缩银根的政策等。第四，汇率的持续性不稳定。第五，储备增加的结构变化，如一国储备的增加，主要来自于向国外的借款，则表明该国储备不足。

2. 国际储备供给

一国的国际储备水平，不仅取决于它对国际储备的需求量，而且取决于其国际储备供给的数量。

1) 国际收支顺差

国际收支顺差是国际储备最稳定、最可靠来源。按国际收支所包含内容的不同，国际收支顺差主要包括经常项目顺差、和资本与金融项目顺差等。经常项目顺差是一国增加其外汇储备最稳定和最可靠的来源。资本与金融项目也是重要的外汇储备来源之一，但短期资本的流动性较强使得资本与金融项目的顺差不稳定。因此，国际收支中的经常项目顺差是国际储备的主要来源。

2) 中央银行对本币汇率控制措施

当一国的本币在外汇市场上升值时，为稳定本币汇率，该国的货币当局在外汇市场上会抛售本国货币，购入外国货币，这部分新增加的外汇就列入外汇储备。通过外汇干预增加外汇储备具有相当的不稳定性，因为当本币贬值时，外汇储备会减少。

3) 增加本国黄金储备

一国的货币当局以本国货币在国内购买黄金，就可以增加黄金的储备。当然，这要受到国内黄金的产量、货币当局购买黄金的价格、黄金的私人持有量以及政治等诸多因素的影响。就黄金的国际交易来说，对于储备货币的发行国，通过本币在国际黄金市场上购买黄金，可以增加其国际储备总量。如果一国的货币为非储备货币，该国在国际市场上必须动用储备货币来购买黄金，这样该国总的储备量不变，所改变的只是黄金储备与外汇储备的结构。

(二) 国际储备的结构管理

国际储备结构管理是指各国货币当局对储备资产所进行的最佳配置，使黄金储备、外汇储备、普通提款权和特别提款权四种形式的国际储备资产的持有量及其构成要素之间保持合理比例，以便分散风险、获取收益，充分发挥国际储备资产应有的作用。

国际储备资产的结构管理，主要包括两方面内容：一是 4 种储备资产之间的数量构成比例管理；二是各类型国际储备资产内部的比例管理。由于各国持有的普通提款权和特别提款权数量取决于所缴纳的份额的多少，不能随便改变，其内在构成也相对简单，黄金储备在国际储备资产的作用也日渐削弱。因此，国际储备结构管理的重点是外汇储备结构管理。

1. 黄金储备、外汇储备、普通提款权和特别提款权的结构管理

各项储备资产结构管理的目标，是确保流动性和收益性的恰当结合。然而在实际的经济生活中，流动性和收益性互相排斥。这就需要在流动性与收益性之间进行权衡，兼顾二者。由于国际储备的主要作用是弥补国际收支逆差，因而各国货币当局更重视流动性。按照流动性的高低，西方经济学家和货币当局把储备资产划分为3级。

(1) 一级储备资产。富于流动性，但收益性较低，它包括活期存款、短期存款和短期政府债券；

(2) 二级储备资产。收益性高于一级储备，但流动性低于一级储备，如2～5 年期的中期政府债券；

(3) 三级储备资产。收益性高于二级储备，但流动性低于二级储备，如长期公债券。

普通提款权，由于会员国能随时从国际货币基金组织提取和使用，所以其类似于一级储备。特别提款权，由于它只能用于其他方面的支付，须向国际货币基金组织提出申请，并由国际货币基金组织指定相关国家提供申请国所需货币，这个过程需要一定时日才能完成。因此，特别提款权可视为二级储备。而黄金储备，由于各国货币当局一般只在黄金市价对其有利时，才会转为储备货币，可视为三级储备。

一级储备是货币当局可以随时、直接用于弥补国际收支逆差和干预外汇市场的储备资产，即交易性储备。二级储备用作补充性的流动资产。三级储备主要用于扩大储备资产的收益性。一国应该合理安排这三级储备资产的结构，以做到在保持一定流动性的前提条件下，获取尽可能多的收益。

2. 外汇储备的币种结构管理

对外汇储备的结构管理主要是储备货币的币种选择，即合理地确定各种储备货币在一国外汇储备中所占的比重。确定外汇储备币种结构的基本原则有如下几点。

(1) 储备货币的币种和数量要与对外支付的币种和数量保持大体一致。即外汇储备币种结构应当与该国对外汇的需求结构保持一致，或者说取决于该国对外贸易支付所使用的货币、当前还本付息总额的币种结构和干预外汇市场所需要的外汇，这样可以降低外汇风险。

(2) 排除单一货币结构，实行以坚挺的货币为主的多元化货币结构。外汇储备中多元化货币结构，可以保护外汇储备购买力，以求在这些货币汇率有升有跌的情况下，大体保持平衡，做到在一些货币贬值时遭受的损失，能从另一些货币升值带来的好处中得到补偿，提高外汇资产的保值和增值能力。在外汇头寸上应尽可能多地持有汇价坚挺的硬货币储备，而尽可能少地持有汇价疲软的软货币储备，并要根据软硬货币的走势，及时调整和重新安排币种结构。

(3) 采取积极的外汇风险管理策略，安排预防性储备货币。如果一国货币当局有很强的汇率预测能力，那么它可以根据无抛补利率平价来安排预防性储备的币种结构。例如，利率差大于高利率货币的预期贬值率，则持有高利率货币可增强储备资产的营利性；若利率差小于高利率货币的预期贬值率，则持有低利率货币有利于增强储备资产的营利性。

【课后拓展】

国家外汇管理局首次用最新标准公布国际收支数据

2015 年国家外汇管理局首次按照国际货币基金组织(IMF)最新标准公布国际收支平衡表初步数据。据了解，目前国际收支统计方面的最新国际标准是 2009 年 IMF 出版的修订后的《国际收支和国际投资头寸手册》。各成员国和经济体均有义务按照此标准开展国际收支相关数据的统计和报表编制工作。截至目前，包括美国、欧盟、加拿大、新加坡、沙特等在内的世界主要经济体均已进行了相关修改。

据外汇局有关负责人介绍，看似简单的统计标准更改，背后需要做出大量调整，外汇局为此工作了长达 6 年的时间。期间外汇局与海关、交通等部门多次协商，赴银行、证券等金融机构深入调研。2013 年 11 月，国务院专门做出"关于修改《国际收支统计申报办法》的决定"。

与之前相比，新标准的主要变化有：一是将储备资产纳入金融账户统计，并在金融账户下增设"非储备性质的金融账户"，与原金融项目包含的内容基本一致；二是项目归属变化，如将经常账户下的转手买卖从原服务贸易调整至货物贸易统计，将加工服务从原货物贸易调整至服务贸易等；三是项目名称和细项分类有所调整，如将经常项目、资本项目和金融项目等重新命名为经常账户、资本账户和金融账户，将收益和经常转移重新命名为初次收入和二次收入等；四是借方项目用负值表示。(资料来源：www.xinhuanet.com)

2018 年中国国际收支主要状况

2018 年，经常账户顺差 491 亿美元，较上年下降 75%；资本和金融账户(不含储备资产，下同)顺差 1 111 亿美元，2017 年为顺差 179 亿美元。

货物贸易顺差有所下降。按国际收支统计口径，2018 年，我国货物贸易出口 24 174 亿美元，进口 20 223 亿美元，分别较上年增长 9% 和 16%；顺差 3 952 亿美元，下降 17%。

服务贸易逆差继续扩大。2018 年，服务贸易收入 2 336 亿美元，较上年增长 10%；支出 5 258 亿美元，增长 11%；逆差 2 922 亿美元，扩大 13%，其中运输项目逆差收窄 19%，旅行项目逆差延续扩大态势，增长 8%。

初次收入为逆差。2018 年，初次收入项下收入 2 348 亿美元，较上年下降 18%；支出 2 862 亿美元，下降 4%；逆差 514 亿美元，2017 年为逆差 100 亿美元。其中，雇员报酬顺差 82 亿美元，下降 45%；投资收益逆差 614 亿美元，扩大 1.4 倍。其中，我国对外投资的收益为 2 146 亿美元，下降 19%；外国来华投资利润利息、股息红利等支出 2 760 亿美元，下降 5%。

二次收入呈现逆差。2018 年，二次收入项下 278 亿美元，较上年下降 1%；支出 302 亿美元，下降

25%；逆差 24 亿美元，2017 年为逆差 119 亿美元。

直接投资继续表现为顺差。按国际收支统计口径，2018 年，直接投资顺差 1 070 亿美元，较上年增长 2.8 倍。其中，直接投资资产净增加 965 亿美元，较上年多增 30%，是直接投资顺差下降的主因；直接投资负债净增加 2 035 亿美元，较上年多增 23%。

证券投资为顺差。2018 年，证券投资为顺差 1 067 亿美元，2017 年为顺差 295 亿美元。其中，我国对外证券投资净流出 535 亿美元，较上年增长 44%；境外对我国证券投资净流入 1 602 亿美元，增长 29%。

其他投资逆差大幅扩大。2018 年，其他投资为逆差 770 亿美元，2017 年为顺差 519 亿美元。其中，我国对外的贷款、贸易信贷和资金存放等资产净增加 1 984 亿美元，增长 97%；境外对我国的贷款、贸易信贷和资金存放等负债净增加 1 214 亿美元，2017 年为净增加 1 527 亿美元。

储备资产有所下降。2018 年，我国储备资产(剔除汇率、价格等非交易价值变动影响，下同)增长 189 亿美元。其中，外汇储备资产增长 182 亿美元，2017 年为增长 930 亿美元。截至 2018 年年末，我国外汇储备余额 30 727 亿美元，较上年年末下降 672 亿美元。(资料来源：www.safe.gov.cn)

复习思考题

一、名词解释

1. 国际收支　2. 国际收支平衡表　3. 经常账户　4. 国际储备
5. 国际清偿力　6. 外汇储备　7. 特别提款权

二、简答题

1. 一国国际收支失衡的原因是什么？
2. 在汇率完全由市场决定的条件下，国际收支的自动调节机制是怎样的？
3. 特别提款权作为国际储备资产有哪些特点？
4. 国际收支的政策调节包括哪些政策类型？
5. 简述一国国际储备的结构管理。

三、论述题

1. 试述国际收支与国内经济的关系。
2. 一国如何确定国际储备水平？

四、联系对比题，指出下列每组名词的共同点与不同点

1. 自主性交易与调节性交易
2. 国际储备与国际清偿力

附表：

2018 年中国国际收支平衡表(季度表)

单位：亿美元

项目	行次	第一季度	第二季度	第三季度	第四季度
1. 经常账户	1	−341	53	233	546
贷方	2	6 474	7 337	7 717	7 608
借方	3	−6 815	−7 284	−7 484	−7 062

（续表）

项目	行次	第一季度	第二季度	第三季度	第四季度
1.A 货物和服务	4	−218	299	199	749
贷方	5	5 854	6 667	6 913	7 076
借方	6	−6 073	−6 368	−6 714	−6 327
1.A.a 货物	7	517	1 036	1 008	1 391
贷方	8	5 289	6 077	6 354	6 455
借方	9	−4 771	−5 041	−5 346	−5 065
1.A.b 服务	10	−736	−737	−809	−641
贷方	11	566	590	559	621
借方	12	−1 301	−1 327	−1 368	−1 262
1.A.b.1 加工服务	13	40	41	45	46
贷方	14	41	41	45	47
借方	15	−0	−0	−1	−1
1.A.b.2 维护和维修服务	16	13	11	9	13
贷方	17	18	19	15	20
借方	18	−4	−7	−6	−7
1.A.b.3 运输	19	−146	−175	−194	−154
贷方	20	97	101	106	119
借方	21	−243	−276	−300	−273
1.A.b.4 旅行	22	−630	−571	−626	−542
贷方	23	97	112	98	97
借方	24	−728	−683	−724	−639
1.A.b.5 建设	25	11	14	6	18
贷方	26	36	33	28	39
借方	27	−25	−19	−22	−20
1.A.b.6 保险和养老金服务	28	−15	−12	−21	−18
贷方	29	9	18	10	13
借方	30	−24	−30	−31	−31
1.A.b.7 金融服务	31	3	3	3	4
贷方	32	8	8	8	10
借方	33	−4	−6	−5	−6
1.A.b.8 知识产权使用费	34	−77	−88	−70	−67
贷方	35	13	15	14	14
借方	36	−90	−103	−84	−81

项目	行次	第一季度	第二季度	第三季度	第四季度
1.A.b.9 电信、计算机和信息服务	37	16	19	12	18
贷方	38	70	77	72	81
借方	39	−54	−58	−60	−63
1.A.b.10 其他商业服务	40	58	36	46	51
贷方	41	170	159	158	174
借方	42	−112	−123	−112	−123
1.A.b.11 个人、文化和娱乐服务	43	−5	−6	−6	−8
贷方	44	2	2	2	3
借方	45	−7	−8	−8	−11
1.A.b.12 别处未提及的政府服务	46	−4	−9	−11	−3
贷方	47	5	4	3	4
借方	48	−9	−13	−15	−8
1.B 初次收入	49	−97	−207	17	−228
贷方	50	547	600	734	468
借方	51	−643	−806	−717	−696
1.B.1 雇员报酬	52	29	20	19	13
贷方	53	55	45	43	38
借方	54	−26	−25	−24	−25
1.B.2 投资收益	55	−135	−229	−6	−243
贷方	56	482	552	686	426
借方	57	−617	−781	−692	−670
1.B.3 其他初次收入	58	10	2	4	2
贷方	59	10	2	5	3
借方	60	−1	−1	−1	−1
1.C 二次收入	61	−26	−39	16	25
贷方	62	73	71	70	64
借方	63	−99	−109	−54	−40
1.C.1 个人转移	64	−0	−6	2	0
贷方	65	20	14	16	12
借方	66	−20	−19	−15	−12
1.C.2 其他二次收入	67	−26	−33	14	25
贷方	68	53	57	54	52
借方	69	−79	−90	−39	−27
2. 资本和金融账户	70	725	60	168	158

(续表)

项目	行次	第一季度	第二季度	第三季度	第四季度
2.1 资本账户	71	−1	−1	−2	−2
贷方	72	0	0	0	2
借方	73	−2	−1	−2	−4
2.2 金融账户	74	727	60	170	160
资产	75	−982	−1 171	−1 054	−514
负债	76	1 709	1 231	1 224	674
2.2.1 非储备性质的金融账户	77	989	300	140	−123
资产	78	−720	−932	−1 084	−796
负债	79	1 709	1 231	1 224	674
2.2.1.1 直接投资	80	550	248	1	271
2.2.1.1.1 资产	81	−179	−279	−251	−255
2.2.1.1.1.1 股权	82	−175	−184	−203	−229
2.2.1.1.1.2 关联企业债务	83	−5	−95	−49	−26
2.2.1.1.1.a 金融部门	84	−48	−51	−51	−58
2.2.1.1.1.1.a 股权	85	−45	−44	−51	−60
2.2.1.1.1.2.a 关联企业债务	86	−3	−7	−1	2
2.2.1.1.1.b 非金融部门	87	−132	−228	−200	−198
2.2.1.1.1.1.b 股权	88	−130	−140	−152	−169
2.2.1.1.1.2.b 关联企业债务	89	−2	−88	−48	−29
2.2.1.1.2 负债	90	730	527	252	527
2.2.1.1.2.1 股权	91	497	327	203	517
2.2.1.1.2.2 关联企业债务	92	232	200	49	9
2.2.1.1.2.a 金融部门	93	57	31	41	46
2.2.1.1.2.1.a 股权	94	47	24	42	37
2.2.1.1.2.2.a 关联企业债务	95	11	7	−0	9
2.2.1.1.2.b 非金融部门	96	672	496	211	481
2.2.1.1.2.1.b 股权	97	451	303	161	480
2.2.1.1.2.2.b 关联企业债务	98	222	193	50	0
2.2.1.2 证券投资	99	103	610	339	15
2.2.1.2.1 资产	100	−335	−43	−92	−66
2.2.1.2.1.1 股权	101	−186	38	−38	8
2.2.1.2.1.2 债券	102	−150	−81	−53	−74
2.2.1.2.2 负债	103	438	652	431	81
2.2.1.2.2.1 股权	104	119	214	151	123
2.2.1.2.2.2 债券	105	318	439	280	−42

项目	行次	第一季度	第二季度	第三季度	第四季度
2.2.1.3 金融衍生工具	106	−1	−19	−3	−40
2.2.1.3.1 资产	107	2	−15	−2	−33
2.2.1.3.2 负债	108	−3	−4	−0	−7
2.2.1.4 其他投资	109	336	−539	−197	−370
2.2.1.4.1 资产	110	−208	−595	−738	−443
2.2.1.4.1.1 其他股权	111	0	0	0	−0
2.2.1.4.1.2 货币和存款	112	−90	−518	−104	−18
2.2.1.4.1.3 贷款	113	−540	34	−198	−114
2.2.1.4.1.4 保险和养老金	114	−10	1	2	1
2.2.1.4.1.5 贸易信贷	115	301	−174	−487	−293
2.2.1.4.1.6 其他	116	132	61	49	−18
2.2.1.4.2 负债	117	544	56	541	73
2.2.1.4.2.1 其他股权	118	0	0	0	0
2.2.1.4.2.2 货币和存款	119	300	−70	106	178
2.2.1.4.2.3 贷款	120	294	−7	48	−14
2.2.1.4.2.4 保险和养老金	121	2	−3	−1	4
2.2.1.4.2.5 贸易信贷	122	−77	92	325	68
2.2.1.4.2.6 其他	123	24	44	63	−163
2.2.1.4.2.7 特别提款权	124	0	0	0	0
2.2.2 储备资产	125	−262	−239	30	282
2.2.2.1 货币黄金	126	0	0	0	0
2.2.2.2 特别提款权	127	0	0	0	1
2.2.2.3 在国际货币基金组织的储备头寸	128	4	−11	−1	0
2.2.2.4 外汇储备	129	−266	−229	31	281
2.2.2.5 其他储备资产	130	0	0	0	0
3.净误差与遗漏	131	−384	−113	−401	−704

注:

(1) 根据《国际收支和国际投资头寸手册》(第六版)编制。

(2) "贷方"按正值列示, "借方"按负值列示, 差额等于"贷方"加上"借方"。本表除标注"贷方"和"借方"的项目外, 其他项目均指差额。

(3) 本表计数采用四舍五入原则。

(4) 资料来源: www.safe.gov.cn。

参考文献

[1] 杨玲，杨树旺. 国际贸易与国际金融[M]. 武汉：武汉大学出版社，2006.

[2] 邹根宝. 新编国际贸易与国际金融[M]. 上海：上海人民出版社，2004.

[3] 韩玉珍. 国际贸易与国际金融[M]. 2版. 北京：北京大学出版社，2007.

[4] 卜伟. 国际贸易与国际金融 [M]. 3版. 北京：清华大学出版社，2015.

[5] 邹忠全. 中国对外贸易概论 [M]. 4版. 大连：东北财经大学出版社，2017.

[6] 郭丽、吴迪、张帆. 国际经济学[M]. 北京：对外经贸大学出版社，2016

[7] [美]Dominick Savlvatore. 国际经济学[M]. 北京：清华大学出版社，2003.

[8] 薛荣久. 国际贸易 [M]. 6版. 北京：对外经济贸易大学出版社，2016.

[9] 黎孝先. 国际贸易实务[M]. 6版. 北京：对外经贸大学出版社，2016.

[10] 冷柏军.张玮. 国际贸易理论与实务[M]. 北京：中国人民大学出版社，2012.

[11] 黄晓玲. 中国对外贸易[M]. 北京：中国人民大学出版社，2006.

[12] 陈志友. 进出口贸易实务[M]. 上海：立信会计出版社，2003.

[13] 冷柏军. 国际贸易实务[M]. 北京：高等教育出版社，2008.

[14] 黎孝先，石玉川. 国际贸易实务[M]. 2版. 北京：对外经济贸易大学出版社，2012.

[15] 佟家栋.周申. 国际贸易学——理论与政策[M]. 北京：高等教育出版社，2014.

[16] 王中华，万建伟. 国际金融[M]. 2版. 北京：首都经济贸易大学出版社，2003.

[17] 刘舒年，温晓芳. 国际金融[M]. 4版. 北京：对外经济贸易大学出版社，2010.

[18] 薛宝龙. 国际金融[M]. 大连：东北财经大学出版社，1995.

[19] 钱荣堃. 国际金融[M]. 成都：四川人民出版社，1994.

[20] 史燕平. 国际金融[M]. 北京：中国人民大学出版社，2008.

[21] 阙澄宇. 国际金融[M]. 6版. 大连：东北财经大学出版社，2017.

[22] 孙连铮. 国际金融[M]. 北京：高等教育出版社，2007.

[23] 涂永红. 外汇风险管理[M]. 北京：中国人民大学出版社，2004.

[24] 杜玉兰. 国际金融[M]. 北京：科学出版社，2010.

[25] 大卫·艾特曼，阿瑟·斯通西尔. 国际金融[M]. 12版. 刘园，译. 北京：机械工业出版社，2012.

[26] 刘园. 国际金融实务[M]. 北京：高等教育出版社，2006.

[27] 刘舒年. 国际金融[M]. 5版. 北京：对外经济贸易大学出版社，2017.

[28] 孟昊. 国际金融理论与实务[M]. 北京：人民邮电出版社，2010.

[29] [德]弗里德里希·李斯特. 政治经济学的国民体系[M]. 邱伟立，译. 北京：华夏出版社，2009.

[30] 王政霞，张卫. 国际金融实务[M]. 北京：科学出版社，2006.

[31] 郦菁. 商业银行外汇风险的控制与监管[J]. 中国外汇管理，2005(10).

[32] 邓立立. 汇率制度的选择与发展趋势研究[M]. 大连：东北财经大学出版社，2006.

[33] 叶蜀君. 国际金融[M]. 北京：清华大学出版社，2009.

[34] 中国金融稳定报告(2018) [R]. 中国人民银行官方网站，2018.

[35] 朱孟楠. 国际金融学[M]. 厦门：厦门大学出版社，1999.

[36] 陈雨露. 国际金融[M]. 5版. 北京：中国人民大学出版社，2015.

[37] [美]保罗·R. 克鲁格曼，茅瑞斯·奥伯斯法尔德. 国际经济学(国际金融部分)下册[M]. 第8版. 黄卫平，译. 北京：中国人民大学出版社，2011.

[38] [英]科普兰. 汇率与国际金融[M]. 3版. 康以同，译. 北京：中国金融出版社，2002.

[39] 高建侠. 国际金融[M]. 2版. 北京：中国人民大学出版社，2014.

[40] 陈湛匀. 国际金融理论与应用[M]. 北京：中国金融出版社，2006.

[41] 马晓青. 国际金融使用教程[M]. 上海：复旦大学出版社，2007.

[42] 谭雅玲，王中海. 国际金融与国家利益[M]. 北京：时事出版社，2003.

[43] 韩长青. 国际贸易实务[M]. 2版. 北京：清华大学出版社，2015.

[44] 于凤芹，王智明. 中国汇率制度改革40年[J]. 经济与管理研究，2018(12).

[45] 2018年中国国际收支报告[R]. 国家外汇管理局网站，2019.